KLEINE TEXTE FÜR VORLESUNGEN UND ÜBUNGEN

BEGRÜNDET VON HANS LIETZMANN
HERAUSGEGEBEN VON KURT ALAND

101

FRÜHNEUHOCHDEUTSCHES GLOSSAR

VON

ALFRED GÖTZE

7. AUFLAGE

VERLAG WALTER DE GRUYTER & CO.

BERLIN 1967

Nachdruck 1971

ISBN 3 11 003527 8

1966 by Walter de Gruyter & Co., vormals G. J. Göschen'sche Verlagshandlung — J. Guttentag,
Verlagsbuchhandlung — Georg Reimer — Karl J. Trübner -- Veit & Comp., Berlin 30
(Printed in Germany)

Herrn

Professor Dr. Emil Jacobs

in Treue zu eigen

Vor dem ersten erscheinen dieses glossars im jahr 1912 fehlte dem theologen, der seinen Luther und Zwingli im urtext las, dem historiker, der die geschichte der deutschen reformation aus den quellen arbeitete und das Grimmsche wörterbuch nicht immer zur hand haben konnte, dem philologischen anfänger, der mit Geiler, Murner, Eberlin, Hutten, Sachs usw. unmittelbare freundschaft schliessen wollte, sowie dem geschichtlich arbeitenden juristen, mediziner und naturforscher ein handliches und doch umfassendes hilfsmittel, das ihm den reichen hochdeutschen wortschatz vom ende des 15. bis etwa zur mitte des 17. jahrhunderts zuverlässig erschlossen hätte. Erläuterte ausgaben reichen nicht überall hin, und im haushalt der wissenschaft mindestens ist es wenig ratsam, die gleichen wörter bei vielfältigem vorkommen immer von neuem zu erklären. Das Grimmsche wörterbuch, das schweizerische idiotikon, Hermann Fischers schwäbisches wörterbuch sind noch nicht fertig, das wörterbuch zu Luthers deutschen schriften von Philipp Dietz wird nie vollendet werden, Charles Schmidt beschränkt sich auf elsässische texte, mit den grossen vorzügen von Schmellers bairischem wörterbuch kommt der fernerstehende und der anfänger erfahrungsgemäss nicht leicht auf vertrauten fuss, und so blieb in der sonst so vollständigen reihe der hilfsmittel auf unserem gebiet eine schwer begreifliche lücke. Sie zu schliessen, ist die aufgabe dieses glossars, und wenn man dessen durchweg freundlich aufgenommener ersten auflage zugestanden hat, dass sie die wörterburg jener zeit im handstreich genommen habe, so gilt es nun, sie in geordnetem aufmarsch zu verteidigen. Freilich: die aufgabe vollkommen zu lösen, geht auch jetzt noch über die kraft des einzelnen. Niemand kann auch nur die wichtigsten schriftsteller der deutschen reformation aus eigener lektüre lexikalisch erschöpfen, ja schon die eben genannten hilfsmittel lückenlos auszunutzen, übersteigt die kraft eines einzelnen. So muss, was hier auf beschränktem raum geboten werden kann, unfertig bleiben in mehr als einem sinn, ein schlüssel, der viele türen öffnet, aber nicht alle in dem übergrossen haus mit seinen vielen vexierschlössern, der erst in der arbeit vieler jahre ein rechter hauptschlüssel werden kann. Dass sich die zweite auflage in redlicher arbeit gemüht hat, diesem ziel näher zu kommen, dafür wird der nachprüfende kenner der alten texte auf jeder spalte zeugnisse finden.

Bei der abgrenzung des stoffes musste oberster grundsatz sein, dass nur das wirklich belegte aufgenommen wurde, nicht das vorauszusetzende oder erschliessbare wortgut. Die verantwortung wurde dadurch erschwert, dass

I*

das wesen dieses buchs eine mitteilung von belegen unbedingt verbot: zeugnisse stehen hinter jedem artikel, abgedruckt konnten sie nicht werden, sollte anders dieses büchlein seinen zweck schlank und knapp erfüllen. In manchen artikeln, z. b. *abfeimen pfendlich bloß produkt brüß torknecht turbe durchechten einblasen fidern frisch gabeltreger geude gramen groppe hangdrüßlet herrenfasnacht kreter leim nebenleufig nezen notregen schirmschlag siechtung waldtreter wendsudler werhan wetung,* wird man mancherlei eigene gedanken und entwicklungen verwertet oder vorausgesetzt finden. Auf einiges der art bin ich im 14. band des Grimmschen wörterbuchs und in Kluges zeitschrift für deutsche wortforschung eingegangen, anderes wird folgen. Aber so gern das eigene, besondere, kurzweilige vor dem trivialen, allgemeinen, öden bevorzugt ist, die seltsamkeiten dürfen im glossar doch nicht die beherrschende rolle spielen: ἅπαξ εἰρημένα aus texten, die jedermann in gut erläuterten ausgaben liest, wie Brants narrenschiff, Murners narrenbeschwörung, die Zimmersche chronik, Kesslers sabbata, Aventin oder Anshelm, Schades satiren und Clemens' flugschriften, konnten getrost wegbleiben, und auch sonst ist gesorgt, dass über den leckerbissen das tägliche brot nicht zu kurz kommt, wie in wörterbüchern so gern. Anderseits war doch auch das gar zu alltägliche draussen zu lassen, alles, was dem verständigen leser von heute ohne das verwünschte raten und ohne die möglichkeit zu irren klar ist, mit vorsicht freilich, denn das glossar ist für benutzer aus allen deutschen landschaften und vielen berufen bestimmt und muss dem einen erklären, was dem andern aus mundart und fachwissen geläufig ist. So wird jeder benutzer mancherlei finden, was von seinem standpunkt aus entbehrlich scheinen mag. Wenn nur das aufgenommen werden sollte, was wirklich der erklärung bedarf, so war bei worten, die neben heute noch lebenden bedeutungen eine seit frühnhd. zeit veraltete aufweisen, diese allein zu bringen: daher die vielen artikel, die etwas unvermittelt mit „auch" beginnen.

Aber der wortschatz unserer alten sprache bietet auch schwierigkeiten, die ein wörterbuch nicht lösen kann. Wer den vers bei Thurneisser, archidoxa (1575) 59:

> „ift weger, bu verlierft mit will,
> benn bu verrechteft noch fovil"

nicht versteht, dem werden zwar die artikel *weger* und *verrechten* ein stück voranhelfen, ob er aber ohne anleitung darauf verfiele, sich unter *noch* endgültig rat zu holen, steht dahin. Entsprechend steht es mit *er* in sätzen wie Luthers „er feyn vil brober boll worden", „hilf got, er ift fchon vil zu vil", oder mit *so* in seinem spruch: „fibenmal mag fallen ein gerechter menfch, fteht aber fo vil mal wibber auf". Um Sachs, fastnachtsspiele 57, 139 f. zu verstehen:

> „im hauß han wir, gott lob, vor fchmalß,
> allerley zugmüß, würß vnb falß",

muss man darauf kommen, *vor* adv. 'zuvor schon' nachzuschlagen. Unter *bache* m. 'schinken' muss man sich rat holen für 64, 345:

„mit der weis pleibt der pach wol hangen".

Gelegentlich liegt eine schwierigkeit nicht im wort, sondern in der schreibung, so wenn das. 13, 64 *anschwer* steht für 'anschirre', also we für ů. Vollends kann das glossar nicht in alle schwierigkeiten der formenlehre hinein-leuchten und eselsbrücke will es auch nicht sein. Aber die absicht ist doch, in schwierigen fällen den anfänger nicht im stich zu lassen und artikel wie *ampot bal begonst begunst begunte beist bestet pet beusch bilt bont bunt bürste buten taind tan tar taren teisch des dest det dicht diechtern dieg docht törst dreit tuchte tun er ern erret fast verdet vernon verseit fleugt volant frür gan gebollen gehan geist geit gen geren geret geschmogen ge-schohen geschruwen gespiben geter getücht gewellen gieten gon gün günd hecht hunken jahe kent keren kieg kleit kon krimpt kunt larte leit leste lot öl rach reck richt roch schide schlecht schri(e)r schwier sech seit sent sich spielt stiel strief warm welde wend wene wert wig wird wirt worn würdet wut zehen* mögen in diesem sinn dienen — wie oft und wie weit, hängt wieder ganz von der fragestellung ab, mit der man sich an das glossar wendet. Diese fragestellung kann aber sachgemäss bestimmt werden nur durch vorangehende sprachliche schulung, und darum ist hier die stelle, an der eindringlich betont werden muss, dass kenntnis und verständnis des frühnhd. undenkbar sind ohne ihre sachlich wie formal gebotene, überallhin reichende grundlage, die historisch-grammatische kenntnis des mittelhoch-deutschen, die auch darum unsere höheren schulen den künftigen gelehrten nicht vorenthalten und nicht beschrᵃⁿken sollten.

Ein s p r i c h w ö r t e r b u c h kann und will das glossar nicht sein. Wo ein wort in festen redensarten häufig vorkommt, ist diese unter dem sinn-stichwort soweit nötig und möglich gedeutet, im übrigen muss für dieses reizvolle gebiet mit seinen eigenartigen ansprüchen auf die guten hilfsmittel verwiesen werden, die dafür zu gebote stehen, namentlich auf Borchardt-Wustmann, Die sprichwörtlichen redensarten im deutschen volksmund, 5. auf-lage (Leipzig 1895), Ernst Thiele, Luthers sprichwörtersammlung (Weimar 1900) und die bei beiden genannten werke. Auch das grosse gebiet der e i g e n n a m e n konnte nur nebenher bedacht werden. Der name als solcher ist nicht gegenstand einer erläuterung im sinne des glossars. Aber manches wort, das heute nur noch in familiennamen an unser ohr schlägt, war im 15. und 16. jahrhundert noch appellativum, so sind hier z. b. *beck beischlag pfeilschifter pfeilsticker pfister binder birbaum bitrich plat(n)er böck bog(n)er preier brenner tanner denk trebs drechsel trefz dreier Drolinger tucher dürwechter eibenschüz eisenbart eisenhut eisenmenger fenner feur-stein fidler fleisch(h)auer fliedner gebaur groppe hafner hau hauenschild hegener hergesel herrenknecht huber hüf(n)er kerner keßler kestner kieseweter kindervater kistler knauer krezmer krumholz kübler landschreiber laue leidecker leitheuser leizman lerse liebeskind löhr manger marstaller maurenbrecher mautner mechler menger milner nagler nestler reukauf rimenschneider rösch salwürk schafheitle schefler scheideman scheuchzer schirmer schmeller schöfler schwegler schwend(en)er schwer sib(l)er spengler spitler stadler stalder steinheil steinschneider streicher wandschneider wegener weigand weinmeister welker wener werhan winkelman wopfner zeidler zeumer* aufgenommen, und darin ist nebenher ein kapital der anregung niedergelegt, das ein erstes mal in meinem abriss „Familiennamen und frühneuhochdeutscher wortschatz" (Hundert jahre A. Marcus und E. Webers verlag, Bonn 1919, s. 124 ff.) auch der namenkunde zinsen gebracht hat. Gerade schmeichelhaft sind ja die meisten der aus jenen wörtern entstandenen namen nicht, dafür sind sie um so treuere zeugen für den geraden sinn der alten zeit und damit auch sachlich willkommen, so gut wie manches schöne alte wort, das seither modischer flachheit, nüchternheit oder umständlichkeit hat weichen müssen und dem umsomehr eine stelle zu gönnen war, wörtern wie *besenden, postrenner dobsegen eisenmeister vorbad frömchen frömlein hirnhaube karenbüchs lebherz urhab,* so gut wie weiteren zeugen für den gesunden h u m o r der vorfahren, z. b. *pfisterlein bieramsel fersenritter frauengemüt Henslein im keller Jesusgenglein runkes suchentrunk zungenreiter.* Mit besonderem bedacht war wörtern nachzugehen, die der leser im alten text zu kennen meint und doch munter missversteht. Die zahl solcher g e f ä h r l i c h e n a u s d r ü c k e ist im frühnhd. nicht geringer als im mhd., s. *abfellig Adamsapfel affekt alteriren andacht anfrau ankunft anstalt aufenthalt aufmuzen bein beleidigen besessen bewegung blick polizei briefelich bunt dafürsein tolpatsch torpedo tötlich eigenschaft eintönig entgegensein erdapfel erlich ersuchen erwinden vergnügt vermögen versehenlich verstand verstoßen vertagen verwönen verwüsten verzeihung forchtsam freulich from fürsehung fußtrit gebet geheim gehörig gelegenheit genugsam gerümpel geschwind gewar handlich haubtstat inbrünstig interesse jargang kelner kirchendiener kreuzgang künden kunst kunststuck leichtsinnig makulatur mangel maul mild mißhandlen nachdruck ofenror offizir richtung rubrik ruchlos rümlich schelm schimpf schlim schwindel selbverstendig selzam semel sinlikeit siropel sorgfeltig steckgeld stetig stichwort strumpf stückwerk übers jar unbedacht underricht underschlagen underschleif unförmlich ungefelig ungeferlich unmutig urlaub waldmeister wemütig willig wissenschaft wizig zufal zugleich zukunft zulauf.* Bei der geschichtlichen sonderart der reformationszeit mussten namentlich auch k i r c h e n w o r t e erläutert werden, die man sonst in den wörterbüchern vergebens sucht, z. b. *administrator annaten pektoral evangelier episteler inkorporiren koadjutor komende reservat.* Schon aus den bisherigen angaben geht hervor, dass f r e m d w ö r t e r, die seit frühnhd. zeit unserer

sprache wieder abhanden gekommen sind, aufzunehmen waren. Den kämpfern
für sprachreinheit unter den benutzern werden ja gerade diese unterlegenen
gegner eher freude als verdruss bereiten. In den wortdeutungen (um diesen
punkt vorweg zu erledigen) ist versucht, mit deutschen mitteln möglichst
weit zu gelangen, doch wurde auch hier das fremdwort nicht verschmäht,
wo es den begriff des alten wortes am besten deckte. Gerade die nötigung,
hier öfters zum fremdwort zu greifen, kann die deutsche fülle der alten
sprache ins hellste licht rücken, selbst verdeutschungen können unter umständen angeregt werden, s. *abgeriben anziehen aufzüglich ausfüren bauschauer bereuchen betfart betrise beutpfenig blatner blutfluß bornfart brif-
maler bücherhaus buchfürer buchstaber büssenknecht taumeltrunk torknecht
durchlauft eingeistung eisengraber elteste far farend, ligend gut faulbet
vereinen verschwezen fertigen folgerkunst formschneider vorsehen freiung
gardreisiger geliger gewandhüter glückshafen greber klopfader kostbarkeit
kreuterbuch landrüchtig landschreiber landschuld leidung lesmeister loterbet
mer mitel nachgiltig nachmeister rechtfertigen reizung rörenmeister salze
schaugroschen scheitelrecht schmachlied schrot schrotwerk schuldbrief seckelmeister sekler sigelgraber sonderhaus spißstern spizordnung sprengkugel
stellen stubenbüne umgelder umrennen undeuung urteilen wangot widerreder widersperrig wurzladen zeugmeister zwigabel.*

Am ende dieser angaben über den kreis dessen, was aufgenommen ist,
mag der hinweis stehen, dass es sich um ein frühneu h o c h deutsches glossar
handelt: niederdeutsches sprachgut lässt sich mit dem hochdeutschen schlechterdings nicht in einem alphabet vereinen, auch greift Lübben-Walthers Mittel-
niederdeutsches handwörterbuch (1888) so weit in unseren zeitraum hinein,
dass gerade für den niederdeutschen teil des sprachgebiets schon längst ausreichend gesorgt war.

Anderseits hat die rechenschaft über das verfahren, das dem damit ab-
gegrenzten wortschatz gegenüber eingeschlagen ist, mit dem hinweis zu beginnen, dass ein frühn e u hochdeutsches glossar beabsichtigt ist. Wo zwischen
mhd. und nhd. sprachstand eine entwicklung liegt, waren darum die neuen
verhältnisse darzustellen. Das zeigt sich im l a u t l i c h e n am sichtbarsten
darin, dass die nhd. diphthongierung der mhd. î û iu zu ei au eu durchgeführt
ist. Das glossar musste, um alle hochdeutschen mundarten unter seine norm
zu fassen, fortgeschrittener sein als die alemannische mundart, die die neuen
diphthónge heute noch nicht durchgeführt hat. Der benutzer wird also Brants,
Geilers, Murners, Vadians, Zwinglis *byten, schinvogel, duß juff bruloft
schluraff, rüß hürling schühelich drüsch(il)* unter *beiten, scheinfogel, dauß
jauf brautlauf schlauraff, reuse heurling scheuhelich dreusche (treisch)*
suchen müssen und darin etwa einen vorschmack des verzichtes auf land-
schaftliche eigenart spüren, den die keimende einheit der deutschen sprache
forderte. Bei zwei weiteren entwicklungen auf vokalischem gebiet, der ver-

breiterung der alten geschlossenen diphthonge ei ou öu zu ai au eu und der monophthongierung von altem ie uo üe zu î û û̂, konnte im glossar nicht nach einheitlicher regel verfahren werden. Zwar erscheinen die alten ou öu und uo üe nach der eben entwickelten grundregel als au eu und u ü, dagegen hätte die verbreiterung des alten ei zu ai und die monophthongierung des alten ie zu i schriftbilder ergeben, die der mhd. wie der nhd. norm widersprochen und in hunderten von fällen das auffinden unnütz erschwert hätten. Darum ist auf ai ganz verzichtet und i von ie nach mhd. weise geschieden worden, beides im einklang mit der mehrzahl der frühnhd. texte. Auf konsonantischem gebiet musste das alte ʒ unserer grundregel weichen, entsprechend wird man die in einzelnen druckstätten des 16. jahrhunderts bewahrten sl sm sn sw unter schl schm schn schw suchen müssen. Ansetzung von mhd. -rs als -rsch hat kaum je die alphabetische stelle eines wortes verändert.

In der schreibung stellt sich das glossar auf die nhd. seite, indem es mhd. ht durch cht ersetzt und die auslautverhärtung im schriftbild aufgibt, wiederum wie die masse der frühnhd. texte. Damit wird das schriftbild unserm auge vertrauter, und für die auffindbarkeit der wörter verschlägt beides wenig. Zur erleichterung des benutzers soll es weiter dienen, wenn sonst in aller schreibung der alte schwulst abgestreift ist und einfache regeln durchgeführt sind, wie es im bereich des frühnhd. trotz J. Francks aufruf (Beitr. zur gesch. d. d. sprache 27, 368 ff.) bisher erst in ansätzen versucht ist. In den stichworten des glossars ist e für ä geschrieben, i für y; i und u bezeichnen stets vokal, j, v und w den konsonanten, w in diphthongen ist mit u wiedergegeben, e und h als dehnungszeichen sind vermieden, ebenso unhistorische konsonantdoppelungen, dt gk cz tz zc sind vereinfacht zu t k z, anlautendes p ist wie b, anlautendes t wie d behandelt, jedes v wie f, jedes ß wie ss.

Im rahmen der nach dieser vereinfachung noch bleibenden möglichkeiten ist dann, um dem ratsuchenden benutzer möglichst weit entgegenzukommen, gern die für unser auge ungewohntere form angesetzt; wo sie weit von der gewöhnlicheren zu stehen käme, sind beide aufgenommen. Verweisungen auf nachbarworte sind gespart, verwiesen wird im ganzen nur auf mehrzeilige artikel und auf artikelgruppen, einzeilige artikel werden lieber an der zweiten stelle vollständig wiederholt. Bei doppelformigkeit hilft auch vielfach eine klammer, z. b. *hesch(iz) tug(en)lich türstig(lich)*; alphabetisch zählen dann die eingeklammerten buchstaben stets mit, demgemäss ist bei verweisungen die klammer übergangen: angesetzt ist *kreu(e)l*, verwiesen wird *krau(e)l s. kreuel.* Nicht verschmäht habe ich es, ein wort nur um seiner für ein auge des 20. jahrhunderts auffälligen schreibung willen aufzunehmen.

Die gebrauchten Abkürzungen sind die landesüblichen und, wo der gebrauch freiheit lässt, möglichst deutlich genommen:

acc. akkusativ	kaufm. kaufmännisch	rotw. rotwelsch
adj. adjektiv	lat. lateinisch	s. sich
adj. part. adjektivisches	m. maskulinum	s. siehe
partizip	md. mitteldeutsch	schwäb. schwäbisch
adv. adverb	mgr. mittelgriechisch	schweiz. schweizerisch
ahd. althochdeutsch	mhd. mittelhochdeutsch	scil. scilicet
alem. alemannisch	n. neutrum	seem. seemännisch
bair. bairisch	nom. nominativ	sg. singular
cj. konjunktiv	num. numerale	span. spanisch
comp. komparativ	nürnb. nürnbergisch	strassb. strassburgisch
conj. konjunktion	obd. oberdeutsch	stud. studentisch
dat. dativ	osächs. obersächsisch	stv. starkes verbum
els. elsässisch	ostfränk. ostfränkisch	superl. superlativ
f. femininum	ostmd. ostmitteldeutsch	swv. schwaches verbum
fränk. fränkisch	östr. österreichisch	theol. theologisch
franz. französisch	part. partizip	thür. thüringisch
gen. genetiv	plur. plural	tirol. tirolisch
gr. griechisch	praep. praeposition	trans. transitiv
imp. imperativ	praes. praesens	v. verbum
interj. interjektion	praet. praeteritum	voc. vokativ
intr. intransitiv	pron. pronomen	westmd. westmittel-
ital. italienisch	rhein. rheinisch	deutsch.

In den bedeutungsansätzen (bei denen strichpunkt bedeutungen scheidet, zwischen denen eine entwicklung liegt, komma die spielarten derselben grundbedeutung) liegt der schwerpunkt der arbeit. Aufgabe war es, jedes unverständlich gewordene frühnhd. wort mit den mitteln der lebenden sprache allseitig zutreffend, knapp, sprachlich gut und möglichst auch im gefühlston des alten worts zu umschreiben. An diese aufgabe ist alle sorgfalt und mühe gesetzt worden, im grunde ist auch sie wieder unlösbar. Es gibt nicht für jedes alte wort einen gültigen ersatz, der sich völlig damit deckt, und wo mehrere ersatzworte herangezogen werden, da reissen sie unfehlbar bedeutungswerte mit sich, die im kreis des alten worts keine stelle hatten. Diesen unmeidbaren schwierigkeiten gegenüber liegt das heil allein im leichtfühlenden takt und willigen verständnis, und hier genügt es nicht, dass sich der bearbeiter diese philologentugenden zu üben bemüht, er muss sie auch bei seinem leserkreis voraussetzen dürfen. Bei alledem bleibt aber doch mancher artikel, den man auch solchen benutzern nicht leichten herzens in die hand gibt — eine aufzählung wird man hier nicht verlangen — mancher vor allem, bei dem aus einer reichen bedeutungsentwicklung die paar glieder herausgegriffen werden müssen, die frühnhd. wirklich belegt sind. Die sachliche schwierigkeit erwächst hier im grunde aus dem kern von willkür, der in jeder periodisierung unserer sprachgeschichte enthalten

ist. Von gründen äusserer notwendigkeit vorgeschrieben wie jede arbeits-
teilung, kann dieser schnitt wissenschaftlich nie völlig einwandfrei geführt
werden, er wird und muss einmal auch ins leben schneiden.

Eine art entschädigung für die notwendige entsagung, die dieser teil der
aufgabe dem bearbeiter auferlegt, enthält die nächste pflicht in ihrer klaren
lösbarkeit: die anordnung der wortbedeutungen. Man wird dieses glossar vielleicht neben Lexers mittelhochdeutschem taschenwörterbuch nennen und es
etwa als dessen fortführung betrachten. So gern nun das glossar in äusserer
verwendbarkeit Lexers nützlichem hilfsbuch nahezukommen trachten wird,
innerlich möchte es nicht mit ihm verglichen sein. Ihm liegt nicht ein
grosses, die sprache seines zeitraums erschöpfendes wörterbuch voraus, sondern
es ist unmittelbar aus den quellen und überall selbständig gearbeitet. Die
freiheit von umfassenden vorbildern möge sich namentlich in der anordnung
der wortbedeutungen bewähren: sie ist genetisch in dem sinne, dass die
bedeutungen in ihrem ursächlichen zusammenhang gegeben sind, so wie sie
aus der grundbedeutung und dann aus einander begrifflich und geschichtlich
folgen, so dass die reihe erkennbar auf sich selber steht, ohne rücksicht
auf seitenketten, die räumlich oder zeitlich ausserhalb unseres gebiets liegen.
Wunder geschehen nicht in der sprache, auch nicht im bedeutungswandel,
darum gelangt man mit einer solchen anordnung überallhin. Man kommt
damit auch zurück zum ursprung der wörter, und die artikel des glossars
sind mit vorliebe so gefasst, dass ein denkender benutzer daraus wort- und
bedeutungsgeschichtliche aufschlüsse gewinnen kann, vgl. *ableg altfetelisch
amplazer aschlach ausspizen brem terminiren donen drolinger efern engelot
entsezen ereugen falbel feig verhengen gallenleute gelag* (die verweisung
auf *hof* erläutert auch dieses) *geleit hesse kaufschlagen rasch reuse rubet
salse spotfeler strelen.*

Die unterschiede zwischen dem frühnhd. und der lebenden sprache sind
gross genug, um eine wortgeschichtliche überbrückung zu brauchen und zu
tragen. So darf ich mit den worten schliessen, mit denen Jacob Schöpper
von Dortmund 1550 seinen versuch, lexikalisch die brücke vom hochdeutschen
zum niederdeutschen seiner zeit zu schlagen, gerechtfertigt hat: „dieweil es
dann ein solche gestalt mit diesen beiden zungen hat, wie nu ungefehrlich an=
gezogen: Hab ich, auß sonderlicher begird etlicher meiner günstiger Herrn und
freund, und zudem meinem vatterland und allen Predigern, Schreibern unnd
Rednern daselbst zu wolgefallen unnd dienste, mich dahin bewegen lassen,
das ich diese Synonyma (so ich dann etwan vor zwölff oder vierzehen jaren
allenthalben her zu hauff gerafpelt) wider herfür gesucht, vermehrt . . . und
also endtlich durch den druck (wie du hie sihest) hab lassen publicieren."

A.

ab conj. (md.) *ob.*

ab praep. (obd.) *von; ab und ab von oben bis unten.*

aban m. (alem.) *Urgroßvater.*

abbannen v. *durch Androhung des Kirchenbanns abtrotzen.*

abbaß adv. *weiter hinab.*

abbeheben v. (schwäb.) *abgewinnen.*

abbeten v. *durch Beten abgewinnen, abwenden.*

abbinden v. *die Bande lösen.*

abbiß s. teufelsabbiß.

abbitten v. *durch Beten abwenden, Abbitte leisten.*

abblasen v. *durch Signal zurückrufen.*

abblaten v. *entblättern.*

abblicken v. *pflücken.*

abbreche f. *Lichtputzschere.*

abbrechen v. *wegbrechen, bes. den Butzen vom Licht; niederreißen; unvermittelt enden lassen, Abbruch tun, einem etw. verweigern; aufhören; s. a. sich beherrschen.*

abbrechung f. *Enthaltsamkeit; Abbruch, Eintrag.*

abbringen v. *abschaffen.*

abbrinnen v. *abbrennen, zu Schaden kommen.*

abbruch m. *Verlust, Schädigung; Enthaltsamkeit.*

abbrüchig, -lich adj. *nachteilig; enthaltsam.*

abbrüchlikeit f. *Enthaltsamkeit.*

abbürnen v. *abbrennen.*

abdank m. *Verabschiedung; Leichenrede; Rechenschaft bei Amtsabgabe.*

abdanken v. *verabschieden; einem die Leichenrede halten; Rechenschaft ablegen.*

abdankung f. *Dankgottesdienst.*

abdauen v. *verdauen.*

abdecken v. *gefallenem Vieh die Haut abziehen.*

abdecker m. *Schinder.*

abdengeln v. *verhauen.*

abdeuen v. *verdauen.*

abdienen v. *abverdienen.*

abdingen v. *ein Uebereinkommen treffen; aus dem Dienst locken.*

abdorrung f. *Auszehrung.*

abdrauen v. *Wasser ablaufen lassen.*

abdringen v. *abnötigen.*

abdrucken v. *(einen Kauf) abschließen.*

abdülpen v. (schweiz.) *durchprügeln.*

abdünkel m. *Irrwahn.*

abe- s. ab.

abecete n. *Abc.*

abechter m. *Feldfrevler.*

abegen v. *sterben.*

abeilen v. *abjagen.*

abeis f. *Abweise, Unart.*

abend m. *bes. Vorabend, Tag vor einem Feste; Westen.*

abendürte f. *Abendschmaus.*

abendwerts adv. *nach Westen zu.*

abendwind m. *Westwind.*

abendzerung f. *Nachtessen.*

abenin f. (alem.) *Urgroßmutter.*

abenteur f. n. *(wunderbare) Begebenheit, Wagnis, Erlebnis, Glücksfall, (Glücks-)Gewinn, Preis, Ware ohne beglaubigten Wert; Spiel, Volks-, Schützenfest; Erzählung von Seltsamkeiten, Fabel(wesen), Ungetüm; auf a. ins Blaue hinein, auf gut Glück; mit a. künstlich; sein a. wagen sein Heil versuchen; auf alle a. auf alle Fälle.*

abenteuren v. *scherzen, wetten, gaukeln, spielen; besudeln.*

abenteurer m. *Gaukler, Schwindler, Wagehals; herumziehender Kaufmann, Juwelenhändler.*

abenteurig, -isch, -lich adj. *seltsam, unglaublich; mutwillig, übermütig, lustig.*

abentlechnen v. *ableihen.*

aber adv. *wieder, abermals; und a. aber trotzdem;* conj. *dennoch, jedoch;* (md.) *oder; sondern.*

aberacht f. *Acht höheren Grades; erneuerte Acht.*

aberachtbrief m. *Urkunde, die die Aberacht ausspricht.*

aberbeiten v. *durch Arbeit abnutzen, abtragen, ausarbeiten, erledigen.*

abere f. *zweite Ehe.*

aberechten v. *mit Aberacht bestrafen.*

aberechter m. *Verbrecher, der mit der Aberacht bestraft ist.*

abereins adv. *abermals.*

aberelle m. *April.*

abervater m. *Großvater.*

abergeistlicher m. *theologischer Eiferer.*

abergunst f. *Mißgunst.*

aberhalten v. *einem etw. abnehmen.*

aberkobern v. *wieder erwerben.*

aberkosen v. *unsinnig reden.*

abermal, -zeichen, -zil n. *abgestecktes Ziel, End-, Gesichtspunkt, Marke, Zeichen, Muttermal.*

abername m. *Neckname.*

aberreden v. *tolle Reden führen.*

aberwandel m. *nachträgliche Berichtigung, Rückgang eines Geschäfts, Reukauf, Reufrist.*

aberweis s. *abweise.*

aberwerben v. *abnehmen.*

aberwille m. *Widerwille.*

aberwiz f. *Gedankenschwäche.*

aberwizen v. *rasen.*

aberwizig adj. *verrückt.*

aberzil n. *verkehrtes Ziel.*

abessen v. *verzehren, schmarotzen.*

abesser m. *Schmarotzer.*

abezen v. *abweiden.*

abfal m. *Empörung; Verfall, Armut; Wasserfall, Wirbel.*

abfallen v. *entfallen; einem a. ihn im Stich lassen.*

abfechen v. *im Zustand der Fehde rauben.*

abfeim m. *Abschaum.*

abfeimen v. *abschäumen, als Unsauberkeit wegwerfen; von aller Unsauberkeit befreien, läutern; abgefeimt raffiniert.*

abfellig adj. *abtrünnig.*

abfergen s. abfertigen.

abferren v. *entfernen.*

abfertigen v. *auf die Fahrt schicken, absenden, zu Ende bringen.*

abfiguren v. *abzeichnen.*

abfinanzen v. *veruntreuen.*

abfirmen v. *abschaben.*

abfleiung f. *Abspülen.*

abflüchtig adj. *abtrünnig.*

abfodern v. *zurückberufen.*

abfresser m. *Schmarotzer.*

abfrezen v. *abweiden (machen).*

abgang m. *Weggang, Tod; Mangel, Gebrechen.*

abgeben v. *fahren lassen; entsagen.*

abgeilen v. *abbetteln.*

abgen v. *abnehmen, zugrunde gehen, sterben; abkommen; mangeln; verkauft werden; verschwinden; beiseit a. irre gehen.*

abgenglich adj. *vergänglich.*

abgeriben adj. part. *verschmitzt.*

abgeschaben part. *schäbig.*

abgeschmack adj. *geschmacklos.*

abgeschnitlich n. *Abfall.*

abgewinnen v. mit dat. *ihm beikommen;* einem nichts a. *können ihm nichts anhaben können.*

abglaube m. *Irrglaube, Abgötterei.*

abgleichen v. *nachahmen, fälschen.*

abgleubig, -isch adj. *abgöttisch.*

abgönner m. *Mißgönner.*

abgonst f. *Mißgunst.*

abgöter m. *Götzendiener.*

abgöterisch adj. *heidnisch.*

abgöze m. *Abgott.*

abgraben v. *nachgravieren.*

abgrundlich adj. *abgrundtief.*

abgünder m. *Neider.*

abgunst f. *Mißgunst.*

abgünstig adj. *feindselig, neidisch.*

abhaben v. *einem etwas anhaben.*

abheimisch adj. *abwesend.*

abhelfen, einem eines dinges, v. *ihn wovon befreien.*

abhenden v. *ablösen (eine Schuld, Verpflichtung).*

abhendig adj. *abhanden gekommen.*

abhendung f. *Ablösung.*

abher adv. *herab.*

abhin adv. *hinab.*

abholdig adj. *abhold.*

abhuld f. *Fehde.*

abkaufen v. *loskaufen.*

abkaufer m. *Käufer.*

abkelen v. *(ein Tier) abstechen.*

abker f. *auch Umweg.*

abkeren v. *(mhd. kêren) etw. aufgeben, fahren lassen; den Dienst verlassen.*

abkeren v. *(mhd. kern) mit dem Besen säubern; mit Ruten strafen; hart mitnehmen; einem heimleuchten, ihm die Wahrheit sagen.*

abkerich n. *Kehricht.*

abkeufen v. *erkaufen.*

abklage f. *Fehdebrief.*

abklappen v. *abweisen.*

abklopfen v. *prügeln.*

abkomen v. *loskommen, ledig werden; aus der Uebung kommen; zugrunde gehen.*

abkraft f. *Ohnmacht.*

abkünd(ig)en v. *aufkündigen, aufsagen, absprechen; für nichtig erklären.*

abkunterfêhen v. *abmalen.*

abkürzen v. *einem etwas entziehen.*

ablager n. *Absteigequartier.*

ablappen v. *schlaff herunterhängen.*

ablaß m. *Wehr am Mühlgraben; Erlaß der Kirchenbuße; den a. lösen sich (aus kirchlicher Strafe) loskaufen müssen.*

ablassen v. *(Sünde, Schuld) vergeben.*

ablassung f. *Unterlassung.*

ablaßwoche f. *Stiftung mit der Auflage, daß jährlich acht Tage für den verstorbenen Stifter gebetet und Ablaß für ihn erworben wird.*

ablaufen v. *sich müde laufen; behend entwinden; (eine Stadt) erobern.*

ableben v. *erleben.*

ablechnen v. *entleihen.*

ableckern v. *durch Betrug ablocken.*

abledig adj. *todesmatt.*

abledikeit f. *Mattigkeit.*

ableg adj. *(obd.) abwärts geneigt (vom Boden); verbraucht (von alten oder müden Menschen).*

ablegen v. trans. *nieder-, weglegen, erlassen; aufheben, sühnen; einem a. ihn benachteiligen; den kosten a. ersetzen.*

ablegig adj. *müde, schwach.*

ablegung f. *Niederlegen, Nachlaß; Aufhebung.*

ableib f. n. *Tod; Totschlag; Abgabe im Todesfall.*

ableiben v. *sterben.*

ableibicht adj. *hinfällig.*

ableinen v. *ablehnen, ablenken, vermeiden, abstellen.*

ableinung f. *Ablehnung, Widerlegung.*

ablenung f. *Abwendung.*

ableren v. *ablernen.*

ableschen v. *löschen, ungeschehen machen.*

ablessig adj. *nachlässig.*

ablessikeit f. *Vernachlässigung.*

ableuftig adj. *absprechend.*

ableute plur. *zum Tod verurteilte Verbrecher.*

ableutern v. *durch Klärung absondern.*

s. ablezen v. *sich zum Abschied freundlich erweisen.*

abliegen v. *durch Lügen abstreiten.*

abmalen v. *als Mal setzen, abgrenzen.*

abmanen v. *kündigen.*

abmeien v. *abmähen.*

abmerzlen v. *abhandeln.*

abnemen v. *etwas weg-, zurück-, entnehmen; spüren, vermuten; schlachten; einem schaden; intr. abnehmen, herunterkommen.*

abnemen n. *Folgerung; Verfall.*

abnemung f. *Verfall; Schwindsucht.*

abnöten v. *einem etwas abdrängen.*

abnuzung f. *Nießbrauch.*

1*

abpfezen v. *abkneipen.*
abpochen v. *abtrotzen.*
abpoltern v. *abtrotzen.*
s. abquetschen v. *zurückprallen (von Wogen).*
abrabemsch adj. *hebräisch.*
abraten v. *im Rat abstimmen.*
abrausch m. *Aberraute.*
abrechen v. *abzählen, berechnen, Abrechnung halten.*
abred(e) adj. *nicht geständig;* einer tat a. sein *sie läugnen.*
abreden v. *vereinbaren;* intrans. *irre reden.*
abredig adj. *nicht geständig;* nit abredig sein (mügen) *gestehen (müssen).*
abreichen v. *entrichten.*
abreißen v. *auch abzeichnen;* s. a. sich *(vor Zorn) in Stücke reißen, sich überanstrengen.*
s. abreiten v. *sich müde reiten.*
abrell m. *April.*
abrennen v. *(im Turnier) vom Roß stoßen.*
abrichten v. *schelten* (s. ausrichten); *schlichten, entschädigen; abführen, entlassen; entrichten, zahlen; abwendig machen.*
abrichtung f. *Zahlung.*
abrisen v. *herabfallen.*
abruf m. *Wertherabsetzung; Wegruf.*
absagbrief m. *Fehdebrief.*
absage f. *Kriegserklärung.*
absagen v. *den Frieden aufkünden, abschlägigen Bescheid geben, (sich) versagen, verzichten.*
absagung f. *Kriegserklärung.*
abschaben v. *sich scheren.*
abschach n. *Abzugsschach.*
abschaffen v. *abstellen, ein Ende machen, aus dem Lande weisen.*
abschalten v. *abstoßen.*
abschaz adj. *geringwertig.*
abscheid m. *Trennung vom Amt oder Leben; Förmlichkeit beim Weggang, Urlaub; Endbeschluß, Urteil, Vereinbarung, Rezeß.*
abscheiden n. *Weggang; Tod.*
abschelen v. *wie eine Schale abheben.*

abschelmen v. *entwenden.*
abscheuig adj. *verabscheut.*
abscheuung f. *Abscheu, Verachtung.*
abschezen v. *als Lösegeld abnehmen; für minderwertig erklären.*
abschifern v. *abstoßen.*
abschippen v. *(md.) verstoßen.*
s. abschitten v. *zurückgehen.*
abschlag m. *Knoblauch* (lat. ascalonium).
abschlagen v. *abziehen; im Preis fallen;* einem etwas a. *es ihm abgewinnen;* eins gen den andern a. *eins ins andre rechnen.*
abschleißen v. *niederreißen.*
abschleunen v. *eilig absenden.*
abschliff m. *Abhang (eines Berges).*
abschmieren v. *prügeln.*
abschniz m. *Abfall, Schnitzel.*
abschrecken v. *abjagen.*
abschreiten v. *abweichen.*
abschrot n. *Abfall.*
abschüpfen v. *wegstoßen;* einem etwas a. *es ihm abdrängen.*
abschweisen v. *abnehmen (vom Gelde).*
absegen v. *amputieren.*
absehen n. *Korn auf dem Büchsenlauf.*
absein v. *abgetan sein; ledig sein;* eines anspruchs a. *ihn abstreiten,* nit a. können *zugestehen müssen.*
absentiren v. *sich fernhalten.*
absenz f. *Erlaubnis eine Pfründe auswärts zu genießen; Pfründe mit dieser Freiheit.*
abserben v. *hinsiechen, hinschwinden.*
abseugen v. *abziehen.*
absezen v. *auch im Preis drücken; abspenstig machen; ungültig machen.*
absoluz f. *Sündenerlaß im Beichtstuhl.*
absolviren v. *von Sündenschuld freisprechen; zu Ende bringen, einen Lehrgegenstand erledigen.*
abspanen v. *ablocken.*
abspenig adj. *abspenstig.*
abspilen v. *abkarten.*
abstat adv. *(schweiz.) vom Fleck.*
einem etwas abstechen v. *es ihm abwendig machen.*

(s.) abstelen v. *(sich) wegstehlen.*
abstellen v. *abschaffen, untersagen, verwehren.*
absten v. *verzichten, ablassen; (vom Pferd) absitzen.*
abstimmend, —ig adj. *widersprechend.*
abstiniren v. *sich enthalten, fasten.*
abstoßen v. *absetzen.*
abstreflen, -ströflen v. *abstreifen.*
abstrelen v. *abkämmen.*
abstricken v. *wegfangen, wegnehmen, abwendig machen; verbieten; abfertigen; jem. aus den Fesseln befreien.*
abstrickung f. *Vorenthalten, Sperre.*
absündern v. *absondern.*
abte(i)di(n)gen v. *durch Verhandlung abgewinnen; abwehren.*
abteuschen v. *einem etwas abluchsen.*
abtgot m. *Abgott.*
abtgoterin f. *Abgöttin.*
abtilgen v. *vernichten.*
abtöffeln v. *zurechtweisen.*
abtrag m. *Wettmachen, Austrag; a. tun Ersatz gewähren.*
abtragen v. *(einem sein Gut) nehmen, stehlen; (die Ursache eines Zwistes) beheben, aussöhnen; (ein Unrecht) gutmachen, büßen.*
abtreten v. *abtrünnig werden; (vom Pferde) absteigen; von einer Sache abstehen, darauf verzichten.*
abtreter m. *Abtrünniger.*
abtrinnig, -isch, abtrunnig, -isch adj. *fahnenflüchtig.*
abtrinnung f. *Schisma.*
abtrit m. *Weggang.*
abtrümlich, -ling adj. *abtrünnig.*
abtun v. *abschaffen, beseitigen; (einen Gegner) entkräften; (einen Schaden) vergüten; s. abtun sich (einem Anspruch) entziehen; ablassen von; s. etwas a. es sich abgewöhnen.*
abweg adv. *fort, hinweg.*
abwegen v. *durch Wuchten losbrechen; abspenstig machen.*
abweise f. *seltsame Weise, Unart.*
abwendig adv. *abwärts.*

s. abwerfen v. *sich empören.*
abwertikeit f. *Abwesenheit.*
abwesen n. *Abwesenheit.*
abwim(l)en v. *Trauben lesen* (lat. vindemiare).
abwürfig adj. *rebellisch.*
abziechstub f. *Auskleideraum.*
abziehen v. *ausziehen; entziehen, abspenstig machen; wegnehmen; einem etwas abgewöhnen; ihn verkleinern; s. a. sich zurückziehen.*
abzielen v. *einen Termin setzen; (einen Kauf) rückgängig machen; jem. abbringen von.*
abzins m. *Abgabe.*
abzucht f. *Wegzug; Wassergraben* (lat. aquaeductus).
abzug m. *Weggehen; Steuer beim Wegzug; Schaden.*
abzügig machen v. trans. *zum Abfall bringen.*
abzwagen v. *wegwaschen.*
ache f. (tirol.) *ein Feldmaß von etwa 1000 Quadratklaftern.*
acheln v. (rotw.) *essen.*
achen v. *jammern.*
acher m. (alem.) *Acker.*
achizen v. *stöhnen.*
achstein m. *Bernstein.*
acht f. *Friedloslegung; Aufmerksamkeit, Schätzung;* (rhein.) *Grundstück, Frondienst.*
achtbar adj. *von Stand, ansehnlich;* (schweiz.) *beachtenswert, bedenklich.*
euer achtbarkeit f. *Anrede an Respektspersonen.*
achtbrief m. *Aechtungsurkunde.*
achtbuch n. *amtliche Liste der Geächteten.*
achte m. *achter Tag, Oktave einer (kirchlichen) Feier.*
achtede num. *achte.*
achtefeme f. *Aechtung durch Femgericht.*
achten v. *in die Acht tun; erachten; beachten; eines gegen dem andern a. beides vergleichen.*
achtend, achte(s')t num. *der achte (Tag).*
achtering f. *Achtelmaß.*

achterleute plur. *Rechtsbeistand.*
achtfellig adj. *acht Gefälle steuernd.*
achtfrei adj. *frondefrei.*
achtman m. *Mitglied eines Achter-ausschusses; Abschätzer, Schöffe.*
achtod num. *der achte.*
achtrodel m. *Liste der Geächteten.*
achtschaz m. *Zahlung für Lösung aus der Acht.*
achtschilling m. *Zahlung für Lösung aus der Acht.*
achttag m. *Frontag.*
achtung f. *Erachten.*
achtwort f. (rhein.) *Weidegrund.*
achze num. *achtzehn.*
ackerbau m. *auch Grundstück.*
ackerbube m. *Bauernknecht.*
ackerdroll m. *grober Bauer.*
ackergang m. *Ackerbau, -gut.*
ackergen n. *Feldbestellung.*
ackergurre f. (obd.) *Ackergaul.*
ackerknol, -trap m. *grober Bauer.*
ackerman m. *Bachstelze.*
ackertrapp m. f. *Stelzvogel,* Otis tarda.
ackertroll m. *grober Bauer.*
ackes f. *Axt.*
adamant m. *Diamant; Magnet.*
adamantisch adj. *hart wie Edelstein.*
Adamsapfel m. *Paradiesapfel.*
Adamsrut f. *männliches Glied.*
Adamszepflein n. *vorstehender Schildknorpel.*
adauche f. *Abzugsgraben* (lat. aquaeductus).
adel m. (ostmd.) *auch Landesherr(en).*
adel m. *Mist, Unsauberkeit.*
adelisch adv. *nach Junkerart.*
adelkeit f. *Zartheit.*
adelung f. *Veredlung.*
ader conj. *oder.*
ader f. *Muskel, Sehne; Nerv; Blutgefäß.*
aderechtig adj. *sehnig.*
aderlaß, -lessi f. *auch: Zeit des Aderlasses, Kurzeit.*
adi adv. *am Tage.*
administrator m. *Amts-, Pfarr-, Bistumverweser.*
admiral m. *auch Heerführer.*

admis n. *Brief.*
adone m. (rotw.) *Gott.*
adumbriren v. *lebhaft schildern.*
advertenz f. *Gehör, Aufmerksamkeit.*
aer m. *Adler.*
aff m.: einem einen affen machen *ihm ein Schnippchen schlagen.*
affekt m. *Begierde, Zuneigung.*
affektion f. *Wohlwollen.*
affenfenzen s. alfenzen.
affenheit f. *Torheit.*
affenspil n. *Possen.*
affensteg, -weg m. *Narrenweg.*
affenwerk n. *Nachahmung.*
affenzagel m. *Affenschwanz.*
affolter f. *Apfelbaum.*
avisa f. *Nachricht.*
afrodisia f. *Liebeslust.*
after praep. *nach, hinter;* a. land *das Land entlang;* a. der stat *in der Stadt herum.*
afteranwalt m. *Winkeladvokat.*
afterbergen v. *Nachlese halten.*
afterbestand m. *After-, Nachmiete.*
afterburd, -bürde f. *Nachgeburt.*
afterdarm m. *Mastdarm.*
afterding n. *substituiertes Gericht.*
afterglaube m. *Aberglauben.*
aftergleubisch adj. *abergläubisch.*
afterkosen v. *verleumden.*
afterkoser m. *Verleumder.*
aftermontag m. *Dienstag.*
afterrede f. *Verleumdung.*
afterreden v. *verleumden.*
afterreder m. *Verleumder.*
afterreif, -riem, -sil m. *Schwanzriemen der Zugtiere.*
aftersabbat m. *der dem zweiten israel. Ostertag folgende Sabbat.*
afterschlag m. *Gipfel und Aeste eines gefällten Baumes; Nachwehen von Krankheit und Sünde.*
afterwege(n) adv. *hin und her.*
afterweise, -wizig adj. *verrückt.*
afterwinter m. *Nachwinter.*
aftricht n. *Abfall vom Getreide.*
ag(a)laster, age(r)laster f. *Elster.*
agen f. *Splitter von Aehren, Flachs, Granne; Spreu;* einer die agen abschütten *sich an ein Mädchen (in der Spinnstube) heranmachen, um sie bemühen.*

agers s. agrest m.

agezeli f. *Vergeßlichkeit.*

agezelich adj. *vergeßlich.*

aggeriren v. *häufen, mehren.*

aggravation f. *eine kirchliche Strafe.*

agiren v. *(eine Rolle) spielen;* den Vulkanum a. *lahm sein.*

aglaurei f. *Neid.*

agnat m. *Verwandter von Vater-seite.*

agnus dei n. *geweihtes Wachsbild des Lammes Gottes; Bittruf im Meßgesang nach Joh. 1, 29.*

agrest f. (schweiz.) *Elster.*

agrest m., agresta f. *Saft aus un-reifen Weinbeeren.*

ag(t)stein m. *Bernstein; Magnet.*

ah interj. *ach!*

ahe f. *Bach.*

aher f. *Aehre.*

ai- s. ei-.

akkord(o) m. *Vergleich, Vertrag.*

akolit(us) m. *Geistlicher der die vier niedern Weihen erhalten hat.*

akrum m. (schweiz.) *Eichelmast der Schweine.*

akse f. *Axt.*

al m. (westmd.) *Winkel zwischen zwei Häusern.*

alafanz m. *Possenreißerei, Betrug.*

alamodisch adj. *modern.*

alant m. *ein Süßwasserfisch,* Squalius cephalus.

alant m. *ein Würzkraut,* inula.

alantspieß m. *glatter Spieß.*

albe f. (bair.) *Alm, Bergweide.*

albe f. *weißes Chorhemd der Geist-lichen.*

albede num. *alle beide.*

albeg adv. *immer.*

alber f. *Weiß-, Schwarzpappel.*

alber adj. *schlicht, naiv, einfältig, unzurechnungsfähig.*

albereit adv. *schon.*

albot adv. *immer.*

alchamei f. *Alchymie.*

alchen v. (rotw.) *gehen.*

ald conj. (schweiz.) *oder.*

alde, aldi interj. *adieu.*

al(e)fanz m. *Possenreißerei, Betrug, Schlich.*

alefanzer m. *Narr, Faselhans.*

alenfenzig adj. *lächerlich.*

aleub f. *Ueberbleibsel.*

alfenzen v. *narren, faseln.*

alfenzerei f. *Narretei, Betrug.*

alfenzig, -isch adj. *lächerlich.*

algebot adv. *immer.*

algereid adv. *bereits.*

alhand adv. *sogleich*

alhieig adj. *hiesig.*

alifenzig adj. *lächerlich.*

alko(f)ol m. *Pulver von feinstem Korn; Puder.*

alkoran m. *Koran.*

allegation f. *Zitat.*

allegiren v. *anführen, beibringen.*

allenklich adv. *insgesamt, voll-ständig.*

allentag adv. *täglich.*

allerdinge adv. *in jeder Hinsicht, durchaus.*

allererst adv. *eben erst; erst recht; vor allem;* nu a. *nun erst (recht).*

allermaße(n) adv. *auf jede Weise, ganz und gar.*

allermeist adv. *hauptsächlich.*

den allernesten adv. *auf dem näch-sten Weg.*

zum allerwegsten adv. *aufs beste.*

alles adv. *immer.*

allesander adv. *alle miteinander.*

almarein n. *Kasten* (lat. armarium). me(i)nde f. *Gemeindeland.*

almer f. *Schrank.*

almit adv. *dabei.*

almuz(i)e f. *Kopfbedeckung der Ka-noniker.*

alrup f. *Aalraupe.*

als adv. *so, wie, zum Beispiel, nämlich; überhaupt, immer;* a. ferr *soweit;* a. vil a. *so viel als;* a. mer *ebenso gern;* a. wenig *ebensowenig;* a. wenn *zum Bei-spiel wenn.*

als conj. *auch: als ob.*

alsam adv. *so.*

alsamen adv. *alle zusammen.*

alsander adv. *alle miteinander.*

alsem f. (moselfr.) *Wermut.*

also adv. *ganz so, ebenso, so, folgendermaßen, nämlich;* a. auch *ebenso;* a. fort *weiterhin;* a. gar *so ganz;* a. getan *so beschaffen;*

a. wenig *ebensowenig wie;* a. wol
ebensogut wie.
alster f. *Elster.*
alsteraug n. *Hühnerauge.*
alsuslich adj. *solch.*
altarist m. *Inhaber einer auf einen
bestimmten Altar gestifteten ge-
ringen Pfründe.*
altbüßer m. *Flickschuster.*
alte m. *Läufer im Schach.*
alten v. *alt werden; alt machen.*
alter m. *Altar;* der hohe a. *Hochaltar.*
alteriren v. *verändern* (lat. alterare).
alterlehen n. *Klerikerstelle, die mit
einem Altar verbunden ist.*
alterliecht n. *Altarkerze.*
alterseinig adj. *mutterseelenallein.*
alterstein m. *Altarplatte.*
altvater m. *Patriarch; Einsiedler;
Ahn.*
altfetelisch adj. *geschwätzig wie ein
altes Weib* (lat. vetula).
altfodern plur. *Vorfahren.*
altgeschaffen adj. *gealtert.*
altgwender m. *Kleidertrödler.*
altiren v. *Alt singen.*
altmacher m. *Flickschuster.*
altman m. *Greis.*
altmuter f. (westmd.) *Großmutter.*
altplecker m. *Flickschneider.*
altreuß m. *Flickschuster; Trödler.*
alt werden v. *von Bräuchen: einreißen.*
altwerker m. *Kürschner, der ge-
tragenes Pelzwerk aufarbeitet.*
alweg adv. *immer*
alwent adv. *überall, immer.*
alzoges adv. *in einem Zug, fortwährend.*
alzumal adv. *allesamt.*
amacht f. *Ohnmacht.*
amalirt part. *emailliert.*
amat f. *zweiter Schnitt des Grases.*
amb- *s.* anb-.
ambacht n. *Amt, Hochamt.*
ambachten v. *aufwarten.*
ambasat m. *Botschafter.*
ambasiador m. *Gesandter.*
amber f. *Ambra.*
ambor adv. *empor.*
ambosat m. *Gefreiter.*

ame m. *Ohm, Flüssigkeitsmaß.*
amechtig adj. *ohnmächtig, schwach;
nichtig, nichtsnutzig, elend.*
amelber f. *Sauerkirsche, Amarelle.*
amelkorn n. *Dinkel* (amylum).
ameln *s.* amlen.
amelung n. *Kraftmehl.*
amer f. *Sauerkirsche, Amarelle.*
ameral, amiral m. *Admiral.*
amerkern m. *Dinkel* (lat. amylum).
amern plur. *Funken unter der
Asche.*
am ersten adv. *gleich zuerst.*
amhorn m. *Ahorn.*
amiko m. *Geschäftsfreund.*
amlen v. *die Brust reichen, nähren;
lallen.*
ammeister m. *Zunftobermeister.*
amomon n. *orientalische Gewürzpflanze* (gr. ἄμωμον).
amplazer m. *Henkersknecht, der
die Gefangenen mit Strängen*
(mlat. amblacium) *fesselt.*
ampoß m. *Amboß.*
ampot 1. 3. sg. praet. ind. *entbot.*
ampt n. *Dienst; Hochamt, Meß-
text; Bezirk; Zunft; Beruf;* a.
(gotes) *Messe; Abendmahlsfeier;*
im a. leben *Amtsgewalt haben.*
amtschad m. *Umlage der Bewohner eines Amts.*
an m. *Großvater.*
an f. *Großmutter.*
aname m. *Uebername.*
anander adv. *einander.*
anbehalten v. (einem den sig) *ihn besiegen;* etwas a. *zurückbehalten.*
anbeilen, -beulen v. *anbellen.*
anbemaligt adj. part. *unbefleckt.*
anbild n. *Vorbild; Sinnbild.*
anbiß m. *Frühstück.*
anblasen v. (den tag) *Tagesanbruch
durch Signale verkündigen.*
anblazen, -platschen v. *dreist anreden, anherrschen; sich (feindselig) nahen, überraschend angreifen.*
anblehen v. *anblöken.*
anblick m. *sichtbarer Gegenstand,
Etwas fürs Auge.*
anbringen v. *vorbringen, melden.*
anbritlen v. *anzetteln.*

anbüßen v. *anflicken.*

and m. *Verdruß;* and tun *verdrießen.*

andacht f. *Meinung, (religiöser) Eifer;* a. zu jem. *Schwärmerei für ihn.*

andechtig adj. *fromm.*

anden v. *(Unwillen) empfinden, seinen Unwillen betätigen;* mich andet *mich verdrießt.*

anden v. (md.) *ahnen.*

ander num. *zweite;* ander und ander (schweiz.) *immer neue.*

anders adv. *überhaupt;* conj. *außerdem, sonst.*

anderstwa adv. *anderswo.*

anderweit adv. *zum zweiten Male.*

anderwerb adv. *zum zweiten Mal.*

anderwertlich adv. *bei anderer Gelegenheit.*

an deß adv. *ohnedies.*

andingen v. *zur Bedingung machen.*

andrehen v. *anspinnen, in Gang setzen; abkarten.*

andwerk s. handwerk.

an(e) präp. *ohne, mit Ausnahme von;* an eins zweinzig *neunzehn;* an eins lezt *vorletzte;* nit ane *nicht ohne Grund;* an das *ohnedies;* nur das.

an(e) conj. *außer, ausgenommen daß;* a. das *abgesehen davon daß.*

ane- s. an-.

aneinander pron. *gegenseitig.*

aneinanderhangen, -knüpfen v. *(zwei Gegner) hinter einander hetzen.*

anerben v. trans. *durch Erbschaft an einen gelangen.*

anersterben v. *durch Tod zufallen; durch Todesfall erwerben.*

ane sein v. *frei sein von.*

anezen v. *anlocken.*

anfahen v. *auch: etwas von einem beanspruchen.*

anfal m. *Heimfallrecht; Ueberfall.*

anfallen v. *als Erbe zufallen; durch rechtlichen Einspruch stören, inhibieren; befallen werden; haftbar machen.*

anfaren v. *landen.*

anfart f. *Landeplatz, Hafen.*

anfenger m. *Anstifter.*

anfordern v. *vor Gericht fordern.*

anfrau f. *Großmutter.*

anfrümen v. *bestellen.*

anfurt f. *Landungsstelle.*

anfuß m. *Amboß.*

angang m. *Anfang.*

ange m. *Angel, Haken.*

angeben v. *empfehlen;* sich a. *sich hinstellen, rühmen; sich melden lassen.*

angeben n. *Anregung, Maßgabe, Anweisung.*

angeber m. *Denunziant.*

angebür n. *gebührender Schuldanteil.*

angeburt f. *angeborene Art.*

angecken v. *ankrächzen* (s. gecken).

angedechtig adj. *erinnerlich.*

angedechtnis, -gedenknis f. *Gedächtnis.*

angedenk adj. *eingedenk.*

angeding n. *Bedingung, Vorbehalt.*

angefer adv. *von ungefähr, ohne schlimme Absicht.*

angegen adv. *entgegen.*

angehengig adj. *anhänglich.*

angel m. *Stachel, Winkel, Dreieck.*

angeleich adj. *ähnlich.*

angelfen v. *(um Hilfe) anschreien.*

angelik(a) f. *Brustwurz,* Angelica silvestris.

angeloben v. *versprechen.*

angeltugend f. *Kardinaltugend.*

angelus n. *das* Ave Maria *als Gebet (nach der Einleitung* Luk. 1, 28).

angelwind m. *Wind von einem der vier Enden der Welt.*

angen v. trans. *angreifen, sich daran machen; zuteil werden;* intrans. *anfangen, zuschreiten.*

angende n. *Anfang.*

angen(d)s adv. *gleich anfangs; sofort.*

angenem(e) adj. *wohlgefällig, willkommen, brauchbar.*

angenumen adj. part. *heuchlerisch.*

angenumenheit f. *Heuchelei.*

angeschöpft adv. part. *anerschaffen.*

angesehen conj. *in Anbetracht daß.*

angesicht f. *Anblick.*

angesicht praep. *angesichts.*
angesigen v. einem *ihn besiegen.*
ang(e)stbar adj. *ängstlich.*
ang(e)stbarkeit f. *Aengstlichkeit.*
angewant adj. part. *verwandt.*
angewinnen v. *abjagen; überwinden.*
angewünscht adj. part. *adoptiert.*
angift f. *Anzahlung.*
anginen v. *mit offenem Mund an-
gaffen.*
anglaffen v. *anstarren.*
anglarren v. *frech anstarren.*
anglef(z)en v. *anstarren.*
angleich adj. *ähnlich.*
angreifen v. *einem zusetzen, ihm
etwas zumuten; etwas nicht schonen können, es hergeben müssen;
s. a. sein Aeußerstes tun.*
angst(-böswicht, -hure) *verstärkend:
arg.*
angsten v. *ängstigen.*
angster m. *Krug mit engem Hals;*
(schweiz. els.) *geringe Münze.*
angstig adj. *bedrängt.*
angülte m. *Bürge, Mitschuldner.*
angurie f. *Wassermelone* (mgr.
ἀγγούριον)·
anhab m. (obd.) *Anfang; Urheber.*
anhaben v. trans. *einem mit Bitten
anliegen;* intrans. *anfangen.*
anhalten v. *inständig bitten; worauf bestehen; fortfahren;* einem
a. *um ihn besorgt sein.*
anhang m. *Anhängerschaft, Partei;
Zubehör; Klausel.*
anhangen v. *einhenkeln; mit einem gemeinsame Sache machen;
von einem abhängen; anhängig
sein;* in anhangendem recht *im
schwebenden Verfahren.*
anhangen n. *Anhänglichkeit.*
anharrigkeit f. *Beharrlichkeit.*
anhau m. *Amboß; Hackeklotz.*
anheber m. *Anfänger, Urheber,
Gründer.*
anhebig adv. *geflissentlich.*
anheim(en) adv. *nach Hause.*
anheim(i)sch, anheim(s) adv. *daheim; nach Hause.*
anheischen v. *zumuten.*
anhengen, einem den andern v. *ihn
hetzen gegen.*

anhengig adj. *folgend aus;* a. sein
anhängen.
anher adv. *heran, hierher.*
anherr m. *Großvater, Greis.*
anherrig adj. *anhaftend.*
anherrikeit f. *Beharrlichkeit.*
anheut adv. *heute.*
anhin adv. *hinan, hin.*
anhorn m. *Ahorn.*
anjochen v. *einspannen.*
ankauchen v. *anhauchen.*
anke f. (schwäb. fränk.) *Nacken.*
anke m. (alem., schwäb.) *ausge-
lassene Butter.*
ankenbrief m. (alem.) *Dispens, der
den Gebrauch von Butter zur
Fastenzeit erlaubt.*
ankenten v. *anzünden.*
ankeren v. *daran wenden; angreifen;* a. umb etwas *darum bitten;*
a. von sich *abwenden.*
ankerung f. *Mühe, Fleiß.*
anklebelikeit f. *Anhänglichkeit.*
anköken v. *anspeien.*
ankuchen v. (schweiz.) *einhauchen.*
ankumen v. *antreffen; anfahren;
erreichen, zustande bringen, bekommen.*
ankumen n. *Amtsantritt.*
ankunft f. *Herkunft, Ursprung.*
anlangen v. *einen anreden, bitten,
gerichtlich belangen.*
anlaß m. *Abmachung; Start beim
Wettlauf; Einigung auf ein
Schiedsgericht.*
anlaufen v. trans. *anfallen, einen
Ansturm wagen;* intrans. *Anstoß
erregen, sich den Kopf ein-
rennen; anstürmen; sich versündigen;* übel a. *zu Schanden werden.*
anlauf(t) m. *Ansturm; Anfechtung;* des ersten a. *auf Anhieb.*
anleg f. *Umlage.*
anlege f. *Einkleidung.*
anlegen v. *anziehen, antun, auferlegen; fesseln; anfangen; planen;
abmachen, vereinbaren; wozu
verwenden; sich niederlassen.*
anleite f. *Vermögensexekution*
anleitsbrief m. *Ladung.*
anlenden v. *landen.*

anliegen v. trans. *verleumden.*

anligen v. *mit Bitten zusetzen; bevorstehen, drohen;* mir ligt an *ich lasse mir angelegen sein;* da ligt es an *darauf kommts an, davon hängt es ab.*

anliglich adv. *eindringlich.*

anliglikeit f. *Inständigkeit.*

anmal n. *Muttermal.*

anmaßen v. *nachahmen.*

anmechtig adj. *ohnmächtig, nichtig.*

anmeulen v. *anfletschen.*

anmut (obd.) m., (md.) f. *Lust an etwas, Reiz dafür, Gelüst, Affekt.*

anmuten v. *einem etw. ansinnen, vorschlagen.*

anmütig adv. *bereitwillig; sympathisch.*

anmütikeit f. *Affekt.*

annaten plur. *Abgabe der Bischöfe an Rom nach Anschlag des Jahresertrags ihrer Pfründe.*

annem adj. *angenehm.*

annemen v. *fangen, arretieren, anwerben, sich bemächtigen;* s. eines dinges annemen *sich kümmern um, abgeben mit; beanspruchen, sich anmaßen, aneignen; vorgeben, so tun als.*

annemung f. *Anmaßung.*

anpfer m. *Sauerampfer.*

anplazen s. *anblazen.*

anplezen v. *anflicken.*

anprickeln v. *betreiben.*

anraten v. *angehen;* es rät mich an *betrifft mich.*

anred sein v. *geständig sein.*

anregen v. *anrühren; veranlassen; erregen.*

anreifeln v. *anregen, anhängig machen.*

anreisen v. *anstiften.*

anreitgeld n. *Werbegeld des Reiters.*

anrennen v. *angreifen.*

anrennen n. *Ansturm.*

anrichte f. *Buffet.*

anrichten v. *der letzte Akt beim Kochen.*

anringen v. *an einen Ring fesseln.*

s. anröten v. *(vor Zorn) rot werden.*

anruck m. *Impuls.*

anrucks adv. (alem.) *sofort.*

anrur f. *Angriff.*

ansagen v. *zusprechen.*

ansaz m. *Ansteckung.*

anschaffen v. *auch anordnen.*

anschauung f. *Schaustellung.*

anschiften v. *einfädeln.*

anschiftung f. *Anstiften.*

anschlag m. *Absicht, Vorsatz, Plan; Kriegslist; Kostenberechnung; Verständigung.*

anschlagen v. *durch einen Anschlag gewinnen; bekanntmachen; vorhaben, beabsichtigen; veranschlagen, schätzen.*

anschlegig adj. *erfindungsreich.*

anschleglich adv. *absichtlich.*

anschleifen v. *(einen Baum) pfropfen.*

anschmellen v. *anlächeln.*

anschmizen v. *anpochen.*

anschnarren v. *anfahren.*

anschnauen v. *zornig anfahren.*

anschnurren v. *schelten, anfahren.*

anschrau(i)zen v. *anfahren.*

ansehen v. *bedenken, verordnen, beschließen; einem etwas anrechnen; gelten lassen;* die sach (es) sicht mich an *sie scheint mir;* es läßt sich a. *es scheint;* jem. a. *auf ihn Rücksicht nehmen.*

ansehlich adj. *vornehm.*

sezen v. *anstecken; angreifen; anführen, betrügen.*

ansichtig adj. *ansehnlich.*

ansigen v. *mit dat. überwinden.*

ansizen v. *an Bord gehen.*

anspeien v. *verspotten.*

anspin m. *Spinnwirtel.*

s. anspizen v. *spitz werden, vom Gesicht des Wütenden und Sterbenden.*

ansprache f. *Anspruch, Forderung.*

ansprechen v. *(gerichtlich) beanspruchen, anklagen; (freundlich) anreden, begrüßen; behandeln.*

ansprengen v. *behelligen.*

ansprung m. *Einsetzen, Anfall.*

anstal m. *Aufschub, Waffenstillstand.*

anstalt f. *Vertagung.*

anstand m. *Aufschub, (Waffen-) Stillstand.*

anstellen v. *einstellen, verschieben;* den krieg a. *Waffenstillstand schließen.*

ansten v. *antreten, stillstehen, ausbleiben;* a. lassen *unter-, weg-, außer Betracht lassen.*

ansterben v. *durch Tod zufallen, durch Erbschaft erhalten.*

ansterblich adj. *durch Tod zufallend.*

anstoß m. *Angriff; Grenze; Anfechtung.*

anstoßen v. intr. *angrenzen;* trans. *anstecken von Feuer und Krankheit;* mich stößt an *mich befällt, betrifft.*

anstößer m. *Grenznachbar.*

anstrengen v. *auch dringend bitten.*

anstund adv. *sofort.*

ansuchen v. *aufsuchen; angreifen.*

ant *s.* and.

antasten v. *angreifen.*

mich antet *mir ist glaublich.*

Antenger ferlein n. *Schwein der Herren vom Antoniusorden.*

antvogel m. *Ente, Wildente.*

s. anthalten v. *sich aufhalten.*

antheiß m. (schweiz.) *Versprechen.*

antheißen v. (schweiz.) *versprechen.*

anthopten v. *enthaupten.*

antifen plur. *kirchliche Wechselgesänge* (mlat. antiphona).

antlaß m. (ostobd.) *kirchlicher Ablaß.*

antlaßtag m. *Gründonnerstag, an dem Ablaß gewährt wird.*

antlit n. *Gesicht.*

s. Anton m. *Antoniusfeuer, Rotlauf.*

Antoniusschwein n. *Schwein des Antoniusordens, durch Schelle und T-Kreuz der Mildtätigkeit empfohlen.*

antrach, -rich m. *Enterich.*

antragen v. *auf dem Leibe tragen, zur Schau tragen; beantragen; anbieten.*

antreffen v. *betreffen; anstellen, anordnen.*

antreiben v. *andauernd treiben, wiederholen.*

antrit m. *Schwelle; Auftreten, Ankunft.*

antrüzler m. *Anstifter.*

antschuting f. *Entsatz.*

antweders conj. *entweder.*

antwerg *s.* handwerk.

antwort f. *Entgegnung;* a. geben *verantworten.*

antworten v. *übergeben, überantworten; eine Verantwortung übernehmen; begründen; s.* a. *sich begeben, übergeben.*

antworter m. *Angeklagter; Verteidiger.*

anwand f., anwender m. *Gewanngrenze.*

anwarten v. *eine Anwartschaft haben.*

anwartung f. *Anwartschaft.*

anwat f. *Schwächeanfall, Hexenschuß.*

anweg adv. *hinweg.*

anwei(h)en v. *anwehen.*

anweislich sein v. *anweisen, zeigen.*

anwenden v. *jem. angreifen.*

anwer(de)n v. *zugrunde gehen, draufgehen; loswerden, losschlagen, verjubeln.*

anwerfen v. *das Ansinnen stellen; etwas bei jem. ausrichten, versuchen; einen mit augen a. mit ihm liebäugeln.*

anwesen n. *Gegenwart.*

an we(u) conj. *woran.*

anwichlen v. *anwiehern.*

anwürfling m. *Sicherheitskette.*

an zal adv. *ohne Zahl, unzählig.*

anzal f. m. *(angesetzte) Zahl.*

anzannen v. *die Zähne gegen einen fletschen, ihn angrinsen.*

anzeigung f. *Nachweis.*

anzepfen v. *einem zu nahe treten.*

anziehen v. *nennen, zur Sprache bringen, anführen, zitieren, heranziehen; zum Gottesdienst läuten; stark herausstreichen.*

anzocken v. *an den Rocken legen, anlegen.*

anzucht f. *Kielraum des Schiffes.*

anzug m. *Anspielung, Erwähnung, Gegenstand der Rede; Anschuldigung;* anzüge plur. *Anzüglichkeiten.*

anzünder m. *Anstifter.*

anzweifel adv. *zweifelsohne.*

ap conj. (md.) *ob.*

apelaz f. *Berufung an die höhere Instanz.*

Aplaß *Neapel.*

apokalipsis f. m. *Offenbarung Johannis.*

apostatiren v. *abtrünnig werden.*

apostatisch adj. *abtrünnig, des Teufels.*

aposteizler m. *Irrgläubiger; Heuchler.*

aposteln f. *Begleitschreiben, mit dem ein Richter eine bei ihm anhängige Sache der höhern Instanz überweist.*

apostem n. *Geschwür* (gr. ἀπόστημα).

apostüzler m. *Irrgläubiger; Heuchler.*

apostüzlerei f. *Aberglauben.*

apostüzlerisch adj. *abergläubisch.*

apparuit n. *das Weihnachtslied* Apparuit quam genuit.

aptekir m. *Apotheker.*

arbe f. (schweiz.) *Zirbelkiefer,* Pinus cembra.

arbeis f. *Erbse.*

arbeit f. *Mühe.*

s. arbeiten v. *sich (be)mühen.*

arbeitselig adj. *geplagt.*

arbishauf m. *Erbsenhaufe.*

arca, arch f. *Arche; Steinsarg.*

archamei f. *schwarze Kunst.*

archier m. *Hatschier, Leibtrabant* (ital. arciere).

ar(en)wei(er) m. *Weihe* (milvus).

arfe f. (schweiz.) *Zirbelkiefer,* Pinus cembra.

arg n. *Bosheit; in argem haben übel nehmen.*

argdück f. *Betrug.*

arguiren v. *folgern, beweisen, einander mit Gründen zusetzen.*

argument n. *Beweisgrund, Folgerung; Inhaltsübersicht;* das a. solvieren *ein Problem lösen.*

argwenig, -wonig adj. *schlimmes vermutend; verdächtig, beargwöhnt.*

arke f. *Arche.*

arkelei, archilei, argelei f. *Artillerie.*

arkwanung f. *Argwohn.*

arl f. (tirol.) *Pflug; als Feldmaß soviel ein Pflug in einem Tage bestellt.*

arlas m. *gewebtes Zeug aus Arles.*

arm m. *auch Umarmung.*

arm adj. *miserabel;* armer man, arme leute *Untertan(en);* arme tage *Armut.*

armada, -ata f. *Heer; Kriegsflotte.*

armadei f. *Armut.*

sein armbrost spannen v. *den Beischlaf beginnen.*

armbruster m. *Armbrustmacher.*

armelle f. *Aprikose.*

armen v. trans. *arm machen.*

armergen n. *Schrank.*

arme tage plur. *Armut.*

armror n. *Oberarm.*

armsal n. *Elend.*

armspindel f. *Unterarmknochen, Speiche.*

armusen n. *Almosen.*

armut f. *geringe Habe.*

arnen v. *ernten.*

arr(a), arre f. *Draufgeld.*

arras m. *leichtes Wollgewebe urspr. aus Arras.*

arrest m. *Schuldhaft, Beschlagnahme.*

arsanal n. *Zeughaus; Dock; Werft.*

arsboßen v. *vor den Hintern stoßen.*

art f. *auch Natur, Landesart, Gegend;* von a. *von Natur;* es hat die a. *es steht so.*

artbar, -haft adj. *tragfähig.*

artelarei, artigleria, artlerei, artolerei f. *Artillerie.*

s. arten v. *sich gestalten, geartet sein.*

artig adj. *passend.*

artikel m. *Punkt, Klagepunkt.*

artland n. *Acker.*

artschier m. *Hatschier, Leibtrabant* (it. arciere).

arweihe m. *der Vogel Weih.*

arzneidütler m. *Apotheker.*

arznen v. (obd.) *ärztlich behandeln.*
arzoneien v. *heilen.*
as n. *Fraß; Leiche von Tier und Mensch.*
asch f. *der Fisch Aesche.*
aschebrüdel n. *Aschenbrödel.*
ascher m. *ausgelaugte Asche.*
ascherfarb adj. *aschgrau.*
aschlach m. *Schalottenzwiebel (Allium ascalonicum).*
ase f. *Holzgestell an der Wand.*
asen adv. *also.*
asenmecher m. *Gestelltischler.*
aser m. *Ranzen, Speisesack.*
aseze, asezig adj. *unbesetzt.*
aspekt m. *Anblick.*
aß m. *Speise.*
assel m. *Kellerassel; Wurm am Finger.*
asseriren v. *behaupten.*
assignation f. *Bescheid.*
asten v. *das Feld tragbar machen.*
ataub f. *große Holztaube.*
atemzunge f. *Zäpfchen im Hals.*
atme(na)zen v. *stark atmen.*
atmizen v. *atmen, schnaufen.*
atn m. *Atem.*
atstein m. *Bernstein, Magnet.*
atter f. *Natter.*
attritio f. *unvollkommene Reue.*
au f. *Flußinsel, Wiese, Landschaft.*
aubend s. *abend.*
auch noch adv. *auch künftig.*
auchtbrief m. (schwäb.) *Aechtungsurkunde.*
auchtweide f. *Weidegang vor Tag, Nachthut.*
aude interj. (schwäb.) *adieu.*
auderpuz m. *Spaßverderber.*
aue f. *weibliches Schaf; Mutterlamm.*
auf praep. mit acc. *bis zu.*
auf m. *Uhu.*
auf m. (bayr., schwäb.) *Zäpfchen im Halse* (lat. uva).
aufbausen v. *aufbauschen.*
aufbeigen v. *aufschichten.*
aufbieten v. *zum Krieg rüsten;* einem a. *ihn zum Krieg aufbieten, heranziehen.*
aufbinden v. *(Ware) zu oberst bin-*

den, damit betrügen, sie jem. aufschwindeln.
aufblasen v. *ein Signal geben, betonen, hervorheben, aufbauschen.*
aufblei(h)en, -bleugen v. *aufblähen.*
aufborgen v. *auf Borg erwerben.*
aufbot n. *Heeresaufgebot.*
aufbrechen v. *auch sich überheben, brüsten.*
aufbringen v. *gewinnen; vorweisen; an den Tag bringen, beweisen; in die Höhe bringen, heben, bessern.*
aufbringlich adj. *fördernd.*
aufbrüfen v. *stolz herrichten.*
aufbrüsten v. *herausstreichen.*
aufbrütschen v. (westmd.) *aufbegehren.*
s. aufbülen v. *sich wölben, bilden.*
aufdenen v. *an der Folter strecken.*
aufdreen v. *anstiften;* s. aufdreen *sich anspinnen.*
aufen v. *emporbringen, fördern.*
aufenpörung f. *Empörung.*
aufenthalt(ung) m. f. *Unterschlupf, -halt, Schutz, Nahrung, Stütze.*
aufenthalten v. *aufrecht halten, schützen.*
aufenthalter m. *Beschützer.*
auferben v. *durch Erbschaft vermachen.*
auferheben v. *gründen, erheben.*
aufern v. *erhöhen.*
auferstand f. *Auferstehung.*
auferstentnis f. *Auferstehung.*
aufezen v. *auffressen (machen).*
auffal m. *Konkurs.*
auffaren v. *in die Höhe fahren, aufwärts fahren.*
auffart f. *Himmelfahrt.*
auffertag m. *Himmelfahrtstag.*
auffrezen v. *auffressen (machen).*
aufgang m. *Osten, Orient; Vorteil.*
aufgeben v. *kündigen.*
aufgehaben part. *aufgehoben, erhoben.*
aufgeleuf n. (schwäb.) *Tumult.*
aufgen v. *in die Höhe gehen, zunehmen;* aufgonder arm *Schlagbaum.*
aufgericht part. *aufrichtig.*
aufginen v. *aufklaffen, den Mund aufsperren.*

aufgnappen v. *in die Höhe schnellen.*

aufgumpen v. *ausschlagen.*

aufgupfen v. *häufen.*

aufhalt m. *Hemmung im Uhrwerk.*

aufhalten v. *hoch halten, retten, herbergen, aufbewahren, unterhalten; hinhalten, zurückhalten; konfiszieren; s. a. sich aufrecht erhalten.*

aufhalter m. *Gönner.*

aufhaltung f. *Unterhalt; Erhaltung.*

aufhang m. *Vorhang.*

aufharen v. (md.) *aufhören.*

aufhauen v. *vom Raubritter: Kaufmannswagen plündern.*

aufheben v. trans. *erheben; wegnehmen; jem. gefangen nehmen, hinwegführen; s. aufheben sich davonmachen; einem etw. aufheben vorhalten, anzuhören geben.*

aufheben n. *Einkommen; Feldzug; Tadel, Schande; Elevation (der Hostie).*

aufhebung f. *Einnahme; Steuer; Vorwurf; Erhebung.*

aufhenken v. *auch suspendieren.*

aufher adv. (obd.) *herauf.*

aufhezen v. (die Segel) *hissen.*

aufhin adv. (obd.) *hinauf.*

aufhör f. *Ende.*

einem aufhüpfen v. *nach seiner Pfeife tanzen.*

aufkaufen v. *wucherisch zusammenkaufen.*

aufkenten v. *anzünden.*

aufklauben v. *auflesen.*

aufkneufeln v. *aufknüpfen; plagen.*

aufkomen v. *in die Höhe kommen, zunehmen, (vom Schlaf) aufstehen.*

aufladen v. *beschuldigen.*

auflag(e) f. m. *auferlegter Befehl; Zwangsversammlung; Steuer.*

auflauchen v. *öffnen, aufheben.*

auflaufen v. *fadenziehend werden (von Flüssigkeiten); aufgekräuselt stehen (vom Haar).*

auflecken v. *sich bäumen.*

auflegen v. *zutrauen; nachreden; vorlegen; zum Vorwurf machen.*

aufleinen v. *sich auflehnen.*

auflesen v. (ostmd.) *(eine Krankheit) durch Ansteckung bekommen.*

aufliegen v. *andichten, unterschieben.*

aufligend gut n. *Grundbesitz.*

auflösen v. *auch in der Beichte absolvieren.*

aufluchen v. *lüften, heben.*

aufmachen v. *errichten; aufputzen.*

aufmuzen v. *herausputzen, -streichen; hoch a. aufbauschen, stark betonen.*

aufmuzer m. *Althändler.*

aufnemen v. intr. *in die Höhe kommen, gedeihen; trans. in die Höhe nehmen; entnehmen, verstehen; annehmen, an sich reißen, adoptieren.*

aufnemen n. *Aufschwung.*

aufnen v. *mehren.*

aufnung f. *Unterstützung.*

aufraspen v. *zusammenraffen.*

aufrecht adj. *regelrecht, vollgültig, aufrichtig.*

aufrecken v. *emporhalten; sich besiegt geben.*

aufreden v. *aufwiegeln.*

aufreiben v. *umbringen; verzehren.*

aufreiten n. *das Aufbieten der Reiter.*

aufreumen v. *aus dem Wege schaffen.*

aufricht adj. *in die Höhe gerichtet, geradsinnig.*

aufrichts adv. *aufrecht.*

aufriechung f. *Dunst.*

aufritt m. *Ziel des Rittes.*

aufruck m. *Vorwurf.*

aufrucken v. *aufrichten; einem etw. vorhalten.*

aufrupfen v. (alem.) *vorhalten.*

aufrur m. f. *Unruhe, Auflauf; Revolution, bes. der Bauernkrieg.*

aufsaz(ung) m. f. *Einrichtung, Gebot; Auflage, Steuer, Zins; Aufregung, Auflehnung; Nachstellung, Feindschaft; Betrug; Absicht, Vorsatz.*

aufscheiren v. *aufheitern.*

aufschlag m. *Aufschub.*

aufschlahen v. *verschieben.*

aufschlüssig adj. *digestiv (von Arz-neien).*

aufschnarren v. *emporschnellen.*

aufschnüppig adj. *schnippisch, trotzig.*

aufschreiben v. *auch kündigen;* einem a. *ihm die Freundschaft kündigen.*

aufschründen v. *bersten.*

aufsehen v. *aufpassen, sich vorsehen.*

aufsehen n. *Obacht.*

aufsein v. *sich rühren, erheben, tätig sein; aufgebraucht sein;* a. wider jem. *ihn bekriegen.*

aufsezen v. *aufsetzen, aufstellen, (ein Schiff) auf den Strand setzen; einsetzen, verordnen; aufschlagen, wuchern, betrügen; verführen; auferlegen; als Frist setzen; aufs Spiel setzen.*

aufsezig, -lich adj. *listig; gehässig.*

aufsizen v. *sich (auf die Hühnerstange) setzen.*

aufspreißen, -spreuzen v. *aufsperren;* einem das maul a. *in ihm hohe Erwartungen wecken.*

aufspünden v. *den Spund öffnen.*

aufsten v. *sich erheben, beginnen; (kaufm.) Bankerott machen.*

aufsterben v. *durch Erbschaft zufallen.*

aufstößig adj. *borstig, widerhaarig.*

aufstürlen v. *aufrühren.*

aufstüzig adj. *uneins.*

auftöner m. *Oeffner, Portier.*

auftragen v. *auf den Tisch, Altar setzen.*

auftrechen v. *emporziehen, aufschüren, -graben, -legen, veranlassen.*

auftreiben v. *(auf der Treibjagd) aufjagen, ausfindig machen, zu Wege bringen.*

auftun v. *aufdecken; (jem. Schmach) antun; sezieren.*

aufwannen v. *(sein Geld) verbrauchen.*

aufwechsel m. *Agio.*

aufwegen v. *aufwiegeln.*

aufwegig adj. *aufrührisch;* a. machen *aufwiegeln.*

aufweiblen v. *aufwiegeln.*

aufweisen v. *aufwiegeln.*

aufwerfen v. *in die Höhe werfen, (den Mund) rümpfen; erheben; aufwiegeln;* s. a. *renommieren;* einem etw. a. *es ihm aufhalsen.*

aufwidler m. *Aufwiegler.*

aufwischen v. *eilig auffahren.*

aufzafnen v. *(bair.) heranpflegen.*

aufzannen v. *die Zähne weisen, aufgähnen.*

aufziehen v. *auf der Folter in die Höhe ziehen, quälen, necken; hinhalten, aufschieben; ein Mädchen zum Tanz auffordern.*

aufzucken v. *in die Höhe reißen, aufgreifen, an sich raffen.*

aufzug m. *Aufschub; Entziehung.*

aufzügeln v. *hoch bringen.*

aufzüglich adj. *dilatorisch.*

aufzwacken v. *aufgreifen.*

augbran(e) f. *Augenbraue.*

auge n.: *under augen gen offen entgegentreten;* einem etwas under a. schlagen *ihm anzuhören geben;* aus den a. tun *absehen von.* s. augen v. *sich sehen lassen.*

augenblerr n. *Doppelsehen.*

augenblick m. *Blick aus jem. Augen, Augenmerk.*

augend n. *Horizont.*

augenfel n. *Lid.*

augenspiegel m. *Brille; Lupe.*

augenstern m. *Pupille.*

augstal n., augstel f. *eine Roßkrankheit.*

augst(man) m. *August.*

augtrehe f. *Träne.*

aug(t)stein m. *Bernstein.*

auktritet f. *Autorität.*

aul m. (schwäb.) *Aal.*

aul f. *Topf.*

aulenbecker m. *Töpfer.*

aur f. (md.) *Uhr.*

aus- adv. in trennbarer Bindung mit Verb *erschöpfend* (ausschreiben, -sprechen usf.).

ausazeln v. (els.) *verspotten.*

ausbachen v. *zu Ende backen; abwirtschaften;* schier a. *haben es am längsten getrieben haben.*

ausbaden v. trans. *einen bis zu Ende baden lassen;* ihm den

Laufpaß geben; ausgebadet haben *am Ende sein.*

ausbeißen v. *hinausbeißen, verdrängen.*

ausbeißung f. *Verdrängung.*

ausbeizen v. *aus dem Nest räuchern.*

ausbereiten v. *fertig machen; ausstatten.*

ausbeute f. *Beute.*

ausbeuten v. *verteilen; ausplündern.*

ausbeu(te)zen v. *ausplündern.*

ausbieten v. *aus der Stadt weisen.*

s. ausbieten v. *sich ausgeben für.*

ausblasen v. *auch austrompeten.*

ausbleseniren v. *zieren, (boshaft) schildern.*

ausbosen v. *seinen Zorn austoben.*

ausbrauchen v. *erschöpfen.*

ausbrechen v. *auch bekannt werden; zen a. Zähne ziehen.*

ausbrennen v. *einäschern.*

ausbreunen v. *beizen; schelten.*

ausbringen v. *zustande bringen; beordern; verbreiten; beweisen (zumal vor Gericht).*

ausbrüen v. *ausbrüten.*

ausbuben v. *(die Unkeuschheit) austoben.*

ausbund m. *nach außen aufgefaltetes Ende eines Tuchballens, Bestes, Muster, Auszug.*

ausbündig adj. *ausgezeichnet (gern auch ironisch).*

ausbürger m. *auswärts wohnender Bürger.*

ausdeuen v. *zu Ende, gründlich verdauen.*

ausdingen v. *vereinbaren.*

s. ausdrehen v. *sich hinauswinden, aus dem Staub machen, herausreden (s. eindrehen).*

ausdruck m. *Wortlaut.*

ausdruckt part. *ausdrücklich.*

ausecken v. *erörtern, ergründen, auslegen, deuten.*

ausecklen v. *ergründen.*

aus(er)förschlen v. *auskundschaften.*

auserquicken v. *auferwecken.*

ausetschlen v. *schadenfroh verspotten.*

ausfeilen v. *zum Kauf stellen.*

ausfilzen v. *einen Filz schelten, ausschelten.*

ausflüchtig adj. *ausweichend.*

ausfreien v. *verheiraten.*

ausfündig adj. *erwiesen.*

ausfüren (jur.) *zur Hinrichtung hinausführen;* (kaufm.) *Waren exportieren;* (theol.) *zur Geltung bringen, durchdrücken.*

ausgeben v. *aus dem Haus geben, eine Tochter verheiraten, ausstatten; auszahlen; behaupten; ausplaudern; etw. auf einen ihm nachsagen.*

ausgecken v. *zu Ende quaken.*

aus(ge)droschen haben v. *zu Ende sein.*

ausgedrückt part. *ausdrücklich.*

ausgemacht adj. part. *vollkommen* (lat. perfectus).

ausgen v. trans. *aufspüren, -decken, entlarven;* intr. *hervortreten.*

ausgericht part. *ausgemacht.*

ausgescheft part. *erschöpft.*

ausgeschoren part. *verjagt.*

ausgeten v. *Unkraut ausjäten.*

ausgewollen part. *gerundet.*

ausgezogen part. *ausgenommen;* a. sein v. *(einer Würde) entkleidet sein.*

aushalten v. *zu Ende halten, ausharren; unterhalten, einem das Leben fristen.*

ausharren v. *durch Beharrlichkeit zwingen.*

ausheben v. *beseitigen, verdrängen.*

aushecken v. *ausbrüten.*

ausher adv. *heraus.*

aushin adv. *hinaus.*

aushinbringen v. *herausbringen.*

aushippen v. *verspotten, wie es die Hippenbuben (s. da) tun.*

ausholen v. *ausfragen, -probieren.*

aushölern v. *aushöhlen.*

ausholhippen v. *verspotten.*

aushüppeln v. *schelten.*

auskecken v. *zu Ende quaken.*

auskeren n. *Abrechnung.*

auskerig n. *Kehricht;* s. im a. finden *ein Ende mit Schrecken nehmen.*

ausklauben v. *aus(er)lesen.*

auskumen v. *ausgehen, herausgegeben werden; zurechtkommen,
fertigwerden; ruchbar werden.*
auskumen n. *Einkommen.*
auslage f. *Auslegung.*
auslauchten (md.) s. ausleuchten.
auslauf m. *Abschweifung.*
auslaufen v. *aus-, abschweifen.*
auslaufen n. *Diarrhöe.*
ausledigen v. *ausleeren, arm machen.*
ausleiden v. *zu Ende leiden.*
auslenden v. *sich wohin begeben.*
ausleuchten v. *heimleuchten; einem
die augen a. ihn blenden.*
ausleufig adj. *weit, ausgedehnt.*
ausleut plur. *Auswärtige.*
ausliechen v. *auszausen (Unkraut,
Heu).*
ausligend adj. *auswärtig.*
ausloben v. *einen erschöpfend loben.*
ausludern v. *genießend auskosten.*
ausmachen v. *ermitteln; schelten.*
ausmalen v. *als Mal, Ziel aussetzen, absondern; klar hervortreten lassen.*
ausman m. *Ausländer.*
ausmatten v. *erschöpfen.*
ausmerker m. *Auswärtiger.*
ausmeulen v. *schelten.*
ausmustern v. *als ungeeignet ausscheiden.*
ausmuzen v. *ausputzen; herausstreichen; ausschelten.*
ausnemen v. *prüfen; auswählen.*
ausörtern v. *ergründen.*
ausplas(i)niren s. ausbleseniren.
auspossen v. *seine Possen zu Ende
treiben, sich austoben.*
auspuzen v. *verherrlichen.*
ausraten v. *zu Ende beraten.*
ausrauschen v. trans. *verspotten.*
ausreden v. *mit Worten erschöpfen;
vervollständigen; s. a. sich gut
verteidigen.*
ausreisen v. *ins Feld ziehen.*
ausreißen v. *weit a. weit ausholen.*
ausreuchen v. *verduften, wirkungs
los vergehen.*
ausreutern v. *ausroden.*
ausrichten v. *vollbringen, zustande-
bringen; bezahlen; betätigen, er-*

ledigen, ausmachen, bewält gen;
durchsprechen, schelten, verläumden; in der Beichte absolvieren,
gerichtlich austragen.
ausrichtig adj. *flink, tätig.*
ausrotten v. *abschaffen.*
aussazung f. *Vorschrift; Ausein-
andersetzung, Darlegung.*
ausscheiden v. *unterscheiden.*
ausscheren v. *vertreiben.*
ausschießen v. trans. *absondern, als
bes. tauglich oder als untauglich;
intr. ausgleiten; vorragen.*
ausschinden v. *ausbeuten.*
ausschlagen v. *heraushauen, aus
dem Sinn schlagen, abweisen;
intrans. versagen (von der Armbrust).*
s. ausschleifen v. *sich drücken.*
ausschliefen v. *(aus dem Ei) aus-
schlüpfen.*
ausschlizen v. (westobd.) *ausfallen.*
ausschnaubern v. (hess.) *sich etwas
Eßbares aussuchen.*
ausschneiden v. *(Tuch) im einzelnen verkaufen; einem a. ihn kastrieren.*
ausschopen v. *ausstopfen.*
s. ausschoppen v. *sich erbrechen.*
ausschüpfen v. *verstoßen.*
s. ausschütten v. *sich ausgeben.*
ausschuz m. (alem.) *Zinne.*
ausschweifig adj. *ausschweifend.*
ausschwenken v. *spülen.*
ausschweren v. *schwören, einen Ort
nicht mehr zu betreten.*
s. ausschwüblen v. *sich hervor-
wölben.*
aussecken v. *jem. einen Sack schelten (s. sack).*
außen bleiben v. *ausbleiben, außer
Kraft bleiben.*
außen lassen v. *weglassen.*
außen lernen v. *auswendig lernen.*
ausserben v. *durch Krankheit verkommen.*
außerhalb praep. mit gen. *ausgenommen, außer*
außerwendig adj. *ausländisch.*
aussezel m. *Aussätziger.*
aussezen v. *(Pferde) ausspannen,
auseinandersetzen, darlegen.*

aussizen v. *zu Ende sitzen, aus-halten.*

ausspech(t)en v. *auskundschaften.*

ausspehen y. trans. *beobachten.*

ausspeiben v. *ausspucken.*

ausspizen v. *erörtern.*

aussprechen v. *ausdrücken.*

ausspürzen v. *ausspucken.*

ausstand m. *ausstehende Geldfor-derung.*

ausstechen v. *gravieren, ziselieren; durch Stechen herausheben, -holen.*

aussten v. trans. *einer Sache stand-halten.*

aussteubern v. *hinausfegen.*

aussteuren v. trans. *einem sein Erb-teil auszahlen.*

ausstöbern v. *hinauswerfen.*

ausston v. *aussteigen;* etwas mit jem. a. *einen Kampf mit ihm durchfechten.*

ausstrecken v. *ausdehnen.*

ausstreichen v. *(mit Ruten) züchti-gen, ausmalen (eig. mit roten Strichen in der Handschrift), an-preisen; betonen; ausführen, aus-legen, darlegen;* grob a. *hand-g eiflich erklären.*

aussundern v. *verabschieden.*

austeidingen v. *durch Unterhand-lung frei machen.*

austragen v. *betragen, ausmachen; berechnen; ins Reine bringen, schlichten; ins Gerede bringen; stehlen.*

austrotten v. *keltern.*

austun v. *tilgen (von bezahlten Schulden);* s. austun *sich aus-geben, erbieten, anheischig ma-chen.*

auswannen v. *das Seine vertun.*

auswarten v. *warten bis zu Ende; überdauern; obliegen.*

auswaschen v. *verlästern.*

ausweisen v. *enthalten; auszahlen.*

ausweisung f. *Entschädigung.*

auswellen stv. *auswalzen, runden;* part. ausgewollen *gewölbt, rund.*

auswenden v. *verwenden.*

auswerfen v. *hinaustreiben.*

aus we(u) conj. *woraus.*

s. auswinden v. *sich herausreden.*

auswischen v. *entkommen.*

ausziehen v. *herausziehen, plün-dern; einen wovon ausnehmen; durchziehen;* kinder ausziehen *zeugen;* s. ausziehen *sich ent-ziehen, sich ausnehmen; sich vor-behalten.*

auszilen v. *abgrenzen.*

auszug m. *Ausflucht, Vorwand, Verzögerung; Ausnahme; Aus-nahmefall, Reservatrecht; Aus-bund.*

auszügig adj. *ausweichend.*

autor m. *Urheber.*

auwerder m. (schwäb.) *Maulwurf.*

aweis f. *seltsame Weise, Unart.*

axthelm m. *Axtstiel.*

azacht s. *anzucht.*

azel m. *Kellerassel.*

azel f. *Elster.*

azelbund, azelicht adj. *buntscheckig.*

azeln v. (els.) *schwatzen, zanken, ahnden.*

azung f. *Verpflegung.*

B. P.

babstei f. *päpstliche Würde.*

babstinfel f. *Tiara.*

babstmonat m. *Monat, in dem der Papst die erledigten Pfründen neu verleiht und die Gebühren einzieht.*

bach m.: *über den bach springen sterben.*

bachant m. *fahrender Schüler, Va-gabund, Tölpel, Schwätzer.*

bachanterei f. *Gaukelei.*

bachbumlen plur. *Sumpfdotter-blumen.*

bache m. *Speckseite, Schinken (auch des Menschen).*

bachen v. (obd.) *backen.*

bacht m. (schweiz.) *Pfütze, Kot.*

backe f.: sich (selbs) in die b. hauen *sich (selber) Lügen strafen.*

backer m. *zweijähriges Schwein.*

backfisch m. *auch Baccalaureus.*

backscheit n. *Holzstück, mit dem der Backofen geheizt wird.*

bad n. *meist Dampf-, Schwitzbad;*

2*

einem das b. gesegnen *ihm eine
Tat schlecht bekommen lassen.*
badenfart f. *Badereise.*
bader m. *auch Teufel.*
baderfart f. *Reise zum Bader.*
badmeid f. *Aufwärterin im (Dampf-)
Bad; Dirne.*
badreiberin f. *(Dampf-)Baddiene-
rin; Dirne.*
badstub(en)er m. *Leiter einer ge-
werbsmäißig betriebenen Badestube.*
badtuch n. *Badeschurz.*
Paduaner m. *ein Tanz.*
pafese f. *großer Schild; schildför-
mige Hirn- und Zwetschen-
schnitte; weibliches Glied.*
pafiment n. *Pflaster.*
pagament n. *Geld.*
bagaschi f. *(Heeres-)Troß, (Heer-)
Gepäck; Pack, Gesindel.*
page f. *Pferd.*
bageie f. *(Heeres-)Troß.*
paggagin f. *(Heeres-)Troß.*
bagine, baguzel f. *Begine, Laienschwester ohne Gelübde.*
bai f. *Fenstersims.*
baje f. *Bai.*
pakt m. *Vertrag, Vertragspflicht.*
bal *s.* bald.
bal m. *Anschlag der Jagdhunde.*
bal 3. sg. praet. *bellte.*
palasir n. *Vergnügen* (franz. plaisir).
balbiren v. *den Bart abnehmen,
einseifen, auch übertragen.*
bald adj. *kühn;* adv. *gleich, schnell,
vorschnell;* conj. *so bald als.*
baldglaubig adj. *leichtgläubig.*
baldköchig adj. *schnell gar.*
balerer *s.* barlirer.
balester m. *Kugelarmbrust.*
balg m. *Leib; Dirne.*
balgen v. jem. *einen Balg schelten;
ihn am Balg zausen; schelten.*
balghart m. *Raufbold.*
ballasten v. *mit Ballast beladen.*
ballenbinder m. *Stadtknecht, der
auf dem Kaufhaus die Waren
einschnürt.*
ballier m. *Polierer von (Edel-)Stei-
nen, zumal Granaten und Kry-
stallen.*

balliren v. *polieren.*
pallium n. *geweihte Binde des Erz-
bischofs.*
balmabend m. *Samstag vor Palma-
rum.*
balme f. *Palmzweig; am Palmsonntag geweihter Weidenzweig.*
palmenkreuz n. *die kreuzweise über
das Feuer gelegte, vor Gewitter
schützende Palmenweide.*
palmenschießen n. *das Werfen von
(Weiden-)Zweigen auf den Palm-
esel.*
bamme f. *Bestreichung; Butterbrot.*
pamplen v. *baumeln.*
ban f. *Bahn:* uf b. *sein, bringen
zur Sprache kommen, bringen;*
aus der b. *treten vom (rechten)
Weg abweichen;* auf einer b. gen
darauf hinauslaufen; *aus der b.
füren aus der Fassung bringen.*
band n. *Versagung der Absolution.*
bandelir n. *Flintengurt.*
bandelirreuter m. *leichter Kaval-
lerist, Arkebusier.*
bandiren v. *ächten.*
bandit m. *Flüchtling.*
panget n. *Bankett.*
panglen v. *mit der Hand oft berühren.*
panisbrief m. *kaiserliche Versor-
gungsurkunde, Ueberweisung einer geistlichen Stiftung an be-
dürftige Laien.*
bank f. (obd.) m. bes. *Gerichtsbank; Wechslertisch, kaufmän-
nische Bank* (ital. banco); an
benken gon *sich unsicher fort-
tasten.*
bankarotta f. *Bankrott.*
bankart m. *uneheliches Kind.*
pankatiren v. *schmausen.*
pankatirer m. *Schwelger.*
banketerei f. *Gelage.*
bankiren v. *Bankett halten.*
bankpfol, -pfulw m. *Sitzkissen.*
bankpolster n. *Sitzkissen.*
einem den panschadi singen v. *ihn
durchbläuen.*
banschaz m. *Bannstrafgeld.*
banse f. *Scheunenraum neben der
Tenne.*

pantalier n. *Wehrgehenk.*

banwart m. *Flurschütz.*

panze m. *Magen; Bauch; bauchiges Gefäß;* (bair. östr.) *Faß.*

banzerbruch f. *gepanzerte Hose.*

papazen v. *sinnlos plappern.*

bapeier n. *Papier.*

papel f. *Malve.*

bappe(n) f. *Kinderbrei.*

pappenblume f. *Löwenzahn und dessen Federkrone* (lat. pappus).

pappenhamen v. *Gruben räumen.*

pappenhamer, -heimer m. *Grubenräumer.*

bapren v. (obd.) *scherzweis, verächtlich schwatzen.*

bar f. *(Toten-)Bahre.*

paradis f. *s.* parlis.

paralis *s.* parlis.

parament n. *Kirchenschmuck, Altargerät.*

baratt(o) m. *Tauschhandel.*

barbarisch adj. *ausländisch.*

barchant m. *Zeug aus Baumwolle und Leinwand, gern als Preis für Wettläufe.*

barchenmecher m. *Baumwollweber.*

parchin f. (schweiz.) *Pfarrei* (gr. παροικία).

pard(el) m. *Leopard.*

barden v. *sich gebärden, verfahren.*

baren v. *sich gebaren.*

barfoten plur. *Barfüßer.*

barg m. *verschnittenes männliches Schwein.*

barhaus n. *Leichenhaus.*

baril m. *der Edelstein Beryll;* plur. barillen *die zunächst daraus geschliffenen Brillengläser.*

barille f. *Aprikose.*

barillenmacher m. *Optiker.*

barkentin f. *Brigantine, kleiner Zweimaster.*

barkopf adj. *in bloßem Kopf.*

parlament n. *Besprechung.*

barlen v. (rotw.) *reden.*

barlinien plur. *Parallellinien.*

barlirer m. *Maurer-, Steinmetzpolier; Gehilfe, Vertreter des Stadtbaumeisters.*

parlis f. *(Gehirn-)Lähmung* (gr. παράλυσις).

barn m. *Krippe, Raufe fürs Vieh, auch als Lager des Christkinds;* zum baren bringen *zur Vernunft bringen, wie ein störriges Pferd in den Stall;* nach s. Willen zwingen; ein rößlein am b. hon *für sich gesorgt haben;* in b. springen *(vom Roß) verenden.*

parnos m. *Vorsteher einer Judengemeinde.*

parnosisch adj. *rabbinisch.*

paroxysmus m. *Bosheit.*

barr(e) f. *Schranke, Riegel.*

barren *s.* barn.

parro m. *Pharao.*

parsche f. *Lederpanzer des Pferdeleibs.*

barschenkel adj. *mit nackten Beinen.*

barse f. *Teil der Rüstung des Reiters oder Pferdes.*

bart m.: einem in den b. greifen *ihn zausen, ihm Vorwürfe machen,* ihn nicht ernst nehmen.

part f. *Partei.*

barte f. *breites Beil.*

partei f. *Parteiung.*

partēke f. *Almosen an fahrende Schüler* (mgr. παραϑήϰη).

partekenhengst m. *Schüler, der vor den Türen um parteken singt und bettelt, Bettelbub, armer Teufel.*

partekensack m. *Bettelsack des fahrenden Schülers.*

partekenteufel m. *armseliger Teufel.*

partet adj. *part. bärtig.*

partida f. *Posten.*

bartig f. *Partei.*

partiren v. *betrügen, bes. durch Tausch und Handel.*

partisan m. *Hellebarde.*

partisiren v. *Partei nehmen* (mlat. partizare).

partiten plur. *Kniffe.*

bas adv. *besser, mehr.*

baschart m. *Bastard.*

paschen v. *einen Pasch werfen, knobeln.*

baschgen v. *zwingen, Meister werden über, bändigen.*

paschwürfel plur. *Würfel, um damit zu paschen.*

baselmanes m. *Handkuß* (franz.

baisemain); b. machen *umschar-*
wenzeln, Possen treiben.
pasilie f. *Königskraut.*
basilisk(us) m. *auch Belagerungs-*
geschütz.
basis f. *Grundlage, Postament in*
der Baukunst.
pasport n. *Geleit.*
passato adv. *im vergangenen Mo-*
nat.
basse f. *kleines Schiffsgeschütz.*
passei f. *Paß.*
bassiren v. *Baß singen.*
baßlaman s. baselmanes.
paßlich adj. *ziemlich, gehörig.*
paßport, -wort m. n. *Paß.*
bast superl. *best.*
bast m. n. (schweiz.) *auch Kleider-*
saum.
bast(g)en s. *baschgen.*
pastoral m. *Bischofsstab.*
bastwams n. *eingesäumtes Wams.*
basune f. *Posaune.*
basunen v. *Posaune blasen.*
basuner m. *Posaunenbläser.*
bateilie f. *Schlacht(ordnung),*
Schlachtheer.
paten(e) f. *Kelch-, Oblatenteller.*
patengenblume f. *Himmelschlüssel.*
patent n. *offener, landesherrlicher*
Brief, Befehl; Bestallungs-, Be-
förderungsurkunde.
paternoster m. *Rosenkranz.*
patrone f. *Vorbild, Musterform bes.*
der Gold- und Rotschmiede.
batten v. *helfen.*
bau m. (obd.) *auch Mist.*
bauch f. (obd.) *Wäsche.*
bauchbütte f. (obd.) *Waschfaß.*
baucheisen n. *Leibpanzer.*
bauchen v. *mit Lauge waschen.*
bauchfluß m. *Diarrhöe.*
bauchfülle f. *Sättigung.*
bauen v. *auch: (geistlich) erbauen;*
das land b. darin umherziehen;
ein meß b. sie besuchen.
baufeld n. *Ackerfeld.*
baufellig adj. *hinfällig, wankend;*
anfechtbar.
bauken v. *die Pauke schlagen.*
baum m. *auch Sarg.*
bauman m. *Bauer.*

baumfalk m. *Lerchenfalk.*
bau(m)falter m. (schwäb.) *Schmet-*
terling.
baumgans f. *Meergans,* Bernicla.
baumheckel m. (bair.-östr.) *Specht.*
baumkipfe f. *Wipfel.*
baumkleber m. (els.) *Spechtmeise.*
baumwinde f. *Efeu.*
baurenveiel n. *Veilchen, wie es der*
Bauer Neidhart von Reuental
finden ließ, Dreck.
baurengesang m. *Volkslied.*
baurenknebel m. *grober Bauer.*
guter baurküchlein sein v. *guter*
Dinge sein.
baurkundig adj. *stolz wie ein*
Bauer.
baursame f. *Bauerschaft, Gemeinde-*
rat.
baurtremel m. *Tölpel.*
baus f. *Hülle und Fülle;* nach der
baus adv. *nach Herzenslust, mit*
vollen Händen.
bauschauer m. *Bauinspektor.*
bausen v. *nach der baus (s. d.) le-*
ben, schlemmen.
pazem, pazifikal(e) n. *Reliquien-*
täfelchen zum Küssen.
bazet adj. *derb, selbstbewußt auf-*
tretend.
s. beachten v. *sich besprechen.*
bean m. *Primaner; halbwüchsiger*
Grünschnabel.
beanei f. *halbreife Weisheit.*
bech m. *Schelte des Schusters,*
Fuhrmanns, Bauern.
becherer m. *Becherdrechsler.*
becherfölg adj. *(Gefäß) das einen*
Becher füllt.
pechkugel f. *eine Birnensorte.*
bechlistag m. *Dienstag vor Fast-*
nacht.
bechmisch s. behemisch.
becht 3. sg. praes. ind. *bäckt.*
bechte(l)n v. *den Berchtentag feiern,*
zur Neujahrzeit schlemmen.
bechtlein n. *Schmutzfleck.*
beck m. *Bäcker.*
beckart m. *Laienbruder.*
becke f. *soviel auf einmal gebacken*
wird.
becke n. *Becken.*

beckelhaube f. *Pickelhaube.*
beckelmanshaube f. *Pickelhaube.*
becken v. *hacken, ab-, kleinhacken, picken.*
beckenmor, -sau, -schwein f. n. *Mastschwein des Bäckers.*
beckenwerk n. *Bäckereibetrieb.*
becker m. *zweijähriges Schwein.*
beckschlaher m. *Beckenschläger, Blechschmied, Klempner*
bedacht m. *Ueberlegung; Bedenkzeit.*
bedagen s. *betagen.*
bedank m. *Erwägung; Bedenkzeit; (schlimme) Absicht.*
pedarma f. *Seitengewehr.*
bede s. *bete.*
bedebuch n. *städtische Steuerliste.*
bedecken v. *auch begatten.*
bedehaftig adj. *steuerpflichtig.*
bedeler m. *Bettler.*
pedell m. *(Kirchen-)Diener.*
beden v. *Umlagen zahlen.*
bedenken n. *Absicht, Ueberlegung, Gutachten.*
beder m. (md.) *Bader.*
bederwen s. *beiderwand.*
bedeuben s. *beteuben.*
bedeurung f. *Teuerung.*
bedeuten v. *andeuten, darstellen.*
bedeutlich adj. *den Merkmalen nach, äußerlich; vorbildlich.*
bedeutnus f. *Hindeutung, Gleichnis.*
bedeutung f. *Andeutung, Allegorie.*
bedingen v. *ausbedingen, einen Vorbehalt machen, sich erbieten, erklären.*
bedrauen v. (md.) *bedrohen.*
bedürfen v. *auch wagen, sich getrauen.*
befallen v. *widerfahren.*
befaren v. *befürchten.*
befeilen s. *bevilen.*
befelch m. *Auftrag; Empfehlung, Gedächtnis.*
befelchnus f. *Gewalt.*
befelchtrager m. *Bevollmächtigter.*
befelhen v. *anvertrauen.*
befelich s. *befelch.*
beffen v. *bellen.*
befilen v *einem zu viel, lästig sein;*

s. befilen lassen *sich zu viel werden lassen.*
befinden v. *sich erweisen, herausstellen; ausfallen.*
befindlich adj. *empfindlich, bemerkenswert.*
befogten v. *bevormunden.*
befor adv. *zuvor; zumal; befor sein noch ausstehen, übrig sein; etwas b. haben es voraushaben.*
beforschen v. *erkunden.*
befreien v. *privilegieren.*
befriden v. *einhegen, sichern, beruhigen.*
befridung f. *Beruhigung.*
befülen s. *bevilen.*
befzen v. *bellen; widersprechen.*
befzin f. *Wespe.*
beg f. *Laden am Haus.*
begaben v. *beschenken.*
begangenschaft f. *Beruf.*
begangnus f. *Brauch, Praktik; Leichenfeier.*
begeben v. *hin-, auf-, nachgeben; erteilen; s. begeben sich herbeilassen, erbieten, befleißen; einen begeben ihn verlassen; s. zu einem b. sich ihm unterstellen; s. eines dings b. sich herablassen zu.*
begeben part. *der sich der Welt begeben hat, ins Kloster gegangen ist.*
begegen v. *entgegentreten.*
begein f. *Nonne des Ordens St. MariäMagdalenä; Laienschwester; sinn- und sittenlose Betschwester.*
begeit 3. sg. praes. ind. *begibt.*
begeitigen v. *aus Habsucht nicht gönnen.*
s. begen v. *sich ernähren, fristen; zusammen leben; s. wol b. sich gut vertragen.*
begengnus n. f. *Leichenfeier, Seelenmesse; jerliche b. Seelmesse am Jahrestag des Begräbnisses.*
beger n. *Begierde.*
begeukeln v. *betören, durch Zauberei blenden.*
begewaltigen v. *überwältigen.*
beggelhaube f. *Pickelhaube.*
beghart m. *Laienbruder ohne Gelübde.*

begieten v. *begütigen.*
begiften v. *beschenken, ausstatten.*
begine s. *begein.*
begnaden v. *begnadigen; Gehör schenken.*
begon s. *begen.*
begonst 1. 3. sg. praet. ind. *begann.*
s. begrasen v. *sich satt grasen, bereichern.*
begreifen v. *betasten, fühlen, ergreifen, erwischen, festnehmen, überraschen, antreffen; in Worte fassen, zusammenfassen.*
begreiflich adj. *begreiflich; faßbar; fähig zu begreifen.*
begrept f. *Begräbnis(feier).*
begriff m. *Inbegriff; Zubehör; Bezirk (einer Stadt).*
begunst, begunte 3. sg. ind. praet. *begann.*
begutte s. *begein.*
begweltigen v. *überwältigen.*
behaben v. *behalten, behaupten, festhalten; vorbehalten.*
behaft adj. part. *besessen.*
behalt m. (westmd.) *Bedünken.*
behalten v. *erlösen, erretten, beschützen; hersetzen; behaupten; zurückhalten, verschweigen; verschieben; erhalten; besetzt halten, festhalten, beibehalten; b. werden übrig bleiben.*
behalter m. *Retter, Heiland.*
behalter m. *Verschlag.*
behaltnus f. *Errettung; Gewahrsam.*
behaltung f. *Erhaltung.*
beham(l)en v. *umstricken.*
behamlen v. *beschmutzen.*
behamsen v. *gefangen halten.*
behangen v. *hängen bleiben.*
beharren v. *ein Tun, Verhalten fortsetzen.*
behauren v. *bewachen.*
beheb adj. (westobd.) *fest schließend, dicht.*
beheben v. *in sich haben, enthalten; zurückhalten; den sig b. siegen.*
behelf m. *Vorwand, Ausrede; Zuflucht.*
s. behelfen v. *sich herausreden; s. b. mit einem sich auf ihn berufen.*

behelfrede f. *Vorwand.*
behemisch adj. *böhmisch;* m. *böhmischer Groschen.*
behemlein n. (bair.-östr.) *Bergfink;* (alem.) *Rotdrossel.*
behemmen v. *aufhalten.*
behend adj. *flüchtig; schlau.*
behenden v. *aushändigen.*
behendig adj. *bei der Hand, zugänglich.*
behendigen v. *in die Hände bekommen, geben.*
behendigkeit f. *Kunstgriff; Betrug.*
behendiglich adv. *listig.*
beheplen v. *mit der Heppe bearbeiten.*
beherrig adj. *ausdauernd.*
beherten v. *fest werden, machen.*
beherzen v. *beherzt machen.*
beherzigen v. *eines Herz einnehmen; ihm ein Herz machen; sich etw. zu Herzen nehmen.*
behilf m. *Abhilfe, Gegenmittel.*
behofen v. *herbergen.*
beholfen adj. part. *hilfsbereit;* beholfen sein *behilflich sein.*
behut m. *Sicherstellung.*
behut sein eines dings v. *Acht haben auf.*
behutsame f. *Vorbehalt.*
bei adv. *beinahe;* präp. (zeitl.) *während, binnen.*
beibestan v. *beistehen.*
beibringen v. *beweisen.*
beichten v. auch: *anklagend berichten.*
beichthengst m. *übler Beichtiger.*
beide mit zwei oder mehr koordinierten Satzgliedern *sowohl — als auch.*
beiden v. *warten.*
beidenhander m. *Schwert, das mit beiden Händen geschwungen wird.*
beiderwand n. *Gewebe aus Leinen und Wolle.*
beide sander, sant, beidsam adj. *beide zusammen.*
beien v. *(heilend) erwärmen, warm halten.*
beige f. (alem.) *(Holz-)Haufen, Schicht.*
beigen v. (alem.) *aufschichten.*

beihel n. *Beil;* das b. zu weit werfen *übertreiben.*

beihendig adj. *bei der Hand, zugänglich.*

beil f. *s.* beule.

beilage f. *hinterlegtes, anvertrautes Gut.*

beilager n. *Vermählung.*

beilegen v. mit dat. *einen begünstigen.*

beilen v. *bellen.*

beileuftig adv. *ungefähr.*

beiligend adj. part. *benachbart.*

pein f. *Strafe.*

bein n. *Knochen.*

beinern adj. *knöchern.*

beingen v. *peinigen.*

beingewander,-gewender m. *Schmied von Beinschienen.*

peinlein m. (fränk.) *Henkersknecht.*

beinschretig adj. *bis auf den Knochen gehend.*

beinschröti f. *Wunde, die bis auf den Knochen geht.*

beinwell n. m. *das Kraut* Symphytum.

peipuskraut n. *Beifuß.*

beirede f. *Ausrede.*

beiretig adj. *schnell bei der Hand.*

beirfeckel m. (tirol.) *Scheltname des Bayern.*

beis f. *Hetzjagd.*

beischlag m. *Bastard; unechte Rebe.*

beischlegig adj. *schnell bei der Hand.*

beisesse m. *Einwohner einer Gemeinde (im Gegensatz zum Bürger).*

peisker, beitscher, bißgurre m. *ein geringer Fisch, Schlammbeißer.*

beisorge f. *Besorgnis, Fürsorge.*

beispil n. *Fabel, Sprichwort; Vorbild.*

beispilen v. *ein Beispiel geben.*

beiße f. *Schneide (einer Axt).*

beißen swv. *beißen machen, beizen, (Vogel-)Jagd betreiben; s. b. stv. sich streiten.*

beißen n. *Beizjagd.*

beißig adj. *bissig; empfindlich.*

beistal, -stel m. n. *Anbau, Pfosten am Haus.*

beistender m. *Helfer.*

beistendig sein v. *beistehen, helfen.*

beistentlich adj. *behilflich.*

beiswind m. *Bise, Nordostwind.*

beit m. f. *Wartezeit, Frist, Verzögerung, Aufschub.*

beiten v. *warten;* dazu beit 1. 3. sg. praet. ind. *wartete.*

beitler m. *Beutelmacher, Gürtler.*

beitscher *s.* peisker.

beitun v. *entfernen, abtun.*

beiweg m. *Neben-, Holzweg.*

beiweilen adv. *manchmal.*

beiwesen n. *Anwesenheit, Gegenwart; Benehmen.*

beiwoner m. *Nachbar.*

beiwonung f. *Aufenthalt, Nähe.*

beizeichen n. *Beispiel.*

beizen v. *(den Falken) beißen machen, auf die Vogeljagd gehen.*

bejachzen v. *bejahen.*

bejehen v. *bekennen.*

bejicht f. *Beichte.*

bejozung f. *Bejahung.*

bekant part. *zugestanden.*

bekantlich adj. *geständig.*

bekennen v. *Bescheid wissen; kennen; zugestehen, (gerichtlich) zuerkennen; bejahen; schwängern;* s. b. mit *sich zu erkennen geben;*

bekentlich adj. *bekannt.*

bekerung f. *Vergütung.*

beklagen v. *klagweise vorbringen;* b. zu jem. *gegen ihn klagen.*

bekleben v. *hängen bleiben.*

bekleiben v. *haften, wurzeln.*

beklicken v. *beklecksen.*

beknozen v. *in der Hand drücken.*

bekomen v. intr. *wohin kommen; begegnen; aufgehen, gedeihen (von Pflanzen);* einem b. *zukommen, zustoßen, begegnen;* etwas b. *erhalten;* mit einem b. mit *ihm übereinkommen.*

bekömlich adj. *bequem.*

bekoren v. *versuchen, anfechten.*

bekor(ung) f. *Versuchung.*

bekotigen v. *besudeln.*

bekreen v. *beschreien.*

bekrenken v. *schwach machen; betrüben.*

pektoral n. *Brustkreuz der hohen Geistlichkeit.*

bekumen s. bekomen.
bekümern v. *in Schuldhaft nehmen;* s. b. *sich quälen mit.*
bekümerung f. *Beschäftigung.*
bekürzen v. trans. *es kurz machen.*
beladen v. *anklagen, verdächtigen;* s. einer schuld beladen *sie auf sich nehmen.*
beladnus f. *Last.*
belan adv. *wohlan.*
belangen v. *anlangen;* (alem.) *Sehnsucht haben.*
belangen n. *Wunsch.*
belauchen v. *beschließen.*
belch(en) m., belche f. *Salm.*
belege(r)n v *belagern;* belegt *belagert.*
beleibnus n. (schweiz.) *Gewahrsam.*
beleid(ig)en v. *anfechten; mißhandeln; in Leid stürzen.*
beleidung f. *Bekümmerung.*
beleiten v. *führen, begleiten.*
beleitman m. *Gefährte.*
beleitung f. *Begleitung.*
belernen v. *belehren.*
belestigen v. *beladen.*
beleuten v. *mit der Glocke zusammenrufen.*
belferlein n. *Hündchen, Kleffer.*
belfern v. *kläffen, schelten.*
belfzen v. *kläffen.*
belhamel m. *Leithammel.*
Belial m. *Teufel.*
beligen v. intr. *zur Ruhe kommen;* trans. *belasten.*
pelikan m. *Retorte; Zahnzange.*
belle f. (obd.) *Raum auf dem Schiffsdeck vor dem Großmast.*
bellitschier n. *Blendwerk* (it. bella ciera).
belz m. *Pelz;* sten wie der b. auf ermeln *in sich zusammensinken;* einen b. flicken *einen Behelf finden;* einem den b. lausen *ihn heimsuchen, durch Strafe bessern.*
belzen v. *pfropfen; einem den Pelz zausen, ihn mißhandeln.*
belze(n)bock m. *Beelzebub.*
belzer m. *Pfropfreis.*
belzzweig m. *Pfropfreis.*
bemaligen v. *beflecken.*
bemasen v. *beflecken.*

bemauren v. *mit Schutzmauer umhegen.*
bemeiligung f. *Befleckung.*
bemeren v. *vernehmen.*
bemlein s. *behemlein.*
bemüden v. *müde machen.*
pen f. *Strafe.*
benachten v. *übernachten.*
benamen adv. *namentlich, ausdrücklich.*
benantlich adj. *ausdrücklich.*
bendel m. *Faden.*
bendig adj. *gefügig, zahm.*
benedeien v. *segnen; loben.*
benedeiung f. *Segen.*
benedizite n. *Tischgebet vorm Essen;* einem das b. machen *ihm den Text lesen;* ein b. sprechen *die Mahlzeit gesegnen.*
benemen v. *mit Namen nennen.*
benen v. *bahnen.*
benennen v. *ernennen, erwählen; festlegen;* benanter tag m. *bestimmter Termin.*
benevenut part *willkommen.*
benevert part. *willkommen.*
bengel m. *Knüppel;* auch = loterholz ; den hunden b. anhenken *sie am raschen Laufen hindern.*
bengelkraut n. *Hiebe.*
benglen v. *prügeln.*
beniegen v. *genügen.*
penitenz f. *Buße.*
penitenzer m. *Beichtvater* (lat. poenitentiarius) ; *männliches Glied* (lat. penis).
benkling m. *uneheliches Kind*
pen(n)al n. *Schüler, männliches Glied.*
benne f. *Wagenkorb, Korbwagen.*
bennig, -isch adj. *im Kirchenbann.*
benötig adj. *(geld)bedürftig.*
benötigen v. *bezwingen.*
benotzogen v. *notzüchtigen.*
bensel m. *Pinsel*
pension f. *Pfarreinkommen.*
benügen v. *zufriedenstellen;* s. eines dinges b. *sich begnügen mit.*
benügen n. *Befriedigung.*
benügig adj. *genügsam, zufrieden.*
benügung han v. *sich zufrieden geben.*

Benzenauer m. *ein Gassenhauer.*
beppern v. *plappern.*
bequem adj. *gelegen, angemessen, bekömmlich.*
bequemlich adv. *passend, gelegen.*
bequingen v. *bezwingen.*
ber f. *Gebärde.*
ber m. *Bär;* den beren treiben *kuppeln;* er ' sticht kein bern *übernimmt sich nicht.*
berafflen v. (obd.) *anfahren.*
beraten v. *an die Hand geben; ausstatten.*
berbaum m. (schweiz.) *Trag-, Frucht-, Obstbaum.*
berde f. *Gebärde.*
berden v. *sich gebärden.*
berdlos adj. *ungebärdig.*
bere m. *Fischnetz, Reuse,* vor dem b. fischen *voreilig handeln.*
bereamme f. *Hebamme.*
berecht(ig)en v. *rechtlich belangen.*
bereden v. *ausmachen;* einem eines dinges b. *ihn überreden zu.*
(s.) bereichen v. *(sich) bereichern.*
bereit n. *Barett.*
bereit adj. *fertig;* etwas ist einem b. *steht ihm zur Verfügung;* adv. *schon.*
bereitan adv. *bereits.*
s. bereiten v. *sich vorbereiten.*
bereiter m. *der zu Pferd etwas besichtigt; berittener Ratsdiener.*
bereitschaft f. *Gerät.*
beremen v. *beschmutzen.*
beren m. *Fischernetz.*
beren v. *schlagen.*
berendreck m. *Lakritze.*
berentreiber(in) m. f. *Kuppler(in).*
bereuchen v. *parfümieren.*
bereut part. *zerknirscht.*
perfort adv. *durchaus.*
bergen adj. *von einem* barg *stammend.*
bergen v. *verbergen, verhehlen.*
berggut n. *Handlehen im Gegensatz zum Erbgut.*
berghau m. (alem.) *Uhu.*
berghauer m. *Bergmann*
berghaus n. *Burg.*
bergkülbel m. *Gipfel.*
bergreien m. *Bergmannslied.*

bergrot n. *Zinnober; Rauschgelb.*
bergschrötel m. *Kobold.*
berhaft adj. *fruchtbar.*
berhold m. *Pirol.*
bericht m. *auch Versöhnung, Vertrag, Unterricht.*
bericht adj. part. *kundig.*
berichten v. *einen auf den rechten Weg, zurechtweisen, berichten, unterrichten;* s. berichten mit sich verständigen; (kirchlich) einen berichten *ihn mit dem Sakrament versehen;* (gerichtl.) *entscheiden.*
berichtsweis adv. *schiedlich friedlich.*
berichtung f. *Beilegung, Friedensschluß.*
berillen plur. *Brille.*
bering adj. *behend.*
beringe f. *Behendigkeit.*
berlach m. *Augsburger Marktplatz.*
berlein n. *Perle.*
berlich adj. *offenbar.*
berlin n. *kleine Perle.*
perlis f. *Schlagfluß, Krampf* (gr. παράλυσις).
perlisiech adj. (schweiz.) *gichtbrüchig, paralytisch.*
berment n. *Pergament.*
bermenter, -menner, -miter, permentmacher m. *Pergamentbereiter.*
bermuter f. *Gebärmutter.*
bern v. *schlagen.*
berner m. *Fischernetz.*
perner m. *Pfarrer.*
Berner m. (ostobd.) *Pfennig von Verona,* 20 geben einen Kreuzer, 240 ein Pfund.
berolf m. *Pirol.*
beröpfen v. *betrügen.*
berösten v. *anrußen, überlisten.*
berren m. *Fischernetz.*
persan f. *Person, Gestalt;* in eines p. *in seinem Namen, an seiner Stelle.*
persevant m. *Wappenfolger, der dem Hauptherold folgt.*
bersich, -ing m. *Barsch.*
personiren v. *gestalten.*
personlich adj. *auch stattlich.*
berste plur. *Borsten.*

berstet adj. *borstig.*
bertling m. *bärtiger Philister.*
beruchen v. *erwähnen.*
beruchten v. *ins Gerede bringen,
verrufen.*
berüchtigen v. *ins Gerede bringen,
verrufen.*
berucken v. *anführen; festbannen.*
beruckung f. *Gefangennahme.*
beruf m. *Berufung, Appellation;
Antrieb.*
berufen v. *ausrufen;* part. *namhaft.*
berufen n. *Berufung.*
berugen v. *beharren.*
berugig adj. *ruhig; herkömmlich.*
berüßen, -rutzen, -russigen v. *mit
Ruß schwärzen.*
berwolf m. *Werwolf.*
berzel m. *Schwanz.*
bes adj. *böse.*
s. besachen v. *sich versorgen.*
besag m. *Aussage;* nach b. *nach
Ausweis, laut.*
besagen v. *bestätigen, zusprechen;
beschuldigen.*
besamen v. *befruchten; ansäen.*
besam(b)en v. *versammeln, bes. ein
Heer.*
besamning f. *Versammlung.*
besan f. m. *Segel am hintersten
Mast* (lat. mediana).
s. besappen v. *sich mästen, bereichern.*
besazung f. *Garnison.*
beschaben v. *abschaben; betrügen;
beschaben* part. *schäbig.*
beschaffen v. *bestimmen.*
beschaffer m. *Schöpfer.*
bescharren v. *begraben.*
beschehen v. *geschehen;* beschehen
lan *auf sich beruhen lassen.*
bescheid m. *Nachricht, Befehl,
Verpflichtung, Abmachung; Befriedigung, Unterkunft, Auskommen.*
bescheiden v. *einem etwas zuweisen; einem worüber Bescheid
geben; anordnen, bestellen;* sich
b. *sich zufrieden geben.*
bescheiden adj. *(vom Schicksal)
zugewiesen, angemessen, billig;
belehrt, erfahren; genügsam.*

bescheidenheit f. *Bescheidwissen;
billiges Ermessen; Verstand.*
bescheidessen n. *was vom Schmaus
den Bekannten ins Haus geschickt oder von den Gästen
mit heimgenommen wird.*
bescheidikeit f. *Klugheit.*
bescheidung f. *unterscheidende Be-
zeichnung.*
s. bescheinen v. *klar werden;* einem
etwas b. *lassen ihm zukommen
lassen.*
beschelken v. *schmähen.*
beschemen v. *beschimpfen.*
beschen s. *beschehen.*
bescheren v. *scheren.*
bescherung f. *Fügung.*
beschettigen v. (alem.) *beschatten.*
beschezen v. *einschätzen, beurteilen.*
beschezung f. *Steuer.*
beschicken v. *holen lassen, bestellen, versorgen.*
beschießen v. *nützen, fruchten.*
beschießen v. trans. *einschießen
(von Schußwaffen).*
beschlagen v. *behauen; erwägen,
überdenken; versehen.*
beschlecken v. *schmähen.*
s. beschleppen v. *sich behängen mit.*
beschlept adj. part. *durch den
Schmutz gezogen.*
beschließ m. *Ergebnis.*
beschließen v. *abschließen; einen
(logischen) Schluß ziehen; folgern, beweisen; einen auf etwas
festlegen; endgültig feststellen,
maßgebend raten.*
beschließlich adj. *endgültig.*
beschlossen adj. part. *geheimnis-
voll, unzugänglich;* beschlossene
acht *Femgericht;* es ist b. *es steht
fest.*
beschluß m. *Ab-, Entschluß;
Schlußfolgerung, These; Umkreis.*
beschlußrede f. *conclusio, zusam-
menfassender Satz, These, Be-
weisstück, Duplik vor Gericht.*
beschmachen v. trans. *einem schmäh-
lich scheinen.*
beschmeißen v. *beschmutzen; anstecken; betrügen; entstellen.*

beschmizen v. *besudeln.*

beschöcher adj. (rotw.) *trunken.*

beschonen v. *beschönigen.*

beschoren menlein plur. *blamiert wie die Knechte Davids. 2. Sam. 10, 4.*

beschorner hauf m. *Mönchsstand.*

beschorren part. *verscharrt, begraben.*

beschreiben v. *auch verschreiben, vermachen; schriftl'ch laden; vollständig aufschreiben.*

beschreibung f. *Census.*

beschreien v. trans. *anklagen, Zeter schreien über;* beschrien *berühmt.*

beschriben adj. part. *schriftlich.*

beschroten v. *abschneiden, verstümmeln.*

beschulden v. *vergelten, vergüten, erfüllen.*

beschütten v. *begießen, es einem eintränken.*

beschwer adj. *beschwerlich.*

beschweren v. *auch schädigen;* s. b. *sich beschwert fühlen durch.*

beschwerung f. *Servitut, (Grund-) Last.*

besefeln v. (rotw.) *betrügen.*

besefler m. (rotw.) *Betrüger.*

beseflerei f. (rotw.) *Betrug.*

beseit(s), beseiz adv. *beiseite, von der Seite her.*

beselei f. *Basengespräch.*

besemen v. *befruchten; ansäen.*

besemer m. *Römer-, Schnellwage mit nur einer Schale und verschiebbarem Gewicht.*

besemer m. *Besenbinder; der die Rute handhabt, Lehrer.*

besenden v. *kommen lassen, versammeln.*

besengen v. *anbrennen.*

besenreis n. *Gerten zu Besen; ins b. gehen liederlich leben.*

beseß m. *Besitz.*

besessen adj. part. *angesessen.*

besezen v. *auch überführen, belehren, erfüllen.*

besichten v. *bes'chtigen.*

besigen v. intr. *siegen.*

besingnus f. *Trauergottesdienst (exequiae).*

besint adj. part. *besonnen.*

besizen v. *auch in Besitz nehmen.*

besonder adv. *auch im einzelnen.*

besorg n. f. *Besorgnis.*

besorgen v. m. gen. *Sorge haben für;* sich b. *für sich fürchten.*

besprachen v. *ansprechen; vernehmen; ausfragen; vereinbaren;* sich b. *verhandeln.*

besprenzen v. *besprengen.*

besserlich adj. *zur Besserung nützlich.*

bessern v. *einen Schaden gut machen, ersetzen, büßen, (Strafe) zahlen, strafen; es b. seine Lage verbessern;* s. b. *von etwas Vorteil haben von.*

besserung f. *auch Gehaltszulage; Entschädigung; Geldstrafe; in der b. sein eine verhängte Strafe noch abzubüßen haben.*

best superl.: *so b. er mocht so gut er irgend konnte; aufs b. es sein kan so gut wie möglich; das b. die Hauptsache.*

bestand m. *Waffenstillstand; Vertrag.*

bestecken v. *stecken bleiben.*

bestellen v. *anordnen; anstellen; anstiften; mit etwas versehen.*

besten v. *(stehen) bleiben, sich halten lassen; zugeben, bekennen; einem eines dinges b. es ihm zugestehen;* b. *wie dastehen als.*

bestendig adj. *dauerhaft; unwiderleglich.*

bestendiglich adv. *zuverlässig; unwiderleglich.*

bestendner m. *Verwalter.*

bestenkern v. *mit Gestank erfüllen.*

bestet part. praet. *zu besteten v.*

bestet(ig)en v. *bestätigen; verpflichten; festlegen; erlauben; bestatten.*

besthaubt n. *Abgabe des besten Haupt Viehes beim Tode des Hörigen, wie haubtrecht.*

bestia f. *Schelte des Italieners gegen den Deutschen.*

pestilenzisch adj. *verseucht.*

bestimlen v. *verstümmeln.*

bestimmen v. *mit Stimme begaben.*

bestoben part. *bestäubt; bezecht.*
beston v. *(stehen) bleiben; zugeben.*
bestreben v. *beschmutzen.*
bestreichen v. *mit einer Reliquie
segnend berühren; betrügen; bestechen;* etw. bestrichen sein lassen *es damit abgetan sein lassen.*
bestricken v. *binden; überlisten; in
Anspruch nehmen.*
besuchen v. *auch gerichtlich belangen; durchsuchen.*
besünder conj. *sondern.*
bet f. *Bitte;* n. *Gebet.*
pet sg. praet. *betete.*
betage adv. *nach* heut *oder* noch:
heutzutage.
betagen v. *auf einen Tag vorladen;
an den Tag bringen; bis an den
Tag bleiben, übernachten.*
betagte acht f. *Androhung der
Acht.*
bedauren v.: mich b. *eines vorfalls
mich kränkt, beschwert.*
betbrief m. *auf Verlangen einer Partei ausgestellte Urkunde; Steuer-
zettel.*
betbuch n. *Gebetbuch.*
bete f. *Bitte, (Bitt-)Steuer (pre-
carium), landesherrl'che direkte
Grund- und Gebäudesteuer.*
beteidigung f. *Unterhandlung.*
s. beteren v. *sich besudeln.*
peterlein, -ling m. *Petersilie.*
Peterskopf m. *Hitzkopf.*
beteuben v. *unschädlich machen,
ducken, zerknirschen; behell'gen.*
beteuren v. *zu teuer sein.*
betfart f. *Bittgang, Prozession.*
betgewand n. *Bettwäsche.*
betgewat n. *Bettücher.*
beth f. (rotw.) *Haus.*
betlad f. *Bettstelle.*
betlein n. *Stoßgebet.*
betlertanz m. *Tanz nach der Weise
des Volkslieds vom Bettler.*
betlich adj. *was erbeten wird;* adv.
bittweise.
betmeßig adj. *steuerpflichtig.*
betöbern v. *taub und dumpf machen.*
betonie f. *Schlüsselblume.*
betören v. *taub machen.*

betrachten v. *in Betracht ziehen;
trachten nach.*
betragen v. *aussöhnen, vergleichen,
beilegen;* s. b. *sein Auskommen
haben, sich begnügen mit; sich
vertragen.*
betrechnung f. *Steuerliste.*
betreten v. *einen (auf frischer Tat)
ergreifen.*
betreuen v. *hegen, liebend bedenken.*
betris adj *bettlägerig, gichtbrüchig.*
betrise m. *Patient.*
betrogenheit f. *Untreue.*
betrüben v. *trüb machen.*
betrußlen v. *beflecken.*
betschier n. *Petschaft, Siegel.*
betschwester f. *Nonne.*
betstaffel f. *Stollen der Bettstelle.*
pette m. *Gevatter.*
bettelstock m. *Schuldturm.*
bettelstücke plur. *kümmerlicher
Besitz.*
betten v. *das Bett machen;* s. über
einen b. *sich über ihn hermachen.*
pettengeld n. *Patengeld, einge-
schnürte Dukaten.*
bettlein n. *kleines Beet.*
betuften v. *mit Reif überziehen.*
s. betun v. *sich besudeln, blamieren.*
betungen v. *beschmutzen.*
betwat f. *Bettücher.*
betwerk n. *Bettzeug.*
betzieche f. *Bettüberzug.*
s. beuchen v. *sich gütlich tun.*
beuderling m. *Puff.*
beuel f. *Beule.*
beuge f. *Kurve.*
beuhel n. *Beil.*
beuke f. *Pauke.*
beuker m. *Paukenschläger.*
beul(e) f. *Pestbeule, Pest.*
beulen v. *bellen.*
beulen v. *sich quälen, abmühen.*
beulich adj. *in gutem Zustand.*
beumig adj. *stark wie ein Baum,
stämmig.*
beunde f. *eingehegtes Grundstück.*
beusch plur. *Bäusche.*
peuschl n. *Lunge und Herz des
Schlachttiers.*
beut 2. sg. praes. imp.; 3. sg. praes.
ind. *biete(t).*

beute f. *auch Lohn.*

beuteln v. *(durch den Beutel) schütteln, durchsieben.*

beutelrucker m. *kecker Bettler.*

beuten v. *tauschen.*

beutpfennig m. *Beutestück, Erbeutetes, Kontributionsgeld.*

peuzenpüffel m. *Tausendsassa.*

bewaren v. *in Wehr setzen*

bewegen v. *erwägen; entschließen; erregen;* sich b. *unternehmen.*

bewegnus f. *Anstoß; Regung.*

bewegung f. *Regung; Beweggrund; Erwägung.*

beweil adv. *manchmal.*

beweisen v. *veranschaulichen, illustrieren; offenbaren, erweisen;* einen eines dinges b. *ihn darüber aufklären;* s. b. *sich betätigen.*

bewenden v. *verwenden.*

bewerben v. *anwerben.*

beweren v. *wahr machen, beweisen; erproben.*

bewerlich adj. *beweisbar, begründet, wahrscheinlich.*

bewernis, -ung f. *Bestätigung, Beweis; Rücksicht; Verwahrung.*

bewerung f. *Bewaffnung.*

bewigen v. *erwägen.*

bewilligen v. *einwilligen.*

bewist, bewust part. *bekannt, kund.*

bewust m. *Vorwissen.*

bez·m. *Bär.*

bez n. *s.* pazem.

bezalen v. *vergelten, heimzahlen, bestrafen; um Geld anfertigen lassen.*

bezam m. (?) (rotw.) *Ei.*

bezeben v. *innewerden.*

bezeichen v. *mit e. Abzeichen versehen.*

bezeit adv. *bei Zeiten.*

s. bezemen v. *sich bezwingen;* b. lassen *gewähren lassen.*

bezetlen v. *bestreuen.*

bezeugen v. *auch durch Zeugnis überführen;* sich b. *sich wozu bekennen.*

beziehen v. *ereilen; treffen;* sich b. *sich verständigen.*

bezigen adj. part *beschuldigt.*

bezlein n. *Hündchen.*

pfab(e) m. *Pfau.*

pfabenspiegel m. *Auge der Pfauenfeder.*

pfadeln v. *waten.*

pfaff interj. *lautmalender Zuruf mit dem Ausdruck ärgster Verachtung.*

pfaffenfasnacht f. *der Sonntag Estomihi.*

pfaffenkol f. *Weihrauch.*

pfaffheit f. *Klerus; geistlicher Beruf.*

pfalz f. *Rathaus (in Straßburg).*

pfannenknecht m. *Gestell, Gitter für die heiße Pfanne.*

pfannenstil m. *Schwanzmeise.*

pfarren v. *mit einem in dieselbe Kirche gehören, gehen, verkehren.*

pfarrmenge f. *Kirchengemeinde.*

pfauenfedern anstecken v. *den Habsburgern seine Ergebenheit bezeugen.*

pfauenfist m. *Bovist.*

pfauenschwanz m. *Komet; Kleidschleppe; ein Schleiftanz (pavane).*

den pfauen streichen v. *schön tun, süß reden.*

pfauentreiber m. *Buhler; Kuppler.*

pfauentrit m. *Schleichgang, Heuchelei.*

pfausen v. *schnauben.*

pfebe f. *Kürbis.*

pfeffer m. *gewürzte Sauce.*

pfeffersack m. *Krämerseele.*

pfei interj. *pfui.*

pfeifalter, pfeifholter m. *Schmetterling.*

pfeife f. *röhrenartiges Blasinstrument; Mund;* die p. einziehen *kleinlaut werden.*

pfeifen v. *musizieren; schnell trinken.*

pfeifentreier m. *Flötendrechsler.*

pfeifer m. *Musikant mit Blasinstrument.*

pfeifolter m. *Schmetterling.*

pfeil m. *auch Pfeiler.*

pfeilschefter, -schifter m. *Holzarbeiter, der die Pfeilspitzen auf Schäfte setzt.*

pfeilschmit m. *Schmied, der Pfeil-spitzen fertigt.*

pfeilsticker m. *der die Pfeile fie-dert, Federn in die Schäfte leimt.*

pfeisen v. (obd.) *zischen.*

pfel plur. *Pfähle.*

pfelel, -er n. *Seidenstoff.*

pfelrin adj. *aus Pelzwerk.*

pfelzen v. *pfropfen.*

pfembart, pfenbert (bair.) *s.* pfen-(ing)wert.

pfenden v. *einen einer sache be-rauben.*

pfender m. *(pfändender) Gerichts-bote, Aufseher.*

pfendlich adj. *nur auf Widerruf gewährt, unsicher, prekär.*

pfening m. *Silbermünze; Geld-gewinn;* kupfren p. *falsches, min-derwertiges Geld.*

pfeningmeister m. *Zahlmeister.*

pfeningwert, pfenwert m. *(geringe) Ware, Kleinhandel, Kleinigkeit, wohlfeiles Essen;* beim p. *kaufen pfennigweis, in kleinsten Beträgen einkaufen.*

pfer n. *Pferd.*

pferch m. *Ferge, Fährmann.*

pferdsküttel m. *Roßapfel.*

pfer(ri)ch m. *Einfriedigung bes. für Kleinvieh im Freien.*

pfer(ri)chen v. *durch Einpferchen des Viehs den Acker düngen;* cacare *vom Menschen.*

pfersi(n)g m. *Pfirsich.*

pfetter(ich) m. *Taufpate* (lat. pa-trinus).

pfeze(l)n v. *kneipen.*

pfideren v. *verdrückt lachen.*

pfifferling, -stil m. *Pfefferschwamm; wertlose Kleinigkeit.*

pfiffi n. *Pips.*

pfiment n. (schweiz.) *Fundament.*

pfingstag *s. a.* pfinztag.

pfinne f. *Schweinekrankheit.*

pfinnig adj. *mit der pfinne behaftet.*

pfinztag m. (bair.-östr.) *Donners-tag.*

pfipfig adj. *mit dem Pips behaftet.*

pfisel m. *Schnupfen.*

pfister m. *der die Bäckerei be-sorgende Angestellte eines Klo-sters oder Hofs.*

pfisterie f. *(Kloster-)Bäckerei.*

pfisterlein n. *Flußuferläufer (wegen des weißen Unterkörpers).*

pfladergeut f. *Diarrhöe, s.* geude.

pfladern v. *plätschern, sprudeln.*

pflanzen v. *auch: zieren, schmücken; s. p. einwurzeln.*

pflasche f. *Flasche.*

pflaster n. *auch Mörtel.*

pfleg(d)e f. *Handhabung, Ueber-wachung, Verwaltungsstelle, Amt.*

pflegel m. *Dreschflegel; grober Mensch.*

pfleger m. *Stellvertreter, Amts-verwalter, Vormund, Fürsprech, Landrichter.*

pflez m. (schweiz.) *Fußboden; Vorplatz.*

pflosche f. *Flasche.*

pflug adj. *blöde.*

den pflug zu bet füren v. *den Bei-schlaf ausüben.*

pfluger m. *Pflugschmied.*

pflüger m. (rotw.) *Kirchenbettler.*

pflugfeld n. *zum Pflügen fertiges Feld.*

pflugsech n. *Messer vor der Pflug-schar.*

pfneischen v. *(ein Tier durch Fut-ter) locken, reizen.*

pfnotten v. *schnauben.*

pfnüsel, pfnustel m. *Schnupfen.*

pfol m. *Pfühl, Kopfkissen.*

pfow(e) m. *Pfau.*

pfowendrit m. *Hinterlist.*

pfragner m. *Kleinhändler, Höker.*

pfrengen v. *zwängen.*

pfreunde f. *Pfründe.*

pfriend m. (schweiz.) *Pfriem.*

pfrimme f. *Ginster.*

pfründe f. *Proviant, Nahrung; Lohn.*

pfrune f. *Pfründe.*

pfruner m. *Pfründner.*

pfuch interj. *pfui.*

pfuch m. *Schmutz.*

pfuch(z)en v. (alem.) *fauchen, speien.*

pfulment n. *Fundament.*

pfulschnepf f. Limosa ferruginea.

pfulw m. *Pfühl, Kopfkissen.*
pfund (heller) n. *240 Heller,*
1¹/₄ Gulden.
pfund(n)er m. (tirol.) *Münze zu*
12 Kreuzern, Lira.
pfundzol m. *Abgabe für verkaufte*
Ware in Prozenten des Preises.
pfütsch f. *Pfütze.*
pfuttern v. *stoßend lachen.*
ph *s.* f.
bibal n. *Trinkgeld.*
biben v. *zittern.*
bibergeil n. *Oeldrüse des Bibers.*
biblen *s.* büblen.
bick m. *Stich, Schnitt; Gesichts-*
blütchen.
bickel m. *Spitzhacke.*
bicking m. *Verbeugung.*
biderb adj. *bieder.*
bidern v. *nützlich anwenden.*
pidern v. *kneten.*
bidmen v. (obd.) *beben.*
bieblen v. *liederlich leben.*
bieglich adj. *biegsam.*
biel n. *Beil.*
bien m. *auch Bienenkorb.*
biensaug m. *Taubnessel.*
bieramsel f. *Zechbruder.*
bierbreu m. *Brauer.*
bieße f. *Mangold* (lat. beta).
bießen *s.* büßen.
biet *n. (obd.)* Gebiet.
pietanz *s.* pitanz. \
bieten m. (alem.) *Steven des*
Schiffs.
bieten v. *beim Kauf ein Gebot tun;*
gebieten; einem aus dem land b.
ihn verbannen.
bifel m. *Büffel.*
pifelfolk n. *Pöbel.*
biffen *s.* püffen.
bifing m. *Ackerbeet zwischen zwei*
Furchen.
bigein, pigenie *s.* begine.
pighard m. *Laienbruder.*
bihel n. *Beil.*
bikel m. *Pickel.*
bikling m. *Bücking.*
bil f. *Steinpickel.*
dem Pilatus opfern v. *aufs heim-*
liche Gemach nehmen.
pilbiz *s.* bilwiß.

bild n. *(plastische) Nachbildung,*
Statue; Idee, Ideal; Sinnbild.
bilden v. *gestalten;* in sich b. *sich*
einprägen; für augen b. *anschau-*
lich machen; in die augen b. *sich*
vorstellen.
bil(d)er plur. *Zahnfleisch.*
bildung f. *Schöpfung, Verfertigung,*
Bildnis.
pilegrinfalk m. *Wanderfalke.*
bilge f. *Ledertasche.*
bille f. *hintere Rundung (des*
Schiffs).
billig adv. *verdientermaßen.*
bilt 3. sg. praes. *zu bellen.*
biltregerin f. (rotw.) *Bettlerin, die*
durch vorgetäuschte Schwanger-
schaft Mitleid weckt.
bilwiß f. *Hexe;* in *Zusammen-*
setzung mit -har, *zotte u. ä.*
Ausdruck des Unwillens.
pims m. *Bimsstein.*
binbarke f. (nürnb.) *Bienenstock.*
binden v. *auch bändigen;* die *Ab-*
solution versagen.
binder m. *Küfer.*
bine f. *Bühne; Deckbeplankung*
eines Schiffs.
pinkeln v. *pissen.*
binkeltopf m. (md.) *Nachttopf.*
binkkachel f. *Nachttopf.*
pinol m. *Wein von Pinnola in*
Italien
pint f. *Kanne* (franz. pinte, ital.
pinta); *männliches Glied.*
binz m. f. *Binse.*
pips m. *Schwächling.*
piquenirer m. *Schwerbewaffneter.*
birbaum m. *Birnbaum.*
bir(e) f. *Birne.*
birenbrater m. *Philister, der seine*
Birnen in der Ofenröhre brät.
piret n. *Barett bes. der Gelehrten*
und Geistlichen.
birg n. *Gebirge.*
pirgamen n. *Pergament.*
birgisch adj. *vom Gebirge stam-*
mend, hinterwäldlerisch.
birkel n. *junger Bär.*
birling m. *Heuhaufen.*
birmenten adj. *von Pergament.*

birolf m. *Pirol.*

piron m. *Vorleggerät bei Tisch.*

birs f. *Jagd.*

birsvogt m. *Beauftragter des Jagdherrn.*

birsherr m. *Jagdherr.*

birsten v. *striegeln, hart zusetzen.*

bis imp. *zu wesen, sei.*

bis praep. *bis;* bis (daß) conj. *bis, so lange als;* bis so lange *so lange bis;* bis suntag nächsten Sonntag; bis jar übers Jahr.

bisameinen v. (ostfränk.) *nach Bisam riechen.*

bischolf m. *Bischof.*

bischot, biskot m. *Zwieback* (ital. biscotto).

bisen m. *Bisam.*

bispeln v. *wispern.*

biß n. *Gebiß.*

bisse f. (obd.) *Keil.*

bissen m. *Byssus, Seidenstoff.*

bißgurre *s.* peisker.

bißmacher m. *Gebißmacher, Zäumer.*

bißmeister m. (westmd.) *Schatzmeister.*

bißschaf m. *Schelte des Bischofs.*

pitanz f. *verbesserte Portion, die im Kloster zu gewissen Zeiten gereicht wird* (mlat. pitantia).

pitanzer(in) m. f. *Verwalter des Pitanzenfonds im Kloster.*

bit(e) f. *Wartezeit, Frist, Verzögerung, Aufschub.*

bitere f. *Bitterkeit.*

bitlich adv. *durch Gebet; bittweise.*

bitrich m. *Trinkgefäß.*

bitschaft n. *Petschaft.*

pitsche f. (östr.) *Kanne.*

bitschelring m. *Siegelring.*

bitscher, -schet, -schir n. *Petschaft.*

pitt m. *Topf.*

bittage plur. *die drei Wochentage vor Christi Himmelfahrt.*

bitten v. *auch beten;* für etwas b. *einem Ereignis durch Bitte, Gebet vorbeugen.*

bitterling m. *ein geringer Fisch, Schneiderkarpfen.*

bittung f. *Prozession; Litanei.*

bitwoche f. *die Woche vor Christi Himmelfahrt.*

bizant m. *Büffel.*

bizelecht adj. *prickelnd.*

bizen v. *stechen.*

bizlen v. *ein wenig beißen, prickeln; ein wenig abbeißen, kosten.*

bizlet adj. *prickelnd.*

bizzer m. *der Gebisse für Zugtiere fertigt.*

blab adj. *blau;* b. feur *Blitz.*

placke f. (westmd.) *landwirtschaftliche Fläche von etwa 10 Quadratruten.*

placken v. *flicken.*

blackfisch m. *Tintenfisch.*

blackhorn n. *Tintenfaß.*

bladerbet n. (schweiz.) *Gebetsgeplapper.*

bladren v. *plappern.*

blag f. *(himmlische) Strafe.*

blakol n. *Rotkraut.*

plamer f. *blaues Märlein, Fabel.*

blamüser *s.* blomeiser.

plan m. *Platz; Absicht; Stelle der Kegelbahn, wo die Kegel stehen.*

blan adv. *wohlan.*

planerer m. *Tuchglätter.*

blangen *s.* belangen.

blaniren v. *glätten, polieren*

blank f. *Planke.*

plaphart m. *Weißpfennig, Groschen.*

blas m. (obd.) *Hauch.*

blase f. *auch Aufgeblasenheit, aufgeblasener Mensch;* einem ein b. anhenken *ihn warnend kennzeichnen.*

blasen v. *schnaufen; erregen, anfeuern;* s. b. *sich aufblasen.*

plasimiren *s.* blesiniren.

blast m. *Hauch, Atem, Blähung; Unwille, Zorn, Neid.*

blastück, blastuck f. *Schwindelei.*

blastücker m. *Betrüger.*

blastückerei f. *Betrug.*

blastückisch adj. *betrügerisch.*

blat adv. (hess.) *Verstärkung der Negation:* b. naut *ganz und gar nichts.*

blat n. *auch Zäpfchen im Halse; Zielblatt, Scheibe;* das erste blat *die erste Seite der Musterliste eines Regiments, die* prima plana, *auf der die Chargen stehen.*

bläte f. *Tonsur; einem ein b. schern ihn bös mitnehmen.*

plateform f. *Geschützdamm.*

plateise f. m. *Plattfisch, Scholle.*

platenhengst m. *Pfaffe.*

platenmecher m. *Schmied von Harnischplatten.*

blater f. *Blase, Drüse.*

blaterer m. *Schwätzer.*

blaterhose f. *Pluderhose.*

blaterleut plur. *Blatternkranke.*

blatern v. *plätschern; schwatzen.*

blatner m. *Tonsurträger.*

plat(n)er m. *Harnischmacher.*

platschen v. *schwatzen, Unsinn reden, von fernen Landen flunkern.*

platschirer m. (rotw.) *Bettler, der platscht.*

blatte f. *Platte, Tonsur; Schädel.*

blatten v. *Blätter abbrechen.*

plattenschleifer m. *Harnischpolierer.*

blaue ente f. *Lüge.*

blaufuß m. *eine Falkenart.*

blaumelig adj. *mit blauen Flecken.*

blauspechtle n. (obd.) *Spechtmeise.*

plaz m. *Dorfplatz; Stelle der Kegelbahn, wo die Kegel stehen; Schauplatz (auf der Bühne).*

plaz m. *klatschender Schlag.*

blaz f. *Platte zum Auftragen der Speisen.*

plazebo s. dilexi.

plazen v. *klatschen; auf einen p. auf ihn losfahren.*

plebezen v. *blöken.*

blech n. (rotw.) *Geld.*

blechlein n. (rotw.) *Kreuzer.*

blecken v. *blicken lassen.*

blecken s. *blöcken.*

plecker m. *Flickschneider.*

blecket adj. *fletschend.*

pledrei f. *Prozeß* (franz. plaiderie).

blegen, blehen v. *(auf)blähen.*

blei f. *der Weißfisch Bleihe.*

bleiben v. *ausbleiben, fallen, umkommen; bestehen bleiben, geborgen, gesichert sein, sich aufrecht erhalten.*

bleiblich adj. *verbleibend, dauernd; b.* machen *dingfest machen.*

bleichart m. *blaßroter Wein.*

bleiche f. *Gelbsucht.*

bleide f. *Wurfgeschoß.*

bleien v. *blähen.*

bleien n. *Blähung.*

pleinzen m. *ein Fisch,* cyprinus ballerus.

bleischnur f. *Richtschnur.*

bleischweif m. *Bleiglanz, schwefelhaltiges Blei.*

bleiten v. *führen, begleiten.*

bleiwag f. *Setzwage mit Bleilot.*

bleiwurf m. *Senkblei, Log.*

plekizen v. *blöken.*

blemen v. *verblümen.*

blempern v. *herausplatzen mit etw.*

blenden v. *auch: mit Scheuklappen versehen.*

plerpe f. *Mundwerk.*

blerr n. *Doppelsehen.*

plerren v. *schreien; herleiern.*

blerwerk n. *Blendwerk.*

blesiniren, blesmiren v. *ausmalen* (franz. blasonner); *einem das* wapen b. *ihm die Meinung sagen.*

pletener m. (md.) *Harnischmacher.*

bleterlin n. *kleine Blase, Drüse; Hautkrankheit.*

pletlen v. *mit flachen Steinen werfen.*

pletling m. *Tonsurträger, Geistlicher.*

bletren v. *Blätter bekommen, mit Blättern schmücken.*

bletschen v. (alem.) *herunterfallen.*

bleuel m. *Waschholz; den bleuel schleifen das Waschholz führen, Gewäsch treiben.*

s. bleuen v. *sich plagen; etwas in jem. b. es ihm einbläuen.*

bleugen v. *blähen.*

plexia f. *Apoplexie, Schlagfluß.*

blez m. *Stück Zeug, Leder, bes. zum Flicken; Stück Land.*

blezen v. *flicken; begatten.*

blezer m. *Flickschuster.*

blick m. *auch Blitz; Glanz; Augenblick; Einblick.*

blickars m. *Wolf vom Reiten.*

3*

blicke f., blickling m. *der Fisch*
Abramis blicca.

blickschlaher m. (rotw.) *Bettler,*
der durch Nacktheit Mitleid
weckt.

plicksterz m. *Stadtschwalbe.*

blieten v. *bluten.*

blind adj. *auch was nicht gesehen*
wird; ein ding blind machen
es ungesehen auf die Seite brin-
gen; den blinden fürn *heimlich*
zustecken; der blinden meus
spilen *Unzucht treiben;* blinder
kauf *Handel, bei dem die Ware*
unsichtbar ist.

blinder weis adv. *blindlings.*

blindern v. *plündern.*

blindnis f. *Verblendung.*

plinze f. *Blutwurst.*

blinzlich, -ling adv. *blindlings.*

blist 1. 3. sg. praes. *bläst.*

blitschblob adj. *grell blau.*

blix m. *Blitz; Bannfluch.*

blixen v. *blitzen.*

blizen v. (alem.) *umherspringen,*
ausschlagen (von Tieren).

blizgen v. *blitzen.*

blizling(en) adv. *blitzartig, plötz-*
lich.

blob adj. *blau;* einem des bloben
geben *ihn braun und blau schla-*
gen.

bloch m. *Block, Stock, in den die*
Füße der Verhafteten geschlos-
sen wurden, Schandholz.

blochart m. (rotw.) *blinder Bett-*
ler.

plochiren v. *blockieren.*

plochtaub f. *Holztaube.*

block m. *Klotz; Hindernis, Tölpel.*

blöcken v. *in den Block zwängen;*
über die Leisten schlagen.

blöd adj. *furchtsam, schwach,*
schüchtern.

blöde, blödigkeit f. *Schwäche.*

ploderen v. *ein Geräusch machen,*
schwatzen, brummen.

ploderer m. *Schwätzer.*

ploderet adj. *aufgebauscht.*

blodermanshantschuch plur. *Faust-*
handschuhe.

bloderwerk n. *Possen.*

blödikeit f. *Zaghaftigkeit, Schüch-*
ternheit.

blomeiser m. *Achteltaler vom Nie-*
derrhein mit dem als „Mäuse-
bussard" verspotteten Reichsadler.

plon m. (alem.) *Platz.*

blosbelger m. *Blasbalgmacher.*

bloß adj. *nackt; wehrlos, unbemän-*
telt, unglossiert; s. zu bl. lachen
so *stürmisch, daß man sich auf-*
deckt; einen bloßen legen *sich*
eine Blöße geben; e. b. schlagen
an den Falschen kommen; b. sten
am Pranger stehen.

blost *s.* blast.

blotter arzet m. *Quacksalber.*

plöz m. (bergm.) *Keil zum Fels-*
sprengen.

blozbruder m. *Laienbruder.*

blöze f. *Gurtmesser.*

plöze f. *ein geringer Fisch, Rot-*
auge, Rotfeder (daher Plötzen-
see).

blozhart m. *Laienbruder.*

blozlich, -ling adv. *plötzlich.*

blü f. *Blüte.*

pludern v. *schwatzen.*

plufial(e) n. *Radmantel des Geist-*
lichen bei Prozession, Segnung,
Vesper.

blühe f. *Blüte.*

blüknopf m. (obd.) *Blütenknospe.*

blume f. *Blüte; Fruchtertrag;*
Blässe an einem Vieh; schöne
Redensart.

plumps adv. *blindlings, von unge-*
fähr.

plumps weise adv. *von ungefähr,*
durch blinden Zufall.

blumwerk n. *Holzzierrat am Ge-*
bälk; Blumenstickerei; Blumen
verschiedener Art.

plunder m. *Kleider, Gepäck.*

plünderle n. *bischen Habe.*

bluntsch adj. *gedrungen, ungefüg.*

blust f. n., blut m. *Blüte.*

blut adj. *bloß.*

blutbruch m. *Blutsturz.*

bluteis m. *Blutschwären.*

blutern adj. *blutig.*

blutfluß, -gang m. *Menstruation;*
Hämorrhoiden.

blutfogt m. *Scharfrichter.*
blutgesipt adj. part. *blutsverwandt.*
blutmeßig adj. *dem Blutgericht verfallen.*
blutris, -rüstig adj. *blutrünstig.*
blutschöpf(e) m. *Beisitzer einer Hinrichtung.*
blutschwer m. *Eiterbeule, Geschwür.*
blutsichtig adj. *blutdurstig.*
blutstein m. *roter Glaskopf, Hämatites.*
plüw(e) adj. *blöde.*
bluzer m. (obd.) *Melone.*
bluzlich adv. *überstürzt.*
boch m. *Renommisterei.*
bochbischof m. *anmaßender Prälat.*
poche f. (hess.) *Bläschen.*
bochen v. *mißhandeln, verhöhnen; prahlen, auftrumpfen; zanken; hinarbeiten, sich abarbeiten; sich berufen auf.*
bochen n. *Hochmut, Trotz;* mit b. *mit Gewalt.*
bochhans m. *Prahlhans.*
bochlen v. *trommeln.*
bocht n. m. *Schmutz.*
bock *in Flüchen entstellt aus* got.
bock m. *auch Prügelbank; Aufleggabel für Handfeuerwaffen;* der b. get an jem. *kommt in Zug (mit Reden, Schelten);* einen b. halten *herhalten müssen.*
böck m. *Becker.*
böckeln, bockenzen v. *(nach dem Bock) stinken.*
böcken adj. *von Bocksfell.*
bocken n. *ein Kartenspiel.*
bockenzen v. *nach Bock riechen.*
böckisch adj. *eigensinnig.*
bocks *in Flüchen entstellt aus* gotes.
bockshorn n. *die Pflanze Johannisbrot,* Ceratonia siliqua; *bockshörnlein* n. *deren Schote;* einen in ein b. treiben, zwingen *ihn einengen.*
bodem m. *Boden;* einem ding ist der b. aus *es ist aus damit;* zu b. gen *zu Grund gehen;* zu b. stoßen *zu Grund richten.*
bodengelt n. *städtische Weinaccise.*
bodmen v. *auf Schiff und Ladung leihen.*

bodmerei f. *Leihgeschäft auf Schiff und Ladung.*
pofel, pöfel m. *Pöbel.*
pofeljaz m. *Pöbel* (lat. populatio).
bög f. m. (schweiz.) *Maske.*
bögel m. *Bügel, Reif.*
bogen part. *gebogen.*
bögenbischof m. (schweiz.) *Larvenbischof.*
bögenkleid n. (schweiz.) *Maskenkleid.*
bogenspanner m. *Angeber.*
bog(n)er m. *Bogenschütze; Schießzeugmacher.*
bogrucket, -ruckicht adj. *gebeugt, bucklig.*
bol 3. sg. praet. *bellte.*
bolch m. *großer Dörrfisch, Kabeljau?*
bolderen v. *hohe Reden führen; zur Rede stellen.*
polei m. *Flohkraut* (lat. pulegium).
bölen v. (rotw.) *liebkosen.*
polender m. (rotw.) *Schloß.*
boler m. *Böller, Mörser.*
bolet n. *Zettel, Schein, Ausweis; Quartierzettel, Urlaubspaß.*
polgrab m. (westmd.) *Pfahlgraben, Limes.*
politisch adj. *staatsrechtlich.*
polizei f. *Staatsverfassung, -ordnung, Stadtregiment* (mlat. politia).
bolle f. m. *Klumpen, Kugel; Zwiebel.*
pollern v. *beunruhigen.*
polsterhund m. *Schoßhund.*
polstermume f. *Bettkusine.*
poltergeist m. *Gespenst.*
bolwerf n. *Bollwerk.*
bolwurz f. *Osterluzei,* Aristolochia clematitis.
bölz m. *Pelz.*
bolz(e) m. *Bolzen;* (man kan nicht alles) zu b. dren *(nicht alles) nach Wunsch richten.*
bom m. *Baum.*
pomamber m. *wohlriechende, desinfizierende Pille.*
bombart m. *dumpfer Ton, Bauchwind.*
bomber m. *Bauchwind.*

pomer m. *das Blasinstrument Bombardon.*

bömerlein n. *schwarze Seeschwalbe; Rotdrossel; Bergfink; Seidenschwanz.*

bomhart m. *Holzblasinstrument, Vorläufer des Fagotts.*

pön f. *Strafe.*

bonaze f. *Windstille.*

poner n. *Banner.*

bononier m. *Münze aus Bologna, im Wert von 12 Kreuzern.*

bont adj. *gefleckt, bunt.*

bont sg. praet. *begann.*

pope f. *Schiffshinterteil* (ital. poppa).

popelman m. *Schreckgestalt.*

bopenwerk n. *Puppenspiel.*

popizen v. *liederlich leben.*

poppe m. *Großsprecher.*

poppe f. *Puppe.*

poppen v. *durch Großsprecherei übertreiben.*

boppen v. (rotw.) *lügen.*

borage m. *Borretsch* (mlat. borago).

bord n. *Brett.*

borvil adv. *sehr viel.*

borg m. *Anleihe.*

börgel m. *das Küchengewächs Portulak,* Portulaca sativa.

borger m. *Gläubiger.*

porkirche f. *Kirchenempore.*

porn m. *Brunnen.*

börnen v. *brennen.*

bornfart f. *Ausflug nach Quelle und Wald, Picknick.*

bornfluß m. *Abfluß einer Quelle.*

bornmecher m. *Brunnenbauer.*

bornstein m. *Bernstein.*

porpeln plur. *Kinderblattern.*

porren v. *schnurren, surren, sausen.*

borrich m. *das Gartenkraut Borretsch* (lat. borrago).

porro m. *Lauch* (ital. porro).

bors s. burse.

borse m. *Netzhaut um das Eingeweide.*

bort m. f. *Borde, Gürtel, Rand, Wundrand.*

portatif n. *Handorgel.*

porte f. *Hafen* (lat. portus).

portflesch f. *Pulverbüchse des schweren Reiters.*

portitifer m. *Leiermann.*

Portugaleser m. *portugiesische Goldmünze zu 10 Crusados.*

porz f. *Anteil* (lat. portio).

borzeln v. *über Hals und Kopf niederstürzen.*

bös adj.: kein bösen geben *kein Spielverderber sein.*

bosam m. *Busen;* in seinen b. greifen *bei sich Einkehr halten;* einem in b. blasen *ihn räuberisch anhalten;* in den b. fallen *schlecht bekommen.*

bösch m. *Rasen.*

bosche swm. (obd.) *Busch.*

bose s. burse.

bosem s. bosam.

bösern v. *schlimmer machen;* s. bösern *schlimmer werden.*

poses f. *Besitzung.*

positif n. f. *(ursprünglich tragbare) Orgel.*

posiz f. *Satz, Gesetz, Quantum.*

bösrüchtig adj. *übel beleumdet.*

boß m. *Bursche.*

boß m., plur. bossen *Halbstiefel* (frz. botte).

boß f. (rotw.) *Haus.*

bosse f. *Form, Entwurf.*

boßel f. *Kegelkugel.*

posselarbeit f. *geringe Nebenarbeit.*

bosseliren v. *Possen treiben.*

boßelleich m. *Kegelbahn.*

boßen v. *stoßen; ein dem Kegeln ähnliches Spiel treiben.*

boßen n. *Kugelstoßen.*

bossen v. (rotw.) *schweigen.*

boßgesell, -knecht, -man m. *Matrose.*

boßhart m. (rotw.) *Fleisch.*

boßhartfezer m. (rotw.) *Fleischer.*

bossieren v. *plastisch bilden.*

possiren v. *Possen treiben.*

possirlich adj. *possenhaft.*

boßknabe m. *Schiffsjunge.*

boßkugel f. *Kegelkugel.*

boßleute plur., -volk n. *Matrosen.*

pößlein n. *Scherz.*

poßmeister m. *Postmeister.*

post f. *Botschaft;* m. *Bote.*

post m. *Posten.*

postbart m. *Paß.*

postema *s.* apostem.

postil f. *Erklärung.*

postiren v. *Botschaften schicken.*

postrenner m. *Eilpost(bote).*

postzendel m. *leichter Seidenstoff.*

bös weh n. *Fallsucht, vereinzelt Syphilis.*

bot n. (obd.) *Gebot; Rechtsgebot; Zahlungsbefehl.*

botding n. *Gerichtstermin.*

bote m. *auch Apostel.*

botenbrot n. *Geschenk an den Träger einer guten Kunde; Botschaft.*

botschaft f. *die Bevollmächtigten, der Gesandte.*

botschuch m. (alem.) *Halbstiefel.*

böttel m. *Gerichtsdiener.*

potting, botung m. f. *Bottich.*

box *in Flüchen entstellt aus* gotes.

poz m. *Larve, Popanz· Sternschnuppe.*

pozenhut m. *Popanz.*

pozmartern v. *bei Gottes (d. i. Christi) Marter schwören, fluchen.*

poznase f. *Nase einer Maske.*

praband m. *Proviant.*

brachen v. *das Brachfeld im Frühling umpflügen.*

brachmon(d), brachot m. *Juni.*

brachse f. *Säbel, Plempe.*

brachsen m. *ein karpfenartiger Fisch,* Abramis brama.

bracht m. *Rühmen, Prahlen; Prunk im Auftreten; Aufwand; Spaß; Geschäftigkeit, Aufregung.*

brachten v. *renommieren.*

brachtig adj. *herrlich, hochfahrend.*

bracke m. *männlicher Hund, Spürhund.*

prafand m. *Proviant.*

praktik(a) f. *Kunstgriff; Anschlag; Machenschaft; Kalender; Prophezeiung.*

praktiziren v. *weissagen; (üblen) Rat aushecken, intrigieren.*

bralin *s.* brelin.

brallen v. *plärren.*

brambör f. *Brombeere.*

brame n. *(Wald-)Rand.*

bran 1. 3. sg. praet. *brannte.*

brandfogel m. *Hausrotschwanz.*

brandmeis f. *Kohlmeise (wegen des schwarzen Kopfes).*

brang m. *Pracht, Prunk.*

prangen v. *auf etwas pochen; Luxus treiben; stolz daherziehen.*

prankiren v. *prunken.*

pranzen v. (schweiz) *schimpfen.*

prasem m. *grüner Bergkristall; Chrysopras.*

brasma *s.* brachsen.

praß m. *Schlemmerei.*

praßler m. *Schlemmer.*

brast m. *Gram.*

brastlen v. *prasseln.*

braten part. *gebraten.*

brates n. *Braten.*

pratik f. (frz. pratique) *s.* praktika.

brauch m. *Anwendung, Gebrauch, Ausübung;* in b. komen *in Tätigkeit treten;* der alte, neue b. *das alte, neue Testament.*

s. brauchen v. *sich üben, bewähren, tummeln, ins Zeug legen, sein bestes tun; anwenden, handhaben.*

brauchlich adj. *brauchbar.*

brauen in einen v. *sich hinter ihn stecken.*

braun adj. *auch violett.*

braunellen n. *Heckenbraunelle,* Accentor modularis.

brauniren v. *polieren.*

prausten v. *pusten.*

brautlauf(t) m. *Hochzeit; Heiratsabgabe der Leibeigenen.*

brautmutter f. *nahe Verwandte der Braut, Bereiterin des Brautbetts.*

prazeln v. *sprudeln.*

preambel n. *Vorspiel.*

prebend f. *Pfründe* (lat. praebenda).

brechen n. *Mangel.*

brechen v. *zerstören; übertreten; reißen (von Seil und Faden); gebrechen;* s. b. *nach sich bemühen, umtun um;* an einem b. *ihn im Stich lassen;* einem das herz b. *ihn erweichen.*

brech(en)haftig adj. *schadhaft.*

precht n. *Lärm.*

prechten v. (alem.) *schreien, prahlen.*

brechtig, -isch, -lich adj. *herrlich, hochfahrend, renommistisch.*

breckin f. *Hündin; Frauenzimmer.*

brecklein n. *Hündchen.*

bredi f. *Predigt.*

prediger m. *Dominikaner; scheltendes Weib.*

predigstul m. *Kanzel.*

brefe n. *Amulett.*

bregen v. (rotw.) *betteln.*

breger m. (rotw.) *Bettler.*

brei *s.* brein.

preiel(in) *s.* priol(in).

preier(in) *s.* priol(in).

brein m. *Hirsebrei, Grütze;* den b. im maul behalten, b. im maul haben *mit der Sprache nicht herausrücken.*

preis f. *Ergreifung, Fang, Beute;* p. machen *zur Plünderung überlassen;* p. sein *geopfert werden.*

breise f. *Einschnürung, Einfassung.*

breisen v. *schnüren, säumen, schmücken.*

breisriemen m. *Schnürsenkel, Nestel.*

breisschuch m. *Schnürschuh.*

breisziegel m. *Einfaßziegel.*

breit f. *Braut.*

breitfuß m. (rotw.) *Gans, Ente.*

breithart m. (rotw.) *Heide.*

breitschnabel m. *Löffelente.*

brelin n. demin. *zu* mhd. brâ *Augenbraue.*

brem n. *Verbrämung, Rand.*

brem m. (obd.), breme f. (md.) *Stechfliege.*

bremis n. *Bremse.*

brems f. *Hemmvorrichtung am Pferdezaum, Trense; Maulkorb; Klemme.*

bremsen v. (md.) *brummen, knirschen.*

breng n. *Gepränge.*

brengen v. *bringen.*

prengisch adv. *renommistisch, hochmütig, sich zierend.*

brenhafen m. *Tiegel.*

prenk n. *Gepränge.*

prenkiren v. *prunken.*

prenkisch adj. *renommistisch.*

brennen swv. *berennen.*

brenner m. *Hirschkäfer; Branntweinfabrikant; Brandstifter; Brand an Pflanzen, bes. Reben.*

brente f. *Zuber, Trog.*

prenten v. *drucken.*

prenterei f. *Buchdruck.*

brenter wein m. *Branntwein.*

brente suppen f. *Suppe aus geröstetem Mehl.*

brenzlen v. *nach Angebranntem riechen, schmecken.*

prepeln v. *plappern.*

presaun f. *Gefängnis, Gefangenschaft.*

bresem m. (rotw.) *Bruch.*

presenz f. *Bezahlung für Anwesenheit* (praesentia) *und Assistenz bei einer geistlichen Handlung, bes. einer Messe, Seelmesse; geistliche Bruderschaft mit Pfründgenuß.*

presilge, bresilien f. *Brasilholz; daraus gewonnener Farbstoff; rote Tinte.*

pressel f. n. *Pergamentstreifen, an dem das Siegel hängt; Siegelkapsel; Briefverschluß.*

presslein n. *s.* pressel.

bressum f. (westmd.) *der Weißfisch Bleihe.*

brest(en) m. *Gebrechen, Schaden.*

bresten v. *fehlen.*

bresthaft adj. *schadhaft, kränklich.*

bretig n. *ein Stück Braten.*

bretig adj. *fleischig.*

bretling m. *ein eßbarer Pilz.*

bretren v. *mit Brettern belegen.*

bretschel, bretstel, preze f. *Brezel.*

bretspil n. *Schach, Tricktrack.*

breuchig adj. *gebräuchlich.*

breutelbad n. *Bad vor der Hochzeit mit Gelage.*

brexe f. *griffestes Messer.*

brexmen *s.* brachsen.

prezes plur. *Bitten im Wechselgebet, bes. die nach Schluß der Litanei gesungenen und die ins Officium eingeschalteten.*

pricke f. *Neunauge.*

pricken v. *jucken.*

bridlen v. *brodeln, sieden, sprudeln.*

brief m. *Verschreibung, Mandat,
Urkunde, Flugblatt;* (rotw.) *Kartenspiel, Spielkarte; Einblatt-
druck mit Holzschnitten, Ge-
beten, Segen.*

briefelfezer m. (rotw.) *Schreiber.*

briefelich adj. *handschriftlich.*

briefen s. *prüfen.*

briefen v. (rotw.) *Karten spielen.*

briefmaler m. *Illustrator.*

priesterschaft f. *auch Ordination.*

brieten plur. praet. *brühten.*

privet f. n. *Abort* (mlat. *privata*).

brigel m. *Prügel.*

prigol m. (schwäb.) *Prior.*

prim f. *Frühgottesdienst um 6 Uhr*
(s. gezeiten).

primat m. *Obervorrang.*

bringen v. *auch betragen, ausmachen; einbringen; wirken,
fruchten;* einem etwas b. *ihm zu-
trinken;* b. auf *beziehen auf;*
jem. zu sich b. *ihn auf seine
Seite ziehen.*

brinn(e) f. *Halsharnisch.*

brinnen v. *brennen.*

brinnendig adj. *brennend.*

prinzipal m. *Kriegs-, Feldherr.*

priol(in) m. f. *Klosteroberer (-obe-
rin) nächst Abt oder Aebtissin.*

prisaun f. *Gefängnis, Gefangenschaft.*

brissen v. (rotw.) *zutragen.*

brist sg. praes. zu *(ge)bresten.*

brite(r)n adj. *von Brettern.*

prize f. *Pritsche.*

prizenschlaher m. *Narr.*

probiren v. *beweisen; prüfen; bewährt finden.*

brochmon(d) m. *Juni.*

bröckin s. breckin.

produkt n. m. *Ergebnis einer Mul-
tiplikation;* im Schulwitz Tracht
von 3 × 4 = 12 Hieben, s. schilling.

profant m. *Proviant.*

profei f. *Abort* (mlat. *privata*).

profess f. m. *Ablegung der Or-
densgelübde.*

profetei, -zei f. *Prophezeiung.*

proficiat! *gesegnete Mahlzeit!*

profiren v. *Nutzen ziehen.*

profunze f. *weibliches Glied.*

brögen v. (schweiz.) *durch Blendwerk bang machen.*

brögerei f. (schweiz.) *Spuk.*

prognostikaz f. *Voraussage.*

prokurator m. *Sachwalter, Verwalter, Stellvertreter.*

prokurei f. *Anwaltschaft.*

prokuriren v. *verwalten, versorgen,
verschaffen; Fürsprache, Vorschub tun.*

brollen v. *brüllen.*

prommen v. *brummen.*

bromse f. *Stechfliege.*

bromsen v. *brummen.*

promstei f. *Propstei.*

brone f. *Augenbraue.*

pronkiren v. *prunken.*

pronostikaz s. prognostikaz.

pronunziaz f. *Aussprache.*

pröplen v. *plappern.*

proporz f. *Takt.*

brosen m. *Brosame.*

prosonet m. *Zwischenhändler* (gr.
προξενητής).

broß n. *Knospe, Auge der Rebe.*

brossen v. *Knospen treiben, ausschlagen.*

brot n.: einen vom b. tun *ihn erschlagen.*

brötern adj. *aus Brot gebacken.*

s. protestiren v. *sich verwahren.*

brotfisch m. *gebratener Fisch.*

brotkalter m. *Brotbehälter.*

brotlaube f. *Verkaufsstand der
Bäcker.*

protonotar m. *Kanzler eines geistlichen Fürsten.*

den brotreigen singen v. *betteln.*

protschabe f. *Brothobel.*

brotschüz m. *bettelndes Schülerlein.*

prozedirn v. *Prozeß führen.*

prozeß f. *Prozession.*

bruch m. *schuldhafter Mangel;
Bruchstelle, Bresche;* ein b. machen *Bresche schlagen.*

mit dem bruch wandlen v. (rotw.)
*betteln unter dem Vorwand aus-
geraubt zu sein.*

bruch f. *Hose.*

brüchich n. *sumpfiges Gelände.*
brüchig adj. *zerbrechlich; treulos; mangelhaft, strafwürdig.*
bruchschnepfe f. *Bekassine.*
bruchschuß m. *Ersatz für einen ohne Schuld des Schützen verlorenen Schuß.*
bruchsilber n. *Silber aus zerbrochenen Geräten.*
prudeln v. *wallen; verächtliche Arbeit tun.*
bruder m. *auch Mitglied einer geistlichen Bruderschaft;* bruder Heini *Schweizersöldner;* bruder Veit *Landsknecht;* brüder plur. *böhmische Brüder.*
bruderschaft f. *kirchlicher Verband der Handwerksgesellen einer Stadt.*
prüfe f. *Prüfstein, Bewährung.*
prüfen v. *kennen lernen, bewährt finden, bewähren.*
prüfung f. *Beweis* (probatio).
brüg f. *Brühe.*
brüge f. *Gerüst, Bühne.*
prügel m. *Scheit Holz; ungefüger Mensch.*
brüger m. *Fleischergesell, der das geschlachtete Vieh abbrüht.*
bruloft s. brautlauft.
brumlenzen v. *murren.*
pründeln v. *Wasser lassen.*
brunn m. *auch Harn;* einem den b. schauen *ihm die Meinung sagen.*
brunnen part. praet. *angebrannt.*
brunqual m. n. *Quelle.*
brunst f. *Brand.*
brunsten v. *sieden.*
brunz m. (obd.) *Urin.*
brunzen v. *Wasser lassen.*
brunzkachel f. *Nachttopf.*
brunzscherb m. *Nachttopf.*
brüß m. (rotw.) *Aussätziger, eig. Preuße aus der Lepragegend.*
brust m. (alem.) *Gebrechen.*
brut f. *auch (Fieber-)Hitze.*
bru(t)lauf s. brautlauft.
brütlen v. *brodeln; murren.*
bsaffot f. (rotw.) *Urkunde.*
psalirn v. *Psalmen singen.*
psalm m. *geistliches Lied.*

psalter m.: einem den p. lesen *ihm den Text lesen.*
bschiderich m. (rotw.) *Amtmann.*
bschuderulm plur. (rotw.) *Edelleute.*
pubel m. *Pöbel.*
bubeliren v. *sich liederlich aufführen.*
buben v. intr. *ein Bubenleben führen;* trans. *Bube schelten.*
bubenfist m. *Bovist.*
bubenhaus n. *Bordell.*
bubensack m. *Dirne.*
bubentanz m. *unzüchtiger Tanz.*
bubenteding n. *Büberei.*
bubentrum n. *Bubenstück.*
bubenwerk n. *bubenhaftes Wesen.*
büblen v. *nach (Spitz-)Buben riechen, nach Bubenart handeln.*
publikan m. *Zöllner.*
puch m. *Hoffart.*
buch n. *Buchenwald.*
büchel m. (obd.) *Hügel.*
buchen v. *in Lauge einweichen, waschen.*
puchen s. bochen.
bücheraltreiß m. (nürnb.) *Antiquar.*
bücherhaus n. *Bibliothek.*
buchfeler m. *Pergamentbereiter.*
buchfürer m. *fliegender Buchhändler, Kolporteur.*
buchgeschmeide n. *Beschlag am Bucheinband.*
büchse f. *Geschütz; Apothekerbüchse; Zaubergefäß;* einem das büchslein rüren *ihn durch Zauber bannen.*
büchsenkloz m. *Geschoß.*
buchsenmeister m. *Schatzmeister (einer Bruderschaft).*
büchsenschifter m. *der Flintenkolben fertigt und ansetzt.*
büchsenschmid m. *Gewehrmacher.*
büchsenstein m. *Kanonenkugel aus Stein.*
buchstaben v. *buchstabieren.*
buchstaber m. *Pedant.*
bucke m. *Beifuß.*
bucken v. *biegen; drücken;* n. *ein Kartenspiel.*
budeler m. *Beutler, Säckler.*
pudeln v. *Fehler machen.*

bufe m. (ostmd.) *Bube.*

püfel m. püfelvolk n. *Pöbel.*

buferei f. (ostmd.) *Büberei.*

puff m. *Stoß, Anfechtung;* einen p. aussten *eine Anfechtung aushalten;* einem den Peter P. singen *ihn mit Püffen zur Vernunft bringen.*

puff(regal) n. *ein Brett- und Würfelspiel.*

buffeinen v. (ostfränk.) *stinken.*

büffel m. *Rindvieh, auch als Schelte.*

büffelskopf m. *Rindvieh.*

püffen v. *kräuseln, künstlich frisieren.*

puffet n. *Anrichte.*

püflen v. *hart arbeiten.*

büg f. *Biegung.*

bug m. *Schultergelenk, vorderer Oberschenkel beim Vieh; Strebe im Gebälk.*

bühel m. (obd.) *Hügel.*

buklat adj. *bucklig.*

bulbrief m. *Liebesbrief.*

bule m. *Liebhaber.*

bulen v. *werben;* mit einer b. *sie liebkosen.*

bulerei f. *Liebesmühen, Liebelei, Werbung.*

pulfer m. n. *Staub.*

pulferhure f. *Soldatendirne.*

pulverkloz m. *Geschoßkugel.*

pulfern v. *herumdoktern.*

bulge f. (md.) *Welle;* (obd.) *Sack, Bündel; Ledertasche.*

bulherz n. *Herzliebste(r).*

bulle f. *auch Tasche.*

bullen 3. plur. praet. *bellten.*

bullied n. *Liebeslied.*

bullieren v. *Blasen werfen, aufsprudeln* (lat. bullare).

pulpiniren v. *stehlen.*

pulpit, pulp(r)et, pultbret m. n. *Pult.*

pülroß n. *Goldregenpfeifer* (franz. pluviers).

bulschaft f. *Verlobung, Verhältnis, Geliebte, Liebhaber.*

pulsterle n. *Eierspeise.*

pumerlein pum m. *Trommelgruß am Landsknechtsgrab.*

pumper m. *Bauchwind.*

pumpermette f. *Chorgesang in der Karwoche.*

pumpes plur. *Schläge.*

bund m. *kaufmännisches Kartell, Ring, Turban;* aus den bünden *ausbündig, außerordentlich.*

bundherr m. *Hauptmann des schwäbischen Bunds.*

bundschuch m. *geschnürter Bauernschuh; Fahnenbild der Bauernaufstände; Aufruhr.*

bundschuhisch adj. *revolutionär.*

buntsen v. *punzen, mit d. Stempel Verzierungen einschlagen.*

büne f. *Tribüne, Rampe, Gerüst; Dachboden, Söller, oberes Stockwerk.*

bunge f. *Trommel.*

bunt adj. *gefleckt.*

bunt, bünt sg. praet. *begann.*

punte f. *Spitze des Spießes.*

punte m. (schwäb.-alem.) *Spund;* es got an den p. *es wird ernst.*

bünte f. *eingehegtes Grundstück.*

bunten m. *Spund* (lat. puncta).

buntfütterer m. *Kürschner.*

buntkraus adj. *vielgestaltig.*

buntmacher m. *Kürschner.*

buntwerk n. *zweifarbiges Pelzwerk.*

bunze m. (ostobd.) *großes Faß.*

ünziniren v. *getriebene Arbeit fertigen.*

pupenhan m. *männliches Glied.*

buppe f. n. *Brustwarze, Mutterbrust.*

puppe f. *Schiffshinterteil* (lat. puppis).

puppengot m. *nicht ernst zu nehmender Gott.*

puppenheiliger m. *nicht ernst zu nehmender Heiliger.*

puppenspil n. *Kleinigkeit.*

puppensünde f. *nicht ernst zu nehmende Sünde.*

pur adv. *reinweg; absolut.*

burde f. (obd.) *Traglast.*

bürg n. *Gebirge.*

purgaz(ion) f. *Abführmittel.*

burgban m. *Bezirk der städtischen Gerichtsbarkeit.*

bürgel m. *Portulak.*

burgergeld n. *Gebühr, mit der man Bürgerrecht erwirbt.*

burgerlust m. *(obd.) Gemeindefest.*

bürgermenter m. *Pergamentbereiter.*

burgern v. *Bürger werden.*

burgerschaft f. *Bürgerpflicht, -recht.*

purgiren v. *einem künstlich Verdauung verschaffen, ihn durch Nießen erleichtern; läutern, reinigen.*

bürgisch s. birgisch.

burgkirche f. *Kirchenempore.*

burgrecht n. *Stadt-, Bürgerrecht; städt. Aufnahmegebühr; (ewige) Rente; Weichbild.*

burgstal m. *Stätte, auf der ein Schloß gestanden hat.*

burich m. *das Salatkraut Boretsch.*

auf dem burkart gon v. *(rotw.) sich betrügerisch krank stellen.*

burlament n. *Posse.*

bürlein n. *Bürde, Bündel.*

burn m. *Brunnen.*

bürnen v. *brennen.*

purpeln plur. *Kinderblattern, Ausschlag.*

bursch s. burse.

burs(ch)at s. wursat.

burs(ch)iren v. *zechen.*

burschseckel n. *Dirne.*

burse f. *gemeinsame Kasse; Genossenschaft mit gem. Kost und Wohnung; deren Haus; Wirtshaus; Asyl; Gesellschaft, Gesindel; Haufe von (zehn) Kriegsknechten.*

bursgesell m. *Kommilitone, der der gleichen Burse angehört; Kriegskamerad.*

bursiren v. *Gelage halten.*

burst m. *(obd.) Borste, Mähne.*

bürste 1. 3. sg. praet. ind. *berstete.*

burt f. *Geburt.*

bürtig adj. *gebürtig.*

bürzel m. *(bair., schwäb.) Influenza.*

bürzel m. *(schwäb.) Portulak.*

bürzeln v. *über Hals und Kopf niederstürzen.*

burzen v. *ausstatten mit.*

busam s. bosam.

busant, busar(n) m. *Bussard.*

busaun, -on f. *Posaune.*

in bus correptam *in die Hölle.*

busen s. bosam.

busereinen v. *(ostfränk.) stinken.*

busereinet adj. *(ostfränk.) stinkend.*

buseron m. *Päderast (zu florent. buggerare).*

businiren v. *posaunen.*

pusion f. *Posaune.*

busola f. *Kompaß.*

buson f. *Posaune.*

buß m. *Kuß.*

buße f. *Vergeltung, Wiedergutmachen; zu b. kumen ausgleichen.*

busse f. *Büchse, Kasse.*

pussen v. *küssen.*

büßen v. *besser, gut machen; (aus-) bessern, flicken; befriedigen, stillen; (mit Geld) strafen; los-werden.*

büssenknecht m. *Kassierer.*

bußhart m. *Bussard.*

bußwürdig adj. *strafbar.*

bustab m. *Buchstabe.*

putane f. *Dirne.*

bütelei f. *Wohnung des Büttels.*

buteler m. *Beutler, Säckler.*

buten plur. praet. *boten.*

butiger m. *Böttcher.*

pütner m. *Böttcher.*

bütschet n. *Petschaft.*

bütschetring m. *Siegelring.*

putte f. *Bütte, Faß.*

büttenmesser n. *Bandmesser des Böttchers, Küfers.*

butterbamme, -pömme f. *Butterbrot.*

butterbrief m. *Dispens, der in der Fastenzeit Butter zu essen erlaubt.*

buz m. *Larve, Popanz; Sternschnuppe.*

puz m. *Schöpf-, Ziehbrunnen (lat. puteus).*

buze m. *Kernhaus, vertrocknete Blüte am Obst; Anstoß.*

buzen v. *putzen; die sterne b. sich es fallen Sternschnuppen; s. buzen sich davonmachen; sich beschönigen; sich verlarven.*

buzen n. *ein Kartenspiel.*

büzen v. *(alem.) bessern, flicken.*

buzen antlit n. *Larve.*

buzenman m. *Schreckgespenst.*

buzenwerk n. *(religiöses) Larven-wesen; Götzen-, Bilderwesen;* plur. *Scheinwerke.*

buzer m. *Lichtputzschere.*

puzet adj. *unsauber.*

buzweißen m. *Buchweizen.*

C-

s. k- und z-. ch- *s.* k-. cz- *s.* z-.

D. T.

da — da einmal — *dann.*

tabel f. m. *Tafel.*

tabeltur f. *Tabulatur (der Sing-schulen).*

taber m. *Verhau, Wagenburg* (slav. *tabor).*

tabernakel n. *Tempel, Hütte, Sakramentshäuschen.*

taberne f. *Schenke.*

taberniren v. *im Wirtshaus liegen.*

dach adv. (md.) *doch.*

tache f. *Dohle.*

dachen v. *schützen.*

dachfenlein n. *Wetterfahne.*

dachkenel m. *Dachrinne.*

dachlen v. *aufs Dach tröpfeln.*

dacht m. *Docht.*

dachtel f. *Dattel; Ohrfeige* (δάκ-τυλος).

da dannen adv. *von da.*

dadel m. *(körperliches) Gebrechen.*

dadeln v. *tadeln, verunglimpfen; einem Schande machen.*

dadern v. *beben; (angstvoll) schwatzen; schnattern.*

dafant m. *Taffet, glatter Seidenstoff.*

tafel f. *auch Fensterscheibe; Gemälde auf Holz; Brett;* bloße t. *unbeschriebenes Blatt.*

tafern f. *Schenke.*

taffat m. *Taft, persisches leichtes Seidengewebe.*

daffeten adj. *aus Taft.*

davon *s.* darvon.

davor sein v. *verhüten.*

dafür adv. *statt dessen; davor.*

dafür sein v. *auf der Hut sein, verhüten.*

tag m. *auch Tageslicht; Tagung, Versammlung;* ein natürlicher t. *zwölf Stunden;* tag leisten *verhandeln;* zu s. tagen komen *mündig werden;* an t. geben *veröffentlichen;* auf den t. *für heute, vorläufig;* des tags (noch) *heute noch.*

tagbau m. (bair.-östr.) *ein Feldmaß, soviel ein Gespann in einem Tage bestellt, etwa 2000 Quadratklaftern.*

dagen v. *schweigen.*

tagleisten v. *eine Tagung halten.*

tagsher m. *mit einer Tagsatzung betrauter (Rats-)Herr.*

tag-und-nacht n. *die Urticacee Glaskraut.*

tagwan, -wen, -won m. (schwäb.-alem.) *Leistung eines Tages (auch als Feldmaß); Frondienst; Taglohn.*

tagweid f. *Tagereise.*

tagweler m. *der abergläubisch gute und böse Tage bestimmt.*

tagwerk n. (ostobd.) *Leistung eines Tags; Morgen Landes.*

tagwerker m. *Tagelöhner.*

tagzeit f. *Frist; die 7 Stundengebete,* horae canonicae.

tahe f. *Dohle.*

daheimen lassen v. *hintansetzen.*

tahen m. *Töpferton, Lehm.*

daher adv. *drauf los.*

daherfaren v. *daherkommen.*

dahergeifern v. *drauflosschwatzen.*

dahergen v. *bevorstehen.*

daherstuzen v. *einherprangen.*

dahin adv. *mit Bezug darauf.*

dahinden adv. *zurück.*

dahinden sein v. *im Hintergrund stehen, übrig sein.*

dahinfallen v. *in Verfall geraten, unwirksam werden.*

dahingen v. *darauf hinauslaufen; fortgehen, versinken, sterben, zu Grund gehen.*

dahin handlen v. *darauf hinarbeiten.*

dahinschleichen v. *schwinden.*

dahin sein v. *verloren, abgetan sein.*

etw. dahin sezen v. *es darauf ab-*
  legen.
dahinwerfen v. *verwerfen.*
dahin wollen v. *darauf hinaus*
  wollen.
dahle f. *Dohle.*
taiber f. *Wirtshaus* (lat. taberna).
taind 3. pl. ind. praes. (schwäb.) *tun.*
take f. (bair.) *Matte.*
takenmilch f. (bair.) *Milchspeise,*
  in einer aus Binsen geflochte-
  nen Form bereitet.
dal f. *Dohle.*
dal *s.* delle.
talacht, dal(a)me adv. *den Tag*
  lang, heute, forthin, nun, nach-
  gerade, endlich.
dal(e)n v. *kindisch schwatzen.*
dalest adv. *wenigstens, endlich (ein-*
  mal).
dalhe f. *Dohle.*
dali(n)g adv. *den Tag lang, heu-*
  te, jetzt.
dalinger m. (rotw.) *Henker.*
dalken v. *(ungeschickt) schwatzen.*
dalon m. *Tagelohn.*
daloner m. *Tagelöhner.*
talpaz *s.* tolpaz.
talpe f. *Tatze.*
tamarisch adj. *von Tamariskenholz.*
damask m. *gemusterter Stoff (aus*
  Damaskus).
damasken, -ket adj. *von gemuster-*
  tem Gewebe; lebhaft, feurig.
damaskin, -zen f. *Zwetsche.*
damasten wort plur. *Schmeichel-*
  reden.
dammern v. *poltern, stampfen.*
damnen v. *verdammen.*
dampfloch n. *Pore.*
dampnis f. *Verdammung.*
dan adv. *auch dazumal.*
tan m. *Boden.*
tan v. *tun;* part. *getan.*
danachfür adv. *künftig.*
tand m. *Spielerei.*
dantelmere *s.* dandmer.
tanden v. *eitles tun, schwatzen.*
dandmer f. *Possen; Rederei; Lüge.*
tandteding n. *Posse.*
danen adv. *von da, hinweg;* conj.
  woher.

danenhar adv. *daher.*
danest adv. *dennoch.*
tanet adj. *braun.*
danethin adv. (schweiz.) *fortan.*
tanewezel m. *Schlag vor die Schläfe.*
  Katarrh.
taufeichte f. *Fichte.*
tangroz m. *Tannenzweig.*
danheuser m. *Gassenhauer;* den d.
  singen *lustig sein.*
tanister m. *Tornister.*
dank m. *auch Preis; Gedanke,*
  Wille; one, wider seinen d. *ohne,*
  gegen seinen Willen, ohne sein
  Zutun; sol keinen d. dazu haben
  ob er will oder nicht; zu gutem d.
  mit Befriedigung.
dankneme adj. *willkommen.*
dannast m. *Tannenzweig, wie* tangroz *auch Abzeichen der katho-*
  lischen Waldstätte.
tanne f. *Nachen aus Tannenholz.*
dannen adv. *fort.*
tanner m. *Schiffsmann.*
danno m. *Schaden.*
dannoch(t) adv. *dennoch; damals*
  noch.
tanzen v.: mit zenen t. *essen.*
dapart m. *Mantel.*
dape f. *Tatze.*
tapen v. *unsicher tasten, mit Hän-*
  den greifen.
dapert, -mantel, -rock m. *wallen-*
  der Mantel (mlat. tabardus).
tapet n. *Teppich.*
tapezerei, tapisserei f. *Tapete.*
tapfer adj. *ansehnlich.*
taporin n. *Tamburin.*
dar adv. *dorthin; daraus;* hin und
  d. *hierhin und dorthin, für und*
  wider.
tar 1. 3. sg. praes. *zu* türren v.
  wagen.
tara f. *Gutgewicht, Gewicht der*
  Verpackung.
darab adv. *darüber.*
daraften adv. *dahinter.*
darafter adv. *dahinter; hin und*
  her.
daran adv. *ohne das.*
daran legen v. *darauf verwenden.*
daran sezen v. *opfern, hingeben für.*

tarant m. *Skorpion.*

daraufgeben v. *als Angeld geben.*

darbe f. *Armut; Notdurft.*

darblos adj. *vom Notwendigsten entblößt.*

darbringen v. *beweisen.*

darein tragen v. *Eintrag tun, Einhalt gebieten, sich einmengen.*

taren v. *wagen.*

darf 3. sg. praes. *wagt.*

darfan adv. *davon.*

darvonkumen v. *ein Ende machen.*

darvonschmizen, -wischen v. *ausreißen.*

darvonstreichen v. *sich aus dem Staube machen.*

s dargeben v. *sich ausgeben für; sich verraten.*

darheben v. *entgegenhalten.*

darkomen v. *herkommen.*

darlegen v. *vorlegen.*

darlegung f. *Auslage (von Geld), Bezahlung, Aufwand.*

darmen v. *weihen.*

darmgicht, -winde f. *Kolik.*

darnach conj. *je nachdem.*

darnebenstechen v. *sich verrechnen.*

darone adv. *ohne das.*

tarras, tarris m. *Verschanzung mit Brustwehr.*

tarris m. *Wollenzeug aus Arras.*

tarrisbüchs f. *Festlungskanone; Belagerungsgeschütz.*

tarrisdecke f. *Schutzdecke.*

darschlagen v. *einem die Hand bieten auf etw.*

darschmeißen v. *zuhauen.*

tarst 2. sg. praes. *zu* türren v. *wagen.*

darstrecken v. *hergeben.*

tartsche f. *kleiner ovaler Schild; Wundschorf.*

darüber adv. *trotzdem, außerdem.*

darwenden v. *dranwenden.*

darwerfen v. *vor die Füße werfen.*

darzukumen v. *zurechtkommen.*

dasart m. *Meßgerät, Tasterzirkel.*

taschenmarkt m. *Geschwätz.*

taschette f. *Beinschiene.*

daselben adv. *damals.*

dasig adj. *derjenige.*

dat f. *s.* detlein.

tatar, tatel m. *Buchweizen.*

datari f. *päpstliche Zentralbehörde für Dispense und Gnadenbewilligung.*

tatel f. *Dattel.*

tatelbrei m. *Buchweizenbrei.*

tateren v. *Unsinn schwatzen.*

Tatern plur. *Tataren, Zigeuner.*

dativus m. *Spender.*

dattern v. *zittern.*

datum n. m. *Zeitangabe; Augenmerk, -ziel;* sein datum setzen, stellen, richten auf *seine Zuversicht auf etwas stellen;* nach datum *nach Maßgabe.*

taub adj. *töricht, stumpfsinnig; eingeschlafen (von Arm und Bein).*

taube f. *auch Schrulle, wirrer Gedanke.*

tauben v. *wütend sein, toben; toll machen; taub machen, in den Ohren liegen; betäuben.*

daubendauscher m. *Taubenhändler.*

taubenfuß m. *Geranium.*

tauben haben v. *taub sein.*

taubenkauter m. *Täuberich.*

dauberig adj. *jähzornig.*

taubsucht f. *Raserei.*

dauche f. *Steißfuß.*

dauchent, daucher f. m. *Taucherente.*

taufel, dauge f. *Faßdaube.*

daug 3. sg. praes. ind. *taugt.*

daukes m. *Niedergang;* in d. gen flöten gehen.

taumeltrunk m. *Narkotikum.*

daumenstock m. *Daumschraube.*

taundel f. *Dirne.*

dauren v. *beharren, aushalten.*

dauren v. *(mhd. tûren) bedauern, gereuen, schmerzen.*

daus m. *die Zwei auf Spielkarte und Würfel; Trumpfkarte.*

tausendbein m. n. *Tausendfuß.*

tausendfechtig adj. *tausendfältig.*

dauß(en) adv. *dort außen, draußen.*

dautaffe m. *Maulaffe.*

dauxes m. *Schlappschwanz.*

dauzen v. *mit du anreden.*

tauzen v. *Anstoß erregen bei, schmähen.*

dawiderbellen v. *widersprechen.*
s. dawiderlegen v. *sich widersetzen.*
daz m. (fränk., schwäb., bair.) *Ge-brauchsabgabe* (ital. *dazio*).
daze f. *Tasse.*
dazuschlagen v. *sich hinzugesellen.*
debaß adv. *desto besser.*
teber m. *Wagenburg.*
debig *s.* töbig.
debiser m. (rotw.) *Gauner, der sich für einen Ordensmann ausgibt.*
techant m. *Dekan.*
techenei f. *Dekanei.*
dechet m. *Dekan.*
dechsen plur (bair.) *Zweige bes. von Nadelholz.*
decke f. *Kleidung.*
deckel m. *Vorwand, Mäntelchen.*
deckelsam adj. *zutulich, eifrig.*
decken v. *zudecken, bemänteln;* den schalk d. *seine Tücke verbergen.*
decklach n. *deckendes Leinentuch.*
decksal f. *Vorhang.*
deckweber m. *Teppichmacher.*
teding m. n. *Tagung, Ver-, Unter-handlung; Uebereinkunft, Ver-trag; Gerede, Possen, Umstände.*
tedi(n)gen v. *verhandeln, schlich-ten; spotten.*
tedingsherr m. *Schiedsrichter.*
tedingsleut plur. *Vermittler, Schieds-richter.*
tedingsweis adv. *vertragsweise.*
tefelwerk n. *getäfelte, eingelegte Arbeit.*
tefer(e)n v. *mit Brettern verscha-len, mit Holz täfeln.*
deffet, defit m. *Wasserläufer.*
definiz f. *Begriffsbestimmung.*
degenlich adv. *tapfer.*
teglicher pfening m. *Tagelohn.*
dehein pron. *irgendein; kein.*
deichel m. (obd.) *Leitung(srohr).*
teichen v. *heimlich wohin schlei-chen.*
teidigen, teiding *s.* tedigen, teding.
teig(ig) adj. *süßfaul, mürb von Birnen, Brot und Menschen.*
deiglich adj. *tauglich.*
teil m. *Partei; Kapitel (eines bib-lischen Buchs).*
teilen v. *auch: mitteilen;* den An-

teil, Besitz *regeln, Abrechnung halten mit.*
teilhaftig adj. *mitschuldig.*
teilnemung f. *Partizip* (gr. μετοχή).
teilsame f. *Anteil.*
teisch plur. *Täusche.*
deisem m. *Sauerteig.*
deistel f. *Deichsel.*
deitenkolb m. *Narrenkolben.*
deklaration f. *authentische Inter-pretation.*
delben v. *graben.*
tele f. *Dohle.*
teler(sch)lecker m. *Leckermaul; Schmarotzer; Schmeichler.*
delkredere n. *Bürgschaft.*
delle f. *gehöhlter Teil, Vertiefung, Schlucht.*
tellerbrot n. *Stück Brot, auf dem man bei Tisch das Fleisch schnei-det.*
demisch adj. *verwirrt.*
demmen v. *prassen; Schranken setzen, unterdrücken.*
demmern v. *poltern, stampfen.*
temperfaste f. (schwäb.) *Quatem-berfasten.*
temperiren v. *mischen mit, ansetzen in; mildern.*
tempern v. *mischen, verwirren.*
dempfen v. *unterdrücken; schwel-gen.*
temporalia plur. *Konjugations-übungen.*
temporisiren v. *ein abwartendes Verfahren einschlagen.*
demut m. *Diamand.*
demütig adj. *auch leutselig.*
demütikeit f. *auch Niedergeschlagen-heit.*
tendeln v. *Hausierhandel treiben* (zu tand).
tendler m. *Althändler; Hausierer.* Denen *Dänemark.*
Tenigerferlein n. *Schwein der Herren vom Antoniusorden.*
tenisch adj. *elastisch.*
tenk adj. *link(isch).*
denkbrot n. *Schaubrot der Juden.*
denkecht adj. *teigig.*
denken v. *auch daran denken, dar-auf hinarbeiten, be-, gedenken.*

denkzettel m. *Merkblatt.*

tenn n. *Tenne.*

dennen adv. *von dannen.*

dennest adv. *dennoch.*

tennin adj. *von Tannenholz.*

denn ob conj. *als wenn.*

dennoch(t) adv. *damals; ja doch, denn doch, etwa, gerade.*

tenoriren v. *Tenor singen.*

tentation f. *Versuchung.*

denteloren f. *in Lothringen heimischer Tanz* (danse de Lorraine).

denzmal adv. *damals.*

tepfel n. *Tüpflein.*

deposuit: *mit einem das d. singen, spielen ihn zu Falle bringen.*

deppet adj. *täppisch.*

ein Der m. *ein Maskulinum.*

der- (bair.) *s.* er-.

derb adj. (bair.-schwäb.) *ungesäuert, vom Brot.*

terich n. (rotw.) *Land.*

derling m. (rotw.) *Würfel.*

termen v. *bestimmen* (lat. terminare).

terminarier m. *Almosensammler.*

terminei f. *Bezirk eines Bettelklosters; Klosterbettel; Absteigequartier eines Betteldordens; Gemarkung.*

terminiren v. *als Mönch im Bezirk* (terminus) *des Klosters betteln; eine amtliche Rundreise machen.*

dermunge f. *Konsekration im Abendmahl.*

derren v. *dürr machen.*

derrung f. *Plage.*

derst(ig) adj. (alem.) *keck.*

dertsche f. *kleiner ovaler Schild; Wundschorf.*

terz f. *die dritte der kanonischen Gezeiten* (s. d.) *um 9 Uhr morgens; Abgabe des dritten Teils aller Einkünfte.*

terzel m. *männlicher Falke.*

terzzeit f. *Morgenstunde zur Zeit der Terz.*

des pron. gen. *dessen; dafür; wozu;* mir aber d. nit! *komm mir nicht mit dem!* d. und kein anders *damit basta.*

des baß adv. *desto besser.*

tesch(e) f. *Tasche.*

deschel m. *Messer.*

teschenmaul n. (schweiz.) *Löffelente.*

deskribiren v. *aus dem Testament streichen, enterben.*

tesseln v. *in die Hände klatschen.*

test m. *Brenntiegel; Zielscheibe; unausgeschmolzene Masse, zähe Materie.*

dest 2. sg. praet. conj. *tätest.*

det 3. sg. praes. *tötet.*

tete 3. sg. praet. conj. *wäre nicht.*

detereich adj. *geschäftig.*

determinaz f. *Anordnung.*

detlein n. *Fach in Schachteln, Schränken, Bohnen.*

tetsch m. (rhein.) *Klaps.*

tetscheln v. *vertraulich streicheln.*

deube f. *Diebstahl.*

teube f. *Tollheit, Unsinn.*

teuben v. *toll, zornig machen; betäuben.*

teubig adj. *schwachsinnig.*

teubin f. *Taubenweibchen.*

teub(i)sch adj. *toll.*

deuchel m. (obd.) *Leitung(srohr).*

teucher m. *Wasservogel von der Ordnung der* Urinatores.

deuen v. *verdauen; (an Körperfülle) loswerden.*

teufel m.: t. in der haut *verkappter Teufel.*

teufelenzen v. *nach dem Teufel riechen.*

teufels(ab)biß m. die Dipsacacee Succisa pratensis.

teufelsgriff m. *Satanslist.*

teufen v. *in die Tiefe versenken; taufen.*

teuglich adj. *tauglich.*

deumlen v. *mit Daumschrauben foltern, gefügig machen.*

teure f. *Teuerung.*

teur machen v. *preisen.*

teuschen v. *verdeutschen.*

teuschen n. *kleiner Trumpf.*

deut m. *niederländische Kupfermünze.*

deute f. *Tüte.*

deutelei f. *Allegorisieren.*

deutelich adj. *symbolisch;* d. geben *verdeutlichen.* m.
deutelmeister m. *Dolmetscher.*
deuten v. intr. *bedeuten.*
teutschen v. *verdeutschen.*
teutscher schreiber m. *Elementarlehrer.*
deutung f. *Symbol.*
deuung f. *Verdauung.*
deuz adj. (md.) *deutsch.*
textlich adj. *dem Text (der heiligen Schrift) gemäß.*
textualis m. *Kenner der (heiligen) Texte.*
dezem m. *Zehnte.*
dhein pron. *kein.*
dheinerlei pron. *irgendwelch.*
Thrason m. *Prahlhans (nach der Gestalt im Eunuchus des Terenz).*
tich(e)l m. (schwäb.) *Leitung(srohr).*
dicht n. *Gedicht.*
dicht part. praet. *gedichtet.*
tichten v. *ersinnen; erfinden, verfassen;* s. t. *sich einbilden.*
tichter m. *auch Schriftsteller.*
dick f. *Tücke.*
dick adj. *auch dicht;* dickes fleisch *Wade.*
dicke f. *Häufigkeit;* nach der d. *je mehr je besser.*
dick(e), dickmals adv. *oft.*
dickedack s. triktrak.
zu dem dickermal adv. *öfters.*
dickung f. *Dickicht.*
diebstal m. *auch das gestohlene Gut.*
diebsturn m. *Stadtgefängnis.*
diebwillig adj. *zum Stehlen geneigt.*
diech m. n. *Schenkel.*
diechter m. *Enkel.*
diechtern plur. (westmd.) *Töchter.*
tief adj. *grundlos (von Weg und Wagengleis).*
tiefbedacht part. *tiefsinnig.*
dieg cj. praes. *thue.*
dienen v. *dienlich, gültig sein; zinsen;* in die küchen d. *etwas eintragen;* es dienet *es paßt.*
dienst m. *auch Dienstbote; Abgabe; Auflage.*
dienstgeld n. *Sold.*

dienstlich adj. *dienst-, steuerpflichtig; dienstwillig; nützlich.*
diensts halben adv. *aus dienstlichen, beruflichen Gründen.*
diepeißen v. *einen Dieb heißen, schelten.*
s. dieren v. *sich bemühen, umtun.*
dierlein n. *Mädchen.*
tierlich adj. *tierisch.*
dierling m. (rotw.) *Auge.*
diern v. (rotw.) *sehen.*
tierwesen n. *viehisches Treiben.*
dießen v. *rauschen, sausen.*
diet plur. *Leute.*
dieweil conj. *so lange als;* adv. *unterdessen.*
dividiren v. *unterscheiden, trennen.*
difiniz f. *Begriffsbestimmung.*
diftel n. (rotw.) *Kirche.*
digen adj. part. *dürr.*
digeriren v. *die Verdauung fördern.*
digestiv n. *Arzneimittel.*
diget f. *Diät.*
tigliz s. tiliz.
dignitet f. *Würde.*
tiktak s. triktrak.
dilatorisch adj. *hinhaltend.*
dildapp m. *Hanstapps.*
dildeppisch adj. *tölpisch.*
til(e) f. *Diele, Planke; Zimmerdecke; Speicher; hölzernes,* an *der Schneide verstähltes Richtschwert.*
dilexi: ein placebo sive d. singen *einem um den Bart gehen.*
tiliz m. (östr.) *langes Messer.*
dilmedei s. dirdendein.
din adv. *da innen, drin.*
dingen v. *für Lohn in Dienst nehmen; (gerichtlich) verhandeln, beantragen, appellieren; festsetzen.*
dinglach, -lich n. *Gerät; Weißzeug; bißchen Habe.*
dings *ıdv. auf Borg.*
dinne(n) s. din.
dinsen v. (oberhess.) *ziehen, zerren.*
dintenhorn n. *Tintenfaß.*
dintenzeter m. *Tintenkleckser.*
dinzeltag m. *Jahrtag der Handwerker.*
tipling m. *Trüffel.*

dippel m. *Zapfen, Pflock, Klotz; Tolpatsch; Unverstand.*

dippelnarr m. (els.) *Erznarr.*

dippen v. (rotw.) *geben.*

dirdendei(n) m. *Tuch von Wolle und Leinen; Gemisch, Zwitterwesen; Schwindel.*

tireliren v. *singen, jubeln wie die Lerche.*

tiriak(es), tiriax m. n. *Mittel gegen Tiergift, Gegengift, Arznei* (gr. ϑηριακόν).

dirmen v. *bestimmen; konsekrieren.*

dirmung f. *Konsekration im Abendmahl.*

tirniz f. *große heizbare Stube.*

tirolt m. *Pirol.*

dirrsucht f. *Schwindsucht.*

dirteil n. *Drittel.*

dirthalb num. *zweieinhalb.*

disak, -ek m. *Hirschfänger.*

dischdiener m. *Kellner.*

tischrat, lustiger t. m. *Hofnarr.*

diser zeit adv. *jetzt.*

dises teils adv. *auf unserer Seite.*

diset adv. *diesseits.*

dishalb adv. *diesseits.*

diskant m. *Gegenstimme; Oberstimme, Sopran.*

diskantiren v. *Sopran singen.*

diskredito m. *Mißkredit.*

dispensiren v. *von einer (kirchenrechtlichen) Vorschrift befreien;* d. mit jem. *ihm Sonderrechte einräumen.*

dispensirer m. *Proviantmeister eines Schiffs.*

disputation, disputaz f. *Gespräch.*

disputiren v. *sich unterreden.*

disputirlich adj. *anfechtbar.*

dissimuliren v. *nicht achten, verläugnen.*

distelfogel m. *Distelfink.*

distinguiren v. *einen logischen Unterschied machen.*

distinktion, distinx f. *Kapitel des kanonischen Rechts.*

disunt adv. *diesseits.*

diszipel m. *Jünger.*

titel m. *Strich, Spur, Name, Autorität, Rechtsgrund, Anwartschaft, Rechtfertigung.*

diurna(l) f. n. *Tagebuch.*

diz pron. *dieses.*

tob adj. *verrückt.*

tobel m. (obd.) *Schlucht.*

döbel m. *Gangfisch.*

doben adv. *dort oben.*

töbet, töbig adj. *wahnsinnig.*

dobisser s. debiser.

dobsegen m. *Beschwörung gegen Besessenheit.*

dobstein m. *Tuff.*

doch so fern adv. *aber nur insofern.*

docht sg. praet. *taugte.*

tochter f. (obd.) *auch Mädchen; Magd.*

töchterlein n. *auch weibliches Glied.*

tochterman m. *Schwiegersohn.*

tochtersun m. *Enkel.*

tochtertochter f. *Enkelin.*

docke f. *Puppe; Zierpuppe, Mädchen; Bund Flachs; Pfahl.*

dockenbletter plur. (schwäb.) *Rumex obtusifolius.*

dockenspil n. *Puppenspiel.*

dockenwerk n. *(zinnernes) Puppengerät; Kinderspiel.*

dockmeuser m. *verschlagener, hinterlistiger Schleicher.*

doderer m. *Schwätzer.*

dodern v. *zittern, bangen; ziellos schwatzen.*

todfall m. *Erbschaftssteuer.*

todferig adj. *todbringend.*

todschweiß m. *ein epidemisch auftretendes hitziges Fieber.*

tof m. *Taufe.*

tofizen v. (schles.) *bändigen.*

tög(en)lich adj. *tüchtig, brauchbar, schicklich.*

doktorei f. *Medizin.*

dolden, dolder m. *Wipfel, Blütenbüschel.*

dol(e)n v. *dulden.*

dolest adv. *wenigstens, endlich (einmal).*

dolfuß m. (bair., schwäb.) *Fuß mit bleibender Geschwulst.*

doling adv. *den Tag lang, längst schon; heute; jetzt.*

dolinger m. (rotw.) *Henker.*

dolisiren v. *sich toll benehmen.*

4*

dolken v. *schlecht malen.*
dolle f. *Holznagel; Ruderpflock.*
dollich m. *Dolch.*
dolliseren v. *faseln.*
tol(m) m. f. *Abzugsgraben, Senk-
loch.*
tolm m. *Betäubung(strank).*
dolman m. (rotw.) *Galgen.*
tolman m. *Tobsüchtiger.*
tolme s. dalame.
tolmtrank n. m. *Betäubungstrank.*
doloserkreuz n. *Kreuz, das der
Mörder an der Mordstatt errichten mußte.*
tölp m. *Tolpatsch.*
tolpaz, -patsch m. *derber Fuß;
(ungarischer) Fußsoldat.*
über den tölpel werfen *zum Narren haben.*
dolpeln v. *übertölpeln.*
dolp(en) m. (schwäb.) *Kaulkopf.*
dolpet, -isch adj. *ungeschickt.*
dolzian s. dulzian.
tom adj. *dumm.*
domine m. *Geistlicher.*
ton v. *tun;* part. *getan.*
donder m. *Donner.*
donderklapf m. *Donnerschlag.*
donderstral m. *Blitz.*
dondstag m. *Donnerstag.*
donen v. *ausgedehnt sein, strotzen;
renommieren, brüllen, lärmen.*
doneraxt f. *Belemnit, Blitzröhre.*
donerkeil m. *Blitz; Belemnit, Blitzröhre, Steingerät aus Hünen-
gräbern.*
donerschuz m. *Donnerschlag.*
donerstreich m. *Blitz.*
tonmeis f. *Tannenmeise.*
donstag m. *Donnerstag.*
dopaliren v. *verdoppeln.*
dopelman m. *Achselträger.*
dopelnar m. (schweiz.) *Erznarr.*
dopelsöldner m. *Kriegsknecht mit
höherem Sold, Unteroffizier.*
dopelspil n. *ein Würfelspiel.*
dopfen m. *Quark.*
töpfen n. (md.) *Topf.*
dopfer m. *Gauner, der sich für
einen Ordensmann ausgibt.*
toplen v. *hitzig auffahren.*

doplen v. *verdoppeln; aufeinander
nähen; würfeln; Karte spielen.*
dopler m. *Falschspieler.*
doplet n. *Doppelbecher.*
doppel m. *Einlage des Schützen in
die Festkasse.*
toppeler m. *Würfelspieler.*
toppelspil n. *Würfelspiel.*
doppengießer m. *Verfertiger guß-
eiserner Töpfe.*
doppenschneider m. *Würfelmacher.*
dor m. *Blödsinniger.*
tore(ch)t, tor(h)et adj. *töricht, toll
(von Hund und Mensch), ver-
rückt.*
dörfen v. *wagen.*
dörfig adj. *waghalsig.*
dörfling(er) m. *Dorfbewohner.*
dorfmeister m. (tirol.) *Schultheiß.*
dorfmenge f. *Gemeinde.*
törisch adj. *töricht.*
torkel f. (schweiz., höchstrhein.)
Weinkelter.
torknecht m. *Portier; Bote eines
geistlichen Fürsten (nach por-
tarius 2. Kön. 7, 11).*
dorlich adj. *töricht.*
dormaulen s. meulen.
dormeister m. *Pförtner.*
torment n. *Folter; Schleuder-
maschine.*
dorment(er) n. m. *Schlafraum im
Kloster.*
dormitor n. *Schlafraum der Mönche.*
torn m. *Turm.*
dorndreel, -dreer m. *der Vogel
Neuntöter.*
dorndreer(in) m. f. *kleine Kanone.*
tornes, tornos(e), turnus s. turnose.
dornhurst f. *Dornhecke.*
tornigel plur. *Herzkirsche,* Prunus
Juliana.
dornkreul m. *Neuntöter.*
dornstag m. *Donnerstag;* hoher d.
Gründonnerstag.
torpedo m. *Zitterrochen.*
törpel m. *Tölpel.*
torsch adj. *kühn.*
dorsel m. *Dusel, Halbschlaf.*
torst, törst 1. 3. sg. ind. conj. praet.
zu türren *wagen.*
dorstig(lich) adj. *keck.*

dort 1. 3. sg. praet. ind. *dörrte.*

dorthin rechenen v. *damit vergleichen.*

tortsche f. *Wachsfackel.*

dorwizig adj. *töricht.*

dosen v. *lauschen.*

dost m. *Pflanzenbüschel, Strauß, Dolde, Doldengewächs.*

tot *s.* dotte.

totenbaum m. *Sarg.*

totenkopf m. *Rückstand* (caput mortuum) *einer Destillation.*

dotkind n. *Patenkind.*

tötlich adj. *sterblich, todkrank, totenbleich; vergänglich.*

dotsch m. *nicht aufgegangenes Backwerk.*

dotsch f. (rotw.) *weibliches Glied.*

dötsch m. *Tölpel.*

dötschenkarren m. *Narrenseil.*

dötschet adj. *ungeschickt.*

totschuld f. *Abgabe im Todesfall.*

dot(te) m. *Pate(nkind);* f. *Patin.*

tottern v. *zittern; zweifeln.*

doul m.? (rotw.) *Pfennig.*

tozet n. *Dutzend.*

Dozinger m. *Hans im Glück.*

drab adv. *darüber.*

drab(e) m. *böhmischer Söldner.*

trabel m. *Reveille.*

tracht f. *was auf einmal aufgetragen wird, Gang bei Tische.*

trachten v. *betrachten.*

trachter m. *Trichter.*

trachtung f. *Tracht.*

track m. *Drache; Feldgeschütz.*

trackana f. *Feldgeschütz.*

trackenfuß m. *Quadratfuß.*

drackenschuß m. *Hexenschuß.*

dradrauen v. *schnattern.*

dravant m. *Leibwächter.*

traferse f. *Blendung im Festungsbau.*

trafik m. *Handel, Laden.*

trafz *s.* trefzg.

tragen v. *ertragen, bestehen; ausbaden; eintragen; gebären.*

traget(e) f. *Traglast.*

dragoman m. *(türkischer) Dolmetscher.*

dragoner m. *berittener Infanterist.*

trah m. (alem.) *Drohung.*

trahen m. *Träne.*

trakheit f. *Trägheit.*

trakt m. *Gegend.*

traktiren v. *behandeln; bewirten.*

tram m. *Balken.*

Traminer m. *Tiroler Wein.*

tramschen v. (hess.) *sich Gedanken machen.*

tran m. *Thron.*

drang adv. *gedrängt, knapp, dringend.*

drang m. *Bedrückung;* einem d. tun *ihn bedrücken.*

trank n. *Getränk; flüssige Arznei.*

trankgeld n. *Trinkgeld.*

dranranran interj. *Sturmruf der Landsknechte;* m. *ein wilder Tanz.*

transche f. *Laufgraben.*

transchiren v. *Laufgräben ziehen.*

dran sein v. *besorgt sein für.*

dransezen *s.* daran sezen.

trapgans f. *Stelzvogel,* Otis tarda.

trapolliren v. *Tarock spielen.*

trapp m. f. *Stelzvogel,* Otis tarda; ein trappen schießen *einen Bock schießen.*

trapp(e) m. *Leitersprosse, Treppenstufe, Treppe.*

trappe m.· *Traubenkamm.*

trappe f. *Tatze; Fußspur.*

drasen plur. *Tressen, Troddeln.*

trassieren v. *einen Wechsel auf jem. ausstellen.*

drat adv. *schnell, bald.*

tratern v. *nasalieren.*

tratte f. *gezogener Wechsel.*

trau f. (md.) *Treue; Verlobung(sgeschenk).*

trauen v. *auch zuversichtlich sein, sich getrauen zu; sich einer Sache versehen.*

trauen n. *Vertrauen, Kredit;* auf t. *in gutem Vertrauen;* in t. *ja doch, sollte man meinen.*

das trauerbrot essen *trauern.*

traufenlachtig adv. *tropfenweis.*

trauflatte f. *Dachrinne.*

draufsten v. *Gefahr drohen.*

traum m. (schwäb.) *Balken.*

traun interj. *ja doch, sollte man meinen.*

traurung f. *Betrübnis.*

draus adv. *von (da) aus.*

drauschelecht adj. *doldenförmig.*

draut f. *Liebchen.*

trauwol m. *Leichtgläubigkeit;* der t. reit das pferd dahin *guter Glaube fordert Betrug heraus.*

drawet 3. sg. ind. praes. *droht.*

traz m. *Trotz, Haß.*

trazen v. trans. *necken, vor den Kopf stoßen.*

trazlichen adv. *trotzig.*

trazzeichen n. *Parteiabzeichen.*

treberku f. *Mastkuh.*

drebog m. *Drillbohrer.*

trebs m. *das Unkraut Trespe.*

trechen, trecken v. (obd.) *ziehen, bringen.*

drechsel m. (bair.-schwäb.) *Drechsler.*

drechselmül f. *Drehbank.*

trechter m. *Trichter.*

trecker m. *Förderknappe im Bergwerk.*

drecket plur. *Spottnamen der kanonischen Dekrete.*

treckknecht m. *Bomätschen, die ein Schiff flußaufwärts ziehen.*

dreeisen n. *Drechselmesser.*

dreer m. *Drechsler.*

treff m. (obd.) *Stoß; Treffpunkt, Begegnung.*

treffen mit jem. v. *mit ihm handgemein werden, ihm ein Treffen liefern;* es komt zum t. *es wird ernst.*

treff(en)lich adj. *gewaltig;* adv. *nachdrücklich, mit Eifer, außerordentlich, besonders.*

trefz(g) m. *das Unkraut Trespe; Tunichtgut.*

trege adj. *verdrießlich.*

dregen v. *drehen.*

treglich adj. *erträglich, tragbar.*

trehen, -er m. f. *Träne.*

treheren v. *weiren.*

treiben v. *behandeln; (gerichtlich) betreiben; in die Enge treiben, überführen; beziehen, verbreiten, fördern, einprägen, lehren;* t. auf etwas *darauf dringen;* etw. auf jem. t. *es ihm aufdrängen.*

treibenlich adv. *auf Antreiben.*

treiber m. *Anstifter.*

dreibord n. (mrhein.) *Kahn aus drei Brettern.*

treibscherben m. *Feuertiegel.*

treid n. *Getreide.*

treidhauf m. *Getreidehaufen.*

treier m. *Drechsler.*

dreifechig adj. *dreifältig.*

dreikronig adj. *mit der Tiara gekrönt.*

dreiling m. *Drilling; Maß von 3 Fingern Breite; als Getreidemaß* ¹/₃ *Metze, als Weinmaß* ¹/₃ *Fuder; Brett von 3 Zoll Dicke; Brot, das 3 Pfennige kostet; Dreipfennigstück.*

dreinkumen v. *dazwischentreten, dreinfahren.*

s. dreinschlagen v. *sich einmengen, kümmern um.*

dreinzeichnen v. *mit Wundern dreinfahren.*

treiras m. *Teufel.*

treisch f. *Aalraupe.*

dreischlag m. *Tanz im Walzertakt.*

dreispitz m. *Fußangel.*

dreißigst m. *der 30. Tag nach einem Begräbnis mit der letzten Seelmesse für den Verstorbenen;* Marie, frauendreißigst *die Zeit von Mariä Himmelfahrt bis Mariä Geburt, 15. August bis 8. Sept.*

dreistet num. *dreimal.*

dreistunt num. *dreimal.*

dreit 3. sg. praes. *trägt.*

dreiung f. *Dreiheit.*

dreiwerb num. *dreimal.*

treiwort n. *Drohwort.*

drektar m. *Trichter.*

trem(el) m. *Balken, Stock, Hebel, Hebebaum, Wellbaum, Bengel; ungeschlachter Kerl.*

tremeln v. *prügeln.*

dremül f. *Drehwerk, -bank.*

dren v. *drehen, drechseln;* gedrete knoten *gedrechselte Knäufe;* s. d. *sich winden, sich aufmachen;* s. davon d. *sich aus dem Staube machen.*

trendel m. *Göpelwerk; Kreisel.*

trendelmarkt m. *Trödelmarkt.*

trendlen v. *Kleinhandel treiben.*

trene m. trenbine f. *Drohne.*

dreng adj. *gedrängt.*

dreng n. *Gedränge, Bedrängnis.*

drengen v. *drücken, zwängen.*

trenken v. *ertränken.*

trenken v. *Unkräuter tr., beein-trächtigen Gras und Acker.*

trensen v. *seufzen.*

trepfe f. *Treppe.*

drerad n. *Drehbank*

dresch(e) m. f. *Akt und Zeit des Dreschens.*

treschen v. *schwere, ehrliche Arbeit tun.*

drescher (im haubt) m. (alem.) *Katzenjammer;* tröscher *ein Gassenhauer.*

drescherspeise f. *Arbeiterkost.*

dressel n. *Krickente.*

dress(e)ler m. *Drechsler.*

treßkamer f. *Schatzkammer.*

tressler m. *Schatzmeister einer Deutschordenskommende.*

trester plur. *Ueberbleibsel, Treber.*

tresterprü f. *Kosename des Weins.*

tresterwein m. *geringer Nachwein aus den Rückständen der ersten Pressung, Lauer.*

drestock m. *Drechselbank.*

trestrich n. *Traubenrückstände.*

treten v. *von jem. ihn verlassen;* für jem. *ihn vertreten;* zu einem t. *ihm beifallen.*

treudel m. *Trödel.*

treud(e)ler m. *Klein-, Althändler.*

treudelmarkt m. *Trödelmarkt, (Jahrmarkts-)Plunder.*

treudlen v. *trödeln, Kleinhandel treiben.*

treue f. *auch Vertrauen; Ehrenwort.*

dreue f. *Drohung.*

treuen v. *drohen.*

zu treuen henden legen v. *amtlich hinterlegen, dem Treuhänder anvertrauen.*

treuge adj. (ostmd.) *trocken.*

treulich adv. *ehrlich.*

treulose f. *Wortbruch.*

dreusche f. *Aalraupe.*

treutlein n. *Liebchen.*

treut(l)en v. *liebkosen.*

treuwen v. *drohen.*

treuwort n. *Drohung.*

drewerk n. *Drechselarbeit.*

triakel, triaker(s), triaks n. *Theriak, als Arznei.*

triangel n. *Dreieck, Musik-, Meßgerät; Angel mit drei Haken.*

dribsdrill m. *Durchfall.*

tribuliren v. *plagen.*

trib und trab (tratt) m. *Recht der Weidenutzung.*

triegerei f. *Betrug.*

trieghaft adj. *betrügerisch.*

drieß s. *drüs.*

triester s. *trester.*

triften v. *Holz stromab führen.*

triknen v. *trocknen.*

triktrak n. *Brettspiel mit Würfeln, Puff.*

drillen stv. *drehen, drechseln, abrunden.*

trimel f. *Mühltrichter (mlat. tremellum).*

trimlig adj. *taumelig.*

trim(m)el s. *tremel.*

dringen v. trans. *drängen, nötigen, stoßen;* d. zu *verlangen nach etwas;* s. d. *sich drängen.*

trinken n. *Trunk.*

drinket n. (?) *Segel am vordersten Mast.*

trinkkopf m. *Becher.*

trinkleut plur. *Gäste.*

drinkpfening m. *Trinkgeld.*

trinkstube f. *weltlicher Verband der Handwerksgesellen einer Stadt.*

driockers n. *Theriak.*

tripel adj. *dreifach.*

triplik f. *Erwiderung des Klägers auf die Duplik.*

trippel m. *Treppenabsatz, Stufe; Kram, Tand.*

drischel m. *Dreschflegel.*

trisel m. f. *Schatz.*

drisenet n. *Gewürzpulver.*

triskamer f. *Schatzkammer.*

trisnir m. *Schatzmeister (lat. thesaurarius).*

trissel m. *Gurgel.*

trisur m. f. *Schatz.*

dritfogel m. (straßb.) *Schellente,*

Fuligula clangula *(weil ihrer 3 für 2 Enten gegeben werden).*
dritling m. (rotw.) *Schuh.*
tritscheuflein n. *Schaufel, die neben der Haustür zum Fußabstreichen im Boden steckt.*
trizlein n. (schwäb.) *männlicher Falke.*
dro f. *Drohung.*
drob adv. *darauf.*
trochist m. *Drogist.*
trodel f. *Faser im Holz.*
troffiren v. *hin und her gehen.*
trög f. (els.) *Truhe.*
trögel m. (obd.) *Stadtsoldat; Naturalgabe an Pfarrer und Schulmeister.*
trol m. *Schelm.*
tröl n. *Umtriebe.*
trölen v. *Umtriebe machen.*
drolet adj. *buschig.*
Drolinger m. *Tiroler (Wein).*
trollen v. (alem.-schwäb.) *wälzen.*
drollet adj. *gedreht, rund.*
trol(mans)gast m. *ungebetener Gast.*
trom m. *Traum.*
trom m. (alem.) *Balken.*
trom n. *Ende; Holzklotz.*
trome f. *Trommel.*
tromel *s.* tremel.
tromenschlaher m. *Tambour.*
trometer m. *Trompeter.*
dromten f. *Trompete.*
tron adv. *daran.*
tropf m. *Schlagfluß.*
tropfschlegig adj. *apoplektisch.*
tropik m. *Wendekreis.*
troppen v. *mit Tropen arbeiten.*
trösch(e) m. *Drescher.*
troschel, trostel f. *Drossel.*
tröscher *s.* drescher.
trosse f. *Heergepäck.*
trossen v. *packen, aufladen.*
trostel f. *Drossel.*
tröstlich adj. *erfreulich.*
trostung f. *Zusage.*
trost(ung)bruch m. *Wortbruch.*
drot adv. *schnell.*
trot part. *gedroht.*
trotwein m. *Abgabe für Benutzung einer Kelter.*
trotte f. *Weinkelter.*

trotten v. *keltern, pressen.*
trotwerk n. *Presse für Obst, Wein, Oel, Erz.*
trotzen v. *brüskieren.*
tröu f. *Drohung.*
dröwesweis adv. *drohend.*
dröwort n. *Drohung.*
troz m. *auch Bollwerk; stolzes Wort.*
trozen v. *vertrauen auf; verachten; herausfordern.*
trozen n. *Eigensinn.*
troz irem halse adv. *bei Leibe nicht.*
drub adv. *darüber.*
drüber halten v. *im Auge behalten, darüber wachen.*
drüber sten v. *bestehen.*
trüblecht adj. *leicht angetrübt.*
truche f. (obd.) *Truhe.*
trucken, drücken adj. *trocken.*
truckenscherer m. *Barbier.*
druckerherr m. *Druckereibesitzer*
trückne f. *Trockenheit.*
trück(n)en v. *trocknen.*
drückpfening m. *Geizhals.*
trug(en)haft adj. *trügerisch.*
trugist m. *Drogist.*
trügner m. *Betrüger.*
trügnus f. *Betrug.*
drü(h)en v. *gedeihen.*
trüklen v. *sanft drücken.*
trülbub m. *Buhler, Zuhälter.*
trülle f. *Dirne.*
trüllen *s.* drillen.
trum(b) n. m. *Ende eines Balkens, Klotz, eines Fadens, eines Gewehrs, Gesprächs; männliches Glied; zu drummern gen scheitern; von t. zu end von einem Ende zum andern.*
trumbe f. *ungebogenes Horn, Posaune.*
trümbslig adj. *taumelig.*
trume f. *Trommel.*
trumen v. *trommeln.*
trumenschlaher m. *Tambour.*
trumete f. *Signalhorn.*
trumeter m. *Trompeter.*
trümlen v. *taumeln.*
trümlig adj. *taumelig.*
drummelen v. (obd.) *träumen.*
drummer m. *Trommler.*

trumpelhaus n. *Bordell.*
trumpelmeze f. *Dirne.*
trumpenwerk n. *Fabelei.*
trumscheit n. (obd.) *Monochord.*
drungenlich adj. *eindringlich.*
trunken bolz m. *Trunkenbold.*
trüpfe f. *Traufe.*
drüppelknecht m. *Faktotum.*
drüs f. *Geschwür; (Beulen-)Pest.*
drüschel m. *Dreschflegel.*
truse f. (obd.) *Weintrester, Preßrückstände auch von Obst.*
trusenwein m. *trüber Hefenwein.*
drüssel m. *Gurgel; Maul.*
trute f. *Hexe.*
trutschel-, trüzelman m. *Dolmetsch*
(ital. turcimanno, franz. truche-
man).
truz m. *Trotz;* einem den t. tun
ihm zu Leid handeln.
truzlich adj. *trotzig.*
tscheplir n. *Skapulier.*
tubach m. *Tombak.*
tuchbaum m. *Rolle am Webstuhl,
die das Gewebe aufnimmt.*
tucheln v. *mit einem Tuch schmükken.*
tücheltrager m. *umziehender Leinen-
händler.*
düchen adj. *von Tuch.*
tucher m. *Tuchweber, -händler.*
duchgewenter m. *Tuchhändler.*
tüchlein: hinter das t. treten *verschwinden.*
tucht f. (schweiz.) *Tüchtigkeit.*
tuchte 1. 3. sg. praet. *taugte.*
tüchtig adj. *auch ausgerüstet.*
tuck m. *Schlag, Stoß; mutwilli-
ger Streich; Bosheit.*
s. dücken vor v. *untertan sein
müssen.*
tuckenmeuscr m. *verschlagener, hinterlistiger Schleicher.*
dudinierlein n. (westobd.) *Silbermünze urspr. von 12 Pfennigen*
(lat. duodenarius).
tuft m. *Dunst, Nebel, Tau, Reif.*
duft f. (rotw.) *Kirche.*
tuge f. *Faßdaube.*
tüge, tügi conj. praes. *von tun.*
tügen v. *taugen, Kraft haben, genügen, passen.*

tüg(en)lich adj. *tüchtig, brauchbar, schicklich.*
tuget f. *Tugend.*
tügig adj. *geeignet.*
düglich adj. *tauglich, tüchtig.*
dukas, -is *s.* daukes.
tül *s.* tol(m).
tul(e) f. (obd.) *Dohle.*
dulfis(t) m. (ostmd.) *Flußregen-
pfeifer (wegen seiner dicken
Fußgelenke, s. dolfuß).*
tulipan f. *Turban; Tulpe.*
tüll n. *Planke, Diele, Bretterwand.*
dult f. *Geduld.*
dult f. (obd.) *Jahrmarkt.*
dultig adj. *geduldig.*
dultmut f. *Geduld.*
dulzian m. *Fagott.*
dum adv. *da um.*
tum(b) m. *Dom.*
tum(b)her m. *Domherr.*
tumbpfaff m. *Domkapitular.*
tumbstift n. *Domstift.*
tumel m. *(lärmender) Betrieb.*
tümerei f. *Dompfründe, -propstei.*
tümerlich adj. *dumpf.*
tümisch adj. *domherrenmäßig.*
tumkün adj. *tollkühn, frech.*
dumkünikeit f. *Frechheit.*
dumlen v. *taumeln, lärmen.*
dumpelfaß n. *Butterfaß.*
dumpelmilch f. *Buttermilch.*
tun v.: im t. *sich verhalten, sich
helfen;* wenn . . . getan hete
*wenn . . . nicht vorhanden ge-
wesen wäre;* hetten wir getan *wä-
ren wir nicht dagewesen;* gut tun
haben *keine Schwierigkeiten zu
überwinden haben;* es tut sich
nicht *es geht nicht an;* das tuts
nicht *das ist sinnlos;* es tun etwas *bedeuten.*
tun part. *getan.*
duna f. *Tonne.*
dunder *s.* donder.
düne *s.* tünne.
tunen n. *Tun, Handel.*
tunen v. *krachen.*
tunerklapf m. *Donnerschlag.*
tunika f. *Meßgewand des Diakonus.*
tunk m. *Weberwerkstatt.*

dunk m. *Gutdünken.*

dünkel m. *subjektive Meinung;
Wahn, Phantasterei, Einfall;* etwas dunkels weis lassen *es unentschieden lassen.*

dünkel f. *Dunkelheit.*

dunkelfein adj. *eingebildet, sieben-
gescheit.*

dunkelgut m. *Heuchelei; Besser-
wisser.*

dünkelklug adj. *klug in seiner eigenen Einbildung.*

dunkelmeister m. *Siebengescheiter.*

dunken v. *tauchen.*

dunkli f. (schweiz.) *Dunkelheit,
Dämmerung.*

tunne f. *Tonne.*

tünne f. *Welle, Sturzsee.*

dünne adv. *spärlich.*

dünneren v. *dünner machen, behauen.*

dun(re)stag m. *Donnerstag.*

dunten adv. *da unten.*

tüpel m. *Tölpel.*

tüpelhirn n., -kopf m. *Tölpel, Narr.*

tüpelsarzt m. *Quacksalber.*

düp(f)el m. *eine Hautkrankheit.*

dupfling m. *Trüffel.*

duplet f. *Doppelschale.*

duplik f. *im Prozeß Antwort auf
die Replik.*

duplikana f. *Doppelkartaune.*

düppel m. *Holzpflock; Dummkopf.*

duppel(t) adj. *doppelt.*

tür f.: die t. aufstoßen *Durchfall
verursachen;* ein t. anhenken
schwer übersichtliche Arbeit tun.

dur- *s.* durch-.

durafter adv. (schweiz.) *hin und
her, auf und ab.*

durane adv. *überall.*

turbe, -pe f. (els., schweiz.) *Torf*
(franz. tourbe).

durch praep. *wegen;* durch willen *um willen;* d. und d. *durchweg.*

durchausdringen v. *durch dick und
dünn gehen.*

durchbittern v. *mit Bitterkeit
durchdringen.*

durchbösen v. *mit Bosheit durchdringen.*

durchechten v. *verfolgen, schlecht
behandeln, schmähen.*

durchechter m. *Verfolger.*

durchechtung f. *Verfolgung.*

dürchel adj. (bair.) *durchlöchert.*

durchfeuchten v. *benetzen.*

durchfeuren v. *mit Feuer durchdringen; im Feuer läutern.*

durchfünteln v. *durchforschen.*

durchgenger m. (theol.) *Prüfer.*

durchhin adv. *hindurch.*

durchhinbeißen v. *sich durchschla-
gen, bemühen.*

durchlauft m. *Passage;* in einem d.
im Vorübergehen.

durchlessig adj. *verschwenderisch.*

durchleuftig adj. *durchdringbar.*

durchneusen v. *durchstöbern.*

durchnunder adv. (alem.) *ganz hinunter.*

durchschlag m. *Sieb; Locheisen.*

durchschlecht f. *Ausschlag, Pocke.*

durchschwingen v. *durchprügeln.*

durchseuren v. *mit Säure durchdringen; sauer werden.*

durchstreunen v. *durchstromern.*

dúrchtreiben v. *durcharbeiten.*

s. durchtun v. *sich (einem Anspruch) entziehen.*

durchwunden v. *verwunden.*

turen m. *Turm, Gefängnis, Schuldhaft.*

turen *s.* türren.

dürengeln v. *zwischen Tür und
Angel klemmen, peinigen.*

turf m. *Torf.*

dürfen v. *bedürfen, brauchen, nötig haben.*

dürfen *s. auch* türren.

durft f. *Notdurft.*

durftig adj. *bedürftig.*

türgericht n. *Türgewände.*

türhand f. *Klinke.*

dürkel adj. *durchlöchert.*

türkenzen v. *nach dem Türken
riechen.*

dürmel m. *Taumel.*

durmeln v. *taumeln.*

türmisch adj. *wirbelig.*

turn m. *Turm, Gefängnis;* in den t.
ein Kartenspiel.

turnasch *s.* turnose.

turne(i)s, -niß *s.* turnose.

türnen v. *in den Turm werfen.*

turner m. *Turmwächter.*

turneul f. *Schleierkauz.*

turnvater m. *Turmaufseher.*

türniz f. *große heizbare Stube;
Badestube.*

turnos(e), turnosch m. *Silbergroschen, urspr. aus Tours, zu 18
Hellern; kupfern. Halbgroschen.*

durnstag *s.* dornstag.

dürr adj. *einfach, unverhüllt, klar,
nüchtern.*

durrbacket adj. *hohlwangig.*

türren v. *wagen, sich getrauen; s. t.
understen wagen dürfen.*

turst f. m. *Unterfangen, Keckheit,
Frevel.*

türstenklich adv. *waghalsig.*

türstigkeit f. *Keckheit.*

türstig(lich) adj. *keck.*

turtzendel m. *leichtes Seidengewebe.*

dürwechter m. *Torwächter.*

dusak, -ek m. *Hirschfänger.*

tuschen v. *unterdrücken.*

dusel adj. *düster.*

tusem m. *Bodenfeuchtigkeit,
Dunst.*

dusmig adj. *matt, dämmerig.*

dußen v. (els.) *sich still verhalten.*

tütel *s.* titel.

tütlein n. *Brustwarze.*

tütschen v. (ostmd.) *tunken.*

dutte f. m. *Mutterbrust.*

duzat, -et n. *Dutzend.*

düzbetterin f. (rotw.) *Bettlerin, die
durch ein vorgespiegeltes Kindbett Mitleid heischt.*

duzeln v. (westmd.) *taumeln.*

düzen v. (rotw.) *Almosen erschwin-
deln.*

düzer m. (rotw.) *betrügerischer
Bettler.*

tuzgesel m. *Dutzbruder.*

düzlen v. *saugen.*

twalm m. *betäubender Trank; Betäubung.*

dweder pron. *keiner von beiden.*

twerch adj. *quer.*

E.

e f. *Gesetz; Testament; alte, neue
e alter, neuer Bund.*

eb conj. *ehe; ob; e. wann vor Ablauf von.*

ebaum m. *Efeu.*

ebbe m. (Kinderwort) *Vater.*

eben adj. *geeignet, zusagend, gelegen;* adv. *gerade, richtig, passend, gleichmäßig, geradezu, genau, ebensogut.*

eben f. *Ebene.*

eben n. *das Gleiche.*

eben also adv. *ebenso.*

eben das mal adv. *gerade da.*

ebenen v. *gelegen sein.*

ebenhöchi f. *hölzernes Belagerungsgerät mit Fallbrücke.*

ebenklich adv. *ewig.*

eben machen v. *anpassen.*

ebenso adv. *auch: ebensowenig.*

eben so mer adv. *ebenso lieb, gut;
doch lieber gleich.*

ebenteur, -en, -er, -isch, -lich *s.*
abenteur . . .

eben wol adv. *ebensogut.*

ebere f. *Frucht des Efeus.*

ebheu, ebhöw m. n. *Efeu.*

ebig adj. *ewig.*

ebiger m. *Storch.*

.brehemisch *s.* abrahemsch.

ebrisch f.. *Eberesche.*

echse f. *Achse.*

echt f. *Acht, Aechtung.*

echt(er) adv. *nur, halt, etwa, wenigstens.*

echter m. *Verfolger; Vollstrecker
der Acht; Geächteter; Fron-
arbeiter.*

echtewe num. *acht.*

echtig adj. *mit Acht zu strafen.*

echtigen v. *in die Acht tun.*

echtiger m. *Vollstrecker der Acht;
Geächteter.*

echtschaz m. *Zahlung für Lösung
aus der Acht.*

echt(w)e num. *acht.*

echtwort f. *Weidegrund.*

ecken *s.* etkum.

ecker f. *Buchecker, Eichel; Eichelmast.*

eckerig m. *Buchecker, Eichel; Eichelmast,*
edel adj. *adlig.*
edelsteinhauer, - macher, - mez, -würker m. *Kunsthandwerker, der Diamanten schneidet und schleift.*
edern v. *die Muskeln zerreißen, martern.*
edling m. *Junker; Edelstein.*
edrich m. *Brechreiz.*
efangelier m. *Diakon, der das Evangelium verliest, Lektor.*
efern v. *abermals tun, wiederholen; rächen.*
eferung f. *Wiederholung; Rache.*
effen v. *zum besten haben.*
evogt m. *Ehemann als Vormund, Rechtsvertreter der Frau.*
efolk n. *Eheleute.*
efterich s. *aftricht.*
eg(d)e f. *Egge; Dreschschlitten.*
egel m. *gern bildlich, wie Grillen, Raupen im Kopf.*
egel n. *kleine Agen, s. d.*
eg(e)lisch adj. *launisch, absonderlich.*
egelmeir m. *Grillenfänger.*
egeln v. *taumeln, besinnungslos schwanken.*
egelster f. *Elster.*
egemachel n. *Ehegemahl.*
egemecht n. *Vermächtnis.*
egenemt adj. part. *vorgenannt.*
egerste f. *Elster.*
egerte f. n. *Brachland.*
egesse f. *Eidechse.*
egestern adv. *vorgestern.*
egle plur. *der Fisch* Perca fluviatilis.
egless(e) f. (alem.) *Eidechse.*
eglisch adj. *wunderlich.*
egochs m. (schweiz.) *Eidechse.*
ehaft(ig) adj. *rechtlich, begründet; ehafte not triftiger Hinderungsgrund.*
ehalt m. *Dienstbote.*
eham m. *Oheim, Vetter.*
ehehaft s. *ehaftig.*
ehender adv. *eher.*
eher f. *Ehre.*
eher n. f. *Aehre.*
eibe f. *auch Bogen, Armbrust aus Eibenholz.*

eibenschüz m. *Bogenschütze (eig. mit Armbrust von Eibenholz).*
eibin adj. *von Eibenholz.*
eichapfel m. *Gallapfel.*
eicharn, eichharm m. *Eichhörnchen.*
eichen flederwisch m. *Knüppel.*
eichkandel f. *Aichmaß.*
eidam, eiden m. *Schwiegersohn.*
eide f. *Egge.*
eiden v. *schwören; eidlich verpflichten.*
eides f. *Eidechse.*
eidman m. (ostmd.) *Schwiegersohn.*
eidstein m. *Bernstein, Magnet.*
eierer m. *Eierhändler.*
eierklar n. *Eiweiß.*
eiermenger m. *Eierhändler.*
eifer m. *Leidenschaft, Zorn, Eifersucht.*
eifer f. *Kiefer.*
eiferer m. *Eifersüchtiger.*
eiferig, -isch adj. *eifersüchtig.*
eifren v. *wiederholen; eifersüchtig sein, zürnen.*
eigen v. *eignen; zueignen, als Eigentum zusprechen, zu eigen gehören (mhd. eigen).*
eigen v. *zeigen, offenbaren (mhd. öugen).*
eigen adj. *geeignet, zuständig, leibeigen; auf e. weise subjektiv.*
eigen n. *Eigentum.*
eigen dunkel m. *Einbildung.*
eigengesüchig adj. *egoistisch.*
eigengeweltig adj. *eigenmächtig.*
eigenhenne f. *Zinshuhn.*
eigenlich s. *eigentlich.*
eigenman m. *Vasall.*
eigennießig adj. *selbstsüchtig.*
eigenrichtig adj. *eigensinnig.*
eigenschaft f. *Leibeigenschaft; Besitz; e. haben eines dings genaue Kunde davon, scharfe Empfindung dafür haben.*
eigenschaz m. *Anmaßung.*
eigen(t)lich adv. *eigens, ausdrücklich, nachdrücklich, genau, sicher, zutreffend.*
eigentrechtige f. *Selbstsucht.*
eigenwirkisch adj. *selbstgerecht.*
eigenwize f. *souveräne Vernunft.*

eigner m. *Untertan.*

eilig adj. *stumpf von Zähnen.*

eimeis f. *Ameise.*

eimer m. *als Hohlmaß 64 Maß, etwa 90 Liter.*

ein adv. (ostmd.) *hinab.*

ein f. *s.* agen.

bei einander sten v. *sich vertragen.*

einantworten v. *einhändigen, überantworten.*

einbilden v. *einprägen, vor Augen halten, faßlich machen;* einem etwas e. *es ihm vorlügen, vorspiegeln.*

einbildung f. *Vorgeben, (böswillige) Erfindung.*

einbinden v. *ans Herz legen, einschärfen; als Patengeschenk geben;* mit e. *einbegreifen.*

einbischlen v. *in Windeln wickeln.*

einblasen v. *inspirieren (geistlich, dann im Schulspaß).*

einbreisen v. *einschnüren, einsäumen.*

einbringen v. *ernten; einschmuggeln; wieder gut machen; (Außenstände) einbringen; in ein Recht einsetzen.*

einbringen n. *Eingebung.*

einbrönstickeit f. (md.) *Inbrunst.*

einbruch m. *Bresche; gewaltsames Eindringen.*

einbrünstikeit f. *Inbrunst.*

eindeuchen v. *eintauchen.*

eindlef num. *elf,* eindleft *der elfte.*

s. eindrehen v. *sich einschleichen* (*s.* ausdrehen).

eindunk f. *Sauce.*

eine f. *Splitter von Aehren, Flachs, Hanf; Granne.*

einer adv. *herein, daher.*

einerlei adv. *irgendwelch.*

einerlei weise adv. *irgendwie.*

eines sein v. *einig sein.*

eines(t) adv. *einmal, einstmals;* noch e. *noch einmal.*

eineuget adj. *einäugig.*

einfallen v. *auch eingehen, von Worten, Schmeichelreden.*

einfalt f. *Arglosigkeit.*

einfang m. *Bezirk, eingezäuntes Grundstück.*

einfechig adj. *einfach.*

einfellig adj. *einleuchtend.*

einfeltig adj. *einfach, schlicht, ohne Arg, unwissend; einhellig.*

einverleiben v. *(ein)begreifen, in Worte fassen.*

s. einflechten v. *sich einnisten.*

einfleußen v. *einfließen lassen.*

s. einflicken v. *sich einnisten, einschleichen.*

einforiren, einfuriren v. *einquartieren; einnisten.*

einfüren v. *auch betrügen; zitieren; einwenden.*

einfürung f. *Zitat.*

eingeben n. *Inspiration.*

eingebeu(de) n. *Einbauten.*

eingedechtig adj. *eingedenk.*

eingeistung f. *Inspiration.*

eingen v. trans. *betreten, begriffen werden;* nicht e. wollen *unerträglich sein;* gern e. *leicht zusagen.*

eingepicktes n. *eingemachtes Fleisch.*

eingeschlecht n. *eßbares Eingeweide.*

eingezogen adj. part. *gemäßigt, zurückgezogen.*

eingraben, einem etw. v. *ihn durch Eingraben eines Zaubers behexen;* s. e. *sich verschanzen.*

einhalten v. *auch vorenthalten.*

einhan v. *in Händen haben.*

einhauben v. *das Haar verhüllen.*

einhendig adj. *in jemands Hand befindlich.*

einher adv. *herein, daher.*

s. einherbrechen v. *sich aufspielen.*

einhergen v. *zugehen, hergehen.*

einhin adv. *hinein, dahin.*

einhinplumpen v. *hereinfallen, blind zufahren.*

einig adj. (obd.) *irgendeiner; allein; einzig;* zu einigem adv. *einesteils, zum Teil.*

einigerlei adv. *auf irgendwelche Weise; irgendein, irgendwelche.*

einigkeufer m. *Spekulant, der ein Monopol erstrebt.*

einigst adv. *allein.*

einikeit f. (schweiz.) *Einsamkeit.*

einist *s.* einest.

einkeuen v. *vorkauen.*

einklank m. *Einschlingung; juristische Schwierigkeit.*

einklenken v. *einschlingen.*

einknüpfen v. *einschärfen.*

einkömling m. *Zugewanderter, Eindringling.*

einkumen v. *hereinfallen;* seins schadens e. *seinen Schaden einbringen.*

s. einlassen v. *sich eindrängen.*

einlauf m. (seem.) *Ort, Weg zum Einlaufen.*

einlef num. *elf;* einleft *der elfte.*

einlegen v. *Geld aufbringen; kaufen; einquartieren; gefangen legen;* feuer einlegen *brandstiften.*

einleiben v. *einverleiben; bes. jur.: als Klausel einfügen.*

einleibung f. *Einbeziehung.*

einlendig adj. *inländisch.*

einlich adj. (westmd.) *ähnlich.*

einlif num. *elf.*

einlizig adj. *einzeln, einmalig.*

einmal adv. *endlich (einmal).*

einmündig adj. *einstimmig.*

einnemen v. *zu Munde bringen.*

einmütig adj. *(nur) eines Sinnes, anderer Denkart unzugänglich, eigensinnig; gesinnungsfest.*

einnemen v. *(er)fassen, begreifen; überwinden, unterwerfen;* ins Haus nehmen.

einög adj. *einäugig.*

einreißen v. *dazwischenkommen;* schlimmer werden; jem. e. lassen *dulden, daß er übermächtig wird.*

einreiten n. *Einzug.*

einretig adj. *einmütig.*

einrinnen v. *hineingeraten.*

einriß m. *Präzedenzfall.*

einrösser m. *Einspänner.*

eins adv. *s. einest.*

einsame f. *Einsamkeit, Einöde.*

einschenk m. *Schenk.*

einschichtig adj. *einzeln.*

einschießen v. *beitragen.*

einschlagen v. *von Geld: anlegen;* zun örtern e. *an der richtigen Stelle anfangen; (eine Tür) zuschlagen.*

einschlüpfern v. *sich einschleichen.*

einschneiten v. *ernten.*

einschreien v. *jem. etwas in die Ohren schreien.*

einseugen v. *einflößen.*

einsinnig adj. *einmütig.*

einsinnigkeit f. *Eintracht; Eigensinn.*

einsizen v. *festsitzen.*

einspeien v. *einem etwas boshaft einflüstern.*

einsprechen v. *inspirieren.*

einsprechung f. *Eingebung.*

eins(t) adv. *s. einest.*

einstecken v. *einem ein* sorg *ihm etwas ans Herz legen.*

einsteiger m. *Einbrecher.*

eins teils adv. *einige.*

einsten v. *eintreten.*

einsten adv. *dereinst.*

einstoßen v. *in die Tasche tun.*

eins zwei adv. *sofort.*

einthalb adv. *einerseits.*

eintönig adj. *der nur einen Ton kennt, eigensinnig.*

eintracht m. *Zettel eines Gewebes.*

eintrade s. *entrade.*

eintrag m. *eingeschossener Faden beim Weben; Ertrag, Einnahme; Schädigung, Beeinträchtigung, Anfechtung, Einspruch.*

eintreiben v. *in die Enge treiben.*

eintun v. *in Verwahrung, Gewahrsam, gefangen nehmen; einem etwas einräumen, verleihen;* s. e. *sich zurückziehen.*

eintweder(s) conj. *entweder.*

einung f. *Vertrag; Bagatellgerichtsbarkeit; Geldbuße; Rechtsordnung; Gemarkung; Zunftversammlung, Zunft.*

einunger m. *Mitglied der Polizeibehörde, Friedensrichter.*

einwümmen v. *Wein ernten* (lat. vindemiare).

einzeichen v. *einschreiben.*

einziehen v. *beschränken, zurück-, einbeziehen; opfern;* ins Netz locken; s. e. *eingezogen leben.*

einzig adv. *allein, im Kleinen.*

einzug m. *Einleitung; Zusatz; Berufung, Argument.*

eir pron. *einer.*

eirenschmalz n. *Spiegeleier, Ochsenaugen.*

eirer m. *Eierhändler.*

eis n.: einen aufs e. sezen *ihn betrügen.*

eis num. (alem.-schwäb.) *eins.*

eischen v. *fordern.*

eischung f. *Aufforderung, Aufgebot.*

eisen n. *bes. Hufeisen;* ein eisen abrennen *so scharf traben, daß das Pferd ein Eisen verliert, bildlich vom Verlust der Jungfrauschaft;* einem auf den e. ligen *hart hinter ihm drein sein, bildlich vom Gläubiger.*

eisen adj. *eisern.*

eisenbart m. *Eisvogel.*

eisenbeißer m. *Prahlhans.*

eisenbruch f. *Panzer um Lenden und Oberschenkel.*

eisenvater m. *Gefängnisaufseher.*

eisenfresser m. *Prahlhans.*

eisengraber m. *Graveur.*

eisenhut m. *Helm; Gießlöffel; Kammerkätzchen;* die Pflanze Aconitum.

eisenhuter m. *Helmschmied.*

eisenknecht m. *Gefängniswärter.*

eisenmalicht adj. *rostfleckig.*

eisenmeister m. *Gefängnisaufseher; Bergrat.*

eisenmenger m. *Eisenhändler.*

eisenschabe f. *Schabeisen.*

eisensteck m. *Riegel.*

eisgrab adj. *grau wie Eis.*

eisschemel, -schroll m. *Eisscholle.*

eisschmarren m. *Eisscholle.*

eiße m. *Geschwür, Schwären.*

eitel adj. *bloß, pur, rein; vollwertig, unnütz;* adv. *nur, lauter.*

ekel adj. (ostmd.) *heikel, blasiert.*

ekind n. *Kind ehelicher Geburt.*

ekrid m. *Buchecker, Eichel; Eichelmast.*

elb adj. *blaßgelb.*

Elbnase f. *ein Fisch, s.* zerte.

eld- *s.* elt-.

elefirn v. *hochheben, vom Sakrament in der Messe* (lat. elevare).

elend n. *Elen(tier).*

elend n. *Ausland, Verbannung;* das elend bauen *in der Fremde wohnen.*

elend adj. *im Ausland lebend; kümmerlich;* e. sele *Seele eines in der Fremde Verstorbenen.*

elendenherberg f. *Asyl.*

elg *s.* eilig.

elich adj. *rechtmäßig, triftig.*

eligiren v. *auserwählen.*

eller f. *mit Erlen bestandene Bodenfläche.*

ellerma(n) m. *Alarm.*

elmeß n. *Ellenmaß.*

elnig adj. *eine Elle groß.*

elsber, else f. *Mispel; Eberesche; Traubenkirsche.*

else f. *Maifisch.*

else, elz f. *Wermut.*

eltaß n. *Iltis.*

elte f. *Alter.*

elteln v. *alt schmecken, riechen.*

eltern v. *älter machen.*

elteste plur. *Honoratioren.*

eltfordern plur. *Vorfahren.*

eltlet adj. *ältlich.*

em(b)den v. *Grummet schneiden.*

emberen v. *entbehren, fahren lassen.*

emd f. *zweiter Schnitt des Grases.*

emeis f. *Ameise.*

emender plur. *Ehemänner.*

emensch m. *Ehegatte, -gattin.*

emer m. *Eimer (auch als Flüssigkeitsmaß).*

emer m. *Sommerdinkel.*

emerkern n. *Frucht des Sommerdinkels.*

emerling m. (bair.-östr.) *Goldammer.*

emig *s.* ömig.

emper m. *Eimer.*

empern v. (westmd.) *antworten.*

empf- *s.* entf-.

empieten v. *entbieten.*

emporgen v. *draufgehen (vom Geld).*

empörisch adj. *rebellisch.*

ems adj. (rotw.) *gut.*

emsigen v. *beunruhigen.*

emslich adv. *emsig.*

enbunnen v. *mißgönnen.*

endchristisch adj. *antichristlich.*

ende n. *Ort, Gegend;* des ends *in dieser Landschaft;* on ende *ergebnislos.*

end(e)lich adj. *hurtig, tüchtig; end-*

gültig; eigentlich; adv. endgültig, schließlich, recht besehen,
namentlich; auf die Dauer, mit
reifem Bedacht; bald.
enden v. vollenden, ausführen, anrichten.
end geben v. (westmd.) ausreißen.
endlich adj. ähnlich.
endren v. auch: nachahmen.
endrung f. auch: Verschiedenheit.
endschaft f. Abschluß.
en(e) m. Großvater.
enel f. Großmutter.
en(ent)halb adv. jenseits.
eneß m. Anis.
enet adv. jenseits.
eng adj. auch kurzsichtig; zu e.
spannen zu sehr pressen.
enge f.: in der e. im kleinen Kreis.
engelot m. Engelstaler, Goldmünze
mit dem Bilde des Erzengels
Michael (franz.-engl. angelot.
Kaufmann von Ven. 2, 7).
engelsch adj. englisch.
engelsch grau n. graues Tuch aus
England.
engelschön adj. bildschön.
engelsüß n. die Farnpflanze Poly-
podium.
engelwurz f. Archangelica officinalis.
engen adv. entgegen.
enger m. Anger, Grasfläche.
enger m. Frondienst mit Pferd und
Wagen.
engerich m. Engerling.
engering, -ling, -lein m. n. Made,
Larve; (durch sie verursachtes)
Geschwür.
engern v. verengen.
engern v. Frondienste tun.
englisch m. Münze von 6 Hellern
Wert.
englischer schweiß m. Influenza.
engsten v. ängstigen.
engster m. Krug mit engem Hals.
engstig adj. sorgsam, eifrig, bang.
engstlich adj. durch die Angst aus-
gepreßt.
enhalb praep. jenseits.
enhinder(n) adv. hinterwärts, hintan; e. bringen benachteiligen.

enig adj. ledig.
enikel m., eniklein n. Enkel.
enis m. Anis.
enk pron. (bair.-östr.) euer, euch.
enkein pron. kein.
enkel m. Fußknöchel.
enker m. (oberrhein.) Anker.
enliche f. (alem.) Aehnlichkeit.
enlich(t) adj. ähnlich, entsprechend.
enne m. Teufel, Besessener.
ennot adv. jenseits.
enpfelch m. Befehl.
enspan, -on m. Spinnwirtel.
entan adv. fort, entfernt.
entbern v. vermeiden.
entbietung f. Auftrag.
entbindung f. Absolution.
entblößen v. ausplündern.
entboren, -börn v. empören.
entbresten v. erledigen, überheben;
entbrosten sein (eines Anspruchs)
ledig sein.
entdecken v. aufdecken.
ente, blaue f. Lüge.
entenschnabel m. männliches Glied.
enterhalb adv. jenseits.
s. enteußern v. ins Ausland gehen.
entfahen v. entgegennehmen; auf-
leben.
entfehig adj. der empfangen kann.
entfelch m. Auftrag.
s. entferben v. sich verfärben.
entfiligen v. empfehlen.
entfinden v. erfahren, finden.
entfindlich adj. merkbar.
entformen v. entstellen.
entfugen v. auflösen.
entgegen adv. anwesend.
entgeilung f. Kastration.
entgelten v. mit gen. für jem. büßen.
entgenzen v. zerstücken.
entglidren v. die Glieder abstoßen.
entgröben v. läutern.
entgröbung f. Läuterung.
entgünnen v. mißgönnen.
enthalb praep. jenseits.
enthalt m. Unterhalt, Rettung; Be-
hauptung.
enthalten v. aufbewahren, erhalten,
herbergen; s. enthalten sich aufhalten, unterhalten, fernhalten,
bezähmen, verhalten.

enthalter m. *der receptator des Lehenrechts, der dem in Fehde stehenden Ritter einen offenen Platz gewährt; Schutzherr.*

enthaltung f. *Stütze, Unterhalt, Rechtfertigung.*

s. entheben v. *sich erheben; s. eines dings entheben sich befreien von; sich enthalten.*

enthelfen v. *Hilfe versagen, schaden; abhelfen.*

enthusiasmus m. *religiöse Schwärmerei.*

enthusiast m. *religiöser Schwärmer.*

ention f. *Enzian.*

entisch adj. *wunderlich.*

entkegen v. *erwidern.*

entkomen v. (md.) *entlaufen, entrinnen;* (alem.) *begegnen;* (schwäb.) *auch ohnmächtig werden.*

entlauchen v. *öffnen, kundgeben.*

entlaufen v. *vertrieben werden.*

entlehen v. *leihen.*

entlernen v. *verlernen.*

entlich adj. *eifrig.*

entliden v. *auseinanderzerren.*

entliferung f. *Abhilfe.*

entnafzen v. *einnicken.*

entnemen v. *abnehmen (von Geschäften oder Sorgen).*

s. entniechtern v. *frühstücken.*

entnucken v. (schweiz.) *einschlummern.*

entpfangen v. *zu sich nehmen.*

entpfelhen v. *empfehlen.*

entpfinden v. *empfinden.*

entrade f. *Eingang, Import, Einkünfte.*

entragen v. *forttragen, stehlen.*

entraten v. *mit gen. entbehren (müssen).*

entreihen v. *auslösen.*

entrichten v. *jem. mit etwas abfinden, zufriedenstellen, schlichten; aus der Richtung, Ordnung, Fassung, Stimmung bringen; entrichtet werden außer sich geraten; s. e. sich unterrichten, klar werden über.*

entrücken v. *wegschnappen.*

entsagnus f. *Kriegserklärung.*

entsazung f. *Verwunderung.*

entscheidbrief m. *Urkunde, die einen Schiedspruch enthält.*

entschicken v. *aussenden; sich e. sich entstellen.*

entschlafen v. *einschlafen.*

s. entschlahen v. *sich (von einer Anklage) reinigen.*

entschlupfen v. *ausgleiten;* mir entschlupft ein fus *ich komme zu Fall.*

s. entschöpfen v. *sich entstellen.*

entschütten v. *losschütteln; (eine Festung) entsetzen; s. einer sache e. sich ihrer entäußern; s. aus etwas e. sich daraus befreien.*

entschüttung f. *Abwendung.*

entsezen v. *von seinem Sitz auffahren machen, erschrecken; aus seinem Besitz drängen, berauben; bestreiten; s. e. sich verteidigen; s. eines dings entsezen es aufgeben.*

entsezung f. *Schrecken; Absetzung.*

entsichern v. *sicherstellen.*

entsinken v. *entfallen.*

entsizen v. *Trotz bieten; vom Sitz auffahren; sich entsetzen; befürchten; entgehen.*

entsten v. *verstehen.*

enttragen v. *forttragen, stehlen.*

enturlauben v. *entlassen.*

entwachen v. *sich ermuntern.*

entweders pron. *keins von beiden.*

entwenden v. *abwenden, beseitigen;* (md.) *wegnehmen.*

entwerden v. *entrinnen; verloren gehen.*

entweren v. (obd.) *entwenden.*

s. entweren v. *sich erwehren.*

entwerfen v. *skizzieren; s. e. sich entziehen.*

entwerten v. *antworten.*

entwicht adj. *nichtsnutzig.*

entwichten v. *verderben, vernichten, vereiteln.*

s. entziehen einer sache v. *verzichten auf.*

entziehen v. *Abtrag tun, verkürzen.*

entzucken v. *entreißen.*

enweg adv. *hinweg.*

enzel adj. *einzeln.*
enzlich adj. *einzigartig, einzeln.*
epfaff m. *verheirateter Geistlicher.*
epfelmenger m. *Obsthändler.*
ephau n. *Efeu.*
epikur(e)isch adj. *ungläubig, materialistisch, schlemmerhaft.*
epikurer m. *Materialist.*
episteler m. *Geistlicher, der die Epistel verliest, Lektor.*
eppelein n. *einer, der sich narren läßt.*
er m. *Herr;* er omnes *der Pöbel.*
er *s.* ere.
er gen. plur. pron. *ihrer.*
erab adv. *herab.*
eralten v. *alt werden.*
erarnen v. *einernten, erwerben.*
erauf adv. *herauf.*
eraus adv. *heraus.*
erbaımklich ạdj. *Erbarmen erregend.*
erbe m.: die dritten e. *die Urenkel.*
erbei adv. *herbei.*
erbeis f. *Erbse.*
erbeißen v. *tot beißen; quälen;* s. erbeißen *um sich beißen, kämpfen.*
erbeit f. *Mühe, Geschäft.*
érbeiten v. *sich mühen, schaffen; bearbeiten;* sich érbeiten *sich quälen, abmühen.*
erbeiten v. *abwarten.*
erbeiter m. *Arbeiter, Taglöhner.*
erbeitsam adj. *mühselig, arbeitend.*
erbel m. *Aermel.*
erbemsen v. *wegfegen.*
erben v. *auch beerben.*
erbermd f. *Erbarmen.*
erbern v. *durchprügeln.*
erbertet f. *Ehrbarkeit.*
erbes *f. Erbse.*
érbeten v. *arbeiten.*
erbéten v. *(los)bitten, bestellen.*
erbezins m. *Rente.*
erbfall m. *Sündenfall; Erbnachfolge.*
erbfellig adj. *was durch Tod des Lehnsmannes an den Herrn zurückfällt.*
erbgemecht n. *Erbvertrag.*

erbgericht n. *an einem Grundstück haftende niedere Gerichtsbarkeit; deren Ertrag.*
erbidem m. n. *Erdbeben.*
erbidmen v. *erbeben.*
erbieten v. *anbieten, Entgegenkommen zeigen.*
erbietig adj. *erbötig, bereit.*
érbietung f. *Ehrerbietung.*
erbíetung f. *Anerbieten; Gesuch.*
erbilden v. *abbilden.*
erblechen n. *Erblehen.*
erblecken v. *sichtbar werden.*
erblenden v. *blind machen, berücken.*
erblich adj. *auch ansteckend.*
s. erblosen v. *sich aufblasen.*
erbösen v. *böse werden.*
erbremsen v. *zornig werden.*
erbschaft f. *auch Erbrecht, erbliches Leiherecht.*
erbschichter m. *Testamentsvollstrecker.*
erbsele plur. (schwäb.) *Früchte des Sauerdorns, Berberitzen.*
erbsöld f. *kleine ländliche Hausstelle im Erblehen.*
erbsucht f. *ansteckende Krankheit.*
erbsüchtiger m. *Erbschleicher.*
erbten v. *arbeiten.*
erbtsam adj. *arbeitsam, mühselig.*
erbuzen v. *herausputzen; (einen Sachverhalt) klären.*
erchtag m. (bair.) *Dienstag.*
erdapfel m. *Gurke; Melone; Alpenveilchen.*
erdappen v. *erlangen.*
erdauren v. (schweiz.) *durchforschen.*
erdauren n. *Einsicht.*
erdaurung f. (schweiz.) *Beweis.*
erdbibung f., -bidem m. n. *Erdbeben.*
erdfleckel n. *Blaukehlchen.*
erdichten v. *auch zu Ende dichten, auserzählen.*
erdichtlich adv. *fälschlich, fabelhaft.*
erdin adj. *irden.*
erdrunk m. *Ehrentrunk; Ehrung.*
erdschir m. *Leibtrabant.*
erdschwamm m *Pilz.*

erdstreicher m. *Modelleur.*
erdurch adv. *herdurch.*
erdürsten v. *verdursten.*
ere f. *auch: Ehe;* einen mit e. beraten *ihn verheiraten;* zun eren erwerben, greifen, nach e. stellen *heiraten.*
erecht n. *fahrende Habe, soweit sie der Ehefrau bei Tod oder Konkurs des Mannes bleibt.*
erefren v. *wiederholen.*
erein adv. *herein.*
eren adj. *irden; ehern.*
eren f. *Ernte.*
eren plur. *Tücher.*
eren v. *auch: verehren, beschenken.*
eren v. *ackern.*
erenfrumb adj. *ehrenwert.*
erenhold m. *Herold.*
erenlüg f. *Lüge aus ehrenhafter Absicht.*
erern v. *durch Ackerbau erwerben.*
s. ereugen v. *vor Augen erscheinen, offenbar werden, sich ereignen.*
s. ereußern v. *sein Leben fristen.*
erewort n. *Kompliment.*
erfaren v. intr. *hervorgehen;* trans. *ermitteln, erkunden, untersuchen, kennen lernen, durchmachen;* s. e. *sich versichern, umtun.*
erfaren n. *Erkundigung.*
erfarung f. *Zeugnis, Beweis; Nachforschung. Ermittlung.*
erfaulen v. *in Fäulnis überführen.*
erfechten v. *erobern.*
erfeckeln v. *erquicken.*
erfeisten v. *(obd.) fett werden.*
erfekung f. *Untersuchung.*
erferen v. *erschrecken; übereilen; abschrecken.*
erferken v. *(rotw.) plaudern.*
erfeuren v. *feurig werden.*
erfinden v. *erfahren, entdecken;* es erfindet sich *es stellt sich heraus.*
erflohen v. *flöhen, vom Ungeziefer befreien.*
erfoglen v. *erhaschen, ergaunern.*
erfolgen v. *durch Schlußfolgerungen beweisen; zustande bringen, erwirken; nachfolgen, später entstehen.*

erfordern v. *auffordern.*
erförschlen v. *neugierig erkunden.*
erfragen v. *ausfragen;* sich e. *sich erkundigen.*
erfrören v. *erfrieren lassen.*
erfrumen v. *herauswirtschaften.*
erfüllen v. *sättigen; ersetzen.*
erfündlen v. *zu finden trachten, erforschen.*
erfur adv. *hervor.*
ergahen v. *ereilen.*
s. ergeben v. *auch sich anvertrauen; sich gefaßt machen auf.*
ergeb(ig) adj. *freigebig.*
ergeistern v. *betrüben, töten.*
ergeitig adj. *ehrgeizig.*
ergeitigkeit f. *Ehrgeiz.*
ergeizen v. *zusammenscharren.*
ergerlich adj. *anstößig; verführerisch.*
ergern v. *schlimmer machen;* s. ergern *schlimmer werden; Anstoß nehmen.*
ergerung f. *Verschlechterung.*
ergezen v. *vergessen machen, entschädigen; ermuntern, stärken;* s. e. *sich schadlos halten.*
ergezlikeit f. *Entschädigung.*
ergezung f. *Vergütung.*
ergilben v. *gelb werden, sich verfärben.*
erglasten, -glesten v. *aufleuchten.*
erglizen v. *erglänzen.*
ergrappen v. *erwischen.*
ergreifen v. *auch begreifen, verstehen; auf frischer Tat fassen.*
ergröbeln v. *ausspionieren.*
erhaben, erhabt part. *erhoben.*
erhalten v. *auch aushalten; beweisen, behaupten; hindern; Erlaubnis erhalten, unterhalten, durchsetzen; aufrecht erhalten, beweisen.*
erhaltung f. *Unterhalt.*
erharren v. *erwarten, vertragen.*
erhart m. *Ehrenmann, Ehre.*
erharten eines dings v. *es aushalten.*
erheben v. *auch heiligsprechen; anfangen; erreichen;* s. erheben *emporkommen; mit etw. großtun.*
erheber m. *Urheber.*

erheblich adj. *tunlich.*
erheien v. *lügen.*
erheim adv. *zu Hause; nach Hause.*
erheischen v. *erfordern.*
erhellen v. *erschallen.*
erherten v. *hart machen, verstocken.*
erhezen v. trans. *erbittern auf, einnehmen gegen.*
erhinder adv. *hintan.*
erhizen v. intr. *heiß werden.*
erhöchern v. *erhöhen.*
erholen v. *zu Ende, ausreichend holen; s. e. sich schadlos halten; noch einmal anfangen, frische Kraft schöpfen.*
erholung f. *Rückhalt.*
erhummen v. (schweiz.) *erschrecken.*
erhungen part. *gehenkt.*
erhungern v. trans. *durch Hunger umbringen.*
erich m. f. (schwäb.) *Flechtwerk zum Fischfang.*
erichtag m. (bair.) *Dienstag.*
erin adj. *ehern; e.* stein plur. *eherne Kugeln (als Geschosse).*
erkalten v. *kalt werden, frieren.*
erkant adj. part. *bekannt.*
erkantnus f. *(gerichtliches) Erkenntnis.*
erkargen v. *durch Geiz erwerben.*
erkecken v. *neu beleben.*
erkelen v. *stumpf werden (von den Zähnen).*
erkeln v. *ekeln.*
erkennen v. *anerkennen.*
erkennung f. *auch Beilager.*
erker m. *Warttürmchen auf der Stadtmauer.*
erkicken v. *lebendig machen; erwecken; laben.*
erkiesen v. *erwählen.*
erklecken v. *anschlagen, gedeihen, ausreichen.*
erklugen v. (md.) *ausklügeln.*
erklupft adj. part. (schweiz.) *erschrocken.*
erknüllen v. *mit den Knöcheln schlagen.*
erkomen v. *erschrecken.*
erkriegen v. *(im Krieg) erwerben.*
erkrimen v. *zusammenscharren.*
erkrumben v. *krumm werden.*

erkücken v. *beleben, erquicken.*
erkulen v. *kühlen.*
erkünden, erkunnen v. *erkunden; einander e. mit einander verhandeln.*
erkündung f. *Erkundigung.*
erlangen v. *erreichen, gleichkommen.*
erlat m. (rotw.) *Meister.*
erlatin f. (rotw.) *Meisterin, Frau.*
erlaub m. *Erlaubnis.*
erlauben v. *Erlaubnis, Urlaub geben.*
erlaufen v. *einholen.*
erlauren v. *übertölpeln.*
erlebt adj. part. *abgelebt.*
erlechen v. *austrocknen.*
erledigung f. *Freilassung.*
erlegen v. *wiedergeben; aus der Welt schaffen.*
erleiden v. intrans. *leid werden; trans. verleiden;* refl. *sich abmühen.*
erlengen v. *verlängern.*
erlesen v. *vorlesen.*
erleubung f. *Erlaubnis, Urlaub.*
erlich adj. *ehrbar, ehrenvoll, ansehnlich, geziemend.*
erliebgen v. *sich erfreuen an.*
erligen v.: *einem diensts e. ihm einen Dienst verweigern.*
erliz f. (md.) *der Fisch Elritze.*
erlobung f. *Erlaubnis, Urlaub.*
erlösen v. *Gewinn erzielen.*
erlüg f. *Lüge aus ehrenhafter Absicht.*
erlumpen v. *schlaff werden.*
erlupfen v. *aufheben.*
s. erlüsten v. *sich ergötzen.*
erlustren v. *erlauern.*
ermals adv. *früher.*
s. ermeie(r)n v. *sich (im Mai) erlustigen.*
ermel m. *Aermel;* sten wie der belz auf e. *in sich zusammensinken.*
ermelt adj. part. *erwähnt.*
ermeren v. (schweiz.) *durch Mehrheitsbeschluß erzwingen.*
ermörn v. *ermorden.*
ern pron. (md.) *ihrer.*
ern m. *Hausflur.*

ern f. *Ernte.*
ern dat. sg. f. *Erden.*
ernach adv. *hernach.*
ernarren v. *zum Narren werden.*
ernauen v. (md.) *erneuern.*
erneisen v. *auskundschaften.*
erneren v. *auch noch retten, hei-*
len; s. e. sich fristen.
ernhold m. *Herold.*
ernider adv. *darnieder.*
s. ernieten v. *sich unterziehen.*
ernman m. *Erntemonat, August.*
ernsten v. *ernst sein, reden.*
ernter m. *Schnitter.*
eröbern v. *überwältigen, erwerben;*
eine schlacht e. sie gewinnen.
eroffnen v. *offenbaren.*
er omnes m. *der süße Pöpel.*
erösen v. (alem.) *leer, arm machen,*
erschöpfen.
erösung f. *Ueberanstrengung.*
erpörung f. *Empörung.*
erraschen v. *überraschen.*
erreiten v. *mit Reiten einholen;*
einen auf einem faulen pferd e.
ihn bei bösem Tun ertappen.
erret 3. sg. praes. *errettet.*
erretten v. *auch freisprechen.*
erröten v. trans. *rot machen.*
erschalten v. *(einen Wagen) zu-*
rechtstoßen.
erschaz m. *Abgabe bei Uebernahme*
eines Lehens; Ehrengeschenk.
erscheinen v. trans. *beleuchten,*
klar machen; (vor Gericht) gel-
tend machen; intr. *sichtbar wer-*
den.
erschellen v. *erklingen lassen.*
erschepfen v. *erwerben.*
erschieß m. (schweiz.) *Gedeihen.*
erschießen v. *fruchten, nützen, ge-*
deihen, ausschlagen.
erschließlich adj. *förderlich.*
erschinden v. *erpressen.*
erschlagen adj. part. *niedergeschla-*
gen; e. sein mit geplagt sein.
erschlinden v. *verschlingen.*
erschling adv. *rücklings.*
erschmecken v. *wittern.*
erschnapen v. *erwischen; beschwin-*
deln.
erschönen v. *erklären.*

erschözen v. *gedeihlich machen.*
erschrecken v. *auch: davor zurück-*
schrecken.
erschrepeln v. *zusammenscharren.*
erschrocken adj. part. *schreckhaft.*
erschrockenlich adj. *furchtbar.*
erschupt adj. part. *verrückt.*
s. erschütten v. *erzittern.*
s. erschwingen v. *sich aufschwingen.*
erschwizen v. *heiß werden.*
ersehen v. *erblicken, wahrnehmen.*
erseigen v. *austrocknen.*
erseigern v. *versiegen machen.*
ersetten v. *sättigen.*
erseufen v. trans. *untertauchen; er-*
seuft sein in etw. bis über die
Ohren drin stecken.
ersigen v. *versiegen.*
ersinnen v. *herausbringen.*
ersizen v. *ruhen, aufhören, unter-*
bleiben, erfolglos sein.
ersling adv. *rücklings.*
s. ersprachen v. *sich besprechen.*
ersprießen v. *gedeihen.*
s. erspringen v. *sich mit Springen*
eine Güte tun.
ersprösen v. *ersprießen machen,*
Gedeihen geben; gedeihen.
erst adv. *erst recht, jetzt erst, jetzt*
auch noch, noch; eben erst, kurz
zuvor; dann; e. darzu noch da-
zu; an dem ersten zu Anfang.
erstaten v. *bezahlen, erfüllen, zu-*
rückersetzen, leisten.
erstecken v. *ersticken (machen),*
stecken bleiben.
erste messe f. *Primiz.*
ersten v. *aus-, bestehen.*
erstenken v. *stinken machen; durch*
Gestank töten.
ersteubern v. *von Staub befreien.*
erstlich adv. *zuerst, im Anfang.*
erstlinge plur. *erste Frucht; das*
von der Oberfläche Abgeschöpfte;
Abgabe.
erstocken v. *erstarren, sich ver-*
härten.
erstöckt part. *zu erstecken.*
erstören v. *zerstören.*
erstrecken v. *erweitern, hinaus-*
schieben, verlängern.
erstreckung f. *Aufschub.*

erstreiten v. *mit Streit gewinnen,
sichern.*
erstrempfen v. (westmd.) *ersticken.*
erstummen v. *stumm werden.*
erstumpfen v. *stumpf machen.*
ersuchen v. *ergründen, auf-, durch-,
heim-, untersuchen.*
ertag m. (bair.-östr.) *Dienstag.*
ertauben v. *taub werden; taub machen.*
erteilen v. *urteilen, entscheiden.*
erterich n. *Erdreich.*
erterminiren v. *beim Klosterbettel
einsammeln.*
ertig adj. *artig.*
ertlen v. *nacharten.*
ertragen v. *beweisen, Frucht bringen;* s. *ertragen sich befinden.*
ertrennen v. *zertrennen.*
ertrimmern v. *in Trümmer schlagen.*
ertrinken v. *auch ertränken.*
ertrück(n)en v. *austrocknen.*
ertummen v. *verwirren.*
erubern v. (md.) *erobern.*
erumb adv. *herum.*
erunter adv. *herunter.*
erwarmen v. *warm werden.*
erwarten sein v. *gewärtig sein.*
erwechslen v. *vertretungsweise geben.*
erwecken v. *antreiben.*
erwegen v. *erregen, mobil machen,
dazu vermögen;* s. *erwegen sich
gefaßt machen, verlassen, hoffen
auf; verzichten, sich unterwin-
den, erdreisten;* sein herz e. auf
herzlich darauf vertrauen.
erwegen adj. part. *entschlossen, gefaßt auf, verwegen.*
erwegen n. *Zuversicht.*
erwein m. *Festwein, Ehrentrunk.*
erweiß f. *Erbse.*
erwelen v. *vorziehen.*
erwerben v. *erwirken.*
erweren v. *abwehren;* (schweiz.)
widerstehen.
erweren n. *Widerstand.*
erwerfen v. *zu Tod werfen.*
erwider adv. *wieder her.*
erwiderumb adv. *hinwieder.*
erwigen s. erwegen.

erwinden v. *aufhören, ermangeln;
erweisen;* nichts e. lassen *es an
nichts fehlen lassen.*
erworgen v. *ersticken.*
erwüten v. *böse werden.*
erwütschen v. *ergreifen.*
erzausen v. *hart mitnehmen.*
erzegen v. *zag, mutlos machen.*
s. erzeigen v. *sich blicken lassen.*
zu erzeit adv. *früher.*
erzelen v. *aufzählen; berichten.*
erzelung f. *Aufzählung.*
erzen adj. *ehern.*
erzeugen v. *erweisen.*
erzgözer m. *verstockter Heide.*
erziehen v. *auch einholen, erwischen; unterhalten.*
erzippern v. *ängstigen.*
erzmutter f. *Ahnfrau.*
erznei f. *Arznei.*
erzneien v. *ärztlich behandeln.*
erznequam m. *Erzschelm.*
erzt n. *Erz.*
erzu adv. *herzu.*
erzügen v. *aushalten.*
es pron. (bair.-östr.) *ihr, euch.*
esch m. *Fruchtfeld; Gemeinde-
flur; Einheit von Saatfeldern mit
gleicher Fruchtart.*
eschaft f. *Ehe.*
escharpe f. *Feldbinde.*
esch(e) f. *der Fisch Aesche,* Fra-
xinus excelsior.
esche f. *(rhein.-westobd.) Asche;* in
die e. fallen *verloren gehen.*
eschengrüdel n. *Aschenbrödel.*
eschenkuch, -zelt m. *in der Asche
gebackener Kuchen.*
eschenweckrin f. *Blasebalg.*
escher m. *ausgelaugte Asche.*
eschhei m. *Flurschütz.*
eschig adj. *voll Asche;* e. mitwoch f.
Aschermittwoch.
eschlauch s. aschlach.
esel m. f. *Assel.*
esel m. *Spottgebärde, die neben den
Ohren emporgestreckten Hände;*
einen auf den e. sezen *ihn lächerlich machen.*
eselfeige f. *Eselmist.*
eselkorb m. *binsengeflochtener Sat-
telkorb.*

ein eselor machen v. *die Hand ans Ohr halten.*

eselschlupf m. *Durchgang, der für einen Esel Platz bietet.*

eselserbeit f. *übertriebene Plackerei.*

eser m. *Ranzen, Speisesack.*

esermecher m. *Ranzensattler.*

espan m. *Eheirrung.*

espion m. *Kundschafter.*

eß f. *Feuerstätte.*

eß n. *kleinstes Gewicht* (lat. as).

eß n. *die Eins auf Würfel und Karte; höchste Karte im Spiel.*

esse f. *Schmiedeesse;* neulich aus der e. kumen *frischgebacken.*

esseleube f. *Speisesaal.*

esseln v. *nach Essig riechen, schmecken.*

essende ding, speis plur. *Nahrungsmittel.*

esse(r)lich adv. *eßbar.*

essich m. *Essig;* auf den e. stechen *Essiggeschmack, einen Stich ins Saure haben, verdorben sein.*

essich(ein)en, essichlen v. *nach Essig schmecken, riechen.*

essichmutter f. *Bodensatz im Essig.*

essig adj. *eßbar.*

esteur f. *Mitgift; Ausstattung.*

estrich m. *gepflasterter Fußboden.*

etag m. *Rechtstag.*

etekömig, etkümig adj. *hektisch, schwindsüchtig, hinfällig.*

etik f. *Hektik, Schwindsucht.*

etkum m. *Hitze, Eifer, Zorn, Eifersucht.*

etkumen v. *eifern, entbrennen.*

etlicher gestalt, weise adv. *in einer gewissen Gestalt, irgendwie.*

etlicher maße(n) adv. *einigermaßen.*

ette m. (obd.) *Vater, als Kinderwort.*

etter m. *Dorfzaun, -Bann.*

etwa adv. *irgendwo; einmal;* etwa — etwa einmal — *ein andermal.*

etwa hernach adv. *später einmal.*

etwa hin adv. *irgendwohin.*

etwan adv. *vorzeiten; bisweilen; endlich; vielleicht.*

etwar pron. *irgend jemand.*

etwen adv. *dann und wann.*

etwo adv. *irgendwo; ungefähr, ziemlich.*

eu(d)risch adj. *grimmig wie ein Auerochs.*

euers parts adv. *eurerseits.*

eufern v. *erhöhen.*

eufnen v. *mehren.*

eugen v. *vor Augen bringen, sehen lassen, zeigen;* s. eugen *offenbar werden.*

eul(n)er m. *Töpfer.*

s. eußern von *sich fernhalten, ausnehmen von;* eines dings *keinen Anteil nehmen an, entäußern.*

eußernung f. *Aufenthalt außerhalb.*

euterwel m. *Walfisch.*

ewiggült f. *ewige Rente.*

exaggeriren v. *übertreiben, aufbauschen.*

exempel n. *Vorbild; Beobachtung;* einen zum e. fürbilden *ihn als (abschreckendes) Beispiel darstellen.*

exemt adj. *von einer Gesetzgebung ausgenommen, verschont; frei, los.*

s. exhibiren v. *sich ausreden.*

eximiren v. *ausnehmen von einem Gesetz oder Verbot, ihn begünstigen.*

exorbitanz f. *Ungeheuerlichkeit.*

exorzismus m. *Teufelbeschwörung.*

xpektanz f. *Anwartschaft.*

expens(ion) f. *Auszahlung, Kosten.*

experienz f. *Erfahrung.*

experiment n. *erprobte Arznei.*

experimentler m. *versuchslustiger Arzt.*

extanz f. *Schuld, Außenstände* (mlat. extantia).

extravaganten plur. *eine Gruppe der Dekretalen.*

ezen v. *essen machen, füttern; beißen machen.*

F. V.

fabrik f. *Herstellung, Herstellungsart.*

fach n. *Riß, Trennung, Loch; Fenster; Falle für Fisch und Vogel; Flußwehr; Flächenmaß für Acker und Rebland; Spalte.*

fachs m. *Haupthaar.*
fachzan m. *Fangzahn.*
fadem m. *Maß der ausgestreckten Arme.*
fademrecht adj. *senkrecht, schnurgerade.*
fademrecht n. *Recht des Ehegatten;* sein f. machen *die Gattin beschlafen.*
fademschein adj. *fadenscheinig.*
fagiren v. *umherschweifen.*
vagirer m. *fahrender Schüler.*
fahen v. *fangen; empfangen; erfassen; auffangen.*
fahung f. (alem.) *Gefangennahme.*
fakaune f. *leichtes Feldgeschütz.*
faktion f. *Machart; Partei(ung).*
faktor m. *Geschäftsführer.*
faktorei f. *Agenturgeschäft.*
fal m. *Fallen, Fallsucht; Zufall, Glücksfall, Glück; Tod; Abgabe beim Tod eines Leibeigenen;* großer f. *Hauptrecht (s. d.).*
valant m. *Teufel.*
falbel m. (westmd.) *Kerl.*
falbel n. *fallendes Uebel, Epilepsie.*
falbhengst m. *fahles Pferd; Betrug (nach dem fahlen Pferd Off. 6, 8, dem die Hölle folgt);* einen auf e. falen pferde finden *ihn bei einer Verkehrtheit ertappen;* den f. h. streichen *schmeicheln.*
falchana, falkana f., falkanet n.; falkelan m., falkenet n., falkon m., falkona f., falkonet(lein) n. *(leichtes) Feldgeschütz.*
valete n. *Endstück, Abschied, Abschiedsmahl.*
falgen v. *den Boden lockern, das Brachfeld im Sommer umpflügen.*
fal haben v. *Gelegenheit finden.*
falke m. *Feldgeschütz.*
falkenbeiß f. *Vogeljagd.*
falkonirer m. *Falkner.*
fallazie f. *Betrug.*
fallen v. *aus-, bei-, ein-, verfallen, (als Abgabe) zufallen;* auf etw. f. sich daran klammern; zu einem f. zu seiner Partei übergehen; ab, von dem pferd, schif f. sich sinken lassen, ab-, aussteigen; f. von etw. davon ablassen.

fallen n. *Sturz.*
fallend übel, we n. *Fallsucht; Hauskreuz.*
falsch m. *Falschheit; trügerische Handlung; Falschmünzerei.*
falscher gedanke m. *Hintergedanke.*
falte m. *Runzel.*
faltenstreicher m. *Schmeichler.*
falter n. *Falltor, -brücke.*
falubel n. *Epilepsie.*
falzeug n. *Strickleiter.*
falzig adj. *verächtlich.*
famosliedlein n. *Spottgedicht.*
fan m. *Fahne; auch Abzeichen des erfolgreichen Schützen.*
van adv. praep. (bair. els.) *von.*
fanatisch adj. *religiös schwärmerisch.*
fangen v. *auch auffangen.*
fanknus f. *Gefangenschaft.*
fantasei f. *Tollheit.*
fantasiren v. *scherzen.*
fantast m. *Narr, Schwärmer, Irrsinniger.*
fantestisch adj. *albern.*
far f. *Gefahr, Nachteil, Risiko, Unsicherheit;* in f. sezen *als gefährlich bezeichnen;* in f. sten *drohend bevorstehen;* die f. sten *darauf gefaßt sein;* seine f. wagen *die Verantwortung auf sich nehmen.*
far n. *Fähre.*
far adj. *farbig.*
var adv. *(zu)vor.*
farbe f. *Schein, Scheingrund, Beschönigung; Kennzeichen.*
farch n. *Ferkel.*
farchmutter f. *Sau.*
fardel m. n. *Bündel, Warenballen* (ital. fardello).
fare f. *Fahrgleis.*
faren v. *sich bewegen, benehmen, verfahren; zufahren;* f. über etw. *sich darüber erheben;* schon f. *sich mäßigen;* f. mit jem. *verfahren, umgehen mit.*
faren(d) gut n., farende hab f. *Mobiliarbesitz, Eigentum, Dinge.*
farlos adj. *fahrlässig.*
farlose f. *Fahrlässigkeit.*
farre m. *Stier.*
fart f. *(Kriegs-)Zug; Weg; Fähr-*

te; ein f. *einmal;* auf der fert
alsbald.
farwe f. *Farbe; unwahrer Schein.*
fasant m. *Fasan.*
fase m. *Fädchen.*
fasel m. *Zuchttier, Nachzucht.*
faseln v. *gedeihen.*
fas(e)nacht f. *Dienstag nach Esto-*
mihi, vor Aschermittwoch; mas-
kierte Person, lüderliches Frau-
enzimmer.
fasethan m. *Fasan.*
fasnacht f. *Fastnacht;* alte f. *Sonn-*
tag Invocavit; rechte f. *Ascher-*
mittwoch.
fasnachtbutz m. *Maske, Narr.*
fasnachthun n. *Abgabe des Leib-*
eigenen.
faßdauge f. *Daube.*
fassen v. *begreifen, einbeziehen, fes-*
seln; verfassen; für s. f. *sich vor-*
stellen.
faßhan m. *Fasan.*
fast 2. sg. praes. *fassest.*
fast adv. *gar, sehr, völlig; stark,*
bieder; genau genommen; bei-
nahe; ungefähr; als f. *so sehr;*
nit f. *nicht eben;* f. *gar ganz*
und gar; f. ser *gar sehr;* f. übel
sehr übel; f. wol *recht wohl.*
fast(e)ler m. *Fastender.*
fatalisch adj. *verhängnisvoll.*
vaterwe n. *Kolik.*
faud m. *Vogt.*
faul adj. *verfaulend, vereitert;*
übel, nichtswürdig, hinfällig,
schlecht, nicht stichhaltig.
faulbet n. *Kanapee.*
faule fische plur. *Flausen.*
faulen v. *auch faul sein, müßig*
gehen.
faulenzen v. *nach faulem riechen,*
schmecken; müßig gehen.
faulfresser m. *fauler und gefräßi-*
ger Mensch.
faulfressig adj. *faul und gefräßig.*
faulregen m. *Mehltau.*
faulung f. *Fäulnis.*
faulwitz m. *Vielgeschäftigkeit.*
faum m. (md.) *Schaum.*
faustrichter m. *Scharfrichter.*
faut m. *Vogt.*

fazbosse m. *Neckerei.*
fazbuch n. *Schwanksammlung.*
fazen v. *zum besten haben.*
fazenet(lein) n. *Gesichts-, Taschen-*
tuch.
fazerei f. *Gespött.*
fazetie f. *Posse.*
fazilet n. *Taschentuch* (lat. fasci-
ola).
vaziliren v. *(in einer Aussage)*
schwanken.
fazman m. *Hanswurst.*
fazwerk, -wort n. *Spötterei.*
feber n. f. *Fieber.*
fech adj. *bunt.*
fech n. *buntes Pelzwerk, Hermelin.*
fech n. (obd.) *Vieh.*
fechd, feche f. *Fehde.*
fechel m. *Sonnenschleier, Streifen,*
Binde.
fechen v. *anfeinden, verfolgen.*
fechst 2. sg. praes. ind. *fängst.*
fecht f. *Fehde.*
fecht 3. sg. praes. ind. *fängt.*
fechten v. *auch sich eifrig begeben;*
im Wortkampf behaupten, da-
gegensprechen.
fechtschul f. *Gymnasium.*
fechung f. *Messung.*
fechwerk n. *Pelzwerk.*
feckel n. *Ferkel.*
fedbrief m. *Kriegserklärung.*
fedemle n. (schweiz.) *Girlitz, die*
Finkenart Fringilla serinus.
federhans m. *prahlender Kriegs-*
mann.
federklauben v. *sich angenehm ma-*
chen.
federklauber m. *der dem andern*
die Federn abliest, Schmeichler.
federspizer m. *Schreiberseele.*
federwat f. (obd.) *Bettzeug.*
federweiß n. *Asbest; Alaun.*
fedmen v. *einfädeln.*
feen v. *durchsieben.*
fefe m. *Teufel.*
fegen v. *auch verbessern; reinigen,*
(den Leib) purgieren.
feget(e) f. *Kehricht.*
fegetkar n. *Kehrichteimer.*
fegsele f. *Seele im Fegfeuer.*
veh n. *Vieh.*

fehe(de) f. *Fehde.*
fehelich adj. *außer Gefahr, sicher.*
fehikeit f. *Fassungskraft, Inhalt.*
fei f. *Fee.*
feibel, feifel m. f. *Drüsenentzündung bei Roß und Rind.*
feiel f. *Feile.*
fei(e)l m. *Veilchen.*
fei(e)lbraun adj. *violett.*
fei(e)lfarb adj. *violett.*
feierabend m. *auch Vorabend eines Festes.*
feifalter m. *Schmetterling.*
feifel f. *Drüsenschwellung der Pferde; Sucht (in Verwünschungen).*
feig adj. *zum Untergang bestimmt, unselig; des Untergangs wert, nichtswürdig, frech; todesbang, furchtsam, schüchtern;* (bergm.) *hinfällig.*
feigblater f. *Hämorrhoide.*
feigdressel n. *Knäkente.*
feige f., *welsche feige verächtliche Handgebärde, der Daumen zwischen Zeige- und Mittelfinger durchgesteckt* (ital. fica).
feigen v. *feig* (s. da) *machen.*
feigensack m. *Krämerseele.*
feigopfer n. *Sühnopfer.*
feigwarze f. *Condylom, Gewächs an Mensch und Pferd, Hämorrhoiden.*
feihel s. feiel.
feiin f. *Fee.*
feil m. *Fehler, Irrtum, Gebrechen;* einen f. geberen *Fehlgeburt machen.*
feilat f. *Veilchen* (lat. violata).
feilban m. *ungerecht verhängter Kirchenbann.*
feile f. *Bestechlichkeit.*
feilen v. (bair.) *feilschen.*
feilen v. *fehlen, nicht zutreffen, (sich) täuschen, fehlgreifen, irren; hapern, mißlingen, in fehlerhaftem Zustand bleiben, unterbleiben; verderblich werden;* es kan nicht f. *es kann nicht ausbleiben.*
feiler m. *Fehler.*
feillauft m. *Fehlgang.*

feilschaft f. *Warenvorrat.*
feilsen v. *handeln.*
feiltreger m. *Verräter.*
feilwurz f. *Veilchenwurzel.*
feim m. *Schaum.*
feimer m. *Femrichter.*
feimig adj. *schaumig.*
feinanzen v. *betrügen.*
feinanzer m. *Wucherer, Betrüger.*
feinden v. *anfeinden.*
feindlich adj. *grausam, mörderlich; widerlich, unleidlich.*
feindsbrief m. *Fehdebrief.*
feindselig adj. *hassenswert, böse, unleidlich, ärgerlich.*
feine f. *Feingehalt (einer Münze).*
feinin f. *Fee.*
feiol s. feiel.
feiren v. intr. *ruhen;* trans. *jem. ehren, preisen.*
feislen v. *feist werden.*
feist n., feiste f. *Fett(igkeit).*
feisten v. *einen Bauchwind gehen lassen.*
feistigen v. *mästen.*
feistikeit f. *Fettigkeit.*
fel m. *Mangel, Beanstandung, Einwand.*
felbe(r) m. *Weidenbaum.*
felbi(n)ger m. *Weidenbaum.*
zu felde adv. *im Kriege.*
feldechter m. *Feldgeschworener.*
feldflüchtig adj. *kampfscheu.*
feldglocke f. *Galgen.*
feldmarschalk m. *Reitergeneral.*
feldoberst m. *Heerführer.*
feldrecke f. *aufs Feld fliegende Haustaube.*
feldscher m. *(Kriegs-)Chirurg.*
feldsicherheit f. *Gelöbnis eines Ueberwundenen, gehorsam zu sein.*
feldsiech adj. *aussätzig.*
feldstreit m. *Schlacht.*
feldteufel m. *Elbe, Kobold, Winkelheiliger.*
feldung f. *Feld (eines Schachbretts).*
feldweider m. *Abdecker.*
feldweidman m. *Abdecker.*
on felen adv. *unfehlbar.*
feler m. *auch: Fehlschuß, Niete.*
felge f. *Krummholz im Radkranz;*

überstehendes Ende der Dauben im Faß.

felig adj. *strafbar.*

feling f. (rotw.) *Krämerei.*

fellen v. *niederwerfen;* einen ins feur f. *ihn dem Feuer überliefern.*

felles n. *Felleisen.*

fellig adj. *hinfällig; rückfällig;* f. machen *zu Fall bringen.*

felris m. (obd.) *die Pflanze Löwenzahn.*

felschlein plur. (els.) *Haken zum Niederreißen verkohlter Balken bei Bränden.*

felschlich adv. *heimtückisch.*

felstar m. *(Feld-)Staar.*

feltlen v. *in Fallen legen.*

fenanz f. *Wucherkniff, List, Betrug.*

fende m. *Bauer im Schachspiel.*

fen(d)lein n. *Bataillon.*

Venediger süplein n. *Gift.*

venie f. *(kirchlicher) Dispens.*

fenigrek n. *Bockshornklee, als Vogelfutter und Arznei* (lat. foenum graecum).

fenn f. *Hündin.*

fenner m. (schweiz.) *Fähnrich, Viertelsmeister; Beirat der Regierung in Militärsachen.*

fenstern v. (bair.) *die Geliebte am Fenster und durchs Fenster besuchen.*

ventos f. *Schröpfkopf.*

Venusseil n. *Narrheit, Drang und Sünde der sinnlichen Liebe;* am V. ziehen *liebestoll sein.*

Venusstern m. *der Planet Venus, Pol der Liebe.*

fenzig adj. *wie ein Fant.*

ver proklitisch verkürzt aus *Frau.*

fer adv. *voriges Jahr.*

fer adv. *fern.*

veracht m. *Verachtung.*

verachten v. (jurist.) *Ladung oder Termin versäumen, Gerichtshof oder Eid ablehnen; geringschätzen; verächtlich sprechen.*

veralten v. *alt, hart werden, verknöchern.*

veranerin f. (rotw.) *Jüdin, die vorgibt getauft zu sein.*

veranlaßt sein auf jem. v. *auf ihn als Mittelsperson verwiesen sein.*

verantworten v. *auch beantworten.*

verargen v. *verleumden, anklagen.*

verargwonen v. *beargwöhnen;* verargwen(ig)t *verdächtig.*

verarz(e)nen v. *für Arzt und Arznei ausgeben.*

verbafeln v. *verderben.*

verbankiren v. *im Glücksspiel vertun.*

verbannen v. *in den Bann tun;* ein gericht v. *es bei Strafandrohung befrieden;* s. v. *sich unter Selbstverwünschung verpflichten.*

s. verbauen v. *sich verschanzen.*

verbehalten v. *verborgen halten.*

verbeinen v. *mit Knochen oder Horn belegen.*

verbeißen v. *etwas über sich ergehen lassen;* einem etw. v. *es ihm zu gute halten.*

verbeist adj. *erpicht.*

ferben v. (rotw.) *fälschen.*

verbergens machen v. *Versteck spielen.*

verbetschiren v. *mit Petschaft zusiegeln.*

verbichen v. *verläumden.*

verbicht adj. *versessen auf.*

verbilden v. *mit Bildern ausstatten.*

erbicken v. *verkleben.*

verbieten v. *auch mit Beschlag belegen.*

s. verbilden v. *seine Gestalt ändern.*

verbilwizen v. *zerzotteln.*

verbinden v. *auch umstricken, erdrosseln.*

verbitten v. *jem. losbitten, für ihn Verzeihung erwirken.*

verblasen v. *ausschnaufen.*

verbleiben v. *unterbleiben.*

verbleichen v. *bedeutungslos werden.*

verbletern v. *(ein Kartenspiel) verderben.*

verblümen v. *bemänteln, ausschmücken.*

verbögen v. *vermummen.*

verbördeln v. *verbrämen, mit Borten überladen.*

verbösren v. *verschlechtern.*

verboten v. *durch Boten vorladen.*
verbrechen v. *übertreten;* s. v. *den Kopf zerbrechen.*
s. verbrennen v. *sich (geschlechtlich) anstecken; sich eine Niederlage holen.*
verbrent recht n. *kanonisches Recht* (decremata *statt* decreta).
verbringen v. *ausführen, vollbringen, vollenden;* ein spil v. *es aufführen.*
verbündnis n. *Verlobung; Vertrag.*
verbündung f. *Neid.*
verbünnen v. *mißgönnen.*
verbunst f. *Neid.*
verbünstig adj. *mißgünstig.*
s. verburgern v. *Bürger werden;* verburgert *bürgerlich niedergelassen.*
verbürnen v. *verbrennen.*
verbusen v. *durchbringen.*
verbutschiren v. *mit Petschaft versiegeln.*
verbuzen v. *vermummen.*
ferbwurz f. *Krapp,* Rubia tinctorum.
ferch n. *Mutterleib, Leib, Leben, Innerstes.*
ferchader f. *Herzarterie.*
ferch(e) f. *Eiche; Rotkiefer.*
ferd s. fernt.
verdacht adj. part. *besonnen; verdächtig.*
verdank m. *Bedenkzeit, Aufschub; Bedenken, Ueberlegung, Beratung.*
verdechten v. *verdächtigen.*
verdeckt adj. part. *heimlich, verborgen.*
verdeien v. *verdauen.*
verdelben v. *vergraben.*
verdemmen v. *verprassen.*
verdempfen v. *zum Schwinden bringen, ersticken, vernichten.*
verdenblut, -lung *als Beteuerung:* sanguis, pulmo verendus.
verdenken v. trans. *im Verdacht haben; überdenken;* intrans. *zurückdenken.*
verderblich adj. *schnellem Verderben ausgesetzt.*
verderren v. *dürr machen, vernichten.*

verdet 1. 3. sg. praet. *vertat.*
verdeumeln v. *auf die Seite bringen.*
verdeutschen v. *auch deutlich machen.*
verdienen v. *auch sich erkenntlich zeigen, dankbar entgelten; verschulden;* s. v. *um sich verdient machen um.*
verdienen n. *Verdienst.*
verdienlich adj. *verdienstlich.*
ferdig adj. *vorjährig.*
verdingen v. *verbinden, verpflichten.*
verdingwerch n. *Akkordarbeit.*
verdinsen v. (oberhess.) *verschleppen, verzetteln.*
verdrehen v. *durch Zauberei verwandeln.*
zu verdrieß adv. *zum Trotz, zu Leid.*
verdrießlich adj. *Aergernis erregend, ekelhaft, langweilig.*
ferd(r)ig adj. *vorjährig.*
verdrossen adj. part. *überdrüssig.*
verdrucken v. *unterdrücken, herabdrücken.*
verdrüssig adj. *überdrüssig.*
verduchen v. *verfluchen.*
verdulden v. *erleiden; erlauben.*
verdüschen v. *zum Schweigen, Aufhören bringen.*
verechter comp. *verachteter.*
verein(ig)en v. *in Einklang bringen; identifizieren.*
vereinigung f. *Uebereinkunft, Kartell.*
s. verendern v. *auch (wieder) heiraten.*
ferent s. fernt.
vereren, einen mit etw. *beschenken.*
vererung f. *Ehrengabe, Honorar, (Geld-)Geschenk.*
verezen v. *verfüttern, aufbrauchen.*
verfahen v. *zugestehen;* s. *eines dinges* verfahen *etw. unternehmen;* part. verfangen *festgelegt, verpfändet.*
verfallen v. *in Kraft treten;* s. v. *sich zu Tod stürzen;* v. sein *Geldstrafe schulden.*
verfanglich adj. *wirksam.*
verfaren v. *falsch, gegen ein Hin-*

dernis fahren; zugrunde gehen,
sterben; vorgehen, sich begeben.

verfarlich adj. *tückisch.*

verfarung f. *Gefährdung.*

verfassen v. *binden, umstricken,*
einschränken, definieren, zahlen-
mäßig festlegen, zusammenfassen.

verfaßt sein v. *in (einer) Verfas-*
sung sein, versehen, bereit sein.

verfaulwizen v. *verwahrlosen.*

verfechten v. *verteidigen;* s. v. *sich*
wehren.

verfellen v. *zu Fall bringen;* s. v.
sich durch einen Verhau sichern.

verfenklich adj. *das, was verfängt.*
wirksam, nachhaltig; nützlich;
bedeutend.

verferlich adj. *schrecklich.*

verfestung f. *Landesverweisung.*

verflözen v. *überschwemmen.*

verfolgen v. *auch aushändigen.*

s. **verformen** v. *sich verwandeln.*

verforteilen v. *übervorteilen.*

verfürnis f. *Verirrung.*

verfürwizen v. *seinen Vorwitz aus-*
toben.

vergaderung f. *Versammlung, Auf-*
ruhr.

vergalstern v. *verhexen.*

vergan 3. sg. praes. ind. *gönnt.*

vergangen werden v. *übergangen,*
beiseite geschoben werden.

verganten v. (obd.) *versteigern.*

s. **vergatten** v. *sich als Gatten zu-*
sammentun.

vergaugeln v. *verzaubern.*

vergaumen v. *warnen.*

vergeben adv. *ohne Entgelt; ohne*
Grund.

vergeben v. *vergiften; hingeben;*
verheiraten.

vergeb(en)lich adv. *zwecklos;* à fonds
perdu.

vergeben(s) adv. *umsonst, ohne*
Grund.

vergebner ding adv. *aufs Ungewisse.*

vergebung f. *Vergiftung.*

vergechen v. *übereilen.*

vergehung f. *Verlauf.*

vergeleiten v. *begleiten.*

vergelten v. *bezahlen.*

vergemaligen v. *verheiraten.*

fergen s. *fertigen.*

vergen v. *umkommen; eines dinges*
v. es los werden; s. v. *sich ver-*
irren.

vergeren part. *ausgegoren.*

in vergeß stellen v. *in Vergessen-*
heit bringen, geraten.

vergewalten v. *zwingen.*

vergewissen v. *versichern.*

vergicht 3. sg. praes. *zu* verjehen.

vergicht f. *Aussage (vor Gericht);*
Protokoll; Urteil.

vergicht n. *Gicht.*

vergift adj. part. *giftig.*

vergift m. *Gift.*

s. **verglafen** v. *sich vergaffen an.*

verglasen v. *beschönigen.*

vergleichen v. (alem.) *gleichkom-*
men; (bair.) *gleich machen;*
(ostmd.) *gleichstellen mit, in*
Einklang bringen.

vergleichung f. *Verabredung, Aus-*
gleich.

vergleisnen v. *wegheucheln.*

verglesern v. *mit Glasur schützen.*

verglosen v. *glossieren.*

vergnügen v. *entschädigen, befrie-*
digen.

vergnügt adj. part. *zufrieden.*

vergönstig adj. *mißgünstig.*

vergraben v. *begraben; mit Still-*
schweigen bedecken.

vergreifen v. *begreifen, umschlie-*
ßen; entwerfen, vereinbaren.

vergriff m. *Zusammenfassung, Ab-*
fassung.

vergriffen adj. part. *inbegriffen.*

vergrifflich adj. *anzüglich.*

vergucken v. *sein Geld im Bergbau*
verspekulieren.

fergung s. *fertigung.*

vergünnen v. *erlauben; mißgönnen;*
s. v. *sich in Ungunst bringen.*

vergünnung f. *Erlaubnis.*

vergunst f. *Erlaubnis; Mißgunst.*

vergünsten in v. *einwilligen.*

vergunstig adj. *mißgünstig.*

vergut adv. *vorlieb; vergut nemen,*
halten, haben nicht übelnehmen,
fürlieb nehmen.

vergwiss(ig)en v. *vergewissern.*

verhadern v. *verprozessieren.*

verhalten v. trans. *zurückhalten,
vorenthalten, verhehlen;* intr. *anhalten;* s. v. *sich verbergen.*
verhandlung f. *auch Missetat.*
verharren v. *zögern.*
verharten v. *hart werden.*
verhauen v. *verwunden;* s. v. *sich
verschanzen.*
verheben v. (alem.) *verhindern; zuhalten.*
verheblen v. (schweiz.) *durchsäuern.*
verheften v. *mit Beschlag belegen.*
verheftlen v. *verhaften, in Haft
geben.*
verhegen v. *ein Werk üben.*
verheien v. *schänden; beschimpfen;*
verheit *schändlich; ergrimmt;
verflucht.*
verheischen n., verheiß m. *Versprechen.*
verhelen v. *heimlich bringen;* s. v.
sich einschleichen.
verhelligen v. *zerstören.*
verhellung f. *Zustimmung.*
verhengen v. *(die Zügel) hängen
lassen, nachsichtig sein, bewilligen, nachlassen.*
verhengnus n. f. *Nachlässigkeit;
Gunst, Zulassung; Konzession,
Duldung, Erlaubnis.*
verhergen v. *verheeren, verderben.*
s. verherren v. *sich verdingen, in
Herrendienst gehen, leibeigen
werden.*
verheuren v. *verheiraten.*
s. verhindern v. *sich verspäten, zu-
rückbleiben.*
verhinlessigen v. *vernachlässigen.*
verhoben sein v. *überhoben sein.*
verholfen sein v. *behilflich sein.*
verholn adv. *heimlich.*
verhönen v. *auch zu Schanden
machen.*
verhören v. *anhören; überhören,
nachsichtig sein.*
verhügen v. *mißachten.*
verhümplen v. *als schlecht ver-
ketzern; verpfuschen.*
feri f. (alem.) *Ferne.*
ferig adj. *fertig.*
verjazen v. *zustimmen.*

verjecht f. *Bekenntnis.*
verjehen v. *bekennen, verkündigen;*
s. v. *sich (für besiegt) erklären.*
verjesen v. *gären lassen.*
verjeuchen v. *verjagen.*
verjohen v. *bejahen.*
verjonen v. (rotw.) *verspielen.*
verirren v. *irreführen.*
verkadern v. *verzaubern.*
verkamen v. *(modernd) absterben;*
verkamt *niedergedrückt.*
verkaufen v. *auch loskaufen;* einem
etwas v. *es ihm aufschwatzen.*
verkeideln v. *verkeilen.*
ferken v. *fertigen, expedieren.*
verkeren v. *abändern, entstellen,
verdrehen, verschlechtern, fälschen;* die kleider v. *sich verkleiden;* s. v. *sich wandeln.*
verkerer m. *Verführer.*
verkert part. *unpassend.*
verke(u)fler m. *Zwischenhändler.*
verkimern v. (rotw.) *verkaufen.*
verklaffen v. *verschwätzen.*
verklagen v. *verschmerzen.*
verklapren v. *ins Gerede bringen.*
verklecken v. *verschmieren.*
verkleiben v. *verkleben.*
s. verkleiden v. *sein Geld an Kleider
hängen.*
verkleinerlich adj. *ehrenrührig.*
verkleinfügen v. *herabsetzen.*
verkleren v. *erklären;* einen v. *ihn
hinstellen als;* s. v. *sich deutlich
ausdrücken.*
verklerung f. *Erklärung.*
verklugen v. *beschönigen, ver-
tuschen.*
s. verklügen v. *den Ueberklugen
spielen.*
s. verknipfen v. *sich (im Fangnetz)
verfitzen, fest binden, verpflichten.*
verködern v. *mit Lappen verzieren.*
verkomen v. *zuvorkommen, verhüten; mit jem. auskommen.*
verkomnus f. *Uebereinkommen.*
verkosten v. *verköstigen.*
verkriegen v. *durch Krieg verbrauchen.*
verkümern v. *mit Beschlag belegen,
sperren; verpfänden, versetzen;*
(rotw.) *verkaufen.*

verkunden v. *auskundschaften.*

einem verkünden v. *ihn (vor Gericht) laden.*

verkundschaften v. *ausspähen, melden.*

s. verkürzen v. *sich in Unkosten stürzen.*

verlassen swv. *vernachlässigen.*

verlassen stv. *hinterlassen; unterlassen, verabsäumen, auslassen; vereinbaren; erlassen.*

verlassen adj. part. *ausgelassen, frech.*

verlassen n. *Verlassenheit.*

verlassenschaft f. *Nachlaß.*

verlaufen v. *sich zutragen; sich herumtreiben; von jem. v. ihm untreu werden; (aus dem Kloster) entweichen.*

verlaufen part. *entwichen, hergelaufen, unnütz.*

verlaugen v. *verleugnen, abweisen; verleumden.*

verlebt adj. part. *abgelebt.*

verlechen v. *verdursten; austrocknen.*

verleckern v. *weichlich machen.*

verlegen v. *versperren, abschneiden; widerlegen; (Kosten) auslegen.*

verlegen adj. part. *durch Liegen verdorben, verjährt; unfähig, ermüdet; verlegne war f. Ladenhüter.*

verleger m. *gewerblicher Unternehmer.*

verlegung f. *Widerlegung, Beseitigung.*

verleiben stv. *bleiben.*

verleiben swv. *sich einverleiben, vereinigen; hinterlassen.*

verleidigen v. *mißliebig machen.*

ferlein n. *Ferkel.*

verleiten v. *auch geleiten.*

verlemmern v. *(Geld) verjubeln.*

ferlen v. *Ferkel werfen.*

verlengen v. *ausdehnen, hinausschieben.*

verleren v. *auslernen.*

verleust 2. sg. praes. ind. *verlierst.*

verleuten v. *einen unter Glockengeläut in den Bann tun.*

ferlich adj. *gefährlich, unzuverlässig, mit Risiko.*

verliden part. *vergangen (von der Zeit).*

verlieb adv. *vorlieb.*

verliechen v. *ausraufen (vom Hanf).*

verliedern v. *verabsäumen, herunterbringen.*

verliegen v. *verleumden.*

verlieren v. *auch vermissen.*

verliesen v. *verlieren.*

verligen v. *durch langes Liegen unscheinbar werden, verderben, erlahmen.*

verlippen v. *vergiften.*

verloben v. *abschwören; zu Ende loben.*

verloffer m. *Deserteur.*

verlogen part. *lügnerisch.*

verloren hauf m. *vorgeschobene Truppe in der Schlacht.*

verluderer m. *Prasser.*

verlunschen v. *(rotw.) verstehen.*

verlur 1. 3. sg. praet. conj. *verlöre.*

verlurst m. *Verlust.*

vermachen v. *versperren.*

vermaßgen v. *beflecken.*

vermaucheln v. *heimlich durchbringen.*

vermechlen, vermeheln v. *vermählen.*

vermeiligen v. *beflecken.*

vermeint adj. part. *angeblich, vermeintlich.*

fermel f. (md.) *Firmelung.*

vermelden v. *verraten.*

fermeln v. (md.) *firmeln.*

vermenkeln v. *vermischen.*

vermenschung f. *Menschwerdung.*

vermeren v. *verraten, ins Gerede bringen.*

vermerklen, -tlen v. *heimlich zu Markte bringen, in kleinen Posten verkaufen.*

s. vermessen eines dings v. *es auf sich nehmen.*

vermessenheit f. *Unverschämtheit.*

vermissen v. *nicht treffen.*

vermiten part. *vermieden.*

vermögen v. *verfügen können, im Besitz haben; die Kraft haben; bewirken können; (von Worten.) bedeuten; mein v. soviel ich kann.*

vermögenlicheit f. *Arbeitsfähigkeit.*
vermolen v. *beschönigen.*
vermonen v. (rotw.) *betrügen.*
vermössen v. *in Morast und Moder verkommen.*
vermüglich adj. *kräftig, (arbeits-) fähig.*
vermuschiren v. *verhehlen.*
vermuslen v. *zu Mus werden, urspr. von Obst und Beeren.*
vermütlich adj. *wahrscheinlich.*
vermutwillen v. *mutwillig durchbringen.*
vern adv. *voriges Jahr, früher.*
vernamt adj. part. *berühmt.*
vernarren v. *närrisch, unnütz vertun.*
verneinen v. *ableugnen; unterbinden.*
vernemen v. *verstehen, wahrnehmen; (wol)* v. *(richtig) auffassen.*
vernemlich adj. *verständlich.*
vernetscher s. *vernez.*
verneuen v. *erneuern, in neuem Sinn verwenden, neu anfangen.*
verneugern(en) v. (alem.) *die Lust an etw. büßen, verlieren.*
verneuten v. (alem.) *als nichtig hinstellen, zunichte machen.*
vernez m. *Wein aus Vernazza in Italien.*
vernichten v. *auch tadeln.*
vernichtigen v. *für ungültig erklären.*
verniegen s. *vernügen.*
vernieten v. *ausüben.*
fernig adj. *vorjährig;* adv. *voriges Jahr, früher.*
vernim imp. *nämlich, das heißt* (lat. *scilicet*).
vernon part. (alem.) *vernommen.*
fern(t) adv. *voriges Jahr, früher; heuer als fernt jahraus jahrein.*
vernuft, -nunst m. f. *Vernunft, Wissen(schaft).*
vernuftig adj. *vernünftig.*
vernügen v. *begnügen; entschädigen, zufriedenstellen.*
vernügen n. *Befriedigung, Genüge.*
vernügung f. *Befriedigung, Zahlung.*
vernünfte plur. *Vernunftgründe.*

fernus adv. *von fern.*
vernütigen v. (alem.) *zunichte machen.*
verösen v. *verwahrlosen.*
verpen(ig)en v. *bei Strafe gebieten.*
verpflichten v. *auch verkuppeln.*
verpfründen v. *mit einer Pfründe ausstatten.*
verpfundzollen v. *nach Prozenten des Preises Waren verzollen.*
verpitschiren v. *versiegeln.*
verprachtiren v. *verjubeln.*
verquanten, -quenten, -quintern v. *vertauschen, verbergen.*
ferr adv. *fern, in die Ferne, weit fort; ein ferren schießen weit vom Ziel treffen.*
ferr adv. *fern.*
ferr f. *Ferne.*
ferrament n. *Eiseninstrument.*
verrechten v. *verprozessieren.*
verreden v. *abschwören;* s. v. *sich verschnappen.*
verreichen v. *verrauchen.*
verreiten stv. *ausreiten;* s. v. *in die Irre reiten.*
verreiten swv. *verrechnen.*
ferren v. *fern sein; entfernen, entfremden.*
verrennen v. *durch Rennen, Traben verlieren.*
verreren v. (alem.) *vergießen.*
verreter m. *der verderblichen Rat gibt.*
verreters adj. *verräterisch.*
verretschen v. (obd.) *ausplaudern.*
verrichten v. *auch aussöhnen, ausgleichen; absprechend beurteilen; (mit dem Abendmahl) versehen.*
verriechen v. *den Duft verlieren.*
verrören v. (alem.) *vergießen.*
verruchen v. *sich nicht kümmern.*
verruchte f. (schweiz.) *Ruchlosigkeit.*
verruchten v. *ins Gerede bringen.*
verrucken v. *fortschaffen;* s. v. *sich vergeben; verruckt fortgerückt.*
verruftig adj. *verrucht.*
verrümt adj. part. *bekannt.*
versagen v. *falsch sagen, verleumden; absagen; entsagen.*

versalzen v. *vergällen.*
versamlen, -mnen v. *(ver)sammeln;*
   kapitalisieren.
versamlung f. *Gemeinde.*
versaumen v. *benachteiligen.*
verschaffen v. *anordnen; testamen-*
   tarisch vermachen, zuteilen, zah-
   len; bewirken.
verschaffung f. *Befehl.*
s. verschalken v. *sich als Schalk be-*
   nehmen, sich schlecht bewähren.
verschalten v. *fortstoßen.*
verschazen v. *besteuern.*
fersche f. *Ferse.*
verschechern v. (rotw.) *vertrinken.*
verscheinden v. *zu Schanden machen.*
verscheinen v. *aus dem Gesichts-*
   kreis kommen, verblassen; von
   der Zeit: ablaufen; v. lassen eine
   Frist verstreichen lassen; verschi-
   ner jaren adv. vor Jahren.
verscheinung f. *Ablauf einer Frist.*
verschemparten v. *maskieren.*
verscheuen v. *verscheuchen.*
verschezen v. *falsch schätzen, ge-*
   ring achten, preisgeben.
verschiedung f. *Tod.*
verschienen adj. part. *vergangen*
   (von der Zeit).
verschießen v. *in den Bann tun*
   unter Wegschleudern von Lich-
   tern.
verschimpfen v. *verscherzen.*
verschlagen v. *durch Schlagen ab-*
   sperren; verschwinden lassen,
   verbergen; vergeuden; abschla-
   gen, verbieten; sich v. sich ver-
   stecken.
verschlahung f. *Untersagung;*
   Schließung.
verschleißen v. *zerreißen; s. v. zer-*
   rinnen.
verschlicken v. (md.) *verschlucken.*
verschlinden, -schlünden v. *ver-*
   schlingen.
verschmachen v. trans. *verschmä-*
   hen; intr. verächtlich erscheinen;
   mir verschmahet mich verdrießt.
verschmacht adj. part. *verächtlich.*
verschmehen v. *verächtlich machen.*
verschmizen v. *verschleudern.*
verschmoren v. *zugrunde gehen.*

verschmottert adj. *ausgezehrt.*
verschmücken v. *verbergen.*
verschneiden v. *kastrieren.*
s. verschnellen, -schnepfen v. *sich*
   voreilig versprechen.
verschnurft part. *verrunzelt.*
verschöchern v. (rotw.) *vertrinken.*
verscholt part. praet. *zu verschul-*
   den.
verschoppen v. *zustopfen.*
verschraubt werden v. *zusammen-*
   kommen.
verschreiben v. *auch verbieten;*
   aufzeichnen.
verschreiten v. *übergehen.*
verschroten v. *zerschneiden; ver-*
   schroten werk eingelegte Arbeit.
verschulden v. *eine Schuld abtra-*
   gen, vergelten; verdienen.
verschupfen v. *verächtlich behan-*
   deln, verstoßen.
verschütt n. *Verderben.*
verschwarzen v. *schwarz werden.*
verschwazen v. *verraten.*
verschweigen v. *auch zum Schwei-*
   gen bringen; s. v. seinen Na-
   men nicht nennen.
verschwelken v. *welk werden.*
verschwellen v. *versperren.*
verschweren v. *(den Treuschwur)*
   brechen.
verschwezen v. *denunzieren.*
verschwobelt adj. part. (hess.) *ver-*
   wirrt.
ferse f.: mit f. hinder sich hauen
   eilig fliehen.
versehen v. *Vorsorge treffen, ver-*
   ordnen; auserwählen; über-
   sehen, mißachten; einem das
   Abendmahl reichen; sich eines
   dings v. etwas erwarten, sich dar-
   auf gefaßt machen.
versehen adv. *unabsichtlich.*
versehenlich adv. *voraussichtlich.*
verseher m. *Versorger; Vikar.*
versehung f. (theol.) *Prädestination;*
   Versorgung, Vorsorge.
verseichen, -seigen, -seihen v. *ver-*
   siegen, versickern, vertrocknen.
verseideln v. *vertrinken.*
verseit part. *versagt.*
versenken v. (rotw.) *versetzen.*

fersenritter m. *Flüchtling.*
verseren v. *verwunden.*
verseumen v. *ungenutzt verstreichen lassen.*
versezen v. *falsch setzen, verführen; den Weg verlegen, einen Streich parieren; verdecken; als Pfand setzen; jem. in Nachteil bringen.*
versich m. *Berberitze, Sauerdorn.*
versichern v. *Sicherheit geben über, für.*
versiechen v. *durch Krankheit verlieren.*
versiglen v. *unter Verschluß halten, verhüllen.*
versizen v. *versäumen, unerledigt lassen;* s. v. *über die Zeit verweilen.*
versölden v. *bezahlen.*
versölen v. *in Schmutz verkommen.*
versömig adj. *nachlässig.*
versorg m. *Auslage.*
versorgen v. *verwahren.*
verspalen v. *ausspänen.*
verspeideln v. *mit Keilen festmachen, verschließen.*
verspeien v. *ausspucken; verspotten.*
verspeuzen v. *verspotten.*
verspildung f. *Verschwendung.*
s. verspilen v. *sich durch Spiel zugrunde richten.*
verspilt adj. part. *spielsüchtig.*
versporen v. *austrocknen; verschimmeln.*
versprach m. *Verruf.*
versprechen v. *auch Fürsprache tun verteidigen, entschuldigen; verdächtigen, in Verruf tun; vorwerfen;* s. v. *sich erbieten, anheischig machen; sich durch Versprechen binden; den Mund zu voll nehmen.*
versprechen n. *Rechtfertigung.*
verspreche(r) m. *Fürsprech, Verteidiger, Patron.*
versprecherin f. *Patronin.*
versprechnis f. *(Ehe-)Gelöbnis, Bürgschaft.*
versprossen v. *mit Sprossen zugänglich machen.*
verspruch m. *(Ehe-)Gelöbnis.*

verspürzen v. *spüren.*
verstalt adj. part. *verunstaltet; geschändet.*
verstand m. *Sinn, Bedeutung, Bewußtsein, Auffassung, Verständigung, Verständnis;* irriger v. *Mißverständnis;* mit dem v. *in dem Sinne;* es hat den v. *es bedeutet.*
verstanden adj. part. *verständig.*
verstechen v. *vertauschen.*
verstecken v. *auch zustopfen.*
s. versteigen v. *einen bedenklichen Irrweg einschlagen.*
versteinen v. *steinigen.*
versteln v. *unkenntlich machen, entstellen; (Blut) stillen;* s. v. *sich verstecken.*
versten v. *eine Stelle einnehmen; einen Weg verstellen; erkennen; unternehmen, versuchen; verfallen (von Pfändern).*
s. verstollen v. *sich verbergen.*
verstören v. *vernichten.*
verstoßen v. *verstecken.*
verstrecken v. *verlängern, ausdehnen; vollstrecken.*
verstreichen v. *auch beschönigen.*
verstricken v. *verhaften.*
verstrupfen v. (alem.) *verschmachten.*
versuchen v. *erfahren, untersuchen;* s. v. *sich prüfen.*
versucht adj. part. *erprobt.*
versuchung f. *Herausforderung.*
versupfen v. (obd.) *austrinken.*
fert s. *fernt.*
vertagen v. trans. *einem einen Termin bestimmen, ihn zu einer Sitzung laden.*
vertarraßen v. *mit Tuch (von Arras, s. rasch, tarris) verhüllen.*
ferte f. *Fahrt;* etliche ferten adv. *ein paarmal.*
vertedingen v. *durch Gerichtsspruch festsetzen, durch (gerichtlichen) Vergleich beilegen.*
verteilen v. *verurteilen.*
verteisamen v. *(durch Zusatz von Sauerteig) verderben.*
verteuen v. *verdauen.*
verteufen v. *versenken.*

verteuren v. *überteuern.*

verteutschen v. *deutlich machen.*

fertig adj. *fahrtbereit, bereit, rüstig, geläufig, geschickt.*

fertigen v. *zur Fahrt bereit machen, expedieren; fördern; bereit halten; entlassen, verabschieden; eine Leistung vollziehen.*

fertigung f. *Bereithaltung, Vollzug, Leistung.*

vertilenen v. *mit Brettern verschlagen.*

vertiren v. *übersetzen.*

verton adj. part. *verschwenderisch.*

vertören v. *toll werden.*

vertösen v. *zerstören.*

vertragbrief m. *Friedensurkunde.*

vertragen v. *Geld ausgeben; verschleppen; etwas hingehen lassen; gütlich beilegen, versöhnen; mit jem. auskommen; eines dinges vertragen sein überhoben sein; s. vertragen mit jem. Frieden schließen.*

vertrauen v. *auch zur Ehe geben; einem etwas zutrauen.*

vertrauen n. *Verschwiegenheit.*

vertraut adj. *vertrauensvoll.*

vertrechen v. *die Glut im Backofen auseinanderstören; part. vertrochen verstört.*

vertreglich adj. *erträglich.*

vertreiben v. *verkaufen, umsetzen; sein leben v. es erhalten.*

vertreten v. trans. *beschützen, Fürbitte einlegen; seine stat v. seinen Platz ausfüllen.*

vertreuen v. *trauen, antrauen.*

vertrib m. *Unruhe.*

fert(r)ig *s.* ferdrig, fernig.

vertrochen part. zu vertrechen.

vertrogen part. *betrügerisch.*

vertrösten v. *durch Gutsage begleichen.*

vertröstung f. *Gutsage.*

vertrück(n)en v. *austrocknen.*

vertüer m. *Verschwender.*

vertun v. *zu Ende tun, alles tun, sich ausgeben.*

vertünisch adj. *verschwenderisch.*

vertu(n)lich adj. *verschwenderisch.*

verübel haben v. *übelnehmen.*

verüben v. *zu Ende führen.*

veruntreuen v. *verraten.*

verursachen v. *bewegen, veranlassen.*

verwant adj. part. *untertan; verbunden.*

verwar adv. *fürwahr.*

verwaren v. *sicherstellen; abwehren; verhindern, einsperren; s. v. eines dinges sich wehren gegen.*

verwarten v. trans. *einem auflauern.*

verwaschen v. *ausplaudern; verleumden.*

verwaten v. *(im flachen Wasser) stecken bleiben.*

s. verwegen eines dinges v. *darauf verzichten; sich gefaßt machen auf.*

verwegen adj. part. *gleichgültig.*

verweisen v. *falsch weisen.*

verweisenlich adj. *tadelnswert.*

verwelen v. *verwirren (vom Haar), versehren.*

verwenden v. *abwenden, verdrehen; übertragen; part. verwent verkehrt.*

verwent adj. part. *vermeintlich.*

verweren v. *ablaufen, verjähren.*

verwerfen v. *zusammenwerfen; falsch werfen, abortieren vom Vieh; verschütten; mit Mörtel bewerfen, tünchen; verworfener tag Unglückstag.*

verwerren v. *beunruhigen.*

verwerrung f. *Umtriebe.*

verwesen v. *ersetzen.*

verwesung f. *Verwaltung.*

verwichen adj. *letztvergangen; adv. letzthin.*

verwidemen v. *stiften.*

verwiderung f. *Weigerung.*

verwirken v. *verschulden.*

verwönen v. *einem einen Wahn beibringen.*

mit jem. verwonet sein v. *gut mit ihm stehen.*

s. verwundren v. *sich zu Ende wundern.*

verwundrig adj. *neugierig.*

verwürken v. *verarbeiten.*

s. verwüsten v. *sich schmutzig machen.*

verzadlen v. *verzweifeln.*
verzag m. *das Verzagen.*
verzagen v. *im Kampf lässig werden.*
verzegen v. *verzagt machen.*
verzeihen v. *einem etwas abschlagen;* s. einer sache v. *darauf verzichten, ihrer verlustig gehen, sich darein finden.*
verzeihung f. *Verzichtleistung.*
verzelen v. *aufsagen, aufzählen.*
s. verzeren v. *seine Mittel verbrauchen;* verzert part. praet. *der (das Seine) verzehrt hat, abgebrannt.*
verzeten v. *zerstreuen, fallen lassen.*
verzeugt 3. sg. praes. *verzieht, zögert.*
verziehen v. *hinhalten, verzögern; hinausschieben, warten; (mit Seilen) versperren;* s. v. *sich in die Länge ziehen.*
verzigen part. praet. *s.* verzeihen.
verzilen v. *bestellen, bestimmen.*
verzucken v. *wegrauben.*
verzügig adj. *hinhaltend.*
s. verzumfen v. *sich zimperlich benehmen.*
verzweifelt part. *heillos.*
verzwicken v. (schweiz.) *verabreden.*
verzwumzen adj. *schüchtern.*
verzwunzen v. *zunichte machen.*
fese(n) m. *Getreidehülse; Dinkel; kornähnliche Maulkrankheit der Pferde, Schweine.*
feser m. (md.) *Rebzweig, Setzling.*
fesere(r) s. *visirer.*
vesper f. *Abendgottesdienst.*
vesperbild n. *Pietà.*
fesser f. *Fessel.*
fessig adj. *fassend.*
fest adj. *Prädikat des Ritters;* adv. *eifrig.*
feste f. *fester Ort, Festung;* euer f. *Anrede nam. des Ritters.*
festen(en) v. *befestigen, bestätigen.*
festenklich adv. *unverbrüchlich.*
festigung f. *(schriftliche) Bekräftigung, Urkunde.*
festnis f. *Festung.*
festung f. *auch Bestätigung.*

vetel f. *altes Weib* (lat. vetula).
veterlen v. *tun wie der Vater, ihm nachschlagen.*
s. vetern v. *dem Vater nachschlagen.*
fetich m. *Fittich.*
s. fetschen v. *sich packen.*
vetter m. *Vatersbruder; Brudersohn, Schwestersohn.*
feuchtbaum m., feuchte f. *Rottanne.*
feuchte f. *Feuchtigkeit.*
feuchten adj. *von Rottannenholz.*
feufel s. *feifel.*
feulen v. *mit Fäulnis anstecken.*
feur n. *Feuer, Fieber.*
feuren v. *(den Wein) erhitzen, um ihn haltbar zu machen.*
feurin adj. *feurig.*
feurneu adj. *funkelnagelneu.*
feurstein m. *Vulkan.*
feurwerk n. *Ballistik; Mischung zum Abbrennen; Brennstoff Feuerung.*
feurwerker m. *Sachverständiger für Ballistik.*
feusten v. *die Hände ballen.*
fewerk n. *Hermelinpelz.*
vexiren v. *zum besten haben.*
vexirlich adj. *spöttisch; ärgerlich, lästig.*
fezen v. (rotw.) *arbeiten.*
fibelist m. *Abc-Schütz.*
fich n. *Vieh.*
fichtlen v. *hastige Bewegungen machen.*
fichtreiber m. *Viehhändler.*
fiderling m. *Schwung, Stoß.*
fidern v. *mit Federn beschwingen; eine Rede, die nicht Kurs hat, dennoch auf die Bahn bringen: lügen.*
fidler m. *Geiger, Spielmann.*
fieber f. n. *auch Plagegeist.*
fieberkraut n. *Tausendgüldenkraut.*
fiebrig adj. *fieberhaft.*
fiegen v. *passen.*
viehmeister m. *Hirt.*
fierant m. *Meßbesucher.*
vierdopelt adj. *vierfältig.*
vierecket adj. *vierschrötig, klotzig.*
fieren v. *vierteilen.*
vierig adj. *vierfältig; viergeteilt.*

vierling m. *Viertelpfund; Viertel-*
pfennig; Viertelmetze; Viertel-
kreis.

vier tage plur. *die vier ersten Tage*
der Fastenzeit.

fierung f. *Quadrat, quadratischer*
Grundriß, die vier Hauptwände
eines Hauses; (bergm.) *Revier.*

vier wochen plur. *Seelmessen am*
30. Tag nach dem Todestag.

fifiz m. *Kiebitz.*

fifizköppel n. *Regenpfeifer.*

vigilg, vigili f. *Totenamt.*

figuriren v. *figürlich bezeichnen.*

vihzügel m. *Viehzucht.*

viktri(o)l n. *Vitriol.*

vilblümt adj. part. *vielverblümt*
wortreich ausgeschmückt.

vile f. *Menge.*

filein m. *Tölpel* (franz. vilain).

vilen v. *vermehren.*

vilfachig adj. *vielfältig.*

vilgeniet adj. part. *vielerfahren.*

vilheit f. *Masse.*

vil na(ch) adv. *beinahe.*

filosof m. *Gelehrter, Naturkundiger.*

filosofi f. *Gelehrsamkeit, Natur-*
kunde.

vilwörtig adj. *wortreich.*

filz m. *Mensch, der in Loden ge-*
kleidet ist wie die Bauern; Töl-
pel; Geizhals.

filzicht adj. *verworren.*

filzig adj. *bäurisch; geizig.*

finanz f. *Wucherkniff, List, Be-*
trug, Unterschleif; Kriegslist.

finanzen v. *Wucher treiben, be-*
trügen, Ränke spinnen.

finanzer m. *Wucherer, Betrüger.*

finanzerei f. *Betrug; Intrige.*

finanz(er)isch adj. *betrügerisch.*

findel f. (nürnb.) *Findelhaus.*

findelmiet f. (schwäb.) *Finderlohn.*

finden v., *etwas hinder eim: es in*
seinem Besitz feststellen; s. f.
sich ergeben.

fingerlein n. *Ring.*

fingerleindreher m. *Ringdrechsler.*

fingerler m. *Ringdreher;* -in f.
dessen Frau.

fingernacket adj. *splitternackt.*

fingerschnalz m. *Schneller, Schnips*
mit dem Finger.

fink m. *auch loser Gesell.*

finke m. (alem. schwäb.) *wollener*
Hausschuh (mlat. fico).

finkenstrich m. *Buhlgang.*

finnet adj. *finnig (vom Schwein).*

Finsinger m. *einer, der nicht wei-*
ter denkt als ein Bauer von Fün-
sing, Spießbürger, Kirchturm-
politiker.

finstere f. *Finsternis.*

finsterling(s) adv. *im Finstern.*

finster mette f. *Frühgottesdienst bei*
gelöschten Altarlichtern.

finstern v. *verfinstern.*

fintause f. *Schröpfkopf.*

firdling m. (rotw.) *Tisch.*

firlefenzen v. *Possen treiben.*

virling m. *Viertelpfund; Metze.*

firmen v. *fegen.*

firn adj. *vorjährig.*

viropfer n. *Kirchenopfer an den*
vier großen Kirchenfesten.

virtelmeister m. *Zunftobermeister.*

virtelsbüchs f. *Kartaune, Kanone,*
die einen Viertelzentner schießt.

firter adv. *fürder, weiter.*

fisch m. *umfaßt auch Muscheln,*
Schnecken, Krebse.

fischdrain m. *Tran.*

fischeln v. *nach Fisch riechen,*
schmecken.

fische(n)z f. (obd.) *Fischereigerech-*
tigkeit; Fischwasser (lat. piscatio).

fischer m. *spez. der Apostel Petrus.*

fischerlein n. (els.) *Zwergsee-*
schwalbe.

fischfeder f. *Flosse.*

fischkalter m. *Fischbehälter.*

fischknecht m. *Rohrweih.*

fischmenger m. *Fischhändler.*

fischor n. *Kieme.*

fischschmalz m. *Tran.*

fischzeug m. *Fischergerät.*

visigunk m. *Sonderling.*

visiren v. *künstlerisch entwerfen.*

visirer m. *Kontrollbeamter für Ent-*
richtung des Umgelds; amtlicher
Faßmesser.

visirlich adj. *ansehnlich; drollig;*
seltsam.

visirrut f. *Maßstab.*

visirung f. *Entwurf, Bauplan.*

visitaz f. *Kontrolle durch die Kirchenbehörde.*

visitiren v. *besuchen.*

·fiskal m. *Rechnungsbeamter einer geistlichen Behörde; gerichtlicher Vertreter der Staatskasse.*

viso(no)mei f. *Gesicht.*

fist m. *Bauchwind.*

vista f. *Sicht.*

fisterlin(g) n. m. *Flußuferläufer.*

fiteler m. *Geiger.*

viztum(b) m. *Statthalter.*

viztumbhandel m. *schwierigere Strafsache.*

flachsfink m. *Bluthänfling.*

flack adj. *schlaff.*

flacken v. *lodern.*

flad(en) m. *(Fest)Kuchen, bes. zu Ostern; dünner Strang; (schlimme) Geschichte.*

fladensegner, -weiher m. *Spottname der Bischöfe, vom Weihen des Ostergebäcks.*

flader m. (rotw.) *Bad(stube).*

fladerfezer m. (rotw.) *Bader.*

fladergeut s. pfladergeut.

flader(holz) n. *gemasertes Holz, Ahorn.*

fladern adj. *gemasert.*

flam m. *Flamme; Wimpel;* plur. auch: *Auswurf.*

flame m. *Flaum, weiche Wolle.*

flamme f. *auch Kleidbesatz in Zackenform.*

flammen v. *brennen (auch von Hieben).*

flannen v. *heulen.*

flaschenschmid m. *Flaschner, Blechner.*

flaß m. *Flachs.*

flateren v. *sich versteigen.*

flattergrob n. *das große c, der tiefste Ton der Trompete.*

flazenmaul n. *Mensch, Dirne mit breitem, hängendem Mund.*

fleck m. *Flicklappen;* plur. *Kaldaunen.*

flecken v. *flicken, ausbessern.*

fleckling m. *starkes Brett.*

fledener m. *Kuchenbäcker.*

fledermeuslein n. *weibliches Glied.*

fleglen v. *prügeln.*

fleh f. *Bitte.*

fleh(n)en swv. trans. *flüchten.*

fleien v. *im Wasser spülen.*

fleilauge f. *scharfe Lauge zum Abspülen.*

fle(i)sch adj. *schwammig, aufgedunsen.*

fleischbank m. f. *Schlachtbank; auf die f. opfern dem Tod ausliefern.*

fleischbaze m. *Erdenmensch.*

fleischen v. *zerfleischen.*

fleischern v. *handeln wie Fleisch und Blut.*

fleischverkaufer m. *Verräter.*

fleisch(h)auer m. (md.) *Metzger.*

fleischlen v. *Kinder zeugen.*

fleischschir(e)n f. (hess.) *Fleischbank.*

s. fleißen v. *sich befleißigen.*

fleißig adv. *energisch.*

fleiten v. *die Flöte blasen.*

flembsen v. (westmd.) *von der Flamme ergriffen werden.*

flerre m. *Fetzen, Fleck.*

flesch(e) f. *Flasche; weibliche Brust.*

flescher m. *Verfertiger von Blechflaschen, Klempner.*

fleßer m. *Flößer.*

fletsche f. *Wundmal.*

fleuchen v. *flüchten.*

fleuen v. *im Wasser spülen.*

fleuge f. (obd.) *Fliege.*

fleugt 3. sg. praes. ind. *flieht.*

fleulauge f. *scharfe Lauge zum Abspülen.*

fleute f. *Flöte.*

flez n. *Fußboden; Hausflur.*

flick m. (rotw.) *Knabe.*

s. flicken mit v. *seine Blöße decken; s. f. in etw. sich einmischen.*

flicker m. *Flickschneider, -schuster.*

fliedner m. *Wundarzt.*

fliegenkönig m. *große Brummfliege.*

fliehen v. *auch fliegen; vermeiden.*

fließlein n. *Bach.*

fliete f. *Aderlaßeisen.*

flinder m. *flimmerndes Goldblättchen.*

flinderer, flinderleinmacher m.
Goldschläger.

flinderling m. *Weidenlaubsänger,*
Sylvia rufa.

flirzen v. (schweiz.) *weinen, schluch-*
zen.

flismen v. (schweiz.) *flüstern.*

flitsch f. *Pfeil.*

fli(t)schbogen m. *Armbrust.*

flochbeutel m. *Träger von Unge-*
ziefer.

flöchnen, flöh(n)en swv. trans.
flüchten.

flohen v. *von Flöhen befreien.*

florén m. *Gulden.*

florenzen v. *Knaben schänden.*

florenzer m. *Päderast.*

flos m. *Fluß als Krankheit* (lat.
gutta).

floß m. (rotw.) *Wasser, Suppe.*

floßart m. (rotw.) *Wasser.*

flößen v. *fließen machen; vom*
Wasser getrieben werden.

flößen n. *ein Kartenspiel, etwa*
„Pochen".

floßlein n. *Bach.*

flößlen s. flözlen.

floßling m. (rotw.) *Fisch.*

flöz s. *flez.*

flozen v. *fließen machen, schwem-*
men.

flözlen v. (schwäb.-alem.) *pissen;*
(rotw.) *ertränken.*

flüchser comp. *eiliger.*

in die flucht komen v. *mutlos wer-*
den; die fl. geben *ausreißen;* die
fl. behalten *sich den Abzug*
sichern.

fluchtrede f. *Ausflucht.*

flück adj. *flüchtig, flott.*

fluckart m. (rotw.) *Vogel; Huhn.*

fluhe f. (alem.) *Fels(absturz);*
Schiffsvorderteil.

fluß m. *Sequens im Kartenspiel*
„flößen"; *Rheumatismus.*

flüßen s. flößen.

flux adv. *sofort.*

fochen v. *entfachen* (lat. focare).

focher, focker m. *Blasebalg, Fächer.*

fochern v. *fächeln.*

föcht m. *Fächer.*

fock f. *Vordersegel.*

focke m. (schles.) *Nachtreiher.*

focken v. *foppen.*

Focker m. *Großkaufmann, Wuche-*
rer.

foderlich adj. *fördernd.*

fodern v. (md.) *fordern; fördern;*
s. fodern *sich tummeln.*

fodernis f. *Förderung.*

foderung f. *Förderung.*

vogelfrei adj. *den Vögeln in der*
Luft preisgegeben.

vogel(s)nest n. *die Umbellifere Pa-*
stinaca silvestris.

vogelsucht f. *unzüchtiges Ver-*
langen.

voglen v. *mit Falken jagen; ge-*
schlechtlich beiwohnen; äffen.

vogt m. auch *Vormund.*

vogtbar adj. *minderjährig.*

vogtfrau f. *Frau, sofern sie vor Ge-*
richt durch einen Vormund ver-
treten ist.

vogthaft adj. *steuerpflichtig.*

vogtkind, -son n. m. *Mündel.*

vohenfist m. *Bovist.*

fohern adj. *von Kiefernholz.*

fohre f. *Kiefer.*

voit m. *Vogt.*

vokation f. *Berufung; Veranlas-*
sung.

vol adj. auch *vollwertig.*

voland m. *Teufel.*

volant part. praet. *vollendet.*

volbertig adj: *vollwertig.*

volbrötig adj. *üppig.*

folei f. *Narrheit.*

folg f. *Nachahmung; Folgerung,*
Beweisführung; Beihilfe.

folgen v. auch *verabfolgen; in*
Erfüllung gehen; folgen lassen
überantworten, zuteil werden las-
sen.

folgend(s) adv. *in der Folge, logi-*
scherweise.

folger m. *Anhänger; Gehilfe.*

folgerei f. *Argumentation.*

folgerkunst f. *Logik.*

folgung f. *Folge, Gehorsam.*

volk n. auch *Kriegsvolk.*

völklich n. *Völklein.*

volkomnus f. *Vollkommenheit.*

vollauf m. *Ueberfluß.*

volle m. *Genüge, Auskommen.*
voll(en)bringen v. *zu Ende bringen, ausrichten, ausbauen.*
vollendanken v. *ausgiebig, nach Gebühr danken.*
völlenklich adv. *vollends.*
vollenloben v. *nach Gebühr, zu Ende loben.*
voller zapf m. *Trunkenbold.*
vol(le)s adv. *völlig.*
völli f. *Fülle; Trunkenheit.*
völlig(lich) adj. adv. *vollkommen, ganz; überflüssig; förmlich, wirklich.*
volloben v. *nach Gebühr preisen.*
vollung f. *Fülle.*
volmachen v. *vollenden.*
volmechtige f. (schweiz.) *Allmacht.*
folmechtiger gewalt m. *Vollmacht;* f. gewalthaber *Bevollmächtigter.*
volmon m. *Vollmond.*
volwort n. *Zustimmung;* der meisten v. *die Majorität.*
volzuglich adj. *endgültig.*
fomentation f. *wärmendes Pflaster.*
vonein adv. *auseinander.*
von einet adv. *der Reihe nach; fortwährend.*
von erst adv. *anfangs.*
von stund adv. *sofort.*
von we(u) conj. *wovon.*
foppart m. (rotw.) *Narr.*
foppen v. (rotw.) *lügen.*
fopper m. *Lügner.*
vor adv. *zuvor schon, vorhin, ohnehin;* mir ist v. *mir schwebt vor, ich ahne.*
vor- (md.) *s.* ver-.
vorab(e) adv. *besonders.*
vor anhin adv. *vorher; voran.*
voraus adv. *besonders, vorzüglich.*
vorbad n. *Vorspiel.*
vorbetrachtung f. *Ueberlegung.*
vorbetrechtig adj. *bedacht.*
forchach n. *Rotkiefergehölz.*
for(che) f. *Rotkiefer.*
forchtsam adj. *auch furchterregend, schrecklich; gottesfürchtig.*
ford s. fort.
vordanten v. *vorgaukeln.*
vordennen adv. *vormals.*
forder adv. (md.) *weiter(hin).*

vorderbieten m. (alem.) *Vordersteven.*
forderer adj. *früherer, voriger.*
vor der hand sein v. *vorhanden sein.*
forderung f. *Beförderung.*
vordrab m. *Vorspiel.*
foren adv. *vorn.*
vorfar m. *auch (Amts-)Vorgänger.*
vorfenlein n. *Vortrab.*
vorfert adv. *im vorvorigen Jahr; unlängst.*
vorfodern plur. *Vorfahren.*
vorgang m. *Vortritt.*
vorgeben v. *den Vorgang lassen.*
vorgeer m. *Rädelsführer.*
vorgehebt adj. part. *vorher abgehalten.*
vorgen v. *hervorgehen; vorhergehen; erscheinen (von Träumen).*
vorgend adj. part. *früher.*
vorgengerin f. *Aufwartefrau.*
vorgespen n. *Vordergeschirr.*
vorgesten v. *einem gewachsen sein.*
vorhabend part. praes. *geplant, beabsichtigt.*
vorhalten v. *vorenthalten.*
vorhanden adv. *gegenwärtig; bevorstehend.*
vorharst f. (schweiz.) *Vortrab.*
vorhaubt n. *Stirn.*
forhe f. *Forelle.*
forhen adj. *von Föhrenholz.*
vorhin adv. *früher schon; ohnehin; zuvor; von vornherein; an sich.*
vorig adj. *vorhergehend, obenerwähnt;* die vorigen *Vorfahren.*
vorkauf s. fürkauf.
vorkomen v. *zuvorkommen, vermeiden; vorwärtskommen.*
vorkume m. *Vorgänger.*
vorlangst adv. *(schon) längst.*
vorlaube f. (obd.) *Vorhalle.*
vorlauf(t) m. *Vorläufer, Vorspiel.*
form f. *auch Formel.*
format n. *Zeugnis.*
förmlich adj. *schicklich.*
formschneider m. *Xylograph.*
vornacher adv. *früher.*
fornament n. *Geschirr (eines Pferds).*
vorreien m. *Vortanz.*

vorroß n. *Leitpferd.*

vorrotter m. *Rottenanführer, Rebell.*

vorschießen v. trans. *vorspringen von Haus, Sims, Saum.*

förschlen v. (obd.) *klug und fein umfragen.*

vorschopf m. *Vorbau, Vorhalle.*

vorschütt(e) f. *Außenwerk einer Festung.*

vorsehelich adj. *absehbar.*

vorsehen v. *auch prädestinieren.*

vor sein v. *(einer Gefahr) vorbeugen,* einem einer handlung v. *sie verhüten.*

vorsez m. *abendliche Zusammenkunft, Spinnstube.*

vorsprech(er) m. *Fürsprech.*

forste m. (westmd.) *Dachfirst.*

vorsten v. *bevorstehen.*

vorstender m. *Vorgesetzter.*

einem vorstendig sein v. *ihm beistehen.*

vorstreich m. *erster Hieb.*

fort m. f. (md.) *Furt.*

fort adv. *hinfort; sofort; anfangs.*

vortag m. *Morgendämmerung.*

fortdringen v. intr. *weitergehen;* trans. *durchführen.*

vorteil, vortel, fortl m. n. *Vorrecht; vorteilhafte Stellung; Vorsprung; Ueberlegenheit, Kniff;* ein v. geben *etwas zum besten geben;* sich aus einem v. geben *ihn sich entgehen lassen.*

vorteilen v. *übervorteilen, betrügen.*

vorteilisch adj. *habgierig.*

vorteils adv. *vorzugsweise.*

fortel m. *Vorteil, Profit;* mit f. adv. *absichtlich.*

fortfaren v. *weitergehen.*

fortgehen v. *Fortgang, Erfolg haben.*

forthin adv. *hinfort; die Zeit her.*

fortkomen v. *mit einem auskommen.*

fortrat s. *infortiat.*

vortreter m. *Anführer.*

fortun f. m. *auch Unwetter, Unglück.*

vorweilen adv. *einst.*

vorwenden v. *vorzeigen.*

vorwendung f. *Einwand; Einhalt.*

vorwesen v. *vorstehen.*

vorzug m. *Vortrab.*

foß adj. *faul.*

foß m. *Taugenichts; verdorbener Student.*

fragner m. *Kleinhändler, Höker.*

franstreck adj. (schwäb.) *störrisch.*

franz(os)en plur. *Syphilis* (morbus gallicus).

franzosenheiler m. *Facharzt für Geschlechtskrankheiten.*

französicht, -isch adj. *syphilitisch.*

fras m. *Fressen, Fresserei; Vielfraß.*

fraschgarei f. *kindisches Tun* (ital. frascheria).

frat adj. *wund; durchtrieben.*

frattigkeit f. *Wolf (als Wundsein vom Reiten).*

frauen v. (md.) *freuen.*

frauenbruder m. *Karmeliter.*

frauenbürger m. *wer Bürger wird durch Ehe mit einer Bürgerin.*

fraueneis n. *Marienglas.*

frauengemüet n. (schweiz.) *Pendel der Uhr.*

frauenhaus n. *Bordell.*

frauenheuslerin f. *Dirne.*

frauenhut m. *Frauenwächter, Eunuch.*

frauenman m. *Pantoffelheld.*

frauenwirt m. *Kuppler; Bordellhalter.*

frauenzimer n. *Frauengemach; Frauen im Gemach; weibliches Geschlecht; Weib.*

fraz m. *Albernheit; alberner Fant.*

fraz f. *Fratze.*

frazig adj. *renommistisch.*

frech adj. *tatkräftig, furchtlos, mutig, üppig (von Pflanzen).*

frecht f. *Naturalabgabe des Hörigen an die Grundherrschaft, bes. von Hafer an geistliche Stifte.*

frechthaber m. (schweiz.) *Naturalzins an Hafer.*

fred f. *Freude.*

frefel m. *Polizeivergehen; Geldstrafe;* (schweiz.) *Uebermut;* mit f. *frevelhaft.*

frefel adj. *s. frefen.*

frefelgericht n. *Friedens-, Bagatellgericht.*

frefelich adj. *mutwillig, frech.*
frefeltürstig adj. *tollkühn.*
frefen m. (schweiz.) *Uebermut.*
frefen, fref(en)lich adj. *kühn, unverschämt; mutwillig; gewalttätig.*
frefenheit f. *Vermessenheit.*
freflen v. *übermütig, unkorrekt sein.*
fregen v. *fragen.*
freglen v. *neugierig, kindisch fragen.*
frei adv. *unbestimmt; ohne Entgelt; geradezu, offen; ganz.*
freiacht f. *Femgericht.*
freibote m. *Gerichtsdiener.*
freidig adj. *kühn, entschlossen.*
freidikeit f. *Keckheit.*
freie dirne, frau f. *Buhlerin.*
freien v. *befreien; sichern; dispensieren.*
freiertsbub s. *freiet.*
freie stat f. *Freistatt.*
freiet, freihart, -heit(er), freiheitbub, -knab m. *Landstreicher, herrenloser Kriegsknecht, organisierter Bettler, Gaukler.*
freigab f. *gestifteter Preis.*
freigut n. *steuerfreies Gut.*
freiheit f. *Zufluchtsort; Straflosigkeit; Abgabenfreiheit.*
freilich adv. *frei, gewiß, offen(bar); f. kein kaum ein.*
freiman m. *Scharfrichter; Abdecker.*
freimeister m. *Handwerksmeister, der arbeitet, ohne in eine Zunft einzutreten.*
freisam, -ig, -lich adj. *fürchterlich, verbrecherisch, gewaltsam, betriebsam, kühn.*
freiß f. *epileptischer Anfall.*
freißgutt n. *Karfunkel.*
freißlich n. *epileptischer Anfall.*
freithof m. *Friedhof.*
freiung f. *Asyl; Privileg.*
frelich adj. *fröhlich.*
frembd adj. *auch sonderbar; abgekehrt, entgegengesetzt;* adv. *spröde, ablehnend.*
frembd nemen v. *befremden.*
freß n. (westmd.) *Mund.*
s. fressen v. *sich grämen, in Aerger verzehren; sein herz f. sich inner-* lich verzehren; *in* s. f. *sich gefallen lassen müssen;* s. den dot an etwas f. *ihn sich holen.*
freßling m. *Vielfraß.*
freten v. *wund reiben, ärgern, necken.*
freter m. *Quälgeist.*
freudig s. *freidig.*
freulein n. *auch Dirne.*
freulich adj. *frauenhaft.*
freund adj. *verwandt.*
freundeln v. *freundschaftlich handeln, freundlich tun.*
freund(in) m. n. *Verwandte(r).*
freundliche f. *Freundlichkeit.*
freundrecht n. *Familienrecht; Vorrecht, das sich aus Verwandtschaft herleitet.*
freundschaft f. *Gesamtheit der Verwandten;* geblutte f. *Blutsverwandte.*
freusen v. *frieren.*
frid m. *Frieden; Einfriedigung;* f. von einem nemen *ihm Frieden gebieten;* mit, zu f. *in Ruhe, beiseite;* es ist f. *alles ist gut;* zu f. kumen *befriedigt werden.*
fridbar adj. *unbefriedigt.*
fridbot n. *Gebot, Frieden zu halten.*
fridbrechig adj. *aufrührisch.*
friden v. *Frieden schließen, stiften, versöhnen.*
fridepfennig m. *Zahlung für Lösung aus der Acht.*
fridigen v. *in friedlichen Zustand versetzen.*
fridsam adj. *friedfertig.*
fridstand m. *Waffenstillstand.*
fridtag m. *Gottesfriede.*
friesen v. *frieren.*
frikassiren v. *Fleischstücke in der Pfanne schmoren.*
frimen v. *fördern.*
frisch adv. *auch keck.*
frisch f. (tirol.) *Sommerfrische.*
frischen v. *beleben.*
frißgar m. *Schelte des fiskals (s. d.).*
frißschaf m. *Bischof*
in der frist adv. *inzwischen.*
fristen v. trans. *retten, vor Schaden bewahren;* s. f. mit *sich begnügen.*

fristung f. *Erholung.*

frölich adv. *frei. heraus, getrost.*

from adj. *tüchtig, brav, recht.*

frömbd *s.* frembd.

frömchen, -lein m. *Scheinheiliger.*

fron adj. *erhaben, göttlich.*

fronambt n. *Hochamt.*

frone m. *Büttel.*

fron(e) f. *Herrendienst, Gericht.*

fronen v. *Fron-, Herrendienst leisten.*

frönen v. *mit dem Fron-, Königsbann belegen; pfänden; zwangsweise verkaufen.*

fronfaste(n) f. *Quatemberfasten.*

fronfastenmeister m. *Zunftvorsteher, der alle Vierteljahre wechselt.*

fronfest(e) f. *Staatsgefängnis.*

frongeld n. *Geldabgabe, die Hand- und Spanndienste ersetzt.*

fronkreuz n. *Kreuz des Herrn.*

fronleichnam m. *Leib des Herrn in Hostie, Abendmahl, Prozession; zweiter Donnerstag nach Pfingsten.*

fronleute plur. *Leibeigene.*

fronstreck *s.* franstreck.

frontafel f. *Altarbild.*

fronte f. *Spitze einer Heeresabteilung.*

frönung f. *Zwangsverkauf.*

frörer m. *kaltes Fieber.*

frosch m. *Gewächs an der Zunge von Kindern und Pferden; überstehendes Ende der Dauben am Faß.*

fröschmalter n. *Froschlaich.*

froschpriet n. *Froschlaich.*

frübissen m. *Frühstück.*

fruchtbar adj. *fruchtbringend, produktiv.*

fruchtbau m. *Ackerbau.*

fruchtschreiber m. *Schreiber in einem städtischen Kornhaus.*

früessen n. *Frühstück.*

frülicht n. *Morgendämmerung; Lustbarkeit bei Morgengrauen.*

frum adj. *tüchtig, brav; der eren frum ehrbar.*

frümal n. *zweites Frühstück.*

frümen v. *fördern.*

frümesser m. *Kaplan, der die erste Messe zu lesen hat.*

frumkeit, frunkeit f. *Rechtlichkeit.*

frumlich adj. *fördersam.*

frür 1. 3. sg. praet. ind. *fror.*

früsuppe f. *Frühstück.*

frutig adj. (obd.) *rüstig, frisch.*

fucher, fucker m. *Blasebalg.*

füchsen adj. *aus Fuchsfell, -pelz.*

füchsisch adj. *betrügerisch.*

fuchsrecht n. *Haftung mit der eignen Haut.*

fuchsschwanz m. *Gerät zum Streicheln; gelinde Strafe; Schmeichelei, Schmeichler; den f. emportragen, streichen, verkaufen schmeicheln.*

fuchsschwenzen v. *schmeicheln.*

fuchsschwenzer m. *Schmeichler, Intrigant.*

fucker m. *Blasebalg, Fächer.*

Fucker m. *Großkaufmann; Wucherer.*

Fuckerei f. *Wucher.*

füdel n. *weibliche Scham; Dirne.*

füden v. *ernähren.*

fuder adv. *vorwärts.*

füdern v. *befördern; s. f. sich beeilen.*

fudnacket adj. *ohne die notdürftigste Bekleidung.*

ιιdrig adj. *ein Fuder fassend.*

fug m., fuge f. *Schicklichkeit, Gelegenheit, Recht; seins fugs zu ihm passend.*

fügen v. *passen; s. f. sich schicken.*

fuglen v. *begatten.*

füglich adj. *schicklich, rechtmäßig, gelegen.*

fülle f. *Völlerei, Bezechtheit.*

füllen v. *prassen.*

füller m. *Schwelger.*

füllerei f. *Völlerei.*

füllestein m. *kleiner Baustein.*

füllwein m. *Wein zum Nachfüllen der Fässer.*

fulment n. *Fundament.*

fulminiren v. *schelten.*

fund m. *List, Kniff; neuer fund neue Mode, Modetorheit.*

fundaz f. *Grundlegung.*

fundazie f. *Gründungsurkunde.*

fündel f. (nürnb.) *Findelhaus.*
fündelen v. *durch Scheingründe
entstellen.*
fundgrube f. *Bergwerk.*
fundgrub(n)er m. *Bergmann,
Schatzgräber.*
fündig adj. *verschlagen.*
fünffingerkraut n. *Ohrfeigen.*
fünfschillinger m. *Söldner, der fünf
Schilling Sold erhält.*
funk m. *Funkeln, Glanz.*
funkart m. (rotw.) *Feuer.*
funkarthol n. (rotw.) *Kachelofen.*
fünkeln v. (rotw.) *sieden, braten.*
funkern v. *schimmern.*
funst f. *Faust.*
für adv. *darüber hinaus;* f. und f.
immer, weiter; f. und an *bei
jeder Gelegenheit.*
für praep. *vor; statt, lieber als;
vorbei an; zum Schutz vor.*
für-, md. fur- *als Vorsilbe vor-.*
füran adv. *in Zukunft.*
für aus adv. *weiter fort.*
füraus n. *Vorteil.*
fürbaß, fürbasser adv. *fortan, wei-
ter(hin), vorwärts.*
fürbauen v. *versorgen, sorgen.*
fürben v. *fegen.*
fürbilden v. *weismachen, vormalen,
schildern, hinstellen;* s. f. *sich
vorstellen.*
fürbildung f. *Vorspiegelung, Vorhaltung.*
fürbindig *s.* fürbündig.
fürbirg n. *Vorgebirge.*
fürbleuen v. *eindringlich vorsagen.*
fürbot n. *Ladung.*
fürbringen v. *fördern; aussagen;*
einem etwas f. *es ihm vorlegen.*
fürbüg n. *Brustriemen am Geschirr.*
fürbund m. *auserlesenes Stück.*
fürbündig adj. *vortrefflich;* adv.
vornehmlich.
fürderlich adj. *fördernd;* adv. *so
daß es fördert, schleunig.*
fürdern v. *vorwärtsbringen;* s. f.
sich eilen.
fürders adv. *weiterhin.*
fürdis adv. *fernerhin.*
fure f. *Unterhalt, Nahrung.*

füren v. *ausüben; anführen, heranziehen, durchgehen lassen; abführen;* etw. wider einen f. *es
gegen ihn ausspielen;* mit s. f.
bei sich tragen.
fürer adv. *vorwärts, fortan.*
fürfarn v. *vorbeikommen.*
fürgab f. *Voraussetzung.*
fürgang m. *Fortschritt;* fürgang
gewinnen *vorangehen, in Erfüllung gehen.*
fürgeben v. *vorstellen, geltend machen, vorwenden, zur Schau tragen;* s. f. *von sich behaupten, sich
vermessen.*
fürgebieten v. *vor Gericht laden.*
fürgebung f. *Vorwand.*
fürgeit 3. sg. praes. ind. *vorgibt.*
fürgen v. *voran-, vorbei-, vor sich
gehen;* im f. *beiläufig.*
fürgriffs adv. *unbedacht, spontan.*
für gut haben v. *fürlieb nehmen.*
fürhaben v. *vorhalten.*
fürhalt m. *Vorhaltung, Ansinnen;
Vorschlag.*
fürhalten v. *vorenthalten; vorhalten, zeigen, vorschützen; versetzen; zuhalten.*
fürhanden adv. *zur Hand; bevorstehend, in Sicht.*
fürhar, -her adv. *hervor.*
furhe f. *Furche.*
fürheben v. *vorhalten.*
fürhengen v. *(Pferde) einspannen.*
fürher adv. *hervor.*
fürhin adv. *weiter vorwärts; von
nun an.*
furig adj. (md.) *liederlich.*
fürig adj. (alem.) *nahrhaft.*
furiren v. *Quartier machen.*
furir(er) m. *Quartierunteroffizier.*
fürkauf m. *(wucherisches) Vor-
weg-, Aufkaufen bes. von Wein
und Korn zum Wiederverkauf;
Zeit- und Differenzgeschäft;
börsenmäßiger Zwischenhandel,
Wucher.*
fürkaufen v. *wucherisch zusammenkaufen.*
fürke(u)fler, -kofer m. *Spekulant,
Wucherer.*
fürkumen v. *zuvorkommen, vor-*

*beugen; (vor Gericht) erschei-
nen; zu Ohren kommen; vorbeikommen.*

fürkumung f. *Ueberraschung.*

fürlaufen v. *vorbeigehen; in den
Weg laufen, ihn verlegen.*

fürlegen v. *einem (das Beste) vorlegen, ihm schöntun, etwas einreden.*

fürlengest adv. *längst schon.*

fürling m. *(schweiz.) Ueberschuß.*

furm f. *Gestalt* (lat. *forma*).

fürmalen einem etwas v. *es ihm vormalen.*

furman m. *auch Fährmann.*

fürmen v. *fegen, putzen.*

fürmlich adj. *empfehlenswert, geraten.*

fürmünden v. *einem durch Fürsprache helfen.*

fürnemen v. *vornehmen; versuchen;
vor Gericht ziehen; sich einbilden.*

fürnemen n. *Vorhaben, Grund-
sätze.*

fürnemig adj. *vornehm.*

fürnemischeit f. *Stolz, Einbildung.*

furquet f. *Muskete mit Stützgabel.*

fürsagen v. *weissagen.*

fürsaz m. *Vorsatz; Vorschub; Entscheidung, Entschluß;* götlicher
f. *Prädestination.*

fürsazung f. *Vorsatz.*

fürschlag m. *Anschlag, Entwurf;
Emporkommen.*

fürschleck m. *Lockspeise.*

fürschneider m. *der der Herrschaft
das Fleisch vorschneidet;* oberster
f. *als Hofamt.*

fürschopf m. *Vorbau, Vorhalle.*

fürschrift f. *schriftliche Fürbitte.*

fürschuß m. *Hilfeleistung.*

fürsehen v. *versehen; Vorsorge
treffen.*

fürsehung f. *Sorgfalt.*

für sein v. *als Ueberschuß bleiben.*

fürsezen v. *leihen; ausrichten; in
Betracht ziehen; vorbereiten auf;
s. f. sich vorhalten; den Vorsatz
fassen.*

fürsich adv. *vorwärts;* f. gen *in Erfüllung gehen, sich auswirken;* f.
nemen *vornehmen.*

fürsichtig adj. *klug, weise.*

fürsichtikeit f. (theol.) *Vorsehung;
Vorsicht, Klugheit.*

fürspan f. *Spange, Brosche.*

furspil n. *Vorspiel.*

fürsprech(er) m. *Verteidiger (vor
Gericht); Rechtsanwalt.*

fürstand m. *Förderung, Ueberschuß.*

fürsten v. *vorstehen, (ein Amt) verwalten.*

fürstender m. *Beistand, Fürsprech;
Vorsteher.*

fürstendig adj. *förderlich.*

furster m. *Förster.*

fürstlingsbede f. *landesherrliche
Steuer.*

fürston v. *zuvorkommen.*

furt f. *auch Fahrgelegenheit, Straße.*

furt adv. *fortan.*

furtel m. *Vorteil.*

furter adv. *weiterhin.*

furthin adv. *vor nun an.*

fürtraber m. *Vorläufer.*

fürtragen v. *auftragen, darbieten,
nützen.*

fürtrager m. *Zwischenträger.*

fürtrechtig adj. *vorsorglich.*

fürtreffen v. *übertreffen.*

fürtreglich adj. *nützlich.*

fürtreter m. *Uebertreter.*

fürtuch n. *Schürze.*

fürüberfaren v. *darüber hinweggehen.*

fürüberkönnen v. *darüber hinweg-
können.*

fürweisen v. *fortschicken.*

fürwenden v. *vorbringen; als Vorwand benutzen, vorschieben.*

fürwer(er) adv. *fortan.*

fürwerthin adv. *fortan.*

fürwesen v. *vorstehen.*

fürweser m. *Stellvertreter.*

fürwiger plur. *Vorwerke, im Auftrag eines Herrn bewirtschaftete
kleinere Güter.*

fürwind m. *Wind von vorn.*

fürwiz m. *Leidenschaft, Sinnlich-
keit.*

fürwizen v. *Hoffart treiben.*

fürwiz(ig) adj. *leidenschaftlich er-
regt, wollüstig; vorwitzig, neugierig.*

fürwort n. *Entschuldigung, Einschränkung, Vorwand, Bedingung, Vorbehalt.*

furzfaß n. *Latrine.*

fürziehen v. *vorangehen; vorüberziehen.*

furzloch n. *Jammerlappen.*

fürzog m. *Vorrang.*

fuß m.: *es got von füßen nemen (Geld) aus der Kirche stehlen; auf jem. mit f. gen ihn mit Füßen breten.*

fußband n. *Fußfessel, Schlinge.*

füßeln v. *zierliche Schritte tun.*

fußen v. *sich verlassen.*

fußgengel m. *Infanterist.*

fuß halten v. *standhalten.*

fußknecht m. *Infanterist.*

fußstab m. (ostmd.), -staffel f. (els.) *Fußstapfe.*

fußtritt m. *Schritt; im f. stehenden Fußes.*

fußzeug m. *Fußtruppe.*

fuste f. *leichtes Korsarenschiff.*

fusti plur. *Unreines einer Ware.*

fut f. *weibliche Scham; füttin als Scheltrede: Hundsfott.*

futer n. *Nahrung; Ueberzug, Futteral; Rahmen; das f. sticht in er ist aufgeregt, sinnlich gereizt.*

futerhaber m. *Hafer, vermischt mit Futterkräutern gebaut und frisch verfüttert, auch als vogteiliche Abgabe.*

fütern v. *auch eine Kugel in Leder, Leinwand oder Papier einwickeln und so laden.*

fütrung f. *Futtervorrat.*

füzeler m. *Weibermann.*

G.

gaban m. *Regenmantel von Filz.*

gab(e) f. *auch Bestechung.*

gabelhure f. *Hexe.*

gabelreiter m. *Hexenmeister.*

gabelreiterin f. *Hexe.*

gabeltreger m. *Hirsch mit einem Ende an der Stange; jüngstes Glied eines Geschlechts.*

gabie f. gabio n. *Mastkorb* (venez. gabia).

gabscheuer f. *geschenkter Pokal.*

gabseckel m. *spendender Geldbeutel.*

gach adv. *eilig; übereilt; mir ist g. ich habe es eilig, lasse mir angelegen sein.*

gachzen v. (alem.) *gackern.*

gack m. (ostmd.) *Pranger.*

gackelsleut plur. *leichtes, brotloses Gesindel.*

gackenscherr f. (rotw.) *Huhn.*

gacklen v. *schwatzen.*

gack sagen zu v. *seinen Senf dazu geben.*

gadem, gaden n. m. *Haus mit nur einem Zimmer; Kammer; Laden; Werkstatt; Stockwerk.*

gademan m., gadenleute plur. *Ladenbesitzer, Kleinhändler.*

gaffel f. *Gilde.*

gaffelstirn f. *vorwitziges Mädchen, Fratz.*

gaffer m. *Kampfer.*

gagag m. *Gans.*

gagel m. *der Strauch* Myrica.

gageln v. *unsicher herumfahren, gaukeln, flattern.*

gagen v. *jagen.*

gahen v. *eilen.*

gahlich adv. *jäh.*

gak m. (md.) *Schandpfahl, Pranger.*

galander m. *Kalanderlerche,* Alauda calandra.

galarei f. *Galerie.*

galban, -en n. *Mutterharz* (lat. galbanum).

galch m. (rotw.) *Geistlicher.*

galchenbeth, -boß f. (rotw.) *Pfarre.*

galderei f. *Galerie.*

galeaze f. *zweimastiges Kriegsschiff.*

galee f. *Ruderschiff.*

galei(de) f. *Galeere, großes Ruderschiff.*

galeot m. *Schiffer.*

galer m. *Hut* (lat. galērus).

gal(g)brunnen m. *Ziehbrunnen.*

galgen, grüner m. *Baum als Galgen (straferschwerend, Gegensatz: dürrer g.).*

galgendrüssel m. *Spitzbube, dessen Kehle an den Galgen gehört.*

galiard m. *ein Tanz; Landstreicher.*

gal(i)gan m. *die Wurzel Galgant.*

galiot f. *Ruderschiff, kleine Galeere.*

galisiren v. *übermütig sein.*

galizenstein m. *Vitriol.*

gallach, galle m. (rotw.) *Tonsurträger, Geistlicher.*

galle f. *Geschwulst an Pferden.*

gallen f. (rotw.) *Stadt.*

gallenleute plur. *Gesindel, das alljährlich am Gallustag aus Augsburg ausgewiesen wurde.*

galm m. *Schall; Dunst; Betäubung.*

galmei f. *Kieselzinkspat.*

galrat, -rede, -rei f. *Gelee, Sülze.*

galschneider m. *Roßarzt.*

galster f. (rotw.) *Hexe, altes Weib.*

galstern v. *zaubern.*

galsterweib n. *Hexe.*

gamehu, -enhü f. *erhaben geschnittener Stein, Kamee.*

gammel m. *Kitzel, böse Lust.*

gan 1. 3. sg. praes. ind., 2. sing. imp. *gönne, gönnt, gönne.*

gän s. gen.

ganfen v. (rotw.) *stehlen.*

gang 1. sg. praes. ind. *ich gehe;* 2. sg. imperat. *geh!* 1. 3. sg. praes. conj. *gehe.*

gang m.: *die genge gen sterben.*

gangen 3. plur. praes. conj. *gehen.*

ganghaftig adj. *im Schwang, in Gang befindlich, gangbar, dauernd.*

gangheil(ig), -hellig adj. (westobd.) *gesund auf den Füßen.*

gangsteig m. *Fußweg.*

ganhart m. (rotw.) *Teufel.*

gansart m. *Gänserich.*

ganser(er) m. *Gänserich.*

ganshemet n. *bauschiges Brustgewand.*

ganst 2. sg. praes. ind. *gönnst.*

ganszung f. *Endivie.*

gant f. (obd.) *Versteigerung.*

ganten v. *versteigern.*

ganthaus n. *Versteigerungsraum.*

ganz adv.: *g. nit gar nicht; g. nüt(z) gar nichts.*

ganz m. *Gänserich.*

ganzfogel m. *die großen Drosselarten.*

ganzförmig adj. *korrekt.*

ganzscheibelich adj. *voll rund.*

gar adj., gen. *garbes völlig; adv. vollends.*

gar adv. *ganz, völlig, alles, ganz und gar;* g. schier *fast ganz.*

garaus m. *Untergang; Geläut bei Sonnenauf- und untergang;* einem den g. singen *mit ihm ein Ende machen;* ein g. machen mit jem. *ihn zugrunde richten.*

garbe f. *Schafgarbe.*

garbei adv. *beinahe.*

garbeliren v. *Unreinigkeiten aus einer Ware aussondern* (ital. garbellare).

gardian m. *Oberster im Minoritenkloster; Münzwardein.*

gardreisiger m. *Leibgardist.*

garn n. *Stellgarn bei der Treibjagd; Fischnetz.*

garnach adv. *beinahe.*

garnbaum m. *Rolle am Webstuhl, von der sich das unverwebte Garn abrollt.*

gar sein v. *in Erfüllung gehen.*

garst m. *verdorbener Geschmack; Widerwärtigkeit, Gehässigkeit.*

garsthamel, -hans m. *Schmutzian.*

garstig adj. *ranzig.*

gart f. *Bettelfahrt herrenloser Landsknechte.*

garten v. *betteln, vom Landsknecht.*

gartenkind n. *Bankert.*

gartenknecht m. *Gärtnergesell.*

gartenman m. *Gärtner im Herrendienst.*

garthafen, -hagen m. *Stabwurz,* Artemisia abrotanum.

gart(n)er m. *bettelnder Landsknecht.*

gassaten v. *Pflaster treten.*

gassenlied n. *Gassenhauer.*

gassiren v. *die Gassen auf und ab laufen.*

gast m. *Fremdling; Mann, Gesell, Bursche, Kerl.*

gasterei f. *Gesellschaft.*

gastgeb m. *Wirt.*

gasthelder m. *Herbergswirt.*

gastknecht m. *Kellner.*

gastschaft f. *Gastgesellschaft.*

gastung f. *Gasterei, Festlichkeit;
Verpflegung und Beherbergung
von Fremden.*

gater m. n. *Gittertor.*

gaterzins m. *Zins, der dem Einnehmer durch das Gittertor, die
Haustür gereicht wird.*

gatung f. *das Passende; Mode.*

gaubiz m. *Kiebitz.*

gauch m. *Kuckuck; Tor, Weiber-
narr; Scherz;* geuch fahen *zum
Narren halten.*

gauchkapfer m. *Mistkäfer.*

gauchschimpf m. *Narrenposse.*

gaudenz m. *Franziskaner-Konven-
tuale* (gaudentes scil. privilegiis).

gauer, -man, -leute m. *Landmann,
-leute.*

gaufe f. *hohle Hand.*

gaukeln v. *faseln, ohne Grund behaupten.*

gaukelsack m. *Zaubertasche.*

gaukelwerk n. *Faselei.*

gauken v. *krächzen, vom Raben;
brüllen, von der Kanone.*

gaulammer f. (straßb.) *Goldammer.*

gaumen v. *acht haben.*

gaupe f. *Dachluke.*

gauxen v. *bellen.*

gawerscher m. *Wucherer.*

gaz n. (els.) *häßlicher Mund.*

gaz(am) n. (rotw.) *Kind(er).*

gaze f. (obd.) *Schöpfkelle.*

gazer m. *Stotterer.*

gaz(g)en v. *gackern; mit falscher
Atemführung hilflos sprechen.*

ge adv. (ostfränk.) *je.*

geb *s.* got gebe.

gebade adv. *ins Bad.*

geband n. *Bindwerk (am Schiff).*

gebannen v. *gebieten; verbieten.*

gebaur m. *Bauer.*

gebe f. *Gabe, Beschenkung.*

gebe adj. *annehmbar.*

gebel m. *Giebel.*

gebeln v. *in die Gabel ziehen
(auf dem Schachbrett).*

geben v. *er-, her-, zu erkennen geben; dartun, (an-)zeigen, andeuten; bedeuten; einräumen; zuschreiben, zuweisen; sich verstei-
fen auf; mit sich bringen; s. g.*

*sich begeben; auf etwas sich ver-
legen.*

gebende n. *Kopfputz der Frau.*

gebenedeiung f. *Segen.*

geber f. *Gebärde, Art des Auf-
tretens.*

geberen stv. *erzeugen; verursachen.*

geberen swv. *sich gebärden.*

geberge adv. *auf den Berg, ins Gebirge.*

gebern v. *auch geboren werden.*

gebert part. *gebärdet.*

gebet n. *Bitte;* das gemeine g.
Kirchengebet der Gemeinde; sich
des g. g. behelfen *in Bordellen
verkehren.*

gebeu n. *(guter) baulicher Zustand.*

gebiet n. *auch Vollmacht, Kommando.*

einem gebieten v. *ihn amtlich laden.*

gebieter m. *Befehlshaber (der Stadt-
soldaten).*

geblez n. *Flickwerk.*

geblut adj. *blutsverwandt;* g. freundschaft f. *Blutsverwandte.*

geblüt n. *Blutsverwandtschaft.*

geböch n. *Prahlerei, Uebermut.*

gebollen part. *gebellt.*

gebot n. *auch Rechtsgebot, Zahlungsbefehl, Leistung.*

gebranter wein m. *Branntwein.*

gebrantes (herze)leid n. *tiefster
Seelenschmerz.*

gebrauch m. *(Handwerks-)Uebung.*

gebreche n. *Streitigkeit.*

gebrechen v. *hapern.*

gebrechen n. *auch Mißhelligkeit.*

gebrecht n. *Lärm.*

gebreme n. (md.) *Verbrämung.*

gebrent part. *gebrannt;* g. suppen
Suppe aus geröstetem Mehl.

gebreuchlich adj. *brauchbar.*

gebrochen adj. part. *bruchleidend.*

gebruch, -brust m. *Mangel.*

gebrümel n. *Brummen.*

gebrunnen part. praet. *gebrannt.*

gebühelet adj. part. *hügelig.*

gebür n. *gebührender Anteil.*

gebüttel m. *Büttel.*

gech adj. *jähzornig; plötzlich; übereilt, eilig.*

gech f. *Hast, Schroffheit; übereilte Tat.*

gechling adv. *jäh, rasch, plötzlich.*

geck m. *auch Narr;* einem ein gecken stechen *ihm zum Hohn mit dem Zeigefinger auf die eigene Stirn weisen.*

gecken plur. *auch Armagnaken.*

gecken v. *krächzen, von Raben, Krähen, Elstern und Fröschen.*

geckern v. *schreien (wie die Elster).*

geck(e)zen v. *spektakeln.*

gedagen v. *schweigen.*

gedanke m. *Gesinnung.*

gedegen adj. part. (md.) *opportun.*

gedeihen v. (md.) *glücken; wohin gelangen.*

gedemlin n. *Bude.*

gedenken v. *erdenken, erfinden; erwähnen; Erinnerungsvermögen haben.*

gedenklich adj. *merkwürdig.*

gedens n. *Bedrängnis.*

geder n. *Geäder, Eingeweide, Nerven- und Muskelsystem.*

gedetter n. *Geschwätz.*

gedicht part. *schemenhaft.*

gedicht n. *Erdichtung, Erfindung, Entwurf; Schriftwerk; Schemen, Phantasie, Phantasterei.*

gedienen v. *verdienen.*

gedigen adj. part. *verknöchert; verbraucht.*

geding(e) n. *Hoffnung; Verhandlung, Vertrag, Bedingung, Ausbedungenes, gemietete Wohnung; Appellation gegen ein Urteil.*

gedorst(ig) adj. *kühn.*

gedreng adj. *eng, ängstlich.*

gedresch n. *lärmende Schar.*

gedritt n. *Dreiheit.*

gedulden v. *ertragen.*

gedüll n. *Planken-, Dielenwerk, Bretterwand.*

gedümpel n. *Getümmel.*

gedunken n. *Gutdünken.*

gedürst adj. (bair. fränk.) *kühn.*

geer m. *Fußgänger.*

gefallen v. *eintreffen, zu stehen kommen; (von Abgaben und Besitz) zufallen, einkommen; fallen,* vorgebracht werden; s. g. lassen *anerkennen, gelten lassen.*

gefallen n. *Belieben;* seins g. *willkürlich;* ires g. *nach ihrem Belieben.*

gefangen adj. *befangen.*

gefar n. (rotw.) *Dorf.*

gefaßt sein v. *ausgerüstet sein.*

gefatter f. *Gevatterin.*

gefell n. *Einkünfte.*

gefell(e) n. *Verhau.*

gefeng n. *Gefangennahme, -schaft; Beute.*

gefenklich annemen v. trans. *gefangennehmen.*

gefer f. n. *Hinterlist; Schädigung; Gefahr;* on alles g. *ganz zufällig.*

gefer(d) adj. *gefährlich, kritisch.*

geferde f. *List; Schädigung;* mit g. adv. *hinterlistig;* on g. adv. *zufällig, ohne böse Absicht.*

gefer(d)en v. *betrügen.*

geferen v. *gefährden.*

geferer m. *Verleumder.*

geferlich adv. *in böser Absicht.*

geferlikeit f. *Gefährdung.*

gefert n. *Wesen, Beschaffenheit.*

gefer(t) adj. *versessen auf etw.; aufsässig, feindselig; hinterlistig.*

gefeß n. *Gerät, (Schiffs-)Ausrüstung; Griff des Degens, Lafette der Kanone.*

geveterlen v. *tun wie ein Gevatter, sich liebenswürdig abgeben mit.*

geffelsmaul n. *Maulaffe.*

gefierde n. *Quadrat.*

gefiert sein v. *bewandert sein.*

gefigel n. *Geflügel.*

gefille n. *Fell-, Pelzwerk.*

gefirt adj. *viereckig; gewürfelt, gerissen.*

geflickt ding n. *Stückwerk.*

geflissen adj. part. *beflissen.*

gefolgig adj. *gehorsam.*

geforchten v. *sich von Furcht packen lassen.*

gefreit adj. part. *befreit, im Heer vom Wachestehen, in Städten von Steuern, Einquartierung, Nachtwachen;* g. hof *Schutzort.*

gefrens n. *Fransen.*

gefreß n. *Gelage.*

gefreß(e) n. *Maul, Mundwerk; Betrieb, Wichtigkeit.*

gefreund plur. *Blutsverwandte, Freunde zusammen;* adj. *durch Verwandtschaft, Freundschaft verbunden, befreundet.*

gefügel n. *Geflügel.*

gefüglich adj. *passend, zuträglich.*

gefül n. *auch Kunst.*

gefurmbt adj. part. *gestaltet.*

gegatte m. *Gatte.*

gegeben sein lassen v. *einräumen.*

gegeck n. *Gekrächz.*

gegegnen v. *widerfahren, zukommen.*

gegen praep. *gegenüber von, im Vergleich mit.*

gegen n. (els.) *Landschaft.*

gegenfechten n. *Widerstand.*

gegenheit f. *Gegend.*

gegenmund m. *Gegenrede.*

gegenpuff n. *ein Brett- und Würfelspiel.*

gegenspil n. *Gegenteil.*

gegensprechen v. *einwenden.*

gegenstand m. *auch Widerstand.*

gegenteil n. m. *Gegenpartei, Gegner, Widerpart.*

gegenwerfen v. *unterwerfen, aussetzen.*

gegenwertikeit f. *Anwesenheit, Dasein.*

gegenwurf m. *Einwand; Objekt.*

gegenwürtig adj. *gegenwärtig.*

gegetret adj. part. *gatterartig, karriert.*

gegler m. *Bergfink.*

gegne (alem. gegni, plur. -inen) f. *Gegend.*

gegnen v. (alem.) *begegnen, widerstehen, widerfahren.*

gegründen v. *Grund legen.*

gegüten v. *zum Guten wenden.*

geh adj. *eilig, übereilt.*

gehaben part. *gehabt; gehoben.*

gehag n. (obd.) *Gehege.*

gehagen v. *gefallen.*

gehalren v. *einmachen von Früchten.*

gehalten v. *aufbewahren.*

gehan v. *haben, beginnen;* part. praet. *gehabt.*

gehar adj. (alem.) *haarig.*

gehaß adj. *feind.*

geh(e) s. gech.

gehebe adj. *zurückhaltend.*

gehebt part. *gehabt.*

gehecke n. *Dorngebüsch.*

geheder n. *Streit.*

gehei n. *heißes Sommerwetter, Dunst.*

gehei n. *Gespött.*

geheien v. *schänden, zum besten haben, zusetzen, machen, sich trollen.*

geheim adj. *vertraut.*

geheim m. f. *Heimlichkeit.*

geheimde f. *Geheimnis.*

geheiß n. *auch Verheißung.*

gehelingen adv. *plötzlich.*

gehell(e), gehellen n. *Zustimmung, Uebereinstimmung.*

gehellen v. *ein-, zustimmen.*

gehellung f. *einmütiger Beschluß.*

gehe(nd) adj. *plötzlich.*

gehenk n. *Eingeweide des Schlachtviehs.*

gehenling adv. *plötzlich.*

geherz(t) adj. *beherzt.*

geheß n. *Gewandung.*

gehessig adj. *feind.*

geheuer adj. *geziemend.*

gehirmen v. *ruhen, nachlassen.*

gehörd(e) n. f. *Gehör; Leumund; Zubehör.*

gehöret adj. (bair.) *hörend.*

gehorig adj. *zuständig.*

gehorsame f. *Gehorsam.*

gehorsamen v. *unterwerfen.*

gehüb adj. *dicht schließend.*

gehüblet adj. part. *hügelig.*

gehülfe m. *auch Gehilfin.*

geibiz m. *Kiebitz.*

geideklich adj. *verschwenderisch.*

geiden v. *prahlen; prassen.*

geier adj. (westmd.) *gierig.*

geierheit f. (westmd.) *Gier.*

geierlich adv. (westmd.) *gierig.*

gei(e)rschwalme f. *Mauersegler.*

geifel f. (westmd.) *offene Hand.*

geigen v. *schänden (aus geheien).*

geil adj. *üppig, mutwillig.*

geil m., geile f. *Wollust, Begier; Hode; Fruchtbarkeit.*

geile f. (obd.) *Bruch, Hernie* (gr. κήλη).

geilen v. (mhd. geilen) *ausgelassen sein, spielen; flirten; Unzucht treiben;* (mhd. gîlen) *betteln.*

geiler m. *Bettler, Landstreicher.*

geilerhalter m. *Bettelwirt.*

geiliren v. *üppig einherprangen.*

geilwerk n. *Bettel.*

gein praep. *gegen.*

geir *s.* geier.

geirikeit f. (westmd.) *Gier.*

geischeln v. *peitschen; plagen.*

geiseler m. *Peitschenmacher.*

geiselesser, -fresser m. (alem.) *Schuldeneintreiber.*

geißen adj. *von Ziegenfell.*

geißfuß m. *Hebeisen, Brecheisen; Nagel-, Zahnzange; Hebelinstrument mit Doppelhaken, zum Spannen der Armbrust.*

geißhaut f. *Ziegenfell; Schelte für eine Pergamenturkunde.*

geißmenlein n. *Faun.*

geist 2. sg. praes. *gibst.*

geist m.: des g. verstand *der allegorische Sinn.*

geisten v. *atmen, pulsen, leben.*

geisterei f. *Geistreichelei.*

geisterer m. *Schwarmgeist.*

geisterin f. *fanatisiertes Weib.*

geistgenoß m. *Zauberer.*

geist(l)er m. *religiöser Schwärmer.*

geist(l)erei f. *falsch geistliches Wesen.*

geistliche acht f. *geistlicher Stand; g. Gerichtsbarkeit.*

geistung f. *Atmung.*

geit m. *Gier, Habsucht.*

geit 3. sg. praes. *gibt.*

geiten v. *(hab-)gierig sein.*

geitig adj. *gierig.*

geitikeit f. *Geiz.*

geitsack, -wanst, -wurm m. *Geizhals.*

geize f. *Pflugsterz.*

geizen v. *gierig trachten nach; nichts geben.*

geizhunger m. *Habsucht.*

geizig adj. *gierig.*

geiziglich adv. *gierig.*

geizsucht f. *Habsucht.*

geizwanst m. *habsüchtiger Mensch.*

gejegt, gejeit n. *Jagd.*

gekek n. *Dohlen-, Froschgekrächz.*

geken v. *krächzen, von Raben und Krähen.*

gekleftren v. *mit ausgespannten Armen messen.*

geköch(t) n. *Gericht.*

gekrall n. *Korallenschmuck.*

gekreze n. *Rauferei.*

gekröse n. *auch gefältelte Krause der Prediger und Frauen.*

gekürnts *s.* körnen.

gekzen v. *krächzen, von Raben und Krähen.*

gel adj. *gelb;* geler ring *Abzeichen des Juden.*

gelach n. *Gelage.*

gelachen v. *herausplatzen.*

gelachsen adj. part. *wohlerzogen.*

geladen adj. part. *beladen.*

ins gelag hinein zeren, reden v. *wirtschaften usw., als ob es auf gemeinsame Kosten ginge, unbedacht; s.* hof.

gelangen v. (schweiz.) *zuteil werden;* (ostmd.) *zu etwas verwandt werden.*

gelassen adj. part. *innerlich frei; ergeben.*

gelaubsbrief m. *Beglaubigung.*

gelauhen part. *geliehen.*

gelb adj. *auch blond;* g. ringlein *Abzeichen der Juden.*

gelbgießer m. *Messinggießer.*

gelbherig adj. *blond.*

geld n. *auch Rente.*

geldk(a)uz m. *Lockvogel zum Geldfang.*

geldkleb m. *Leim zum Geldfang.*

geldkloben m. *Falle, Sprenkel, um Geld zu fangen, wie sonst Vögel.*

geldkuz m. *Lockvogel, der Geld anlockt.*

geldlich n. *Geldlein.*

geldnarr m. *bezahlter Narr.*

geldrüde m. *der dem Geld nachjagt.*

geldstock m. *Opferbüchse.*

geldsucht f. *Habgier.*

geldsüchtig adj. *habgierig.*

geleben v. *erleben, genießen;* einer

7*

sache g. *nach, von etwas leben;*
einem g. *ihm nachleben, folgen.*
gelecht n. *Gelächter.*
geleck n. (bair.) *Grenzmarke.*
gelegen v. *niederkommen.*
gelegenheit f. *Lage, Beschaffen-*
heit; Wohnung; nach g. praep.
mit gen. *entsprechend.*
geleger n. *Lager; Belagerung.*
gelegne f. (schweiz.) *Gelegenheit.*
gelegnes gut n. *Immobiliarbesitz.*
geleiben v. *einverleiben.*
geleich n. *Fischbrut.*
geleich(en) s. *gleich.*
geleichsner m. *Heuchler.*
geleißen v. *glänzen.*
geleit n. *Schutz, Bedeckung, Zah-*
lung für landesherrlichen Schutz,
Schutzbrief.
geleit n. *Geläute, Glockenzeichen.*
geleit part. *gelegt.*
geleitgeld n. *Zahlung für landes-*
herrlichen Schutz.
geleizbrief m. *Urkunde, Quittung*
über landesherrliches geleit.
geleizknecht m. *Reisiger, der im*
geleit mitreitet.
geleizman m. *Mitglied einer Be-*
deckungsmannschaft, Zollwächter.
gelenk adj. *gelenkig.*
gelenke n. (md.) *Einlenken.*
geleß n. *Gebaren; Erbsteuer.*
geleuf n. *Auflauf.*
geleumd n. *Leumund.*
gelfen v. *schreien.*
gelgeln v. *nach dem Galgen rie-*
chen, an den Galgen gehen.
gelidert adj. part. *(mit Leder) be-*
schlagen; (übertr.) *gerissen.*
gelidmas(ir)en v. *gestalten.*
gelieben v. *belieben;* mir geliebt
mir ist lieb.
s. gelieben zu v. *sich zutulich*
machen, einschmeicheln.
gelifern v. (md.) *gerinnen.*
geligen v. *liegen bleiben, aufhören;*
ins Kindbett kommen; kinds g.
niederkommen.
geliger n. *Bett; Quartier.*
gelimpf s. *glimpf.*
geling(en), gelings adv. *jäh, plötz-*
lich, rasch.

gelingen v. *ergehen.*
gelink adj. *links.*
gelirnig adj. *gelehrig.*
gellen v. *schreien; widerhallen;*
aufprallen.
gellig adj. *gallenbitter, giftig.*
geloben v. *verloben.*
geloch n. *Gelage.*
gelör n. *Geplärr.*
gelosen v. *lösen; einnehmen; er-*
lösen.
gelöt n. *Ladung Blei, Schrot.*
gelse f. (bair.-östr.) *Mücke.*
gelsemin m. *Jasmin.*
gelstren v. *schreien.*
gelsucht f. *Gelbsucht; Welkkrank-*
heit der Gräser.
gelte m. (obd.) *Gläubiger.*
gelte f. *Kübel.*
gelten v. *wiedergeben, bezahlen;*
kosten, wert sein; eintragen; dar-
auf ankommen; was gilt's? wollen
wir wetten?
gelter m. *Schuldner; Gläubiger.*
geltlich s. *geldlich.*
geltlose f. (schweiz.) *Ungültigkeit.*
gelübder m. *Versprecher.*
gelunkern s. *klunkern.*
g(e)lust m. n. *Begierde, Appetit.*
gelustig adj. (obd.) *lüstern.*
gelze f. *verschnittenes Schwein.*
gelzen v. *bellen.*
gelzenleichter m. *Schweineschneider.*
gelzer m. *Schweineschneider.*
gem dat. sg. pron. *jenem.*
gem praep. *gegen dem, zum.*
gemach n. *Ruhe, Sicherheit;* seines
g. gen *den Leib entleeren.*
gemach adv. *leise.*
gemachsam adv. *sacht.*
gemag adj. *verwandt.*
gemahel f. n. *Gemahlin.*
gemalschaz m. *Brautgabe des*
Bräutigams.
gemangkorn n. *Mischfrucht.*
gemechlen v. *heiraten.*
gemecht n. *Machwerk; Kreatur;*
Zeugeglied; (schweiz.) *Vermächt-*
nis, (letztwillige) Verfügung.
gemein adj. *gemeinsam, allgemein,*
öffentlich, profan, gewöhnlich,
gangbar, passend, angenehm;

herablassend; g. *rede öffentliche
Meinung;* g. *sprache gewöhnliche
Redeweise;* g. *dochter,* fraue
Dirne.

in(der)gemein adv. *gemeinhin, ins-
gemein.*

gemein(d)er m. *Genosse, Teilhaber.*

gemeind woche f. *Woche, die mit
dem Sonntag nach Michaelis be-
ginnt.*

gemeinen v. *meinen.*

gemeiner kasten m. *Armenfonds einer Gemeinde.*

gemeines haus n. *Freudenhaus.*

gemein gebet n. *Fürbitte der Gemeinde.*

gemeinheit f. *Gemeinde, Bürger-
schaft.*

gemein(lich) adv. *allgemein, überall.*

gemein machen v. *zum Gemeingut
erheben.*

gemeinsame f. (obd.) *Gemeinschaft.*

gemeinsman m. *Gemeindebürger.*

gemeinsprache f. *Verabredung.*

gemeit adj. *(kampf-)lustig, zuversichtlich.*

gémel m. *Geilheit.*

gemél n. *Gemälde.*

gemelb n. (schweiz.) *Unrat.*

gémelich adj. *fröhlich, hurtig.*

gemelich adv. *allmählich.*

gemelt n. *Bild.*

gemenge n. *Verwirrung.*

gemenkel n. *Flausen.*

gemer m. (els.) *Jammer.*

gemerk(t) n. *Grenze, Grenzland,
Gebiet; Kennzeichen, Emblem,
Signal; Obacht, Notiz, Verstand;
in der Singerzunft die kritische
Obacht der Meister und ihr
Platz.*

gemerlich adj. *jammervoll.*

gemern v. (ostmd.) *wehklagen.*

gemescht part. *gemästet.*

gemeusch n. *zu* meische.

gemieß n. *Moos, Flechte.*

gemilb n. (schweiz.) *Unrat.*

gemlich adj. (schwäb. alem.) *ausgelassen, geil.*

gemlicheit f. *Ausgelassenheit.*

gemosirt *s.* musiren.

gemper m. (fränk.) *Brustbein des*

*Geflügels; männliches Glied;
springendes Roß.*

gemühet part. *geplagt.*

gemül n. *Staub.*

gemumel n. *Murren, Gerücht.*

gemünden. (schweiz. rhein.) *Spanne,
Handbreit.*

gemut adj. part. *gestimmt;* übel g.
verstimmt.

gemüt(e) n. *Sinn, Absicht, Verlangen, Wille, Gedankenrichtung.*

gēn pron. (thür. ostfränk.) *jene.*

gēn v. *gehen, in Gang, in Uebung
sein, vor sich gehen, sich einstellen, gangbar werden;* für sich
gen *durchdringen;* gen nach etw.
sich danach richten; in einen g.
ihm eingehen, verständlich werden.

gen *s.* geben.

gēn praep. *gegen;* g. ander *gegen-
einander, einander zu.*

genaden v. *danken; gnädig sein;
gnädiger Herr nennen.*

genaturt part. *geartet, beschaffen.*

genau adj. *genau, peinlich, karg;
knapp, haarscharf; eng, innig,
eifrig;* einem zu genau gen *ihm
zu nahe treten, ins Gehege kommen;* es zu g. suchen *es zu genau, zu streng nehmen.*

genbor adv. *empor.*

gender gesell m. *Fußsoldat.*

geneistlein n. *Funken.*

genem adj. *annehmbar.*

genemeulen v. *gähnend den Mund
aufreißen.*

genemt part. *benannt.*

genennen v. *aufzählen.*

gener pron. *jener;* gens *jenes;* gem
jenem.

genesch n. *Naschen; Naschwerk,
Konfekt; Leckermaul; Liebelei.*

genesen v. *gerettet werden, davon-
kommen, gut fahren.*

genest(er) m. *Ginster.*

genetter m. *leichtes Pferd* (ital.
giannetto).

genezt und geschoren adj. part. *vollkommen.*

genfen v. (rotw.) *stehlen.*

geng adj. *gangbar, beweglich, behend;* adv. *fortwährend.*

gengeler m. *Wanderhändler.*
gengero m. *Ingwer.*
gengig adj. *gangbar.*
genhalb adv. *jenseits.*
genidren v. *erniedrigen.*
genieß m. *Nutzen, Unterhalt;* eigen g. *Selbstsucht.*
genießen v. *Nutzen haben von, einer Sache froh werden.*
genießlich adj. *vorteilhaft; zum Genuß bestimmt.*
geniet adj. part. *erfahren, unterrichtet.*
s. genieten v. *sich bemühen um, nachtrachten;* part. geniet(et) *erfahren.*
genietig adj. *umgänglich.*
genner m. *Januar.*
genoß adj. *ebenbürtig;* sein g. *seinesgleichen.*
genoßen v. *vergleichen, gleichstellen, gleich sein, gleich werden; gesellen.*
genöt adj. part. *erzwungen; Mangel leidend.*
genote adv. *genau, angelegentlich.*
gens nom. neutr. *und* gen. sg. pron. *jenes.*
gensdistel f. Sonchus arvensis, *Saudistel.*
genserich m. *auch* Potentilla, *Fingerkraut.*
gensern v. *zum Narren haben.*
genset adv. praep. *jenseits.*
gensfüßel n. Chenopodium, *Melde.*
genskragen m. *Gänsehals.*
gens leiden, marter *Fluch, entstellt aus* Jesu leiden, marter.
genslein: mit einander das g. ropfen v. *geschlechtlichen Verkehr pflegen.*
gensmarkt m. *Klatscherei;* am g. sten *schwatzen.*
gensspappel f. Malva rotundifolia.
gensscherer m. (rotw.) *Bettler, der vorgibt, lange krank gewesen zu sein.*
genst m. *Ginster.*
gental adv. *zu Tal, nach unten.*
genteliz f. *höfliches Wesen* (ital. gentilezza).

genucht f. *Fülle.*
genüchtig adj. *wohlhabend, üppig.*
genüge f. *Fülle.*
genügen v. *befriedigen.*
genugsam f. *Genüge.*
genugsam adv. *erschöpfend.*
genug tun v. *Ehre machen.*
genuß m. *Erwerb.*
genzen v. *vollständig machen; als Ganzes geben, nehmen; wiedererstatten.*
geordent part. *verordnet.*
gep(e)ner, -niz m. *Mantel.*
gepern s. *geberen.*
gepfrenklich adj. *bedrängt.*
gepicken v. (rotw.) *fangen.*
geplümpfe n. *Lärm.*
geprenge n. *Zeremoniell.*
ger m. *keilförmiger Zipfel Land, Tuch; Schoß; Saum.*
ger f. *Begierde.*
gerade adj. *gut gewachsen.*
geradigkeit f. *Gewandtheit, bes. in Tanz, Spiel, Kunststücken, Kurzweil; gerader Wuchs.*
geraffel n. *Lärm, Geschwätz; Gerümpel.*
geramen v. *aufs Korn nehmen.*
geraten v. *glücken, gelegen kommen; zur Folge haben; (einem Bedürfnis) abhelfen; entbehren, lassen.*
geratwol m. *mißratener Sohn.*
geraum n. *Räumlichkeit, Spielraum.*
geraumen v. *die Zügel schießen lassen.*
gerbeliren s. *garbeliren.*
gerde f. *Begehr.*
gere s. *ger.*
gerech adj. *fertig, zurecht;* zu g. stellen *in Ordnung bringen.*
gerechig adj. *rachgierig.*
gerecht adj. *auch recht;* gerechte hand *rechte Hand;* adv. *recht.*
gerechtikeit f. *Gerechtsame.*
gerechts adv. *rechts.*
gerede f. *Geradheit, gerade Richtung.*
gereden v. *zusagen.*
gereichen v. *gelangen; eine Wendung nehmen; ausreichen.*

gereisig adj. *zum Kriegszug gerüstet; beritten.*

gereit(e) adj. *fertig;* gereit(s) adv. *schon.*

gereitschaft f. *Barschaft.*

gerems n. *Gitterwerk, Geländer, Gestell.*

ger(e)n v. *begehren.*

geren *s.* ger.

geren adv. *gern, freiwillig.*

gerere n. *Abfall.*

geret 3. sg. ind. praes. *gerät.*

geretlich n. *gesamtes Gerät.*

gereuch n. *Rauchwerk.*

gereuf n. *Rauferei.*

gereusch n. *Gestrüpp; Eingeweide des Schlachtviehs.*

gereut n. *Rodung.*

gerhab m. *Vormund.*

gericht n. *auch Gerichtsverhandlung.*

gericht(s) adv. *sogleich.*

gerig adj. *mit Schößen versehen.*

gering adj. *leicht von Gewicht, wertlos, kraftlos; schnell; klein.*

geringlich adv. *leicht, leichten Herzens.*

geringmütig adj. *leichtherzig.*

gerings adv. rings; g. umb *ringsum.*

geritig adj. *reitfähig.*

gern(e) adv. *leicht, freiwillig, eifrig, gierig, oft; beinahe; (vor Zahlangaben) etwa, reichlich.*

gerner adv. *lieber.*

gerner m. *Beinhaus* (lat. carnarium).

gerngast m. *Schmarotzer.*

gerochen part. *gerächt.*

gerolf m. *Pirol.*

gerörich n. *Röhricht.*

gerschwalme f. *Mauersegler.*

gersten v. *Gerste säen.*

gerstenbrüe f. *Kosename des Biers.*

gertel m. *Stabwurz.*

gerteln v. *den Garten bauen.*

gertner m. *Ackerbürger, der ohne Vieh wirtschaftet.*

geruch n. *auch Leumund.*

geruchen v. *belieben, genehmigen.*

gerücht n. *Leumund.*

gerüglich adj. *ruhsam.*

gerügsam adj. *geruhig.*

gerügt adj. part. (ostmd.) *ruhig.*

geruh adj. *ruhig.*

gerühel n. *Gewieher.*

gerümpel n. *Tumult.*

gerumpfen adj. part. *runzlig.*

gerunzen adj. part. *runzlig.*

gerürig adj. *rege, beweglich.*

gerüssel n. *Gerassel.*

gerut part. *geruhig.*

gesagen v. *sagen (nach Hilfsverben).*

gesazt n. *Gesetz* (mhd. gesetzede).

gesazweise adj. *schriftgelehrt.*

geschaffen adj. part. *beschaffen.*

gescheffe n. *Leistung, Werk.*

gescheft n. *Werk, Schöpfung; Befehl.*

geschehen v.: *es ist mit einem g. er ist verloren.*

gescheib adj. *klug, geschickt.*

gescheibelt adj. *kreisförmig.*

gescheidikeit f. *List.*

geschelle n. *Lärm, Auflauf, Aufruhr.*

geschepf(e) n. *Einrichtung, Stiftung.*

geschicht f. *Tat, Geschehnis.*

geschick n. *Anordnung, Aufstellung.*

geschickt adj. (obd.) *zweckmäßig; bereitwillig.*

geschickte f. (schweiz.) *Tauglichkeit.*

geschift part. *mit Schaft versehen.*

geschirr n. *Gerätschaft, Vehikel;* gut g. machen *gut aufräumen;* guter Dinge sein; *aus dem g.* schlagen *über die Stränge schlagen, seine Befugnis überschreiten.*

geschirrlich n. *Geschlechtsteile.*

geschlacht f. *Art, Rasse.*

geschlacht n. *Schlacht.*

geschlacht adj. *geartet; von guter Art, gesittet; schön; ebenbürtig; (über)zart; zahm.*

geschlachtgewander m. *Feintuchweber.*

geschlaen v. *geraten, ausschlagen.*

geschlank adj. *schlank.*

geschlechter plur. *Patrizier.*

geschleckig adj. *naschhaft.*

geschloffen part. *ausgeschlüpft.*
geschloß n. *abgeschlossener Raum,
Bezirk; Burg; Reservoir; Tür-
schloß.*
geschlünk n. *Lunge und Leber des
Schlachttiers.*
geschlupf n. *Unterschlupf.*
geschmack m. (schwäb. alem.) *Geruch.*
geschmack adj. *wohlschmeckend.*
geschmeißig adj. *elastisch.*
geschmerbet part. praet. *geschmiert.*
geschmogen part. praet. *geschmiegt,
gebeugt, schmächtig, klein.*
geschmuck m. n. *Zierde.*
geschmuckt adj. part. *geziert, ele-
gant.*
geschnader n. *Geschnatter.*
geschnel f. *Schnellkraft.*
geschnepper adj. *vorlaut.*
geschnerr n. *Geschwätz; Eingeweide.*
geschoch, -schock n. *Haufen,
Schock.*
geschohen part. praet. *zu* scheuen.
geschöpfde f. n. *Schöpfung, Kreatur.*
geschoß n. *Schußwaffe; Rheumatismus; Schößling; Abgabe.*
geschößlein n. (schwäb.-alem.) *Leinfink.*
geschote n. (tirol.) *ein Hohlmaß.*
geschrauen part. praet. *geschrieen.*
geschrecken v. *springen.*
geschrei n. *auch Gerücht, Leumund; Feldgeschrei.*
geschrempt adj. part. *bestimmt.*
geschrift f. (obd.) *Bibel.*
geschriftlich adj. *schriftlich.*
geschrirn part. *geschrieen.*
geschröt n. *Hodensack* (lat. scro-
tum).
geschruwen part. praet. *geschrieen.*
geschüch n. *Schuhwerk.*
geschütt n. *Wall, Damm.*
geschüz n. *Schießzeug, Armbrust.*
geschwachen v. *schwach werden.*
geschwader n. *Schwadron.*
geschweblich adj. *schweflig.*
geschweift part. *niedergeschlagen.*
geschwei(g) f. *Schwägerin.*
geschweigen v. *schweigen; zum
Schweigen bringen, befriedigen.*

geschwel n. *Türschwelle.*
geschwellen v. *anschwellen.*
geschwer n. *Geschwür.*
geschwilig adj. *schwül.*
geschwind adj. *rasch entschlossen,
schlagfertig; klug, begabt, pfif-
fig, listig, vorschnell; unheimlich,
böse, tückisch, gefährlich, überlegen.*
geschwinden v. *ohnmächtig werden,
schwinden.*
geschwindikeit f. *Kunstgriff;
Schlauheit.*
geschwisterig, geschwistergit plur.
Geschwister.
einem geschworen sein v. *ihm zum
Gehorsam verpflichtet sein.*
geschwunden part. *auch zu* schwingen.
geschwürm n. *Gewimmel, Schwarm;
Schwindel, Unsinn.*
gesege(de) n. *Aussage.*
gesegen(en) v. *Lebwohl sagen; s. g.
sich bekreuzigen.*
geseige n. *Urmaß zum Eichen.*
gesein v. *sein (neben Hilfsverben);*
part. *gewesen.*
geseit part. praet. *gesagt.*
geseligen v. *selig machen.*
geselklich adj. *kameradschaftlich.*
gesell, guter m. *Bruder Lustig,
Zechkumpan; guter Kamerad;
der nächste beste.*
gesellengestech n. *Turnier junger
Gesellen.*
gesellenlied n. *Handwerkerlied.*
gesellentanz m. *Tanz junger Ge-
sellen.*
gesellin f. *Geliebte.*
geselschaft f. *Gemeinschaft, Bündnis.*
in geselweise adv. *kollegial.*
geselz n. *gewürzte Speise, dicke
Brühe, Eingemachtes.*
gesen m. *ein Fisch, Alant oder Else.*
geseß n. *Niederlassung, Wohnsitz,
Lager, Belagerung, Besitz, Stuhl-
sitz, Sitzgelegenheit, Sitzteil des
Menschen und der Hose.*
geseßen adj. part. *ansässig; g. sein
auf jem. es auf ihn abgesehen
haben.*

geset adv. *jenseits.*

gesezen v. *bändigen, zum Schweigen bringen.*

gesez(lein) n. *Strophe.*

gesezt sein zu v. *verpflichtet sein.*

gesicht n. *auch Vision; die Augen;
Sehkraft.*

gesig m. *Sieg.*

gesigen v. *den Sieg erkämpfen.*

gesihen part. *geseiht.*

gesinde n. *auch Gehilfenschaft in
Handel und Gewerbe.*

gesindel, -lein n. *auch ohne Tadel:
Angehörige, Gruppe.*

gesindlich n. *Gesindel.*

gesint sein v. *gewillt sein.*

gesipt f. *Verwandtschaft.*

gesipte freunde plur. *Verwandte.*

gesit adj. part. *gesittet, beschaffen.*

gesod n. *Häckerling.*

gespan m. *Fuhrmann, Mitfuhr-
mann, Kamerad.*

gespan, gespenne n. *Zwist, Rechtsstreit.*

gespannen part. *rücksichtslos.*

gespannen sten v. *beengt sein.*

gespei n. *Gespött, Geschwätz, Possen.*

gespenst n. *Blendwerk, Verlockung;
Schwindel, (unwahres) Wesen.*

gesperig adj. *sparsam.*

gesperikeit f. *Sparsamkeit.*

gesperr n. *Spange, Schließhaken,
Schloß; Geburtsteile; Rasse.*

gesperrmacher m. *Spangenschmied.*

gespiben part. praet. *gespieen.*

gespinne m. f. *Verwandte(r) von
seiten der Frau.*

gespons m. f. *Bräutigam; Braut;
g.* Christi *Kirche; Nonne.*

gespor n. *Fußstapfen; Pfad; Zeichen.*

gesporholz n. *Schlittenkufe.*

gespottig adj. *spottlustig.*

gesprech adj. *beredt.*

gesprech n. *Rede, Ansprache.*

gesprechnus f. *Bered'samkeit.*

gespreng n. *krönender Zierat in
durchbrochener Arbeit.*

gespug m. *Schrecknis.*

gespugnis n. *Trugbild, Verlockung.*

gespüle n. *Spülwasser.*

gest m. *Gischt.*

gestalt f. *Bewandtnis, Aussehen,
Schein;* es hat die g. *es steht so*

gestaltsam conj. *wie denn.*

gestaltsam(e) f. *Beschaffenheit.*

gestanden blut n. *Blutstockung,
Thrombus.*

gestat n. (obd.) *Ufer.*

gestattel f. *Tüte.*

gestech n. *Turnier.*

gestellt sein auf v. *sich beziehen
auf.*

gesten v. *zu stehen kommen, kosten; gerinnen; sich stellen; einem etwas g. es ihm zugestehen;
(einem Schlag) standhalten; g.
bei festhalten an etwas.*

gesteng n. *Schiffsverdeck.*

gester(t) adv. *gestern.*

gestetlein n. *Tüte.*

gestett u. *Staket.*

gesteud(e) n. *Gebüsch.*

gestickt finster adj. *so dunkel, daß
man nicht einen Stich sieht.*

gestift n. *Einrichtung.*

gestift adj. part. (obd.) *bestimmt,
abgekartet, unwahr.*

gestirn f. *Stirn.*

gestöck n. *Stockwerk.*

gestracks adv. *schnurstracks.*

gestrackt adj. *gemessen; ange-
strengt.*

gestreichet s. gestreuchet.

gestreimbt adj. part. *gestreift
strähnig.*

gestreng adj. *Attribut des Ritters.*

gestrenge f. *Anrede des Ritters.*

gestrepel n. *Getümmel.*

gestreuchet n. *Gesträuch.*

gestreumbt adj. part. *gestreift,
strähnig.*

geströde n. *Stroh als Viehfutter,
Streu, Unrat.*

gestübt s. gestüppe.

gestück n. *Artillerie; Batterie; Kanone.*

gestule n. *Gerüst, Thron.*

gestunden v. *Zahlungsfrist gewähren.*

gestüpp(e) n. *Staub; Arzneipulver,
Gewürz; Sonnenstäubchen, Atom.*

gesuch n. *Nutzen, Zins, Wucher;*

Anstrengung, Bestreben, Selbstsucht.

gesücht n. *Krankheitserscheinung.*

gesund m. *Gesundheit.*

getader n. *Geschwätz.*

getagt adj. part. *betagt.*

getan adj. part. *beschaffen;* es ist (also) g. mit einem *es steht (so) mit ihm.*

getemmer n. *Gepolter.*

geter n. *Gitterwerk.*

geter plur. *Gatter.*

geteter m. *Verbrecher.*

geteuren v. *zu teuer erscheinen, reuen.*

geticht s. *gedicht.*

getieret n. *Viehzeug.*

getrad adv. (els.) *schnell.*

getragen v. *ertragen.*

getrauen v. *zutrauen.*

getrauen n. *Vertrauen.*

getregede n. (obd.) *Getreide.*

getreidig n. (md.) *Getreide.*

getreisch n. (westmd.) *unangebautes Feld.*

getrep n. *Getrappel.*

getrib n. *Machwerk; Antrieb, Anstiften;* durch g. *auf Betreiben.*

getriben adj. part. *erfahren.*

getrollen part. praet. *zu drillen.*

getrost adj. part. *mutig.*

getrüche n. *Rinnsal.*

getücht part. praet. *getaugt.*

getun part. *getan.*

getürn n. *Turm.*

getürren v. *wagen.*

getürst(ig), -lich adj. *mutig, vermessen.*

geu m. *Land, Grund.*

geubiz m. *Kibitz.*

geuchen v. (thür.) *jagen.*

geuchen v. *narren;* s. geuchen sich zum Narren machen.

geucherei f. *Torheit, Fopperei.*

geuchisch adj. *närrisch.*

geuchlied n. *Buhllied.*

geud f. *Verschwendung;* Geut als Frauenname in Nürnberg; dazu schnelle g. wie schnelle Katharine Diarrhöe.

geuden v. *prahlen; prassen.*

geudig, -isch adj. *verschwenderisch.*

geudnar, -ner m. *Prahlhans.*

geuen v. (schweiz.) *den Mund aufreißen.*

geukelei f. *Schwindel.*

geukeler m. *Gaukler.*

geukelsack m. *Zaubertasche.*

geuße f. *Ueberschwemmung; Ueberfluß.*

gewachig adj. *wachsam.*

gewachsen adj. part. *erwachsen.*

gewachst m. (obd.) *Wachstum.*

gewalt m. *Freiheit; Vollmacht;* am gewalt sein *herrschen;* mit g. *unwiderstehlich.*

gewaltbotschaft f. *Bevollmächtigte.*

gewalthaber m. *Bevollmächtigter, Vormund.*

gewaltigen v. *vergewaltigen.*

gewaltig(lich) adv. *eindringlich, unwiderleglich, mit Gewalt, zwingend, unwiderruflich.*

gewaltsamen v. *vergewaltigen.*

gewaltsami f. *auch Einfluß.*

gewand f. *Gewann, Flurstück.*

gewand part. *verwandt, zugetan.*

gewandflecker m. *Flickschneider.*

gewandhüter(in) m. f. *Garderobier(e).*

gewandschneider m. *Tuchscherer; Tuchhändler.*

gewant part. *gewohnt.*

gewar n. *Ware.*

gewar adj. *wahrhaftig, aufrichtig.*

gewardian m. *Leibwächter.*

gewarlich adv. *wahrhaftig.*

gewarsam adj. *sicher.*

gewarsame f. *Sicherheit.*

gewarten v. *erwarten; (eines Amts) walten, Fleiß verwenden auf, sich einer Sache annehmen; gefaßt sein auf.*

gewechig adj. *wachsam.*

gewege n. *Brechstange.*

gewegen adj. part. *gewichtig; gewogen.*

gewehnen v. *erwähnen.*

geweicht part. *geweiht;* n. *geweihter Boden.*

gewell n. *Brechmittel, Gebrochenes.*

gewellen part. praet. *gewollt.*

geweltigen v. *vergewaltigen.*

gewend n. *als Flächenmaß, etwa 1 Morgen, als Längenmaß etwa* ¹/₂ *Kilometer.*

gewenden v. *zu Ende bringen; verhüten.*

gewender m. *Tuchverkäufer.*

gewenklich adj. *gewöhnlich.*

gewentlich n. *Gewändlein.*

gewer n. *Waffen, Rüstung.*

gewerb m. n. *Werbung; Handelsgesellschaft; Treiben.*

gewerbe m. *Arbeitshelfer.*

gewerben v. *Geschäfte machen.*

gewer(e), gewerde f. *rechtlich gesicherter Besitz einer Sache, Besitzstand, Eigentum.*

gewerf n. *Abgabe; Wurfgeschoß.*

gewern v. *einen eines dinges es ihm geben.*

gewerre n. *Verwirrung, Zwietracht.*

gewerren v. *stören, beeinträchtigen.*

gewertig adj. *zu Diensten, dienstbereit; g. sein warten.*

gewertigen v. *einem zu Willen sein.*

gewesch n. *Geschwätz.*

gewest n. *Gegend.*

gewett n. *Wette.*

gewicht n. *Geweih.*

gewilk n. *Gewölk.*

gewill n. (schweiz.) *Wellenschlag.*

gewinlich adj. *einträglich; auf Gewinn bedacht; besiegbar.*

gewinnen v. *Gewinn haben; abgewinnen; finden; zu schaffen g. zu tun bekommen.*

gewirblich adj. *gewerbereich.*

gewirren v. *stören, beeinträchtigen.*

gewirzskarnizel n. *Krämertüte.*

gewiß adj. *bestimmt, unangreifbar, glaubwürdig; des g. spilen sicher gehen.*

gewissen f. *Kenntnis, Kunde.*

gewissenheit f. *Wissen.*

gewißne f. *Gewissen; Gewissensbedenken; Wissen.*

gewollen part. *zu wellen stv.*

gewon adj. *gewohnt.*

gewonen v. *gewohnt werden, pflegen.*

s. gewonnen geben v. *seine Niederlage zugeben; einem g. geben ihm den Sieg zugestehen; g. haben sich als Sieger fühlen.*

geworn part. *geworden.*

gewülk n. *Gewölke;* (rot) g. *Rotlauf.*

gewündrig adj. (schweiz.) *neugierig.*

gewürcht n. *Gewebe.*

gewürzskarnizel n. *Tüte.*

gewüte n. *Getöse.*

gezau n. *Gerät, Rüstung.*

gezauwe n. *Tauwerk; Webstuhl.*

gezeg n. *Neckerei, Verlockung.*

gezeiten plur. *die kanonischen Tagzeiten, Horen: Mette, Prim, Terz, Sext, Non, Vesper, Komplet.*

gezen v. *schreien, von der Elster.*

gezeug n. *Werkzeug.*

gezeug(e) m. *Zeuge.*

gezeugnus n. *Beweis.*

gezier n. *Luxus.*

gezigen part. *vorgeworfen.*

gezirk n. *Bezirk; Umzäunung.*

gezog m. *Freizügigkeit.*

gezogenlich adj. *artig.*

gezösch n. *Gewimmel.*

gezoter n. *Gefolge.*

gezücht f. *Bezichtigung.*

gezung n. *Sprache.*

gezwang n. *Zwang.*

gezwerg n. *Zwerg.*

gfar n. ? (rotw.) *Dorf.*

ghein pron. *kein.*

gichlen v. *ungezogen lachen.*

gicht 3. sg. praes. ind. *sagt.*

gicht f. *Lähmung, Zuckung, Krämpfe;* (schweiz.) *Kornrade.*

gicht f. *Aussage, Bekenntnis (zu jehen).*

gichtig adj. *geständig.*

gichtigen v. *überführen.*

gickeln v. *vorsichtig lugen.*

gickerlein n. *die Vogelart* Anthus, *Pieper.*

giener pron. *jener.*

gierfalk m. *nordischer Jagdfalke* (anord. geirfalki).

gießbeck(en) n. *Handwaschbecken.*

gieß(en) m. *Rinne, Bach, Wasserfall.*

gießfaß n. *Zinnkanne (mit Hahn) über dem Gießbecken.*

gieten s. *güten.*

gifiz m. *Kiebitz.*

giftblaser m. *schlimmer Berater.*
giften v. *(einem etwas) einimpfen.*
giftfresser m. *Jahrmarktskünstler.*
giftgellisch adj. *gehässig.*
gigack m. *Gans.*
gil m. (rotw.) *Mund.*
gilbe f. *gelbe Farbe, gelbes Aussehen, Gelbsucht.*
gilben v. *gelb färben.*
gilde f. *Kassenverein.*
gilden v. *einer Gilde angehören.*
gilf n. *Geschrei.*
gilfe(r)n v. *wimmern, quieksen.*
gilge f. *Lilie.*
gilgecht adj. *lilienhaft.*
gilgenöl n. *Lilienöl.*
gilgenschmack m. *Lilienduft.*
gilt f. *Pachtzins, Rente, Einkünfte.*
gilwen v. *gelb färben.*
gim n. *Pfropfreis.*
ginaff m. *Schlafmütze.*
ginden v. *gönnen.*
ginen v. *den Mund aufsperren, gähnen.*
giner m. *Gönner.*
giner pron. (els.) *jener, der jenseitige.*
ginmaul n. *Maulaufsperrer, Tagedieb.*
ginnen v. *beginnen.*
gins pron. *jenes.*
ginsite adv. *jenseits.*
giornal n. *Tagebuch.*
gipfel m. *höchster Teil.*
gippe f. *Joppe.*
gippenschneider m. *Jackenschneider.*
gird f. *Begierde.*
girdig adj. *begierig.*
giren v. *gären.*
girlein, -liz n. m. *eine Finkenart, Fringilla serinus.*
girren v. *knarren.*
girt(e) f. (westmd.) *Gerte.*
gisch m. (rotw.) *Filzhut.*
gissübel m. *Strafturm; Kasten mit Falltür, durch den Sträflinge ins Wasser geschnellt wurden; Bergnase.*
git 3. sg. praes. ind. *gibt.*
gitte f. *Brigitte, verächtliches Weib.*
gix m. (westobd.) *Laut.*

gizli n. *Zicklein.*
gizlin n. (rotw.) *Stück Brot.*
glag n. *Gelage, Zeche.*
glanz adj. *glänzend.*
glanz m. *Strahl.*
glasemenger m. *Glashändler.*
glast m. *Schimmer.*
glasten v. *glänzen.*
glat adv. *schlechterdings.*
glathart m. (rotw.) *Tisch.*
glatmacher m. *Polierer.*
glaubbruch m. *Treulosigkeit.*
glaubbrüchig adj. *treulos.*
glauben m. *auch Kredit.*
glaubhaft adj. *treu.*
glaublich adj. *glaubhaft.*
glaubner m. *Gläubiger.*
glaubrüchtig adj. (obd.) *treuvergessen.*
glauch adj. *hell, glänzend.*
glazet adj. *kahlköpfig.*
glef f. (md.) *Lippe.*
glefe f. *Spieß.*
gleffe(le)n v. *anstarren.*
gleich n. *Gelenk, Glied (einer Kette).*
gleich adj. *auch gemäß, gerecht, ebenbürtig; ähnlich; quitt; s. zu gleichem erbieten Vergleichsverhandlungen anbieten.*
gleich adv. *gleichsam, gleichwohl, ganz, nahe, zugleich, geradezu; g. so vil ebensoviel; g. so (mer) ebensolieb, -gut; es gilt g. es ist gleichgültig.*
gleich achten v. *vergleichen.*
gleichbertig adj. *gleichartig.*
gleiche f. *Gleichheit.*
gleich(en) adv. *in gleicher Weise; entsprechend; gleichsam; eben jetzt.*
gleichen v. *gleichstellen; s. einem g. sich ihm an die Seite stellen.*
gleichförmig adj. *entsprechend.*
gleichkauf m. *Trunk zur Besiegelung eines Kaufs.*
gleichnis f. *Aehnlichkeit; Vorbild.*
gleich sam(b) conj. *gleich als ob.*
gleich schreiten v. *marschieren.*
gleich so mer adv. *ebensogern.*
gleichtag m. *Tag- und Nachtgleiche.*

gleichzu adv. *gleichmäßig vorwärts, gerade aus.*

gleißende kirche f. *Scheinkirche.*

gleißgug m. (schweiz.) *spanische Fliege; Gleißner.*

gleißwort n. *Heuchelei.*

gleisten n. *äußerer Schein.*

gleit *s.* geleit.

gleizbrief, -man *s.* geleit.

glen(e) f. *Lanze.*

glenenmacher m. *Lanzenmacher.*

glener m. *Lanzenknecht zu Pferd.*

glenster m. *Glanz.*

glenstern v. *funkeln.*

glenz m. n. *Lenz.*

glenz m. (rotw.) *Feld.*

glenze f. *Glanz.*

glenzlich adj. *strahlend.*

gleser m. *Glaser; Glasmaler.*

glesten v. *glänzend machen; glänzen.*

glesterich m. (rotw.) *Glas.*

gleubig adj. *auch wahrscheinlich.*

gleublich adj. (els.) *traurig, demütig.*

glid f. (rotw.) *Schwester; Dirne.*

glidenbeth, -boß f. (rotw.) *Bordell.*

glidenfezerin f. (rotw.) *Kupplerin.*

glidmeßig adj. *wohlgegliedert.*

glidsucht f. *Rheumatismus.*

glimpf m. *Ehre, guter Name; angemessenes Betragen, Lebensart; Billigkeit; Vorteil; ehrenvoller Vorwand; Schein; mit g. anständig; zum g. anstandshalber, zur Bemäntelung.*

glimpf m. *vom Gürtel herabhängender Zierat.*

glimpfen v. *Nachsicht üben; passend, angenehm machen.*

glimpfig adj. *gelind, billig, rechtmäßig.*

glink adj. *link(isch).*

glinster n. *Gefunkel.*

glinze(r)n v. *glänzen.*

glipfen v. *straucheln.*

gliß f. (rotw.) *Milch.*

glistern v. *schimmern.*

gliz m. *Glanz.*

glizen v. *schimmern.*

glizig adj. *glänzend.*

gloch n. *Gelage, Zeche;* ins g. geben zum Besten geben.

glöcheret part. *durchlöchert.*

glock f. *Glocke;* die g. ist gossen der Plan ist gemacht.

glockener m. *Glöckner.*

gloriren v. *verherrlichen.*

glu adj. *glühend, glänzend.*

glück n. *Zufall.*

gluckener m. *Glöckner.*

glückshafen m. *Lotterie.*

glückstopf m. *Lotterie.*

gluf(e) f. *Stecknadel.*

glugg(er)en v. *glucken (wie die Henne).*

glüig adj. *glühend.*

glum adj. (md.) *trüb, schlammig.*

glunen v. (schweiz.) *schielen.*

glunkener m. *Verfertiger von Troddeln, Quasten.*

glunsen v. *glimmen.*

glust *s.* gelust.

glut(en) m. (straßb.) *Wasserläufer,* Totanus glottis.

glüwen v. *glühen.*

gluxer m. *Schlucken.*

gnaden v. *danken.*

zu gnaden gen v. *untergehen (von der Sonne).*

gnad herr! junker! gnädiger Herr! mit Verlaub, Herr!

gnappen v. *wackeln, hinken; nicken.*

gnau *s.* genau.

gnaz m. *Ausschlag, Schorf.*

gnediger m. (schweiz.) *Versöhner.*

gnedigung f. *Versöhnung.*

gneischaft f. (schweiz.) *Nachbarschaft.*

gneschig adj. *naschhaft, lüstern.*

gneze f. *Ausschlag, Schorf.*

gnezig adj. *reudig.*

gnippen v. *hinken, wackeln.*

gnote adv. *genau, angelegentlich.*

gnügde f. *Genüge.*

gnugsami f. (alem.) *Genüge, Fülle.*

gob(e) f. *Gabe, Bestechung.*

goch (alem.) *s.* gach.

göckelman, -nar m. *Hanswurst.*

göcken v. *rülpsen.*

göcker m. *Hahn.*

goffen v. (rotw.) *schlagen.*

gögel adj. *ausgelassen.*

gögelman m. *Hanswurst.*
gol m. (obd.) *Lärm, Mutwille.*
golder s. *goller.*
goldfaste(n) f. *Quatemberfasten.*
goldgelb adj. *auch blond.*
goldschein m. *Schimmer.*
goldstein m. *Prüfstein.*
goldstück n. *Goldstickerei.*
goldwerk n. *Geschmeide.*
golen v. (obd.) *Narrheiten treiben; lärmen.*
golheien v. (schwäb.) *ärgerlich schreien.*
goller n. m. *Brustlatz; Hals- und Hemdkragen; Kamisol, Wams* (franz. collier) ; *einem d. g. fegen, lausen, ihm die Meinung sagen.*
golmar f. *Goldammer.*
golter s. *goller, gulter.*
goltfaste f. *Quatemberfasten.*
goltfeger, -greber m. *Grubenputzer, Kanalräumer.*
gom m. *Gaumen.*
gompelschneider m. *Possenreißer.*
gon 3. sg. praes. conj. *gönne.*
gon s. *gen.*
gon m. (schweiz.) *rundes Schöpfgefäß.*
gondale f. *Ruderboot.*
gorgelstecher m. *Halsabschneider, Wucherer.*
görpsen v. (schweiz.) *rülpsen.*
gorre f. (md.) *schlechter Gaul.*
görren v. (westmd.) *heulen.*
gosche f. *Mund.*
goß m. *Wasserguß, Ueberflutung.*
got m. *auch Christus.*
got gebe *als Satzeinleitung* (got gebe es sei diser oder jener, got gebe wie er klettern könne) *gleichgültig ob, = wie, = wer; gleichviel.*
gotlose f. (schweiz.) *Gottlosigkeit.*
gotsacht f. *Kirchenbann.*
gö(t)schlen v. (schweiz.) *plätschern.*
gotsdechtig adj. *gläubig.*
gotsdieb m. *Kirchenräuber.*
gotsdieberei f. *Kirchenraub.*
gotsfart f. *Wallfahrt.*
gotsgab f. *Pfründe, Stiftung, die um Gottes willen gegeben ist; Zahlung an die Kirche.*

gotslehen n. *Leibeigener.*
gotsmartren s. *pozmartren.*
gotspfenning m. *Draufgeld.*
gotsrecht n. *Sterbesakramente.*
gotsschalk m. *der an Gott zum Schelm wird, Frevler.*
gotsschelkig adj. *frevelhaft.*
götte m. *Taufpate.*
göttel n. *Patenkind;* f. *Patin.*
göttern v. *göttliche Art und Kraft geben.*
gotwilkum interj. (alem.) *willkommen.*
goz- s. *gots-.*
göz m. *Tropf.*
gözer m. *Götzendiener.*
grab adj. *grau.*
grabeisen n. *Graviernadel.*
graben v. *gravieren.*
grabener m. *Graveur.*
grabprüchel m. *Totengräber.*
grad m. *Schritt, Tonschritt, Stufe, Zustand.*
gradigkeit f. *Gewandtheit, bes. in Tanz, Spiel, Kunststücken.*
gradlen v. *krabbeln.*
gral 1. sg. praet. *zu* grellen.
grama(n), gramen m. *Esel, Grauschimmel, alter Klepper;* gris schlegt gern nach gramen *ein graues Pferd erzeugt wieder ein graues, Art läßt nicht von Art.*
gramat n. *Grummet, Heu des zweiten Schnitts.*
gramers n. *Dankeschön* (franz. grand merci).
grammaschi s. gramers, kramanzen.
grampas, -es, -us m. *Poltergeist.*
grampen v. *Kleinhandel treiben.*
gramschaft f. *Verdruß.*
gramselig adj. *verdrießlich.*
gran n. *Korn, kleinstes Gewicht.*
grand m. *Sand.*
granen v. *murren, mürrisch dreinsehen.*
granse(n) m. (obd.) *(Schiffs-) Schnabel, Vorder-, Hinterteil des Schiffes.*
gransen v. *anherrschen.*
granten v. (rotw.) *betteln.*
grantner m. (rotw.) *Bettler, der Krankheit vortäuscht.*

grapen v. (md.) *plump greifen.*
grasblum f. *Nelke.*
grasen v. *Gras mähen.*
graslied n. *(leichtfertiges) Volkslied.*
graß adj. *wild, zornig.*
graswurm m. *Raupe; Assel.*
grat m. *Rückgrat, Knochen;* bis auf den grat(en) *bis aufs äußerste.*
graten v. *entbehren.*
gratias n. *Dankgebet nach Tisch.*
gratücher m. *Weber grauer Tuche.*
grauer münch m. *Barfüßer.*
grau machen v. *graue Haare wachsen lassen.*
graunen v. *grunzen.*
grausam adj. *grauenhaft.*
grausame f. *Gräuel.*
graxen v. *krächzen.*
grebel m. *Stichel zum Rübengraben; Kernhaus der Rübe.*
greb(en)er m. *Graveur.*
grecken plur. *Schleim im Augenwinkel.*
greglen v. *gackern.*
greibenschinder m. *Abdecker.*
greifen v. *mit Händen greifen;* zur sachen g. *die Sache anpacken;* umb sich g. *sich erstrecken;* ins gericht g. *dem Urteil vorgreifen.*
greiflich adj. *handgreiflich, wahrnehmbar.*
greil *s.* kreuel.
greinen v. *den Mund verziehen, lachend oder weinend; die Zähne fletschen; knurren, murren, zanken.*
greinerlein n. *Baumpieper.*
greis adj. *grau.*
greislich adj. *fürchterlich.*
greiß m. *Grauschimmel.*
greiß n. *Brocken.*
greit *s.* gereite.
greit m. *Geiz.*
greitig adj. *habsüchtig.*
greizet part. praet. *zu* reizen.
Greke m. *Grieche, Byzantiner.*
grell adj. *unvermittelt, schroff.*
grell f. *Zorn, Grimm.*
grellen stv. *mit scharfem Laut erschallen.*
gremisch adj. *grämlich.*

grempe m. (alem.) *Kleinhändler, Trödler.*
grempelmarkt m. *Trödelmarkt.*
grempe(l)n v. *kaufen* (lat. comparare).
grempler(in) m. f. *Trödler(in).*
grendel m. *Riegel, Gitter.*
greniz f. *Grenze; Bezirk.*
grentig, -isch adj. *mißgelaunt.*
grenzer m. *Grenzanwohner.*
grept f. *Begräbnis.*
gressig adj. *gräßlich.*
gret f. *Dirne.*
greten v. *die Beine spreizen.*
gretlich n. *gesamtes Gerät.*
greue f. *Grauhaarigkeit.*
greu(e)len v. *Schimmel ansetzen.*
greuslich adj. *fürchterlich.*
greußel m. *Uebelkeit.*
grewelich n. *Grauen.*
gribe f. *ausgeschmelzter Fettwürfel; fette Beute.*
gridlecht, -lich adj. *überreizt.*
griebling(s)baum m. *Kartoffel.*
grien n. *Kies; Blasensteine.*
gries n. *Sand; Harnsand; s.* Veltins gries *Blasensteine als angewünschtes Leiden.*
griesen v. *zu Gries mahlen.*
grif m. *Kunstgriff, Kniff, List.*
grife f. *Griebe, Fettwürfel.*
grifling m. (rotw.) *Finger.*
grillen *s.* grellen.
grim m. *Grimmen in den Gedärmen.*
grim adj. (rotw.) *gut.*
grind m. *Hautausschlag;* (alem.) *Kopf.*
grinnen v. *ausschreien.*
grisgramen v. *mit den Zähnen knirschen.*
griswertel m. *Turnierwächter.*
gritling adv. *rittlings.*
grob adj. *ungebildet, dumm; leichtverständlich, deutlich, durchsichtig;* es zu g. machen *sich zu unverschämt benehmen.*
gröbel m. *Grobian.*
grobeln v. (md.) *grübeln.*
groben *s.* gropen.
groch(e)zen v. *grunzen.*
groe adj. *grau.*

grolz m. *Rülps; derber Possen.*
grölzen v. *rülpsen.*
grölzet adj. *rülpsend.*
groma(n), gromen s. *graman.*
gromat n. *Grummet, zweiter Schnitt.*
gromen plur. (schwäb.) *Hoden.*
gromet n. *zweiter Schnitt des Grases.*
gronat, -et adj. *mürrisch.*
gronen v. *murren, mürrisch dreinsehen, brummen.*
groner m. *Brummbär.*
gropen m. *eiserner Kochtopf.*
gropen v. (els.) *tasten, tappen.*
groppe f. *Kaulkopf, ein kleiner
Fisch, an dem der Kopf das
größte ist,* lat. capito. *Daher
dieser Eigenname.*
grörich n. *Röhricht.*
großbecker m. *Brotbäcker.*
großbrechtig adj. *großspurig.*
grosse(n) m. *Groschen.*
großen v. *groß machen.*
großern v. *größer machen.*
groß gen v. *schwanger sein.*
großhans m. *Prahler, Wichtigtuer.*
größlich adv. *stark.*
großmacher m. *Vergrößerer.*
grozen m. *Tannenreisig.*
grube f. *Grab;* auf der g. gen *vom
Tod bedroht sein.*
grublen v. *genau nachforschen.*
grübling(s)baum m. *Kartoffel.*
grüdlen v. *grübeln; stöbern.*
grügel f. (schweiz.) *Auerhuhn.*
grüglen v. *gackern.*
grull m. *eine Pelzart.*
grumat n. *grün Gemähtes, Oehmd.*
grumbsen v. *grunzen; murren.*
grümmeln v. *krümeln, zerbröckeln.*
grummen v. *murmeln.*
grumpe m. *Speisebrocken;* plur.
Possen; große g. fürgeben *das
große Wort führen.*
grün n. *Kies; Blasensteine.*
grund m. *auch Begründung, An-
halt zu einer Meinung; Grundstück; Ausbund, gründlicher Kenner;* den g. wissen *gründliche
Kenntnis haben.*
grundbrühe f. *Kielwasser im Schiff.*
grundel m. *Querholz.*
grundel f. *Schmerle, Gründling.*

gründeln v. *vorwitzig nach Gründen suchen.*
gründen v. *be-, ergründen, sich
stützen.*
grundkloz m. *Tieflot.*
gründlich adj. *auch begründet,
wahr, echt; grundsätzlich.*
grundrur f. *Strandung;* -recht n.
Strandrecht.
grundsuppe f. *Bodensatz.*
grunhart m. (rotw.) *Feld.*
grünling m. *Grünfink.*
grunzen v. (md.) *zürnen, murren.*
grüsch f. n. *Kleie.*
grußbar adj. *höflich.*
guardi f. *Leibwache.*
guberniren v. *lenken.*
guckas, gugkes m. *Kux, Gewinn-
anteil an einem Bergwerk.*
gucken v. *kuckuck rufen; sich benehmen wie ein Gauch.*
gucker, gucksgauch m. *Kuckuck.*
guckheuslein n. (obd.) *auch Mastkorb.*
gucku(g) m. *Kuckuck;* ein g.
schießen *einen Fehlschuß tun.*
gudelichter m. *Kerzengießer.*
guf(e) f. *Stecknadel.*
guf(en)er m. *Nadelmacher.*
guff m. n. *stumpfes Ende (des
Eies).*
gufman m. *Ausrufer.*
gugel m. f. *Kapuze.*
gugelfranz, -frenzin m. f. (rotw.)
Mönch, Nonne.
gugelfur f. *Possen, Durcheinander.*
gugelhan m. *Haushahn.*
gugelhut m. *Kapuze.*
gugler m. *bunte Leinwand.*
gulden adj. *golden; über jeden Tadel erhaben;* guldenes n. *das
Beste, Ideale.*
gülden ader f. *Hämorrhoiden.*
güldenfieber n. *Habgier.*
gülden jar n. *Jubeljahr.*
guldinschreiber m. *Lohnschreiber.*
guler m. *Haushahn.*
güler m. *Bettler.*
gülfen v. *wimmern, quieksen.*
guli m. n. *Hahn; vorwitziger
Bursch, Lästermaul.*
gülle f. *Pfütze.*

gült f. *Pachtzins, Rente, Einkünfte.*

gulter m. *Steppdecke, Teppich.*

gültgut n. *mit Abgaben belastetes Hofgut.*

gültherr m. *Rentmeister, städt. Finanzbeamter.*

gump m. *tiefe Stelle im Wasser, Strudel.*

gumpel m. *Gimpel.*

gumpelmilch f. *Buttermilch.*

gumpen v. *springen, tanzen.*

gumpest, -post m. *Eingemachtes, Sauerkraut.*

gumpig adj. *springlustig, närrisch, verstiegen.*

gün 1. sg. praes. *gönne.*

gund 1. 3. sg. praet. *begann.*

gund 3. sg. praes. ind. *gönnt.*

günd 1. 3. sg. praet. conj. *gönnte.*

gündelein n. *Gondel.*

günder m. *Gönner.*

gunderfech, -fei *s.* kunterfei.

gundol n. *Ruderboot.*

gunkel f. *Spinnrocken.*

gunker m. (ostmd.) *Junker.*

günlikeit f. *Herrlichkeit.*

gunnen v. *gönnen.*

gunst f. *auch Begünstigung.*

gunstwillig adj. *freiwillig.*

gupfen v. *häufen.*

gurbe f. (alem.) *Schiffsrippe.*

gurgel f. (rotw.) *bettelnder Landsknecht.*

gurgeln v. (rotw.) *betteln, vom Landsknecht.*

gurre f. (obd.) *Stute; schlechte Mähre; übles Weib, keifende Alte, Dirne;* (österr.) *geringe Pflaumensorte.*

gurren v. (westmd.) *knurren, vom Magen.*

gusel adj. *üppig.*

güsel m. (schweiz.) *Kehricht, Abfälle, Spreu, Schutt.*

güßwasser n. *Hochwasser.*

gusten v. (schweiz.) *kosten.*

güster f. *der Fisch Blicke.*

gustfech n. *junges Schmalvieh.*

gut adj.: *einem etwas g. sein lassen es ihm hingehen lassen; mit gutem frei-, gutwillig.*

gut n. *Vorteil;* mit g. *im guten.*

gutat f. *Wohltat.*

gutemtag m. *Montag.*

güten v. *besser machen, zum Guten wenden, gütlich verfahren.*

guten v. *besser werden.*

guten kauf geben v. *billig abgeben.*

die guten leute plur. *die Aussätzigen.*

guter freitag m. *Karfreitag.*

guter gesell *s.* gesell.

guter montag m. *blauer Montag.*

gute tochter f. *Dirne.*

gutgeitig adj. *habgierig.*

gut jar n. *Neujahrsgeschenk;* im ein g. j. *haben sichs wohl gehen lassen.*

gutleuthaus, -hof n. m. *Aussätzigenhaus vor der Stadt.*

gütlich n. *Gütlein.*

gutrolf m. *Glas mit engem Hals.*

gutt n. *Schlagfluß (lat. gutta).*

gutter m. f. *Flasche* (guttarium).

guttschlegig adj. *apoplektisch.*

guttuer m. *Wohltäter.*

guz m. *Ausguß.*

guzen v. (obd.) *gucken.*

guzgauch m. *Kuckuck.*

guzlen v. (alem.) *hausieren, betteln.*

guzler m. *Hausierer.*

gwarde m. *Leibwächter, -gardist.*

gwelf m. *Welfe.*

gwentlich n. *Gewändlein.*

gwonet f. *Gewohnheit.*

gwülk n. *Gewölk.*

H.

Unter H vermißte Wörter s. u. ihrem vokalischen Anlaut.

hab f. *Haufe.*

hab f. (obd.) *Hafen.*

hab n. *Habe.*

haben v. *halten; urteilen über; erwiesen haben; s. h. sich verhalten.*

haberen v. *Hafer ernten.*

haberer m. *Haferhändler.*

habergeis f. *Heerschnepfe;* (alem.) *Brummkreisel.*

haberman m. *Haferhändler.*

habermenger m. *Haferhändler.*

habersack m. *Tornister.*

haberweid f. *die schlechteste und späteste Viehweide; auf die h. schlagen Mangel leiden lassen, wie das Vieh auf den Haferstoppeln, schlecht behandeln, den Laufpaß geben.*

habit m. *Chorrock.*

habitaz f. *Wohnung.*

habk m. *Habicht.*

hach(e) m. *Bursche, Draufgänger, Gelbschnabel, Wortheld.*

hacher m. *Henker.*

hacht s. *hache.*

hackbret n. *eine Art Zither.*

hacke m. *Handfeuerwaffe.*

hackenhelb m. *Hauenstiel.*

hacket adj. *hakenförmig, gebogen.*

hackstock m. *Klotz zum Holzhacken.*

hadel m. *Fetzen.*

hader m. *auch Rechtsstreit.*

haderbuch n. *Kladde.*

haderhaftig adj. *streitsüchtig.*

haderkaz f. *Raufbold.*

haderlaus f. *Filz, Kleiderlaus.*

haderman m. *Streiter.*

hadermez f. *Krakeeler.*

hadermül f. *Papiermühle; Zankehe.*

hadern v. *prozessieren.*

hadersache f. *Prozeß.*

hadrer m. *Zänker.*

hafen m. (obd.) *Topf; Glückshafen, Lotterie; aus einem holen h. reden haltloses Geschwätz vorbringen.*

hafenkes m. *geringer Käse aus gestockter oder Buttermilch.*

hafenreff n. *Topfgestell.*

haferer m. *Haferhändler.*

haferman m. *Haferhändler.*

hafermenger m. *Haferhändler.*

hafner m. (obd.) *Töpfer.*

haft m. *Schwerpunkt, Kern der Sache.*

haft f. *Beschlagnahme.*

hafteln v. *gedeihen.*

haftwort n. *Bürgschaft, Pfand.*

hag m. *Einhegung, Gebüsch, Wald, eingehegter Ort.*

hagelgans f. *Wildgans.*

hagen m. (schwäb.) *Zuchtstier.*

hagen v. *Zäune ziehen, flicken.*

hagenreuter m. *Raubritter, Straßenräuber.*

haggamagga n. *Hackemack, Gemengsel von wertlosem Zeug.*

hagjunker m. *Strauchdieb.*

hahen v. *hängen.*

haken m. *auch gekrümmtes Messer;* haken(büchse) *Flinte mit Stützgestell;* halbe h. *leichtere Flinte.*

hakenkugel, -pulver, -schraube: *Kugel, Pulver, Schraube für Hakenbüchsen.*

hakenschüz m. *Infanterist mit Hakenbüchse.*

hal m. *Schall.*

halbarte f. *Hellebarte.*

halbe messe f. missa praesanctificatorum.

halbfogel m. *die kleineren Drosselarten, Weindrossel, Amsel.*

halbgeiß f. *Satyr.*

halbhauer m. *einschneidig. Schwert.*

halbhose f. *Kniehose (des Landsknechts).*

halbs adv. *zur Hälfte.*

halbschlange f. *kleine Kanone.*

halbschock n. *dreißig Stück.*

halbteil n. *Hälfte.*

halen v. *holen.*

hallbube m. *Salzsiederknecht.*

haller m. *Kupfermünze, Pfennig aus Schwäbisch-Hall, Heller.*

hals m. *auch Leben; auf dem h. ligen drohend bevorstehen; etwas am h. tragen es mit sich herumschleppen.*

halseisen n. *Fessel am Pranger.*

halsen v. *umarmen.*

halsherr m. *Herr über Leib und Leben.*

halskappe f. *Kapuze.*

halsschlag m. *Ohrfeige.*

halsstark adj. *halsstarrig, hartnäckig.*

halsstark m. f. *Halsstarrigkeit; Rückhalt.*

halsstarren v. *eigensinnig verfahren.*

halsstreich m. *Ohrfeige.*

halt f. m. *Hinterhalt.*

halt m. *Fassungskraft, Inhalt.*

halten v. *ab-, an-, auf-, aus-, ent-, fest-, stand-, unter-, verhalten; aufpassen; herbergen; entgelten, behaupten; lauten;* s. h. *sich verhalten;* drob h. *darüber wachen;* auf einen h. *ihm nachstellen;* h. mit *zusammenhängen.*

haltung f. *auch Erhaltung.*

haluck s. *holunke.*

hamelwanst m. *eine Birnensorte.*

hamen m. *Fangnetz;* für dem h. fischen *sich umsonst bemühen.*

hamen m. *Angelhaken* (lat. hamus).

hamenmecher m. *Verfertiger von Angelhaken.*

hamerstetig adj. *bockbeinig.*

hamme f. m. *Schinken.*

han swm. *Hahn;* seinen hanen ertanzt haben *sein Schäfchen im Trocknen haben.*

han v. *haben, halten;* sich h. *sich verhalten.*

hand f.: h. des schifs *Hinterdeck;* es get in die h. *man schneidet sich selbst, verunglückt;* vor der h. sein *vorhanden sein.*

handberd f. *Geste.*

handel m. *auch Prozeß;* h. und wandel *Verkehr;* in den h. laufen mit etw. *damit Geschäfte machen.*

hand(e)ler m. *Unterhändler, Schiedsrichter.*

hand(e)lung f. *Verhandlung; Kampf.*

zu handen stellen v. *einhändigen.*

handfan(e) m. *seidener Streifen am linken Arm des Meßgeistlichen,* s. manipel.

handfaß n. *Waschbecken.*

handfest f. *Urkunde.*

handfride m. *mit Handschlag zugesagter Friede.*

handgeschirr n. *Gerät, Werkzeug.*

handgeschrift f. *eigenhändige (Unter-)Schrift, Verschreibung.*

handhaben v. *schützen, in Stand halten, ausführen, bewirken.*

handhaft adj. *tapfer, kraftvoll.*

handhalten v. *schützen, aufrecht erhalten.*

handkauf m. *Kleinverkauf.*

handlen v. *mit Händen bearbeiten,*

mißhandeln; Geschäfte machen; besprechen, verwalten; mit einer dirne h. *sie beschlafen.*

handlich adj. (alem. schwäb.) *behend, rührig, rüstig.*

handlon m. *Abgabe an den Grundherrn bei Besitzwechsel.*

handquehel f. *Handtuch.*

handreich, handreichung f. *Unterstützung, Almosen.*

handror n. *Flinte.*

handsam adj. *gefügig.*

handschlag m. *Verlobung.*

handschrift f. *(rechtskräftige) Forderung; Quittung.*

handwerk n. *Handwerk, Werkzeug, Maschine; Zunft, Gilde.*

handzeichen n. *Monogramm.*

handzeug n. *Handwerkszeug; Attribut.*

handzwehel f. *Handtuch.*

hanenkrat m. *Krähen.*

hanensteigen n. (bair.) *Wettklettern nach einem auf die Kletterstange gebundenen Hahn.*

hanentanz m. *ländliches Fest, bei dem ein Hahn ausgetanzt wird.*

hanfpoz m. *Vogelscheuche.*

hanfstaude f. (rotw.) *Hemd.*

hangdrüßlet adj. *mit hängender Wamme.*

hangender wagen m. *Sänfte.*

hangen lassen v. *etwas in der Schwebe, unentschieden lassen.*

hank 1. 3. sg. praet. ind. *hinkte.*

hanrei m. *Kapaun; betrogener Ehemann.*

Hans, großer m. *Herr von Stand; Wichtigtuer, Prahler.*

Hans von keller m. (rotw.) *Schwarzbrot.*

Hans Walter (rotw.) *Laus.*

hantiren v. *Geschäfte machen.*

hantirer m. *Handeltreibender.*

hantirung f. *Gewerbe.*

hanzlen v. (schweiz.) *in die Hand nehmen, mit Händen bearbeiten, hätscheln, verwöhnen.*

har n.: zu h. ligen mit einem *sich mit ihm raufen;* s. in die h. legen *sich in die Haare fahren;* h. auf h. machen *den Hund aufs*

Wild hetzen, Streit erregen; her-lein spalten *betrügen;* h. über-legen *Gleiches mit Gleichem hei-len.*

har adv. (alem. schwäb.) *her.*

harab geben *eine Schlappe beibrin-gen.*

harhaus n. *Perücke.*

harhusche f. *Ohrfeige.*

harin adv. *herein.*

harm m. *Harn.*

harm(en)glas n. *Glasgefäß zur Urinprüfung.*

harmkachel f. *Nachtgeschirr.*

harmscherbe m. *Nachttopf.*

harmstein m. *Nierenstein.*

harnasch m. *Harnisch;* einem den h. fegen *ihm die Meinung sagen.*

harnaschbrecher m. *Dolch.*

harnaschhaus n. *Zeughaus.*

harnest m. *Harnisch.*

harnischer m. *Panzerschmied.*

harnwinde f. *tropfenweises Harnen bei brennendem Schmerz im Blasenhals.*

harpflanzen n. *künstliche Frisur.*

harr! interj. *warte!*

harre f. *Dauer;* in die harr *auf die Länge.*

harren v. *aushalten;* trans. *stun-den;* eines h. *auf ihn warten.*

harriglich adv. *beharrlich.*

harrupfe f. *Ohrfeige.*

harsch m. *Kriegsschar; Vortrab.*

harschier m, *Leibtrabant.*

harschlechte f. *Asthma (des Pfer-des).*

harschlechtig adj. *asthmatisch (vom Pferd).*

harst m. (ostmd.) *Busch.*

harst m. f. *Reisig, Lattenwerk, Rost.*

harst f. (schweiz.) *Heerhaufen.*

harstern m. *Komet.*

harsthorn n. (schweiz.) *Signal-horn.*

harstreiter m. *berittener Freibeuter.*

hart adv. *sehr, schwer, kaum;* einem etwas h. legen *es ihm arg verleiden.*

harthangend adj. *festklebend.*

hartmonat m. *Januar.*

hartsame f. *Standhaftigkeit.*

hartsel f. n. *Kummer, Beschwerde.*

hartselig(lich) adj. adv. *jammervoll, mühsam, bedrückt.*

hartselikeit f. *Beschwerde.*

hartwillig adj. *streng.*

hasel m. f. *der Fisch Hassel.*

hasenar, -geier m. *Steinadler.*

hasenbaner n. *Flucht.*

hasenköniglein n. *Kaninchen.*

hasenlusser m. (westmd.) *der den Hasen auflauert.*

hasplen v. *sich mühsam bewegen.*

hatsche f. (schles.) *Ente.*

hau m. (alem.) *Uhu.*

hau n. *Heu.*

haube f.: einem auf die h. greifen *ihn beim Schopf nehmen, ihm den Kopf zurechtsetzen.*

hauben v. *hauen.*

haubenmecher, -schmid, -stricker m. *Helmschmied.*

haubtbrief m. *Originalurkunde.*

haubtfall m. *Erbschaftssteuer.*

haubtfluß m., -flüssikeit f. *Kopf-gicht.*

haubtflüssig adj. *neuralgisch.*

haubtgelt, -gut n. *Kapital.*

haubtkanne m. *Zunftwirt.*

haubtlauch m. *Knoblauch.*

haubtmennin f. *Frau eines Haupt-manns.*

haubtmördig adj. *mit ansteckendem, unheilbarem Rotz behaftet (vom Pferd).*

haubtpfulwe m. *Kopfkissen.*

haubtpunkt m. *Zenit.*

haubtrecht n. *Erbschaftssteuer des Hörigen, s.* besthaubt.

haubtsaz m. *auch Akt im Drama.*

haubtsecher m. *Anstifter.*

haubtstat f. *Richtstätte.*

haubtstuck n. *Kapitel.*

haubtstul m. *Dachstuhl.*

haubtsumma f. *Kapital.*

haubtwe n. *Kopfschmerz.*

hauchblat n. *Zäpfchen im Hals.*

hauchen v. *niederkauern, sich ducken.*

hauen v. *greifen vom Messer, ver-wunden.*

hauen v. (bair.) *laufen.*

bauenschild m. *Draufgänger, Kra-keeler.*

hauer m. *Bergmann.*

haufe m. *Haufen, Kampfhaufen, Allgemeinheit;* auf e. h. fallen *zusammenstürzen;* a. e. h. fassen *zusammenfassen;* a. e. h. ligen *zertrümmert sein;* in e. h. schlagen *vernichten;* vom h. scharren *vom Kapital zehren.*

haufecht(ig) adj. *in Haufen.*

haufend adv. *haufenweise.*

haufenwerk n. *Massen-, Ueberproduktion.*

haufet adj. *gehäuft.*

hauglein n. (schwäb.) *Häklein.*

haumenger m. (westmd.) *Heuhändler.*

haunelen v. *wiehern.*

haupt- *s.* haubt-.

hauren v. *kauern.*

haus n.: einem ins h. laufen *bei ihm einbrechen.*

hausarm adj. *obdachlos; verschämt arm.*

hausen m. *Stör.*

hausen v. *beherbergen.*

hausere f. *Haushaltung, -wesen.*

hausern m. *Hausflur.*

hausgesesse n. *Haushaltung.*

haushaben v. *haushalten.*

haushablich, -heblich adj. (alem. schwäb.) *ansässig;* h. ding *Inventar.*

haushalten v. *das Haus hüten.*

hauskumeter m. *Komtur eines Ordenshauses.*

hausman m. *Bauer.*

hausmeid f. *Dienstmädchen.*

hausmesser n. *männliches Glied.*

hausnarr m. *Pantoffelheld.*

hauß(en) adv. *hier außen.*

hausseße m. *Häusler.*

haussteur f. *Mitgift.*

haussuch m. *Haussuchung.*

haut f. *auch Hülle;* teufel in der h. *verkappter Teufel;* bube in der h. *durch und durch schlechter Kerl.*

hautsch interj. *au.*

hauz m. (rotw.) *Bauer.*

hauzlen v. *hetzen, treiben.*

haz m. (bair.) *Gerauf.*

hebe f. *Handhabe, Halt.*

hebecher m. *Falkner.*

hebel m. *Hefenteig.*

heben v. *erheben; zu Ansehen bringen; behandeln; aus der : Taufe heben; halten, innehalten;* h. zu jem. *zu ihm halten;* s. h. *anheben, sich davonmachen, sich gehaben;* es hebt sich *stellt sich ein, tritt ein.*

hebenholz n. *Ebenholz.*

heberize f. *Vogelbeerbaum.*

hebig adj. *eifrig, erpicht auf; zäh, sparsam.*

heblen v. *mit Sauerteig ansetzen.*

heblich adj. *begütert;* heuslich und h. *im Besitz von Grundeigentum und Fahrhabe.*

hebren adj. *aus Hafer.*

hebtremel m. *Hebebaum.*

hebwein m. *Wein zum Richtschmaus.*

hechelfürer m. *der mit Hecheln, geringer Drahtware, hausiert.*

hechse f. *Kniebug, krummes Gärtnermesser.*

hecht 3. sg. praes. ind. *hängt.*

hechzen v. *schluchzen.*

hecken v. *brüten, Junge werfen;* s. h. *sich fortpflanzen.*

heckenreuter m. *Raubritter, Straßenräuber.*

heckenwirt m. *Inhaber einer Winkelschenke.*

hecker m. *landarbeitender Tagelöhner.*

hecket 3. sg. praes. ind. *hakt.*

hecklein n. *Bündel, Handgepäck.*

hederich m. *Unkraut.*

hedrig, -isch adj. *zänkisch.*

hefe m: f. *Wein-, Bierhefe; das Schlechteste, Unterste;* auf die hefen komen *trüb zu Ende gehen, zum Aeußersten kommen;* einem nimt die h. überhand *er muß sich erbrechen.*

hefel m. *Sauerteig.*

hefelein n. *kleiner Krug, Topf.*

hef(e)ner m. *Töpfer.*

heflen v. *durchsäuern.*

hefner m. *Töpfer.*

heft m. *Spange.*

heft n. *Handgriff.*
heftader f. *Sehne, Flechse.*
heftlein n. *Spange, Gewandnadel, Oese.*
hegene. f. (alem.) *Angelgerät aus Schnur und mehreren Haken.*
hegenen v. (alem.) *angeln.*
hege(u)ner m. (alem.) *Fischer.*
hegis n. (rotw.) *Haus, Spital.*
hegling (schweiz.) *kleiner Fisch,* Salmo albula.
hei n. *Heu.*
heidel, -en m. *Buchweizen.*
heidelbrei m. *Buchweizenbrei.*
heide(n)korn n. *Buchweizen.*
heidnischkorn n. *die Getreideart* Panicum.
heidnisch wundkraut n. *die Composite* Senecio saracenicus.
heidochs m. (schweiz.) *Eidechse.*
heiduk m. *ungarischer Söldner.*
heien v. *schänden; foppen.*
heilallewelt n. *Allheilmittel.*
heilant n. *Salband, Binde.*
heilbar adj. *heilsam.*
heilb(e)ling m. *halber Pfennig.*
heilbertig *s.* heilwertig.
heilbock m. (schweiz.) *verschnittener Bock,* Hammel.
heile interj. *hü.*
s. heilen an jem. v. *sich an ihm schadlos halten.*
heilenwag m. *Gesundbrunnen.*
heiler m. *Heiland.*
heilfertig adj. *heilbringend.*
heiligen v. *ermüden.*
heiligenere f. *Heiligenverehrung.*
heiligenheusel n. *Kapelle.*
heiligenmeier m. *Kirchenältester.*
heiligenpfleger m. *Kirchenältester.*
heiliggeistwurz f. Angelica silvestris.
heiligenheusel n. *Kapelle.*
heiligtum n. *Reliquie, Reliquienwesen.*
heilmacher m. *Heiland.*
heilos adj. *verflucht, unnütz, nichtsnutzig.*
heilsame f. *Heilkraft.*
heilsen v. *liebkosen.*
heiltumb n. *Reliquie.*
heilwert *s.* helwert.
heilwertig adj. *heilsam, glücklich.*

heimant adv. *zu Hause.*
heimbekennen v. *(gerichtlich) zuerkennen.*
heimberge *s.* heimbürge.
heimbringen v. *nahelegen.*
heimbürge m. *Gemeindevorsteher, Richter, Steuer- und Rechnungsbeamter.*
heimdeihen v. *anheimfallen.*
heime(t)zu adv. (alem. schwäb.) *heimwärts.*
s. heim finden lassen v. *zur Verfügung stehen.*
heimgeben v. *anheimgeben.*
heimher, -hin adv. *nach Haus.*
heimisch adj. *auch heimtückisch.*
heimkennen v. *zuerkennen.*
heimkumen v. *anheimfallen, vergolten werden;* h. lassen *anheimgeben;* einem k. etwas heim *es stößt ihm zu.*
heimlich adj. *vertraut;* h. acht *vertrauliche Besprechung; Parteienberatung; Femgericht.*
heimliche frau f. *Prostituierte.*
heimligheit f. *Geheimnis; heimliches Gemach.*
heimligheitfeger m. *Grubenräumer.*
heimsezen v. *anheimgeben.*
heimsteuer f. *Ausstattung, Mitgift.*
heimsuchen v. *einen (in seiner Wohnung) besuchen.*
heimziehen v. *sich aneignen.*
hein adv. *heute.*
heinacht adv. *vergangene, kommende Nacht.*
hein hein hein interj. *Hetzruf im Kampf.*
heint adv. *heute nacht, heute abend, heute.*
hei(n)zeler m. *städtischer Lohnfuhrmann.*
heiratschenk f. *Verlobungsmahl.*
heiratsman m. *Hochzeitsgast.*
heisch adj. *heiser.*
heischen v. *betteln, verlangen.*
heisere f. *Heiserkeit.*
heisren v. *heiser sein, sprechen.*
heisrom m. (schweiz.) *Heiserkeit.*
heißen swv. *erhitzen.*
heißen stv. *befehlen;* subst. inf. *Gebot.*

heißewort n. *Befehlswort.*

heister m. (fränk. hess.) *(junge) Buche.*

heiter adj. (alem.) *hell, klar.*

heitere f. (alem.) *(Sonnen-)Licht.*

beklen v. *mit der Hacke bearbeiten.*

hel adj. *glatt, klar, unzweideutig.*

hel m. n. *Geheimhaltung, Verschweigen; etwas h. haben mit einem Bekenntnis zurückhalten.*

helb m. f. n. *Axtstiel.*

helbank m. f. *Ofenbank.*

helb(e)ling m. *halber Pfennig; Schwächling.*

hele f. *Heimlichkeit.*

helefant, helfant m. *Elefant.*

helen v. *verheimlichen; hingehen lassen.*

helfenbein n. *Elfenbein.*

helfer m. *Kooperator, Diakonus.*

helg adj. *heilig.*

helgen v. *zum Heiligen machen.*

helgenfart f. *Wallfahrt.*

helgung f. *Heiligung.*

helhund m. *Höllenhund, Zerberus, lästiger Wächter.*

helig adj. *heilig.*

heling m. *Geheimnis.*

helkeplein n. *Tarnkappe; Tarnkappenträger, Zwerg.*

helküchlein n. *Schweigegeld.*

helle f. *auch Ofenwinkel.*

hellenbrecher m. *Maulheld.*

hellerbier n. *Hallisches Bier.*

hellerman m. *Gelegenheitsarbeiter.*

hellerricht(ig)er m. (rotw.) *Gulden.*

hellig adj. *müde; ermüdend.*

helligen v. *plagen, schädigen.*

helm m. *Stiel, Griff einer Axt, eines Geräts, einer Waffe; Oberteil des Destillierkolbens.*

helmbarte f. *Axt mit Stiel, Hellebarde.*

helmhaus n. *Vorbau, Vorhalle.*

helmlein: einem das h. durchs maul ziehen v. *ihm schmeicheln; die h. ziehen das Los entscheiden lassen.*

helmstock m. *Griff des Steuerruders.*

helsen v. *umarmen.*

helsling m. *Halsschlinge, Strick.*

helt plur. *Hinterhälte.*

heltum(b) n. *Reliquie.*

helung f. *Heimlichkeit.*

helwang, -en, -er, -isch s. holwang ...

helwert adj. *einen Heller wert.*

helwert m. *eines Hellers Wert.*

hem(at), hemb n. *Hemd.*

hemen v. *mit dem Haken fischen.*

hemerling m. *Goldammer.*

hemisch adj. *heimtückisch.*

hemizen m. (thür.) *ein Getreidemaß.*

hemling m. *Eunuch.*

hempel m. *Narr.*

hen interj. *gelt.*

hend(e)ler m. *Unterhändler, Schiedsrichter.*

hendeschuwer m. *Handschuhmacher.*

henfen adj. *aus Hanf; in eim h. weir ertrinken am Galgen sterben; auf eim h. pferd reiten* desgl.

hengel f. *Traubenzweig.*

hengen v. *auch henken; einem ze vil h. ihn zu frei gewähren lassen; eins an das ander h. die alten Schulden mit neuen bezahlen.*

henger m. (ostmd.) *Henker.*

hengflüglet adj. *mit hängenden Flügeln.*

hengst, falber s. *falbhengst.*

henkerei f. *Wohnung des Henkers; Plage.*

henkermeßig adj. *wert gehenkt zu werden.*

henket adj. *hängend.*

henn(e) m. s. enne.

henschenmecher m. *Handschuhmacher.*

henschuch m. *Handschuh.*

henseliner m. *liederlicher Schankwirt; Weinfälscher.*

henslein m. *Liebhaber, Lotterbube.*

henslein im keller *ungeborenes Kind.*

hentig adj. *herb.*

hentikeit f. *Herbheit.*

henzler s. heinzeler.

henzschuer m. *Handschuhmacher.*

hep(pe) f. *gekrümmtes Messer.*

heppenbecker m. *Waffelbäcker.*

her 1. sg. praes. *höre.*
herabgeben einem v. *ihn ins Un-*
recht setzen.
heraus adv. *hier draußen.*
herausbrechen v. *bekannt werden.*
herausfallen v. *einen Ausfall ma-*
chen.
herausfaren v. *aus sich heraus-*
gehen; rasch und heftig reden.
s. herausgeben v. *sich hinausbegeben.*
herausgelten v. *herauszahlen.*
s. heraushauen v. *sich aus miß-*
licher Lage befreien.
heraußen adv. *draußen.*
herauswischen v. *eilig zum Vorschein*
kommen.
herausziehen v. trans. *einem eine*
Sonderstellung geben.
herber, herb(e)rig f. *Herberge.*
herbergmild adj. *gastfrei.*
herbrechen v. *anbrechen (vom Tag).*
herbrigen v. *herbergen.*
herbringen v. *darlegen.*
herbst m. *bes. Weinlese.*
herbstherr m. (schwäb.) *Aufseher*
über die Weinlese.
herchen n. (westmd.) *Großvater.*
herd f. (alem.) *Erde.*
herdan adv. *herwärts.*
hereiner adv. *herein.*
hereingen v. *zugehen, hergehen.*
hereinreißen v. *hereinstürzen.*
heremit m. *Einsiedler.*
herentgegen adv. *anderseits.*
herfarn v. *Krieg führen; herein-*
brechen.
herfürblempern v. *herausplatzen*
mit etw.
herfürbrechen v. *herauskommen.*
herfürbringen v. *vorbringen.*
herfürkumen v. *herauskommen, sich*
herausstellen.
herfürmuzen v. *herausstreichen.*
herfürtragen v. *vortragen.*
herfürzichen n. *Hinweis.*
hergesell m. *Kamerad.*
hergotsfogel m. *Johanniswürmchen.*
(unsers) hergots tag m. *Fronleich-*
nam.
herhalten v. *stillhalten, sich gefallen*
lassen.
herheim adv. *hier im Haus.*

her her her interj. *Landsknechts-*
ruf in Verteidigungsstellung.
herhold m. *Herold.*
herin adj. *von Haar.*
heringshocke m. f. *Heringshänd-*
ler(in).
heringsnase f. *Spitzname der Thü-*
ringer.
herkobern v. *heranlocken.*
herkumen v. *abstammen.*
herlein n. *Pfarrer.*
herlich adj. *hoffärtig, selbstbewußt,*
selbstherrlich, herrenmäßig.
herling m. *unreife Traube.*
herman m. *Leithammel.*
hermeln, hermlein n. *Hermelin.*
hernach, hernaher adv. *nachher,*
hinterdrein.
hernachdringen v. *nachwachsen.*
hernachgen v. *stimmen.*
hernehen v. *sich nahen.*
hernen adj. *von Horn.*
hernennen v. *aufzählen.*
herniderlegen v. *stürzen, beseitigen,*
als ungültig beseitigen.
heroben adv. *hier oben.*
herodenzen v. *grausam und gottlos*
sein wie Herodes.
herpauke f. *(große) Pauke.*
herpauker m. *Paukenschläger.*
herrenacht f. *fürstliches Gericht.*
herrenfasnacht f. *der Sonntag Esto-*
mihi, Euphemismus für pfaffen-
fasnacht.
herre(nvogel) m. *(Eichel-)Häher.*
herrenknecht m. *Büttel; Trabant.*
herrentage haben v. *gute Zeit, es*
gut haben.
herrig f. *Herberge.*
herschaftsrecht n. *Grundsteuer.*
herschirer m. *Leibtrabant.*
hert adj. *hart; geizig.*
hert 3. sg. praes. *(ge)hört;* hert(e)
1. 3. sg. praet. *hörte.*
(s.) herten v. *(sich) verhärten.*
herterich m. (rotw.) *Messer, Degen.*
hertikeit f. *Zähigkeit; Geiz.*
hertmeulig adj. *halsstarrig.*
hertstat f. *Feuerplatz.*
herumbwerfen v. *umkehren; s. h.*
sich aufraffen.

herunterkomen v. *zu geringeren Diensten übergehen.*

herwagen m. *Streitwagen; Sternbild des großen Bären, Himmelswagen.*

herwider adv. *zurück.*

herwiderbringen v. *zurecht, wieder einbringen; aufheben, vernichten.*

herwiderum adv. *umgekehrt.*

herwling m. *unreife Traube.*

einem das herz abgewinnen v. *seinen Sinn nach eignem Willen lenken.*

herzfinger m. *Goldfinger.*

herzgespann n. *Brustkrampf; die Labiate* Leonturus cardiaca.

herzgesperr n. *rachitisches oder asthmatisches Brustleiden.*

herzigen v. *beherzt machen.*

herzjarritt m. *lebensgefährliches Fieber.*

herzleid n. *das größte Leid;* hab das h. *geh zum Henker;* er hat das h. *ist nichts wert;* einen das h. lassen haben *sich nichts um ihn kümmern.*

herzritte m. *ans Herz greifendes Fieber.*

herzschlechtig adj. *asthmatisch (vom Pferd).*

herzugrasen v. *gemächlich nahekommen.*

hesch(iz) m. *Aufstoßen.*

heseling m. *der Fisch Hassel.*

heslen adj. *von Haselholz.*

heß n. *Gewand.*

hesse f. *Hechse, Kniebug, (krummes) Messer, Stoßdegen.*

heßfal m. *Abgabe des besten Gewands beim Tod des Leibeigenen.*

hessig adj. *gehässig, haßerfüllt, hassenswert.*

hessikeit f. *Haß.*

heßlich adj. *gehässig;* adv. *unliebsam.*

he(t)sch m. *Aufstoßen.*

hetschen v. *den Schlucken haben.*

hetschen v. *hetzen.*

heubelmeis f. *Haubenmeise,* Parus cristatus.

Heuberg m. *höchster Teil der schwäb. Alb, Sammelplatz der Hexen.*

heubergerin f. *Hexe.*

heuchlen v. mit dat. *einem schmeicheln.*

heuchler m. *geheimes Laster.*

heuen v. *hauen;* über s. h. *sich zuviel zumuten.*

heuet 3. sg. praes. ind. *haut.*

heuet m. *Heuernte.*

heufig, heuflich adv. *massenhaft.*

s. heuflen v. *sich zusammentun.*

heuliechel m. *Heuhaken.*

heumon m. *Juli.*

heun m. *Riese.*

heunen v. *winseln.*

heunisch f. *Geschwulst an Kuh, Pferd, Schaf.*

heunisch adj. *ungarisch; ungeschlacht, unheimlich;* h. weinbör *minderwertiger Wein aus ungarischen Rebsorten.*

heuren v. *heiraten.*

heurling m. *junger, diesjähriger Schoß, Fisch.*

heuschoch m. *Heuhaufen.*

heuselfeger m. *Grubenräumer.*

heuslein n. *Abort.*

heuslich adj. *wirtschaftlich.*

heuslich und heblich adj. *im Besitz von Grundeigentum und Fahrhabe.*

heustöffel m. *Heuschrecke.*

heut bei tag, heutes tages adv. *heutzutag.*

heuzin f. (rotw.) *Bäuerin.*

hexisch adj. *zauberisch.*

heze f. *Elster.*

hezen v. *eine Hetzjagd veranstalten.*

hieauß adv. *draußen.*

hief m. *Ton des Jagdhorns.*

hiefhorn n. *Hifthorn.*

hieig adj. *gegenwärtig.*

hiemitan conj. *damit;* adv. *zugleich.*

hiene f. m. (schweiz.) *Henkel.*

hienebend adv. *daneben.*

hientier n. *Hyäne.*

hiepenbecker m. *Waffelbäcker.*

hiepenman m. *Waffelverkäufer.*

hierumb adv. *hier herum.*

hif(t) f. *Hüfte.*

hilb(e) s. *hülbe.*

hilper(t)sgriff m. *Kampflist, wie*

sie der alte Hildebrand übt,
Kniff, Hinterlist.
hiltrof m. *Pirol.*
hilzen adj. *hölzern.*
himelbrand m. *Königskerze.*
himelbrot n. *Manna; hlg. Abend-*
mahl.
himelgeiß, -ziege f. *Bekassine.*
himelhütte f. *Puppenspiel.*
himel(i)z f. *Betthimmel, Baldachin.*
himelizen v. *blitzen.*
himelküster m. (schweiz.) *Stern-*
kundiger.
himelreich n. *auch ein Puppenspiel.*
himelring m. *Regenbogen.*
himelstig f. (rotw.) *Paternoster.*
himeltau m. *Bluthirse, eine Grasart.*
himern v. *wiehern.*
himliz *s.* himel(i)z.
hin adv. *hier innen.*
hinabsehen müssen v. *das Nach-*
sehen haben.
hinach adv. *hernach, hinterdrein.*
hinachfaren v. *ins Hintertreffen*
kommen.
hinachhotten v. *nachfolgen.*
hinachsezen v. *hinzufügen.*
hinacht adv. *heute Nacht.*
hinanfürder adv. *künftig.*
hinanfüren v. *ins Feld führen.*
hinansezen v. *preisgeben, daran-*
setzen, opfern.
hinanwollen v. *daran (gehen)*
wollen.
hinaustrozen v. *erzwingen.*
hinbringen v. *durchbringen; das*
maul h. sein Leben fristen.
hindan adv. *fort.*
hindangesezt adv. *unter Zurück-*
stellung.
hinderbieten m. (alem.) *Schiffs-*
hinterteil.
hinderbleiben v. *übrig bleiben.*
hinderdenken v. *bedenken.*
hinderdrit m. *Schritt rückwärts.*
hinderfüren v. *verleiten.*
hindergang m. *Betrug.*
hindergen v. *fehlschlagen.*
hinderhaben v. *den kürzern ziehen.*
hinderhalt m. *auch Reserve.*
hinderhalten v. *fernhalten, ver-*
sagen, verzögern.

hinderhut f. *Vorsicht.*
hinderling m. *Schaden, Hindernis.*
hinderreden v. *verleumden.*
hinderreder m. *Verleumder.*
hinderred(ung) f. *Verleumdung.*
hinderschlag m. *Nachteil.*
hinderschlagen v. *hintansetzen.*
hinderschlägen v. *heimlich weg-*
nehmen.
hinderschleichen v. *betrügen.*
hindersehen v. *sich umblicken.*
hindersehen n. *Rücksicht.*
hinderseß m. *Ortsangesessener ohne*
Bürgerrecht.
hindersich adv. *rückwärts, unge-*
schickt, verkehrt; auf h. bringen
handlen v. *die Verhandlung ver-*
schleppen; h. gon übertreten; h.
lassen *hinterlassen.*
hinderstand m. *Rückstand.*
hinderstellen v. *aufschieben.*
hinderstellig adj. *minderwertig;*
rückständig; das h. der Rest.
hinderstich m. *tückischer Streich.*
hinderstichred f. *Verleumdung.*
hinderstoz m. *Ueberschuß.*
hinderteil n. *auch Rückenpanzer.*
hindertreiben v. *hintanhalten.*
hinderwertig adv. *ungünstig; hin-*
terrücks.
hinderziehen v. *von hinten um-*
gehen.
hindleufte m. *am Lauf der Hin-*
din, an Waldwegen wachsende
Pflanze, Wegwarte, Zichorie.
hindnach adv. *schließlich noch.*
hindurchreißen v. *durchgreifen, da-*
vonkommen (wie die Hummel
durchs Spinnennetz).
hindurchrichten v. *durchbringen.*
hineinplumpen v. *darauflosstürmen.*
hinen adv. *hier drin.*
hinfart f. *Reise.*
hinflözen v. *wegschwemmen.*
hingen v. *fortgehen.*
einem etw. hinhaben v. *es ihm*
stehlen.
hin heime adv. *heimwärts.*
hinhinder adv. *hintan.*
hinken v.: *den hund h. lassen sein*
Spiel verbergen.
hinket adj. *lahm.*

hinkumen v. *auskommen; fortsein.*

hinlaufen v. *weg-, entlaufen.*

hinlegen v. *zunichte machen, abtun; schlichten.*

hinlenden v. *sich beziehen auf.*

hinlessig, -lich, adj. *verwahrlost; fahr-, nachlässig.*

hinlessikeit f. *Nachlässigkeit.*

hinmurren v. *herleiern.*

hinnach adv. *hinten nach.*

hinnemen v. *vermeiden.*

hinnen adv. *hier drin.*

hinnewiheln v. *wiehern.*

hinrichten v. *töten.*

hinsch f. *Pest.*

hinscheid m. *Abreise.*

hinschlaudern v. (md.) *verschwenden.*

hinschmucken v. *hinschmiegen.*

hinsit adv. *jenseits.*

hinte f. *Hindin.*

hintragen v. *aufrecht halten.*

hin und wider adv. *an verschiedenen Orten.*

hinwegen v. *aufwiegen.*

hinweggen lassen v. *unbehelligt lassen.*

s. hinwegrichten v. *sich zugrunde richten.*

hinwegwerfen v. *einen verwerfen, seine Sache für ungültig erklären.*

s. hinwerfen v. *sich wegwerfen.*

hinwigen v. *über-, aufwiegen.*

hinz praep. *hin zu.*

hinzucken v. *wegreißen.*

hipokras m. *Würzwein.*

hippe f. (md.) *Sichelmesser.*

hippe f. *gekrümmte Waffel.*

hippen v. *schelten.*

hippenbrief m. *Scheltschreiben.*

hippenbube m. *Waffelausschreier, von sprichwörtlicher Frechheit und Zungenfertigkeit, der Berliner Schusterjunge des 16. Jhs.*

hippener m. *Waffelbäcker.*

hippenwerk n. *Schwätzerei.*

hirberg f. *Herberge.*

hir(e)ngrill m. *die Finkenart Girlitz,* Fringilla serinus; *Baumläufer.*

hirmen v. *ruhen, Luft schöpfen.*

hirnhaube f. *Helm; Barett.*

hirnmuck f. (obd.) *Schrulle.*

hirnschellig adj. *verrückt.*

hirnwütig adj. *überreizt.*

hirnwütikeit f. *Ueberreizung.*

hirnzeug n. *Rüstung des Schädels.*

hirs m. *Hirsch.*

hirsch f. *Hirse.*

hirschaft f. *Herrschaft.*

hirschen v. *herrschen.*

hirschfeiste f. *Hirschjagd im Spätsommer, wenn der Hirsch am besten genährt ist.*

hirschzunge f. *Farnkraut.*

hirten v. *weiden.*

hirz m. *Hirsch.*

hisoppe m. *Ysop, in Büscheln wachsendes Kraut, zu ritueller Besprengung gebraucht.*

hizgeitig adj. *entzündet, brandig.*

hizigen v. *erhitzen.*

hobelwag(en) m. *bedeckter Wagen.*

hoben adv. *hier oben.*

hoch adv. *sehr, hochwichtig, anmaßend, schwer verständlich;* h. hinaus singen *anmaßend sein, bleiben.*

höch f. *Höhe.*

hochacht f. *Hochgericht.*

hochbedechtig adj. *wichtigtuerisch.*

hochbocher m. *Prahlhans.*

ochbrechtig adj. *hochfahrend.*

höche f. *Hoheit.*

höcheret adj. *höckerig.*

höchern v. *erhöhen.*

hoch faren v. *hochfahrend handeln.*

hochfart f. *Hoffart.*

hochhaltung f. *Ueberhebung.*

höchi f. *hölzernes Belagerungsgerät auf Rollen.*

hochlicht s. *holicht.*

ho(ch)meister m. *Rabbiner.*

hochpracht, -brecht, -prechtig adj. *hochfahrend.*

hochschezig adj. (bair.) *wertvoll.*

hochsinnig adj. *scharfsinnig.*

hochzeit f. n. *Fest(zeit).*

hochzeitknecht m. (schwäb.) *Brautführer.*

hocke m. f. *Krämer(in).*

hocken v. (rotw.) *liegen.*

hockener m. *Höker.*

hockenwerk n. *Kleinhandel in Landesprodukten.*

hockin f. *Hökerin.*

höcklein n. *Bündel, Handgepäck.*

hodenschneider m. *Facharzt für Harn- und Geschlechtskrankheiten.*

hoemeister m. *Rabbiner.*

hof m. *auch Hoffest.*

in den hof zeren *drauf los wirtschaften; s.* gelag.

hofacht f. *Aechtung durch den Kaiser;* (rhein.) *Herrengrundstück, Hoffronde.*

hofdiener m. *Edelmann im Fürstendienst.*

hofechte f. *Hofgenossenschaft.*

hofefrauwe f. *Mieterin eines Landguts.*

hofeherre m. *Mieter eines Landguts.*

höfel m. *Sauerteig.*

höfeln v. *hobeln.*

hofeman *s.* hofman.

hofer m. *Höcker.*

hofere(ch)t, hoferich, -ig adj. *bucklig.*

hofesuppe f. *Bettelsuppe.*

hoffarbe f. *Uniform, Livree, Leibfarbe; Erscheinungsform.*

hoffartsordnung f. *städtische Kleiderordnung.*

es ist hoffentlich adj. *es steht zu hoffen.*

hoffertig adj. *übermütig, zuversichtlich.*

hofiren v. *höflich sein, sich höfisch benehmen; aufwarten; schmeicheln; die Cour schneiden; ein Ständchen bringen; im Hof seine Notdurft tun.*

hofirer m. *Schmeichler, Scharwenzer; Freier; Stadtmusikant.*

höflein n. *Kränzchen, Schmaus.*

höflen *s.* heflen.

hofleute plur. *Wirtschafter auf Gutshöfen.*

höflich adv. *bescheiden.*

höfliche sachen plur. *Kunstgriffe.*

hofman, -meier m. *Bauer, der mit einem grundherrlichen Hof belehnt ist; Wirtschafter auf einem Gutshof.*

hofmeister m. *Aufseher über ein Landgut, einen Hofhalt, über Gesinde und Kinder; weltlicher Schaffner eines Stifts.*

hofrecht n. *was bei Hofe, scherzhaft auch, was auf dem Haushof Brauch ist;* auf h. *in Ehren.*

hofreite f. *Hofraum bei einem landwirtschaftlichen Gebäude.*

hofschneider n. *Schneider, der auf Hausarbeit geht.*

hofstat f. *ländliches Grundstück, Bauernhof.*

hofstatpfennig m. *Häusersteuer.*

hofwort n. *verblümte Rede.*

hoger m. *Buckel.*

hogerechtig, högret, hogrecht adj. *buckelig.*

hohe adv. *teuer;* höher *teurer.*

hohenau(erin), hohe naf f. *Hauptschiff beim Frachtschiffzug donauaufwärts.*

hohenlich adv. *höchlich.*

höher comp. *auch teurer.*

höher treiben v. *stärker betonen.*

hoh meß f. *Hochamt.*

höklen v. (alem.) *mit Nüssen spielen.*

hol m. n. *Höhle, Versteck.*

holber f. *Himbeere.*

holbere f. *Tragbahre mit Einsenkung.*

holbrot, holbruder m. *Lachmöwe.*

holder m. *Hollunder.*

holderkauz m. (rotw.) *Huhn.*

holdern v. *aushöhlen.*

holderstock m. *Geliebter.*

holdertrüschel m. *Geliebter, Schätzchen.*

holdschaft f. *Minne.*

holdselikeit f. *auch Charitin.*

hölern v. *aushöhlen.*

holhippe f. *Waffel.*

holhippenbub m. *Junge, der Waffeln ausschreit, Gassenbube, Lästermaul.*

holhipper, -hüpper, holipper *was* holhippenbub.

holicht n. *hohes Fenster in Stall oder Kirche; Schimmer.*

holle f. *Schleier, Kopftuch.*

hollenwöber m. *Schleiermacher.*

holneber m. *Bohrer mit hohlem Schaft, bes. für Brunnenrohre* (deichel).

holtaub f. *Hohltaube, die in Baumhöhlen nistet.*

holtscher m. *Holzschuhmacher.*

holung f. *Erholung, Wiederholung.*

holunk(e) m. *nackter Bettler, Lump; (schles.) Laufbursche.*

holwang n. *Verleumdung.*

holwangen mit einem v. *einen begünstigen, mit ihm unter einer Decke stecken.*

holwanger m. *Parteigänger, Achselträger, Verräter.*

holwangisch adj. *parteigängerisch, verräterisch.*

hölwen m. *Halm.*

holwurz f. *Osterluzei; Lerchensporn.*

holzbock m. *Tölpel.*

holzdopf m. *hölzerner Spielkreisel.*

holzgangel m. *geächteter Verbrecher.*

holzmenger m. *Holzhändler.*

einen nach der holzscher umbjagen v. *ihn zum Spott unnötige Gänge tun lassen.*

holzschuer m. *Holzschuhmacher; Franziskaner.*

holzwentel f. *Kellerassel.*

homeister m. *Rabbiner.*

homse f. *Hummel.*

hön adj. *verächtlich; böse.*

hönigsam m. *Honigseim.*

honsprache f. *Spottrede.*

hönzeln v. *kleinlich spotten, schmähen.*

hop m. *Hopfen.*

hopfenzieche f. *langer Hopfensack.*

hoppener m. *(westmd.) Hopfenbauer.*

hoppertanz m. *Hopser.*

hoptstück n. *auch großes Geschütz.*

horch m. *(rotw.) Bauer.*

horen plur. *die kirchlichen Tagzeiten* (gezeiten).

hören v. *auch gehören; hören von etw. aufhören mit.*

hork m. *(rotw.) Bauer.*

hörling m. *unreife Traube.*

horlizen plur. *Hornissen.*

horn n.: *einem die hörner bieten ihm trotzig gegenübertreten.*

hornaff m. *Spitzwecke; Zwickel zwischen den Butzenscheiben des Glasfensters; Volute im Säulenknauf.*

hornbock m. *(rotw.) Kuh.*

horneffer m. *Bäcker von hornaffen.*

hörnern v. *mit Hörnern schmükken.*

hornneife s. *hornaff.*

hornung m. *Februar.*

horolog n. *Uhr(werk).*

horsam adj. *gehorsam.*

hortfrumb adj. *grundfromm.*

hortfrümkeit f. *tiefe Frömmigkeit.*

hoschen v. *gleiten, entweichen.*

hose f. *auch Strumpf.*

hosek f. *Mantel.*

hosen v. *(vor Lust) in die Hosen machen.*

hosenlismer m. *Strumpfwirker.*

hosenstrumpf m. *Ende der Hose.*

höslin. adj. *von Haselholz.*

hosser m. *(schwäb.) Roßhirt.*

hostiatim adv. *von Tür zu Tür* (lat. ostiatim).

hotten v. *rechts fahren; vorankommen.*

hostuch n. *Hosenstoff.*

houmenger m. *Heuhändler.*

hozen v. *stoßen; mühsam gehen.*

hozenbloz m. *eine Art Ragout.*

hozlen v. *sich vor Lachen schütteln; schackern wie beim Reiten.*

huber m. *(obd.) Erblehnbauer.*

hüberlein n. *Flicklappen, Riester; Flickwerk.*

hubsche fraue, hubscherin f. *Dirne.*

hübsch(lich) adv. *(alem. schwäb.) auch langsam, bedächtig.*

hubschmid m. *Hufschmied.*

huchzen v. *hauchen.*

hüchzen v. *(alem.) spektakeln.*

hucke m. *Krämer.*

hudekaufer m. *Huthändler.*

hudelmans gesind n. *Lumpengesindel, Pack, Rasselbande.*

huder m. *Hutmacher.*

hueule f. *Uhu.*

hüf(n)er m. *(md.) Erblehnbauer.*

huf(t) f. *Hüfte.*
huglikeit f. *Freude.*
huhu m. *Uhu;* f. *weibliches Glied.*
hui interj. *hurra.*
huklen v. *aufhocken.*
huklet adj. *mit kleiner Erhöhung.*
hül f. *Höhle.*
hülb(e) f. *flacher Teich, Lache, Zisterne.*
hülcheln v. *aushöhlen.*
hülchern v. *stumpf werden (von den Zähnen).*
hulde f. *Huldigung; Gehorsam*|; jem. zu h. nemen *ihn zu seinem Hort machen;* bei meiner h. *so wahr man mir hold sein soll.*
hulden v. *karessieren; huldigen.*
huldung f. *Huldigung.*
hül(e) f. *Höhle.*
hülechen v. *aushöhlen.*
hulflich adj. *behilflich.*
hulfter f. *Halfter.*
hüli(n) f. *Höhle, Schlupfwinkel.*
hulle f. *Schleier.*
hullen(ver)kaufer(n) m. f. *Verkäufer(in) von Kopftüchern.*
hullenmechirn f. *Kopftuchnäherin.*
hullenweber m. *Schleiermacher.*
hullenweschern f. *Kopftuchwäscherin.*
hullereihern f. *Kopftuchnäherin.*
hültaub f. *Hohltaube (die in Baumhöhlen nistet).*
hultscher m. *Holzschuhmacher.*
hülzin adj. *hölzern.*
humeral n. *Schultertuch des Geistlichen,* amictus.
humpeler m. *Schiffmann, der kleine Nachen ohne Segel fährt; Karrenfuhrmann; Flickmaurer.*
hümpeler m. *Pfuscher; unzünftiger Handwerker.*
humpelnachen m. *kleiner Nachen ohne Segel.*
humpelnecher m. *Nachenschiffer.*
humpelwerk n. *Pfuscharbeit.*
humsen v. *brummen (von der Hummel).*
hund m.: ein schlafenden h. wecken *lauernde Gefahr unnötig herbeibeschwören;* den h. hinten lassen *sein Spiel verbergen;* der h. get

mir vorm liecht um *ich habe einen unklaren Verdacht;* des hunds sein *so schlecht, gerissen sein.*
hundertfechtig adj. *hundertfältig.*
hundschlager m. *Abdecker.*
hundsgraben m. *Kloake.*
hundshaber m.: einem den h. ausdreschen *ihn verprügeln.*
hundshare einhacken v. *Händel stiften;* h. uberlegen *Gleiches mit Gleichem heilen.*
hundsklinke f. m. *Hundsfott.*
hundsmuck f. *Schnake.*
hünen v. *leibeigen sein.*
hünerfoit m. *städt. Beamter, der von .den Leibeigenen die Hühnersteuer erhebt.*
hünerhock m. f. *Hühnerhändler(in).*
hünermenger m. *Hühnerhändler.*
hung m. *Honig.*
hungerisch sterben v. *verhungern.*
Hungern *Ungarn.*
hungertuch n. *Tuch, mit dem der Hauptaltar zur Fastenzeit verhängt ist;* am h. neen *hungern.*
hungren v. trans. *aushungern.*
hünisch adj. *heißhungrig.*
hunken part. *gehinkt.*
hünsch f. *Pest.*
hunten adv. *hier unten.*
hüppe(n), hüppenbrief, -bube, -werk *s.* hippe usw.
huppener m. *Hopfenbauer, -händler.*
hüpsche f. *Schönheit.*
hurchlen v. *röcheln.*
hurd f. *Rutengeflecht, bes. zu Fischfang, Jagd, Belagerung, Lasttragen.*
huren v. *unsittlich leben; jem. eine Dirne schelten.*
hurenjeger m. *Buhler.*
hurentreiber m. *Zuhälter.*
hürn n. *Gehirn.*
hurnaus m. *Hornisse.*
hurnecke f. *Bordell.*
hürnein adj. *von Horn.*
hürnen v. *auf Hörnern blasen.*
hurnjeger m. *Lebemann.*
hurnteber m. *Bordell.*
hurnüß m. *Hornisse.*
hurren v. *sausen.*

hurst m. f. (alem.) *Dickicht,
Hecke;* auf d. h. schlagen *auf
den Busch klopfen, sein Heil versuchen.*

hurt f. *Hürde.*

hurübel n. *Unkeuschheit; Verliebt-
heit.*

hurweis f. *Unzucht.*

husek f. *Mantel.*

hussaur m. *Husar.*

hussiren v. *hitzig verfolgen.*

hußlen v. *kauernd rutschen.*

hut m. *auch der Zauberhut des
Gauklers;* das hütlein aufsezen
v. *betrügen;* under dem h. spilen
im Trüben fischen; roter h. *Kar-
dinalshut.*

hüter m. *Türmer.*

hütrauch m. *arsenhaltiger Nieder-
schlag aus dem Rauch einer
Schmelzhütte, weißes Arsenik.*

hutsame f. *Obacht.*

hutte f. (alem.-schwäb.) *Rücken-
korb.*

hütte f. *auch Bude.*

hüttener m. *Budenhändler.*

huz m. (rotw.) *Bauer.*

huze(l) f. *gedörrte Birne;* huzen
umbtragen *Ausflüchte suchen.*

huzig adj. *trotzig.*

huzlen v. *ausspotten.*

huzler m. *Ofenhocker, Philister.*

I.

icht(s), ichzit pron. *irgend etwas;*
adv. *irgendwie, halbwegs;* in ichte
adv. *irgendwie.*

ickeln v. *ärgern.*

ider pron. *jeder.*

idoch adv. *ja doch.*

ie adv. *immer, jemals, kurz, jeden-
falls, wenigstens;* oder ie *oder
doch, doch wenigstens;* ie und ie
immerfort; ie wol jetzt genug.
s. ieben v. *sich betätigen.*

iedler pron. *jeder.*

iegenot adv. *jetzt, sogleich, unablässig.*

ienan, ienen adv. *irgendwie.*

iender(s)t adv. *irgend(wo).*

ie nicht adv. *doch nicht, ja nicht.*

ie so mer adv. *viel besser.*

iet(s)lich pron. *jeder.*

ietweder pron. *jeder von beiden.*

ie welten adv. *immer;* von ie welten har *von jeher.*

iffe f. *Ulme.*

iffel f. *Bischofsmütze.*

iglen v. (alem.) *prickeln, ärgern.*

iglen a. *Prickeln, Gewissensnot.*

ika interj. *iah, Stimme des Esels.*

ilgern v. *stumpf werden (von den
Zähnen).*

ilme f. *Ulme.*

ilteshaut f. *Dirne.*

iltis m. (rotw.) *Stadtknecht.*

iltis(balg) m. *Scheltwort gegen
ehrlose Weiber.*

im m. *Bienenkorb, -stock.*

imbarkiren v. *einschiffen.*

imbasatori m. *Gesandter.*

imber m. *Ingwer.*

imbis, immis m. *Zwischenmahlzeit.*

imbs m. *Hymnus.*

ime m. *Biene; Bienenkorb (auch
als Hohlmaß).*

imenwolf m. *Grünspecht* (ital. lupo
de l'api).

imermer adv. *jemals; ja.*

imi n. *kleines Fruchtmaß.*

immes m. *Imbiß.*

impfel *s.* infel.

impresa f. *heimliche (Kriegs-)Un-
ternehmung, Anschlag.*

impten v. *pfropfen* (lat. impu-
tare).

ims m. *Frühstück.*

inblost m. *Inspiration.*

inbrünstig adj. *geil.*

indenk adj. *eingedenk.*

inderist adj. sup. *der innerste.*

indert adv. *innerhalb; während.*

indes conj. *einstweilen.*

indossament n. *Uebertragungsver-
merk.*

indossiren v. *einen Wechsel auf
einen andern übertragen.*

indulgenz f. *Ablaß.*

ineinanderhengen v. *(zwei Gegner)
uneins machen.*

infel f. *Bischofsmütze* (infula).

inventiren v. *in ein Inventar eintragen.*

influenz f. *Einfluß, Eingebung.*
infortiat n. *zweiter Teil der Di-*
gesten.
ingemach n. *Innenraum.*
in gemein adv. *im allgemeinen.*
ing(e)not(e) *s.* iegenot.
inger m. *(schweiz.) Engerling.*
in(ge)tume n. *Eingeweide; Hausrat.*
inhaben v. *in seiner Macht haben.*
(nach) inhalt praep. *laut, gemäß.*
inhalten v. *besitzen, innehaben, ent-,*
ein-, zurückhalten; s. i. zurück-
gezogen leben.
inhalts praep. *laut.*
inhendig adj. *in jemands Hand be-*
findlich.
inhibition f. *Einhalten mit dem Ge-*
richtsverfahren.
inhin adv. *hinein.*
inkorporiren v. *eine Pfründe einem*
Kloster oder Kapitel einverleiben,
ihm deren Einkünfte zuwenden.
kinds inligen v. *im Kindbett liegen.*
inmaßen conj. *wie.*
in miz adv. *inmitten.*
inne behalten v. *zurückhalten.*
innen halten v. *innehaben.*
inne sizen v. *ans Haus gefesselt*
sein.
inschlit m. *Unschlitt.*
inster n. *Magen, Lunge und Herz*
des geschlachteten Ochsen.
instrument n. *notarieller Schrift-*
satz, Verschreibung.
instrumentist m. *Orchestermusiker.*
interdikt n. *Verbot gottesdienst-*
licher Handlungen.
interesse n. *Zins; (Gewinn-, Ver-*
lust-)Chance.
intrat m. *Einkünfte.*
introitus m. *liturgischer Gesang,*
urspr. beim Einzug der Kleriker
zum Altar.
in zeit praep. *während.*
ipse m. *Ysop.*
irdenisch adj. *irdisch, auf irdische*
Dinge bezüglich.
irher m. *Weißgerber.*
iringel n. *Männertreu* (gr. ἠρόγ-
γιον).
irn plur. *s.* urn.
irn pron. *irgend.*

ir(re) f. *Irrung.*
irren v. trans. *irre leiten, beirren,*
verdrießen, anfechten, (ver)hin-
dern; s. an etwas i. *sich dadurch*
irre machen lassen.
irrung f. *Störung, Streit.*
irsal m. *Irrtum, Ketzerei.*
irsalisch adj. *ketzerisch.*
irte f. *Zechgelage, -gesellschaft,*
-betrag.
irtung f. *(alem.) Irrtum.*
irz s. irte.
irzen v. *mit ihr anreden.*
item adv. *ferner.*
item n. *Posten einer Rechnung.*
it(s)lich pron. *jeder.*
izen, iz(t) adv. *jetzt, gerade, jetzt*
gleich; i. als denn für Gegenwart
und Zukunft.

J.

ja adv. conj. *vielmehr, durchaus,*
wirklich, wahrlich; das ist ja das
steht fest; es sol ja sein es soll
gelten; ja nicht doch nicht; ja
so ebenso; ja so wenig ebenso-
wenig; ja so wol ebensogut; ja
wol *angeblich.*
jach f. *Eile.*
jach adj. *jäh, übereilt, eilig; mir*
ist j. *nach ich bin versessen auf.*
jachtaufe f. *Nottaufe.*
jachzen v. *gackern.*
jagt f. *Jacht.*
jahe praet. *zu* jehen v. *sagen.*
jaherr m. *Jasager, Schwächling,*
Schmeichler.
jaid n. *Jagd.*
Jakobsbruder m. *Pilger, der nach*
St. Jakob de Compostella wallt,
mit Muschelschmuck und Stab.
Jakobstab m. *Pilgerstab; Stock-*
degen; als Sternbild Orion.
Jakobstecken m. *Pilgerstab; Stock-*
degen.
Jakobswirt m. *Bettelwirt, der nur*
Pilger und Arme herbergt.
jan m. *Reihe gemähten Grases,*
Strich, Gang.
ein jär adv. *im Lauf eines Jahrs;*
philosophisches j. *Monat.*

jaracht f. *Zeitraum eines Jahrs;*
Dienstjahr.

jargang m. *Lauf der Zeit u. Welt.*

jargezeit *wie jarzeit.*

jarmarkt m. *auch Geschenk, wie*
man es den Kindern vom Jahr-
markt, der Reise heimbringt,
Jahrmarktsware.

jarritt m. *jäh einsetzendes Fieber,*
Schüttelfrost; es ist der j. der
Teufel ist los.

jars adv. *jährlich.*

jartag m. *Seelenmesse am Jahres-*
tag des Todes; plur. *Anniversa-*
rien.

jarwerkman m. *Bauhandwerker.*

jarzeit f. *Seelenmesse am Jahres-*
tag des Todes; Abgabe dabei;
Kirchweihe.

jauch(art) n. *Morgen Landes.*

jauf n. *Spaß.*

jaufen v. *tollen, Possen reißen.*

jaufersbub m. *Possenreißer, Land-*
streicher.

jaufert m. *Gaukler.*

jaufisch adj. *gauklerisch.*

jaufkind n. *Possenreißer, Land-*
streicher.

jaufteding n. *Leichtfertigkeit.*

jause f. (bair. östr.) *Zwischenmahl-*
zeit, vor- oder nachmittags.

jauzen v. *gröhlen.*

jawort n. *Geständnis.*

jech adj. *jäh, jähzornig.*

jech f. *Eile, Uebereilung.*

jechen swv. *s.* jeuchen.

jechen, jehen stv. *sagen,* zugestehen; part. *jehen gesagt.*

jechtaufe f. *Nottaufe.*

jech taufen v. *mit der Nottaufe*
versehen.

jeid n. m. *Jagd, Jagdrecht.*

jeling adv. *plötzlich.*

jem dat. sg. pron. *jenem.*

jenen(d) adv. *jenseits.*

jener pron. *auch der Vergangene.*

jener m. *Januar.*

jenet adv. *jenseits.*

jenether adv. *her an jenen Ort.*

jenhalb, jensid, jenst, jessend adv.
jenseits.

jenitzscher plur. *Janitscharen.*

jenset adv. praep. *jenseits.*

jeren v. *gären.*

jerig adj. *ein Jahr alt.*

jesen v. *gären, schäumen.*

jest m. *Gischt, Schaum.*

Jesusgenglein n. *Klostertanz.*

jeuchen swv. *(in die Flucht) jagen.*

jeukeler m. *Gaukler.*

jexnas f. *Gelbschnabel.*

jezentan adv. *von jetzt ab.*

jichtig adj. *geständig.*

jo adv. *doch, freilich.*

Joachimstaler m. *Taler.*

joch adv. (alem.) *auch immer, und*
auch.

jöckel m., jöckelgut n. *natürlicher*
Vitriol.

joham m. (rotw.) *Wein.*

Johan(ne)s-lieb, -minne, -segen,
-trunk f. m. *Weinweihe am Tage*
des Apostels Johannes; Weihe-,
Scheidetrunk.

Johanser m. *Johanniter.*

Jokobsbruder *s.* Jakobsbruder.

jonen v. (rotw.) *spielen.*

joner m. (rotw.) *Spieler.*

Jörg Georg; *einem den Jörgen sin-*
gen ihm kommen wie Georg von
Truchseß 1525 den Bauern.

jors adv. *jährlich.*

einem den Josef singen v. *ihn über*
den Löffel barbieren.

Josefle n. (schwäb. bair.) *Bohnen-*
kraut, Satureja hortensis.

jubel n. *Juwel.*

jubilirer m. *Goldschmied.*

juchart f. (obd.) *Normalmaß für*
Ackerland, 36 Ar.

juche f. (md.) *Jauche, Brühe, Ge-*
schwätz.

einem den (armen) Judas singen v.
ihn mit Spott und Schaden ab-
ziehen lassen.

Judasreu f. *zu spät kommende,*
Galgenreue.

undern juden sten v. *versetzt sein.*

judenmeister m. *Rabbiner.*

judenspieß m. *Wucher;* mit dem j.
fechten, laufen, reiten, den j. füren, brauchen *Wucher treiben;*
mit dem j. rennen *einen anren-*
nen, anbohren, wie Longinus den

Heiland (Joh. 19, 34); Wucher treiben.

judenspießen v. *wuchern.*

judenstund f. *biblische Tageseinteilung.*

judenzen v. *nach dem Juden(tum) riechen, jüdischen Ursprung verraten.*

judescheit f. *Judenschaft.*

juleb m. *Kühltrank, Rosen-, Veilchenwasser.*

jungend f. (bair.-östr.) *Jugend* (ahd. jungund).

junger m. *Sohn, Lehrjunge, Jüngling.*

jüngern v. *jung machen.*

jungfrau f. (rotw.) *Klapper des Aussätzigen.*

jungfrauhof m. *Bordell.*

junkeriren v. *den Junker spielen.*

junte f. *Rock des Predigers.*

jüntli n. *kurzes Kleid.*

juppe f. *Jacke* (frz. jupe).

jurament n. *Eid.*

jüssel n. *Brühe.*

just m. (alem.) *Stoß, Sprung; Augenblick;* im just *im Handumdrehen.*

juverbassen v. (rotw.) *fluchen.*

K.

kaball m. *Pferd.*

kabaretir m. *Marketender.*

kabas m. (rotw.) *Kopf.*

kabis, kappis, kappus m. *Kohl(kopf).*

kabisheuer m. *Krautschneider.*

kabisman m. *Kohlverkäufer.*

kachel f. *Geschirr.*

kachelbecker, kach(e)ler, kachelmecher m. *Verfertiger von Ofenkacheln.*

kack m. *Pranger.*

kadart m. *Zauberer.*

kaduk adj. *hinfällig* (lat. caducus).

kafal n. (rotw.) *Pferd.*

kafate f. (md.) *Laubengang, Altan.*

kafeller m. (rotw.) *Schinder.*

kavillation f. *Wortklauberei.*

kafpim m. (rotw.) *Jakobsbruder, s. d.*

kaktresse f. *Schwätzerin.*

kaktressen v. *schwatzen* (franz. caqueter).

kalamal n. *Schreibrohrbüchse.*

kaland m. *Gesellschaft, die sich am 1. jedes Monats versammelt, religiöse, dann gesellige Brüderschaft; Schmaus, den sie hält; Vorsitzender, der sie leitet.*

kalander m. *Kalanderlerche,* Alauda calandra.

kalandern v. *schmausen, prassen.*

kalbirer m. *Kälberer, Narr.*

kalbize f. *Kalbe.*

kalbsgekröse s. gekröse.

kalbsmaul n.: einem das k. für die tür werfen *ihn abspeisen.*

kalefaktor m. *Stubenheizer, Schmeichler.*

Kalekut *Gegend von sprichwörtlicher Entlegenheit.*

kalender m. *Sündenregister; Jahrbuch, Annalen; Zeitrechnung.*

kali f. (alem.) *Kahlheit.*

kalkborner m. *Kalkbrenner.*

kallen v. *schreien, prahlen, schwadronieren.*

kalma f. *Windstille.*

kalmei f. *Galmei, Kieselzinkspat.*

kalmeuser m. *Federfuchser.*

kalmirer m. (rotw.) *vorgeblicher Pilger.*

kalmus m. *Sumpfpflanze, die Salböl und Kräuterwerk liefert.*

kalt adj. *auch unbedeutend, nichtssagend.*

kalt n. *Schüttelfrost, Wechselfieber.*

kalter m. *Behälter.*

kalter brand m. *Milzbrand, Rotlauf.*

kalthans m. *Angeber, Geheimpolizist.*

kaltschmid m. *Kessel-, Kupferschmied.*

kaltseich m. *Blasenkatarrh.*

kalt sten v. *am Pranger stehen.*

kaltwe n. *Schüttelfrost, Wechselfieber.*

kam m. *Schimmel.*

kambio m. *Wechsel.*

kambiserer s. kamesirer.

kamelot m. *Kleidungsstoff aus Kamelshaar.*

kameltier n. *Kamel.*

kamerladen m. *Fensterladen an der Kammer.*

kamerlauge f. *Inhalt des Nachtgeschirrs.*

kamerte f. *Weinspalier, Laube.*

kamerwagen m. *bedeckter Reisewagen (eines Fürsten); Ausstattungswagen bei Hochzeiten.*

kamesirer m. (rotw.) *studierter Bettler.*

kamig adj. *schimmelig.*

kammenschmid m. *Hersteller von Weberkämmen.*

kampt m. *Kieme.*

kampf m. *auch Kampfart.*

kampfrad n. *Zahnrad, auch als Martergerät.*

kamwide f. *hölzernes Halsband für Weidevieh.*

kan part. praet. (alem.) *gekommen;* inf. *kommen.*

kandel f. *Kanne.*

kandelbret n. *Küchenregal.*

kandeler m. *Zinngießer.*

kandelgießer, -schmid m. *Zinngießer.*

kandelwurf m. *Schlacht mit Zinnkannen im Wirtshaus.*

kandirer m. (rotw.) *Bettler, der vorgibt, ein verdorbener Kaufmann zu sein.*

kanefaz m. *Kanevas, Gitterleinwand.*

kan nicht m. *Typus dessen, der sich unfähig stellt ohne es zu sein.*

kanper adj. *bekannt.*

kanschaft f. *Ehe.*

kant m. *Diskant.*

kante f. (obd.) *Kanne.*

kant(o)rei f. *Orchester, Singschule.*

kanzelschreiber m. *Kanzlist.*

kapel(le) f. *Kapelle; Schmelztiegel;* (nürnb.) *Folterkammer im Rathaus;* die k. besingen, weihen v. *eine Frau beschlafen.*

kapellen v. *in der ,Kapelle' Edelmetall läutern.*

kapellonia f. *Kaplanei.*

kaphan m. *Kapaun; Eunuch.*

kaphun n. *Kapaun.*

kapitlen v. *auszanken.*

kapitler m. *Faulenzer.*

kappe f. *Kutte, Chormantel, Mantel; Schlag;* einem ein k. kaufen. ihn prügeln; s. k. geben *einander Vorwürfe machen.*

kappenfriz m. *Meßpfaff.*

kapra plur. *Kapern.*

kaps(buch) n. *Rechnungsbuch für das in einer Kapsel verwahrte Geld; Warenbuch.*

kar f. *Abkehr, Ersatz.*

kar n. *Geschirr, Bottich.*

karakter m. *Zauberformel, -zeichen.*

karbunkel m. *Geschwür.*

karch m. *Karren.*

karcher m. *Karrenfuhrmann.*

karchlen v. *röcheln.*

karchsalbe f. *Wagenschmiere.*

kardel f. *Faß.*

kardinal m. *auch Heerführer.*

karēn f. *Zeitraum von vierzig Tagen, die vierzigtägige Fastenzeit* (lat. quadragena).

karenbüchs f. *Kanone.*

karg f. *Gewichtslast von etwa drei Zentnern; Schiffsladung; Frachtbrief* (ital. cargo).

karg adj. *geizig.*

kargas m. *Geizhals.*

kargen v. *geizen.*

kargo m. *Schiffsladung; Last* (span. cargo).

karmasein n. *hochrotes Tuch.*

karmesirer m. *gelehrter Bettler.*

karnir(sack) m. *Ledertasche.*

karnis n. *Kranzleiste.*

karnöffel m. *Hodenbruch; Haupttrumpf (Unter?) in einem Kartenspiel der Landsknechte; das Spiel selbst.*

karojo m. *Bannerwagen.*

kar(ren)man m. *Kärrner.*

karrich m. *Karren.*

karrichweg m. *Landsträßlein.*

karsch m. *Karst, Hacke mit Zinken.*

karsten v. *harken.*

kart f. *Weberdistel* (mlat. cardus).

kartan f. *kleine Kanone, die einen Viertelzentner schießt.*

kartegiren v. *(Land-)Karten lesen.*

9*

karten v. *(Karte) spielen; künstlich einfädeln.*

kartenmaler, -mecher m. *Verfertiger von Spielkarten.*

karter m. *der mit der Kardendistel Tuche, Barchente rauht.*

kartetsche f. *auch Schild.*

kartiren v. *einquartieren.*

kart(l)en v. *mit der Weberkarde krämpeln, rauhen.*

karton(e) s. kartan.

karuse f. *der Fisch Karausche.*

kasel f. *Meßgewand* (lat. casula).

kasia f. *Zimmetrinde.*

kasket m. *Helm.*

kassita f. *Haubenlerche.*

kasteien v. *züchtigen; kurz halten.*

kasten m. *Getreideboden, herrschaftlicher Speicher; Truhe, Schrank, Kasse.*

kastigiren v. *züchtigen, bes. in klösterlicher Askese.*

kastraun m. *Hammel.*

kastraunen adj. *von Hammelfleisch.*

kasualia plur. *Deklinationsübungen.*

kat m. *Kot.*

katechismus m. *Religionsunterricht.*

kater m. *schlecht bekömmliches Stader Bier.*

katig adj. *beschmutzt.*

katlach f. *Schmutzpfütze.*

katorthoma n. *Erfolg.*

katsack m. *Eingeweide.*

katter num. *Vier auf Würfel und Karte.*

kauchen v. (alem.) *hauchen, wehen.*

kaudern v. *Kleinhandel treiben.*

kauf m. *auch Preis; Tausch.*

kaufbrief m. *Urkunde über einen Kauf.*

kaufgeld n. *Preis.*

kaufleut plur. *auch Käufer.*

kaufman m. *auch Käufer.*

kaufmanschaft f. *Handel; Ware, Geschäft.*

kauf(man)schaz m. *Handel, Geschäft; Ware.*

kaufneme adj. *im Handel annehmbar.*

kaufrecht n. *Erbleihe.*

kaufschilling m. *Draufgeld.*

kaufschlag m. *Abschluß eines Geschäfts.*

kaufschlagen v. *einen Handel (durch Handschlag) abschließen; markten.*

kaufshandel m. *Geschäft.*

kaul f. (md.) *Keule.*

kaum(et) adv. *auch gar sehr, eben; noch nicht einmal; doch wenigstens; mit Mühe, knapper Not, Schmerzen.*

kaupe f. *Federschopf der Vögel.*

kaurzan m. *Wucherer.*

kaute f. (md.) *Lehmgrube.*

kauter m. *Täuberich.*

kauwerz(ein) m. *Wucherer.*

kauz m. *Lockvogel; Tor;* den kauzen streichen v. *schmeicheln.*

kauzenstreicher m. *Schmeichler.*

kawetscher m. *Wucherer.*

kazbalg m. *Balgerei.*

die kaze halten, heben *sich übles gefallen lassen, herhalten müssen.*

kazenbiß m. *Tollwut.*

kazengebet n. *gedankenlose schnöde Verwünschung.*

kazenrein adj. *geleckt, scheinsauber wie eine Katze.*

kazenschinder m. *Neckname des Kürschners.*

kazenson m. *Bastard.*

kazenstrebel, -strigel s. strebkaz.

kazenwadel, -zagel m. *Katzenschwanz, Schachtelhalm, Equisetum arvense.*

kebenmecher m. *Käfigmacher.*

kebler m. *Häusler.*

kebwich f. (westmd.) *Käfig.*

kecheler m. *Verfertiger von Ofenkacheln.*

keck adj. *lebendig.*

keckbrunn m. *Quelle.*

keccken v. *krächzen von Raben und Krähen.*

keckwasser n. *Quell-, Flußwasser.*

keden v. *sprechen; lauten.*

kefet f. n. *Käfig.*

keffit n. *Gefängnis.*

kefie f. *Gefängnis.*

kefter n. (md.) *enges Gelaß.*

kegel m. *Bastard; ungeschliffener Mensch.*

kegen praep. (ostmd.) *gegen.*

kei *s.* gehei.

keib m. (mhd. keibe) *Aas; gemeiner Mensch.*

keib m. (mhd. kîp) *zänkisches Wesen, Streit; Zorn; schlechter Mensch; schlechtes Zeug.*

ke(i)be f. *Mastkorb* (lat. cavea).

keiben v. *zanken, streiten, grollen.*

keibenschinder m. *Abdecker.*

keibig adj. *zänkisch, boshaft.*

keiche f. *Gefängnis.*

keichern v. *kichern.*

kei(de)l m. *Keil; Grobian;* einem einen k. stecken *seinem Tun einen Riegel vorschieben.*

keif m. (md.) *Zank.*

keif adj. (obd.) *fest, derb, dicht.*

keil *s.* keidel.

keim f. *Heimlichkeit.*

kein pron. *auch irgendein.*

keinerlei adv. *irgendwelch, -wie.*

keinerlei weise adv. *irgendwie.*

keinnüzig adj. *nichtsnutzig.*

keis pron. (alem.-schwäb.) *keines.*

keiserrecht n. *das unter Kaiser Justinian kodifizierte römische Recht.*

keketen v. *schwatzen (franz. caqueter).*

kel m. (obd.) *Kohl.*

kelberarzt m. *Quacksalber.*

kelberkern m. *Wasserschierling; Erdnuß.*

kelbern adj. *aus Kalbfleisch oder -fell.*

kelch m. *Doppelkinn.*

kelen v. *quälen.*

keller m. *Kellermeister; Schaffner; Rentamtmann.*

kellerhals m. *ausgebauter Eingang zum Keller, der wie ein Hals herausschaut; der Strauch Seidelbast,* Daphne laureola.

kellerin, kelnerin f. *Magd, Haushälterin, Amme.*

kellerknecht, -man m. *Böttcher im Dienst eines Weinhändlers.*

kelner *s.* keller.

kelstecher m. *Halsabschneider, Wucherer.*

kelter m. *Behälter.*

kem(b)el n. *Kamel.*

kemeltier n. *Kamel.*

kemerling m. *Kammerdiener.*

kemet, kemich n. m. *Kamin.*

kemetfeger, kemichkerer m. *Kaminfeger.*

kemmer m. *Wollkämmer.*

kemnote f. *(Speise-)Kammer.*

kempfer m. *ein Gassenhauer.*

kem(p)len v. *mit dem Kamm bearbeiten, zusetzen.*

kendelein n. *kleine Kanne.*

kenel m. *Wasserröhre, (Dach-)Rinne* (lat. canalis).

kener *s.* kenel.

kengel m. *Rinne; Zapfen; Schaft.*

kenmal n. *Merkmal.*

kenschul f. *Schule der Selbsterkenntnis.*

kensterlein n. *Wandschränkchen* (lat. canistrum).

kenswol m. *guter Bekannter.*

kent 1. 3. sg. praet. conj. *könnte.*

kepfer m. *Balkenkopf, Kragstein.*

kepizen v. *aufstoßen.*

keppele n. (obd.) *kleine Kapelle.*

ker m. *Umschwung.*

kerab, -aus m. *letzter Tanz eines Balles, Schluß, Abschied.*

kerbe f. *Kerbholz; Hinterteil.*

kerber m. *Korbflechter.*

kercher m. *Karrenmann, Frachtfuhrmann, Fuhrunternehmer.*

kercheren v. *einkerkern.*

kerder m. *Köder, Lockspeise; wurmförmiger Tuch-, Lederstreifen.*

keren v. intr. *umkehren;* s. k. zu in Beziehung treten mit.

keren plur. *Karren.*

ker(e)nbeiß m. *Kernbeißer,* Coccothraustes.

kerf m. f. (alem.-schwäb.) *Kerbe, Kerbholz.*

keris m. (rotw.) *Wein.*

kerlein n. *kleines Kar, Schüsselchen.*

kermer m. *Korb.*

kermesin adj. *karmoisinrot.*

kern m. *Dinkel, Spelt; Ausbund, Inbegriff.*

kernel n. (alem.) *Knäkente.*

kerner m. *Karrenführer.*
kerren v. *peinigen.*
kers f. *Kirsche.*
kerse f. *Kresse.*
kerselman m. *der den Kehricht abführt.*
kerter s. karter.
kerung f. *Ersatz, Vergütung.*
kerwei f. *Kirchweih.*
kerwider m. *Sackgasse.*
kerwisch m. *Borstwisch, Flederwisch.*
kerze f. *auch Altarlicht;* einem eine k. aufstecken *ihm eine Aufmerksamkeit erweisen.*
kesehocke, -man, -menge(r) m. *Käsehändler.*
kesjeger m. *Schelte des bettelnden Mönchs.*
keskorb m. *Drahtglocke.*
kesmatte f. (westmd.) *käsige Teile der Milch.*
kessel m. *Symbol der Gastlichkeit des Hauses,* einem den k. abhauen *ihm das Haus verbieten.*
kessi m. (schweiz.) *Kessel.*
keßler m. *Kesselschmied; Pfannenflicker; Vagabund, Krakeeler; Trauerseeschwalbe.*
keßlersmut m. *gute Laune bei vielen Schulden.*
keßlertag m. *Zunfttag der Keßler, berüchtigt durch Zank und Geschrei; Hauptkrakeel.*
keste f. *Kastanie.*
kestenbosch m. *Kastanienwäldchen.*
kestigen v. *kasteien, demütigen.*
kestner m. *Verwalter (der herrschaftlichen Vorräte).*
ketin adj. *von Kot.*
ketsche f. (schles.) *Ente.*
ketschen v. (els.-schweiz.) *mühsam schleppen.*
ketschmagd f. (obd.) *Dienstmädchen.*
kettener m. *Kettenschmied; Verfertiger von Schmuckketten.*
ketterlein n. *weibliches Glied.*
keub s. keib.
keufel m. *Käufer.*
keufer m. *Kapitalist.*
keufig adj. *verkäuflich.*

keufler m. *Trödler.*
keuflin f. *Trödlerin.*
keukeler m. *Gaukler.*
keuklershimel m. *Meßzelt der Landfahrer.*
keulich adj. *kugelig.*
keulichen n. (ostmd.) *Kügelchen.*
keusch f. *Keuschheit.*
keuter m. *Täuberich.*
kezern v. *als Ketzer verdammen;* s. k. *sich quälen.*
kezers adj. *ketzerisch.*
kezlein n. *weibliches Glied.*
khei s. *gehei(en).*
kib m. *Eifer, Leidenschaft, schrullenhaftes Wesen.*
kicher f. *Erbse.*
kicken v. (ostmd.) *gucken.*
kiefe f. *Kieme.*
kiefen n. *Zank.*
kieg plur. *Kühe.*
kiel m. *Schiff.*
kien(baum) m. *Kiefer.*
kieseman m. *Schiedsrichter.*
kiesen v. *prüfen, ins Auge fassen, wählen, (Waren) aussuchen.*
kieseweter m. *Wetterspäher, -prophet.*
kifel m. *Schote.*
kifeln v. *nagen; keifen, zanken.*
kifen v. *schelten;* s. k. *sich aufhalten über.*
kiferbeis f. *grüne Erbse, noch in der Schote;* plur. *Schelte, Anzüglichkeiten.*
kiffel m. *Kinnlade.*
kiffelzan m. *Backzahn.*
s. kiffen v. *sich ereifern.*
kikak adj. *prüde.*
kilam (rotw.) *Stadt.*
kilch m. *Kelch.*
kilchbar adj. *wer zum Besuch einer bestimmten Kirche angehalten werden kann.*
kilch(e) f. (alem.) *Kirche.*
kilcher m. (alem.) *Pfarrer.*
kilchhöre f. (alem.) *Kirchspiel; Pfarrgemeinde.*
kilkrop(f) m. *Mißgeburt, Koboldskind.*
killich m. *Kelch.*
kilwi(che) f. *Kirchweih.*

kimerling m. *Gurke.*
kimern v. (rotw.) *kaufen.*
kimich m. (schwäb. bair.) *Kümmel.*
kindbette(r)n v. *Kindbett halten.*
kindelerer m. *weltlicher Lehrer.*
kindemeister m. *geistlicher Lehrer an Stiftsschulen.*
kinden v. *gebären.*
kinderbischof m. *am Nikolaustag im Spiel zum Bischof gewähltes Kind.*
kindervater m. (md.) *Geburtshelfer.*
kinderglaube m. *Glaubensbekenntnis, wie es die Kinder lernen, Apostolikum.*
kindig n. *Kinderschar.*
kindleinstag m. *Tag der unschuldigen Kindlein, 28. Dezember.*
kindsmuter f. *Amme.*
von kindswesen her adv. *von Kind an.*
kinlein n. *Kieme.*
kinnen v. *können.*
kipfe f. (obd.) *Runge, die die Leitern des Wagens seitlich stützt.*
kippeln v. *zanken.*
kippen v. *mit dem Schnabel stoßend fassen.*
kirbe f. *Kirchweih.*
kirche f. *auch Gemeinde.*
kirchenbitter m. *Mönch, der für einen Kirchenbau Geld zusammenvettelt.*
kirchendiener m. *Pfarrer.*
kirchenmeister m. *Kirchenältestor; Kirchenbaumeister.*
kirchenstand m. *kirchliches Wesen.*
kircheul f. *Schleierkauz.*
kirchfart f. *Wallfahrt, Bittgang;* (ostmd.) *Gemeinde, Kirchspiel.*
kirch(h)err m. *Kirchenpatron; Pfarrer; Prälat.*
kirchhöre f. *Kirchgemeinde.*
kirchmeier m. (schweiz.-tir.) *Kirchenältester.*
kirchrecke f. *Feldtaube.*
kirchtag m. *Jahrestag einer Kirche, Kirchweih; Geschenk zur Kirchweihe.*
kirisser m. *Kürassier.*
kirmen s. gehirmen.

kirnenbrot n. *Brot von Dinkel, Spelt.*
kirps m. *Kürbis.*
kirren v. *einen scharfen, hohen Ton geben;* 'mit den Zähnen *knirschen; quietschen.*
kirs plur. *zu* kurs.
kirschen v. *kreischen.*
kirschfink m. (els.) *Kernbeißer.*
kirschfogel, -hold m. *Pirol.*
kirse f. *Kirsche*
kirsner m. *Kürschner.*
kirspel n. *Kirchspiel.*
kirtag s. kirchtag.
kirze f. *Kerze.*
kirzenmecher m. *Kerzengießer.*
kis(e)li(n)g m. *Kieselstein.*
kiseln v. *hageln.*
kislingstein m. *Kiesel.*
kisrauch m. *weißes Arsenik.*
kist(e)ler, kist(e)ner m. *Tischler.*
kistenschreiber m. *öffentlicher Lohnschreiber und Schreiblehrer.*
kistern v. *heißer sein.*
kite, kitin f. *Quitte.*
kitren v. *verdrückt lachen; gackern.*
kitte f. *Schar, Herde, Menge.*
kitten v. *reden.*
kittern v. *mit Lachen herausplatzen.*
kiz(e) n. *Junges von Reh, Schaf, Ziege.*
kizern v. *ungezogen lachen.*
kizlein n. *Junges von Reh, Schaf, Ziege.*
kizlen v. *Junge werfen von Reh, Schaf, Ziege.*
klack m. *scharfe Biegung.*
klaffer m. *Schwätzer, Verläumder, Störenfried.*
klaffe(r)n v. *klappern; schwatzen, nachreden, verleumden.*
klavikordium n. *Saitenspiel.*
klafis f. *Orgeltaste.*
klafot n. (rotw.) *Kleid.*
klafotfezer m. (rotw.) *Schneider.*
klafter(ge)bet n. *Spottname des* (schweiz.) *kreuzgebets.*
klaftren v. *mit ausgespannten Armen messen.*
klag f. *Leichenbegängnis.*
klagen zu jem. v. *gegen ihn klagen.*
klagsturz m. *Trauerschleier.*

klampfen v. *zwicken.*
klanet n. *Kleinod.*
klank m. *Schlinge, Krümmung.*
klant m. (rotw.) *Bettelei mit einer Schlinge am Arm, als Zeichen erduldeter Gefangenschaft.*
klaperbeicht f. *Ohrenbeichte.*
klaperbenklein n. *Plauderecke.*
klaperman m. *Verleumder.*
klapermark m. *Schwatzerei.*
klapermaul n. *Schwätzer.*
klapern v. *klatschen.*
klaperrose f. *Klatschmohn.*
klaperstein m. *Strafstein für Verleumderinnen.*
klapertesch f. *Klatschmaul.*
klapf m. (obd.) *Knall.*
klapfen v. *knallen.*
klapperbenklein n. *Schwatzbank vorm Haus.*
klaret m. *Wein mit Gewürz oder Honig, Weinmet.*
klaretchen n. *Zierpuppe.*
klaretlein n. *Stück Tuch oder Leihwand.*
klaretrot adj. *bleichrot, von der Farbe des Weinmets.*
klarheit f. *auch Glanz, Ehre.*
klarin f. *hohe Solotrompete.*
klattern v. *klettern.*
klauben v. *(be)kleben; auflesen.*
klaue f.: an k. saugen *Mangel leiden.*
klaul m. *Knäuel.*
klause f. *Engpaß.*
klausel f. *einsame Wohnung* (lat. clausula).
klausurmacher m. *Spangenschmied.*
klau(w)el m. *Knäuel.*
kleb m. *Vogelleim.*
kleben v. (alem.) *klecken, froh werden, machen.*
klebermeis f. *Spechtmeise.*
klebermer n., -se f. *Lebermeer, das alles an sich zieht; Syrte.*
klebiß m. (rotw.) *Pferd.*
kleblat n. *auch eine Marke am Weinglas.*
klebrute f. *Leimrute.*
klebwurz f. *Krapp,* Rubia tinctorum.
klecken v. *genügen, ausreichen.*

kleckstein m. (rotw.) *Verräter.*
kleffer s. *klaffer.*
kleffig adj. *bösmäulig, schwatzhaft.*
kleflen, -zen v. *schwatzen.*
kleglich adj. *traurig.*
kleibe f. *Kleie.*
kleiben v. *mit Lehm verwerfen.*
kleib(en)er m. *Maurer.*
kleiber m. *Spechtmeise.*
kleiderhocke m. f. *Trödler(in).*
kleien adj. *aus Kleie gebacken.*
kleienfurz m. *Schelte des Untersetzten.*
kleinat s. *kleinod.*
kleiner Hans m. *Gernegroß.*
kleinern v. *klein(er) machen.*
kleinfug adj. *geringfügig.*
kleinhaltung f. *Geringschätzung.*
kleinhans m. *der gemeine Mann.*
kleinheit n. *Kleinod.*
kleinlaut adj. *leise redend.*
kleinod n. *Preis im Wettkampf.*
klein(o)t n. *Füße, Kopf, Geschling und Gedärm des Schlachtviehs.*
kleinschmid m. *Schlosser.*
kleit 3. sg. praes. *klagt.*
klei(w)el m. *Knäuel.*
s. klemen v. *hapern.*
klementin f. *das 7. Buch der Dekretalen, von Papst Klemens V. gesammelt.*
klemenzen v. *(gerichtlich) klagen.*
klemperlein n. (bair. östr.) *kleine Klammer;* einer ein k. anhenken *sie ins Gerede bringen.*
klems f. (rotw.) *Gefängnis.*
klemsen v. (rotw.) *fangen.*
klenkel m. *Glockenklöppel.*
klenken v. *schlingen, verflechten; (eine Glocke) zum Klingen bringen.*
klenkner m. (rotw.) *Bettler, der zum Schein den Arm in der Schlinge (s. klank, klant) trägt.*
klentner s. *klenkner.*
klepel m. *Tölpel.*
klepfen v. (alem.) *klatschen.*
klerik m. *Geistlicher.*
klerisei f. *Priesterschaft.*
kleuben v. *kneipen.*
kleuber m. *der Lehmbauten aufführt.*

kleublen v. *vorsichtig absuchen.*

kleuel m., kleulein n. *Knäuel.*

kleuß n. *Reis.*

klicken v. *klecksen.*

klieben v. *spalten.*

klimmern v. *klettern.*

klims(e) f. *Spalte, Schlucht.*

klinge f. *Schlucht, Bachtal.*

klinge f. (rotw.) *Leier.*

klingeler m. *Almosensammler.*

klingen v. *klappen.*

klingenfezer m. (rotw.) *Leiermann.*

klingenschmid m. *Messer-, Degen-schmied.*

kliplein n. *Schnippchen.*

klipperwerk n. *Kleinkram.*

klipren v. *klatschen.*

klitter m. *Klecks.*

klittern v. *klecksen; klappern.*

klitterung f. *Geklecks.*

klobe(n) m. *Sprenkel zum Vogel-fang; Schere an der Wage.*

kloe f. *Klaue.*

klopf s. kluppe.

klopfader f. *Schlagader, Puls.*

klöpfelsnechte plur. *die drei letz-ten Donnerstage der Adventzeit.*

klöpfen v. (obd.) *mit der Peitsche knallen.*

klöpfer m. *(Busch-)Klepper.*

klöppel m. *Flegel.*

klöpperlin n. *Klapper des Aus-sätzigen.*

klosterber f. *Stachelbeere.*

klösterei f. *Mönchtum.*

klosterhengst m. *Schelte des Mönchs.*

klosterling m. *Klosterbruder.*

kloz m. *Klumpen, Kugel, Kreisel.*

klozkugel f. *Geschützkugel.*

klüben v. *spalten, kneipen.*

klücker m. *Spielkugel der Kinder.*

kluft f. *Zange, Schere.*

klügel m. *Siebengescheiter;* meister k. *Herr Naseweis;* m. k. bleiben *alles besser wissen.*

klügling m. *Schlaumeier, Besser-wisser.*

klunke(r)n v. *schlaff herabhängen, baumeln.*

klunse f. *Ritze.*

klup(p)e f. *gespaltener Stock, Klam-*

mer, *Klemme, Schraubstock, Zwangholz; Verein lockerer Ge-sellen.*

klüttern v. *klecksen; klappern, mit Worten spielen.*

knab m. (obd.) *Junggesell; (Mühl-) Knappe.*

knabaz m. *Bursche.*

knalzen v. *dröhnen.*

knappe(r)n v. *auf- und abschnellen.*

knappet adj. *hinkend.*

knapschaft f. *Gesamtheit der (Hand-werks-)Gesellen.*

knar(ra)zen v. *lästig knarren.*

knaßlen v. *prasseln.*

knastle f. (schweiz.) *Geknister.*

knaufelern, knaufelmechern f. *Knopfmacherin.*

knaur m. *harter Stein, Felsklotz; grober Kerl.*

knaus m. *Schlag, Stoß.*

knaust m. *Knorren.*

knebel s. knöbel.

knecht m. *Handwerksgesell; Hand-lungsgehilfe; Landsknecht; Knappe.*

knecht Heinz m. *guter Kerl;* des k. H. mit einem spilen *ihm hel-fen das Seine durchbringen.*

knellen v. *krachen.*

kneufeln v. *zanken, keifen.*

knewen v. *knieen.*

kniebiege f. *Kniekehle.*

knifel m. *Teufel.*

d. würfel knipfen v. *ihnen einen Effet geben, betrügerisch wür-feln.*

knipfhund m. *der sich auf Kniffe versteht.*

knitel m. (obd.) *auch Knöchel, Auswuchs.*

knöbel m. (obd.) *Knöchel, Knorren, Würfel, Grobian.*

knöbelbeil n. *Handbeil.*

knoblachsjunker m. (östr.) *Prahl-hans.*

knöchel m. *Würfel.*

knocke m. *Knochen.*

knocken v. *hocken.*

knocket adj. *knochig.*

knode m. *Knoten, Knöchel, Würfel.*

knögret adj. *knorrig.*

knol m. *Grobian.*
knöllen v. *prasseln.*
knollet adj. *knorrig, klumpig, massig; bäurisch, grob.*
kuopf m. (obd.) *Knoten; Knospe; grober Kerl; Bündnis, Freundschaft;* einem ein k. *darfür ton seinem Beginnen einen Riegel vorschieben.*
knopfgießer m. *Gürtler.*
knöpfig n. *Knötchen.*
knöpflecht adj. *knotig.*
knöret adj. *knorrig.*
knorre m. *Knöchel am Fuß.*
knorsen v. *knirschen.*
knote m. *Knöchel an Hand und Fuß, Verdickung an Holz und Halm, Knauf; Rätselfrage, Anstoß, hindernder Grund, Hauptschwierigkeit;* einem ein k. tun *für ihn in einem Genuß beschränken.*
knüchel m. *kurzer dicker Mensch.*
knüfel m. (alem.) *Teufel.*
knüllis m. *Alpenstrandläufer,* Tringa alpina.
knüpfel m. *Knüttel, Knorren, Geschwulst.*
knüpfen s. *knipfen.*
koadjutor m. *Amtshelfer eines Bischofs, ev. mit Nachfolgerecht.*
koaxen v. *quaken.*
köb m. (schweiz.) *Aas.*
kobe m. *ein Fisch, Kaulkopf, auch Gründling.*
kobel m. *Hütte, Baracke, Maststall.*
kobel f. *Stute.*
kobellerch f. *Haubenlerche.*
kobelregerlein n. *Halsbandregenpfeifer.*
kobelwerk n. *schlechte, halbe Arbeit.*
köbenschinder m. *Abdecker.*
kober m. *Schweinestall.*
kobler m. *Häusler.*
kobel(t), kobol(e)t m. *Kobalterz.*
koch n. *Gekochtes, Brei.*
kochel f. *Küche.*
kochen v. *auch brauen; handeln.*
Kochersberger m. (els.) *ein ländlich derber Tanz.*
köch(e)t n. *Kochportion, Gericht.*

kocke f. *breitgebautes Schiff.*
kocken v. *sich unruhig bewegen.*
köcken v. *speien.*
köden v. *sprechen.*
koder m. *Lungen, Lappen; Schleim.*
kodizill m. *letzter Wille.*
kofel m. (bair.-östr.) *Berg, Stein.*
köfel n. *Felsgewirr.*
kofent n. *dünnes Bier.*
kofentjunker m. *scheinbar vornehmer Jüngling.*
köfet f. n. *Käfig.*
kog m. *Schlegel; roher Mensch.*
kögel m. *Bastard; ungeschliffener Mensch.*
köglet adj. (ostmd.) *kugelrund.*
kökeln v. *gaukeln.*
köken v. *speien.*
kokin m. *Schurke* (franz. coquin).
kol m. *Kohle.*
köl f. *Kelle, Schöpflöffel.*
kolb m. *Geschwür.*
kolbe m. f. *kurzgeschnittenes Haar bes. der Narren und Unfreien; Haarschopf;* so sol man den narren die k. lausen *so soll man die Leute nach Verdienst behandeln.*
kölbeln v. *schlendern; den Dienst wechseln.*
kolben v. *einem eine Kolbe schneiden; mit Kolben prügeln.*
kolbet, kolwat adj. *kolbig, plump.*
kolenmutter m. *Kohlenmesser.*
koletchen n. *Semmel.*
kolisch m. (osächs.) *Kuchen.*
kolk m. (md.) *Wasserloch, Zisterne, Strudel.*
kolkrop(f) m. *Kielkropf, Koboldskind, auch als Krankheitserreger.*
kollation, kollaz f. *Schmaus, bes. Nachtessen; Ansprache.*
kollatsche f. *Semmel.*
kollazen v. *schmausen.*
kollei n. *Kollegium.*
kollekte f. *erstes und letztes Gebet der Messe; Altargebet für die Gemeinde; Einsammeln der Kirchenalmosen.*
koller m. *westenartiges Oberkleid, Jacke.*
kollern v. *rasen (von Mensch und Pferd).*

kolligat m. *Kollegiat (eines Stiftes).*
kolligiren v. *entnehmen.*
kollo m. *Warenpack.*
kolman m. (bair.-östr.) *Kohlmeise.*
kolochinte f. *Bittergurke.*
kolqueste f. *Kohlenwisch des Schmieds.*
kom 1. 3. sg. praet. ind. *kam.*
komeder m. *Kummetmacher.*
komende f. *Genuß einer Pfründe ohne geistliche Pflichten.*
koment n. *Glosse, Auslegung.*
komernus f. *Trauer.*
komet n. *Halsjoch der Zugtiere.*
komitarig f. *Komturei.*
komlich adj. *bequem, passend, schicklich, zuträglich.*
komliche, -lichkeit f. *passende Gelegenheit, Gunst, Dienstfertigkeit.*
kommetur m. *Deutschherrenkomtur.*
kommiß f. *Verpflegung des Soldaten.*
kommission f. *Auftrag.*
kommißmezger m. *Landsknecht.*
kommun(e) f. *Gemeinde; Freistaat.*
komp m. *Färbefaß.*
kompan m. *Gesell.*
kompania f. *Gesellschaft.*
kompaßbrief m. *Schreiben, mit dem ein Gericht die Dienste eines gleichgeordneten Gerichts in Anspruch nimmt.*
kompast m. *Taschensonnenuhr (für die Reise).*
kompest n. *Eingemachtes.*
kompgenger m. *Tuchfärber.*
komphaus n. *Färbehaus.*
kompknecht m. *Webergesell.*
komplet f. *die letzte der sieben Gezeiten (s. d.), um 9 Uhr abends.*
kompletzeit f. *späte Abendzeit.*
komplex f. *Charakter, Sinnesart; Körperzustand.*
komplexion f. *Körperbau; Temperament.*
kompliren v. *ausfüllen.*
komponieren v. *auch verfassen (von Gedichten).*
komposiz f. *Abfassung.*
komudmecher m. *Kummetmacher.*
kon m. *Schimmel auf gegorener Flüssigkeit.*

kon v. *kommen;* part. *gekommen.*
kon 1. 3. sg. praes. ind. *kann.*
konfekt n. *Zuckergebackenes.*
konfent m. n. *Kloster.*
konventschreiber m. *Schreiber eines geistlichen Ordens.*
konventual m. *Franziskaner, Augustiner der läßlichen Richtung (Gegensatz* observant).
konfers m. *Laienbruder.*
konfessional n. *Beichtbüchlein.*
konfirmaz f. *Bestätigung.*
konfoi m. *militärisches Geleit.*
konfoiren v. *unter militärischem Schutz leiten.*
konfortiren v. *stärken.*
konklusion f. *Schlußsatz im logischen Schluß.*
könlich adv. *kühnlich.*
konnossament n. *Seefrachtbrief.*
konschaft f. *Ehe.*
konsenz m. *Zustimmung.*
konsonirn v. *den richtigen Zusammenklang geben.*
konsort m. *Teilhaber.*
konspiraz f. *Verschwörung.*
konstabel m. *Junker; Büchsenmacher, -meister, Kanonier; Fürstenbote; fahrender Schüler.*
konstofeler plur. *Ritter, die keine Gilde bilden.*
konszienz f. *Gewissen.*
konszienzig adj. *gewissenhaft, bedenklich.*
kontempliren v. *betrachten.*
kontent adj. *zufrieden.*
konter s. kunter.
konterfeit, -fet, kontrafehet adj. *nachgebildet, unecht.*
kouterfetter m. *Porträtist.*
kontrafaktur f. *Porträt.*
kontrakt m. *Vertrag.*
kontrakt adj. *lahm;* m. *Gelähmtheit.*
kontribution f. *Abgabe an Fürst und Staat; Kriegssteuer.*
kontritio f. *vollkommene Reue.*
kontrofekt n. *Abbild.*
konzelebrant m. *der sagenhafte Weltfisch (cete grande).*
könzlen v. *zärtlich tun.*
kopert n. *Umschlag, Hülle.*

kopf m. *Becher (auch als Hohlmaß); Schädel;* hinder dem k. hinweggen *um den Kopf kommen;* der k. ist im ab *er ist unschädlich gemacht.*

köpfbühel m. *Richtstätte.*

köpfeln v. *zur Ader lassen, Schröpfköpfe setzen.*

köpfelsalat m. *Kopfsalat.*

köpfen v. *(in die Art) schlagen.*

kopfermöle f. (westmd.) *Kupferhammer.*

köpfige f. (schweiz.) *Starrsinn.*

köpfisch adj. *starrsinnig.*

kopia f. *Spieß* (kroat. kopje).

kopiren v. *abschneiden, liquidieren* (franz. couper).

kopistrei f. *päpstliche Kanzlei.*

kopp m. *Kapaun.*

koppe m. *Rabe (zu Jakob).*

köppelsknabe m. *Baderknecht.*

koppen v. *die Spitze abschneiden; kippend fallen oder steigen; aufstoßen; einem nachschlagen.*

kopriegerlein n. *Regenpfeifer.*

koquinaz f. *Geköch.*

kor f. (ostmd.) *s.* kür.

kor m. (nürnb.) *Erker.*

koralist m. *Chorschüler.*

koraß f. *Mut* (franz. courage).

korazze f. *Reiterpanzer.*

korb m. *auch Mastkorb; Schanzkorb; Flechtwerk an Dämmen;* das wasser get über die körbe *die Not wird groß.*

körber m. *Korbflechter.*

korde f. *Strick* (ital. corda).

kordel f. *Schnur.*

koren n. *Korn.*

koren v. *wählen.*

kören v. *kehren.*

kören v. *gehören.*

koresel m. *gemeiner Mönch.*

körestein m. *auserwählter Stein.*

korgericht n. *geistliches Gericht.*

korgiren v. *korrigieren.*

koriander m. *Wanzenkraut.*

körich n. *Kehricht.*

köris m. (ostmd.) *Küraß.*

körlein n. (nürnb.) *Erker.*

korn n. *Feingehalt (einer Münze), Gewicht.*

körnen v. *(mit Körnern) anlocken, ködern; (Erz) granulieren lassen, in Körner ausschmelzen.*

kornhammer m. *Dreschflegel; Flegel auch als Scheltwort.*

kornmanger, -menger m. *Kornhändler.*

kornmeister m. *Ratsherr, der die städtischen Getreidevorräte verwaltet.*

kornmütter m. *Träger von Getreidesäcken.*

kornut m. *angehender Student;* den k. stechen *ihn durch Deposition zum Burschen machen.*

kornwurm m. *Getreidespekulant.*

kornzepflein plur. *Mutterkorn.*

körpel m. *Körper, Körperschaft, Cötus; Anhang.*

korporal n. *Tuch, das bei der Messe die Hostie bedeckt.*

korporalisch adj. *körperlich.*

korpo santo m. *Elmsfeuer.*

korre adj. (ostmd.) *kirre.*

korrent adj. *laufend.*

korsale m. *Räuber.*

korsener m. (westmd.) *Kürschner.*

korsperk f. m. *Feldsperling.*

kortisan(a) *s.* kurtisan(a).

kosen v. *plaudern.*

kost m. f. *Preis, Aufwand, Kosten;* plur. *Gerichte bei Tisch.*

kostbarkeit f. *Luxus.*

kost(e) m. f. *wilder Majoran.*

koste m. f. *Büschel, Quast, Wedel.*

köste f. *Hochzeit, Fest.*

kosten v. *bezahlen, bestreiten, beköstigen.*

koster m. *Küster.*

kostfrei adj. *freigebig.*

kosti adv. *dort* (ital. costi).

kostig adj. *dortig.*

köstigen v. *kasteien.*

kostlich adj. *kostbar, kostspielig, üppig.*

kostreich adj. *gastfrei.*

kote f. *Gelenkknochen und die daraus geschnittenen Würfel.*

kotfink m. *Buchfink.*

kotfleisch n. *Kaldaunen.*

kothan m. *Wiedehopf.*

kotichen n. (ostmd.) *Knöchelchen.*

kotler m. *Hausschlächter.*
kotmeis f. *Sumpfmeise.*
kotte, koze f. *Tragkorb.*
kotter m. (bair. östr.) *enges schlechtes Haus, Gefängnis.*
kotter num. *Vier auf dem Würfel.*
koz(e) f. *Dirne.*
koze f. *Wollstoff, Decke.*
kozerei f. *Buhlschaft.*
kozer(le)n v. (schweiz.) *Brechreiz spüren.*
kozmenger m. *Kaldaunenhändler.*
kozot n. *Gespieenes.*
koz(sch)e f. *Dirne.*
kra f. *Krähe.*
krachizen v. *krächzen; poltern.*
krachlich adv. *mit Ach und Krach.*
krachling m. (rotw.) *Nuß.*
kraft f. *Auswirkung; Menge.*
kraftbrief m. *Vollmacht.*
kraftlos adj. *auch ohnmächtig.*
kraftmel n. *feinstes Weizenmehl.*
kragen m. *Hals.*
kram m. *Kaufladen, Verkaufsstand, Bude.*
kram m. *Krampf.*
kramanz(en) n. *Komplimente, Umstände, Possen.*
kramen v. *einkaufen, vom Markt heimbringen.*
kramet n. *Jahrmarktsgeschenk, Ware.*
krammen v. *packen, kratzen.*
kran f. *Krone.*
kranbatvogel m. *Krammetsvogel.*
kranch m. *Kranich.*
kran(e)wit n. *Wacholder.*
krank adj. *schwach.*
kranken v. *schwach werden.*
krantwerre m. *Aufruhr.*
kranzmal n. *Liebesmahl im Freundeskreis.*
krapfe(n), krappe m. *Haken, Kralle; hakenförmiges Gebäck, hausbackener Kuchen, Pfannkuchen; k. bachen guter Laune sein.*
krasse f. *der Fisch Gründling.*
krat m. *Krähen.*
kratschmar m. (ostmd.) *Schenkwirt.*
kratte m. *Korb; Buckel.*
krau(e)l s. kreuel.

krauen v. *(im Bad) reiben, streicheln.*
kraus adj. *gedreht, verdreht, verkehrt, gedrechselt, geziert; ungebärdig.*
krause f. *geschweiftes Glas, Trinkgefäß.*
kraut n. *Inbegriff kärglicher Kost.*
krautvogel m. *Wiesen-, Baumpieper.*
krautwurm m. *Raupe.*
krax n. (rotw.) *Kloster.*
krazelse f. *Xanthippe.*
krazen v. *(Geld) zusammenscharren.*
krazenberger m. *saurer Wein.*
krazmeister m. *Schöffe, der im Gericht über Raufhändel sitzt.*
kreatur f. *auch Einrichtung, Veranstaltung.*
krebe m. *Korb.*
krebißer m. *Krebsfänger.*
krebs m. *Brustharnisch.*
krebsgang gewinnen v. *rückwärts gehen.*
krechlen v. *gackern.*
krecke f. (westmd.) *schlechtes Haus.*
kredenz f. *Vorkosten, Probebissen, Anrichten, (rhein.) Anrichtetisch, Schale; Beglaubigungsbrief; höfliches Benehmen.*
kredenzer m. *Schenke.*
kreg, krei(g) f. *Krähe.*
kreichel s. kreuel.
kreid(e) f. *Losung(swort), Feldgeschrei, Erkennungszeichen, Schlachtruf.*
kreiden anstreichen v. *schmeicheln.*
krei(g)en v. *krähen.*
kre(i)l s. kreuel.
kreinwetvogel m. *Krammetsvogel.*
kreis m. *auch Zauber-, Bannkreis; übern k. ein Brettspiel.*
kreis n. *Reisig.*
kreis(t)en v. *schreiend rufen, bes. in Kindsnöten.*
krellen v. *kratzen.*
kremlen v. *kleine Einkäufe machen.*
kremperei f. *Kramhandel.*
kren m. (ostobd.) *Meerrettich.*
krener m. (rotw.) *Ehemann.*
krenerin f. (rotw.) *Ehefrau.*
krenk(e) f. *Schwäche; Krankheit; Krämpfe.*

krenken v. *schwach, krank, un-glücklich machen.*
krenklich adj. *schwächlich.*
krenzelmal *s. kranzmal.*
kresem m. *geweihtes Oel.*
kresembischof m. *Weihbischof.*
kresmen v. *salben.*
kreß f. *Krause.*
kresse f., kreßling m. *der Fisch Gründling,* Cyprinus gobio.
kressel m. *Fügeisen des Glasers.*
kreßen v. (ostmd.) *plagen.*
kreter m. *Rechtsanwalt* (lat. pro-curator).
kretschem m. (ostmd.) *Dorfschenke.*
kretschman, -mar m. *Schenkwirt; Schenke.*
kreu(e)l m. *Haken, Gabel, Kratze, Klaue.*
kreueln v. *krabbeln.*
kreusel m. *Kreisel.*
kreuterbuch n. *Herbarium.*
kreutern v. *mit (Würz-)Kräutern behandeln.*
kreutler m. *Botaniker; Kräuter-bauer; Gemüsehändler.*
kreuz n. *auch Kreuzer;* ein k. machen über etw. *es segnen.*
kreuz(el)ber f. *Stachelbeere.*
kreuzen v. *Prozessionen veranstal-ten.*
kreuzer m. *Kreuzfahrer.*
kreuzerherr m. *Deutschordensritter.*
kreuzvogel m. *Fichtenkreuzschnabel.*
kreuzgang m. *Prozession.*
kreuz(ge)bet n. *Gebet mit ausge-breiteten Armen.*
kreuz(ig)er m. *Kreuzfahrer.*
krez n. *Metallrückstände am Schmelztiegel.*
kreze f. *Korb.*
krezem m. (ostmd.) *Schenke.*
krezer, krezmeister *s.* krazmeister.
krezerei f. *Raufhandel.*
krezmer m. (ostmd.) *Schenkwirt.*
krezmerei f. (ostmd.) *Schenke.*
kriblen v. *wimmeln.*
kribser m. *Krebsfänger.*
krieche f. *Pflaumenschlehe.*
krieg m. *auch Wortstreit.*
kriegen v. *Krieg führen; zanken; bekämpfen.*

kriegisch adj. *kriegerisch; zank-süchtig;* k. gan *nach Kriegerart auftreten.*
kriegsbericht adj.part. *kriegskundig.*
kriegsgurgel f. *Landsknecht.*
kriegszeug m. n. *Heer; Bewaff-nung.*
kriesbom m. *Kirschbaum.*
kriese f. *Kirsche.*
krimlen v. *wimmeln.*
krimmen v. (part. krimpt) *krüm-men, rümpfen.*
krin m. (schles.) *Meerrettich.*
krinne f. *Kerbe.*
kripf f. (obd.) *Krippe.*
kriplen v. *zum Krüppel machen.*
kripte f. *Krypta, Gruft.*
krisam m. *geweihtes Oel.*
krisamhemd n. *Taufhemd.*
krisemiren v. *mit geweihtem Oel salben.*
krisengeld n. *Patengeschenk.*
krismen v. *mit Weihöl salben.*
kristen m. *Christ.*
kristen adj. *christlich.*
kristian m. (rotw.) *vorgeblicher Pilger.*
kristir n. *Klistier.*
kristiren v. *ein Klistier geben.*
kristirung f. *Klistier.*
krizen v. *kratzen.*
kröcheln v. *hüsteln.*
krochsen, -zen v. *stöhnen.*
krocke f. (md.) *Krücke.*
kroe f. *Krähe.*
krogel *s.* kreuel.
kroglet adj. *krumm, verbogen.*
krom(at) *s.* krame(t).
kromen *s.* kramen.
kromet *s.* kranewit.
kromlen v. *krümeln, zerbröckeln.*
krommort n. *Schwert mit geboge-ner Spitze.*
krön *s.* kren.
kronatist m. *Chronist.*
krone f. *auch Haarkranz um die Tonsur; als Münze entweder franz. Sonnenkrone zu 33 Batzen = 9,20 M. Metallgehalt, oder Sil-berkrone zu 25,5 Batzen = 6,95 M.;* k. Marie *Rosenkranzandacht.*
kröner m. (rotw.) *Ehemann.*

krönerin f. (rotw.) *Ehefrau.*

krönleinstechen n. *Turnier, bei dem nicht scharf gestochen wird, sondern die Lanze in eine dreizackige Krone ausläuft.*

einem im kropf ligen v. *ihm Sorge bereiten.*

kropfet adj. *mit Kropf.*

kropfvogel m. *Pelikan.*

krös n. *Gekröse, Eingeweide von Mensch und Tier.*

krösen v. (ostmd.) *plagen.*

kröslet adj. part. (alem.) *gefältelt.*

kröspel m. (schweiz.) *Knorpel.*

krospelecht adj. (schweiz.) *knorpelig.*

krösplen v. *krabbeln.*

kröstel m., krostelbein n. *Knorpel.*

krostoll m. *Kristall.*

krugbecker m. (westmd.) *Töpfer.*

krughamer m. *Hammer in Krugform.*

krumben v. *sich krümmen.*

krumholz m. (alem.) *Stellmacher, Wagenbauer, Drechsler.*

krümme f. *Bogen;* die k. komt in die beuge *es gleicht sich aus.*

krümmen s. grim.

krummitwuch f. *Mittwoch vor Gründonnerstag.*

krümpel n. *Gerumpel.*

krumschnabel m. *Fichtenkreuzschnabel.*

krüpfe f. *Krippe.*

krüpfen v. *biegen, knicken.*

kruspel f. *Knorpel bes. in Nase und Hals.*

krüstelein n. *Knorpel.*

kruziata f. *Kreuzzugsbulle.*

kuarzt m. *Schelte des schlechten Arztes.*

kübel m. *auch Abort.*

kübelmacher, kübler m. *Böttcher.*

kuche m. *Kuchen;* ein k. sein vom gleichen Stoff, einander wert sein.

kuchel f. (bair., östr., schles.) *Küche.*

kuch(e)ler m. *Kuchenbäcker.*

kuchelhof m. *Genesungsfest der Wöchnerin.*

kücheln v. mit dat. *einen zärtlich behandeln.*

ein küchenleben haben v. *zu baldigem Tod bestimmt sein.*

kuchenraz f. *Schelte der Köchin.*

kuchin f. *Küche;* in die k. dienen *etwas eintragen.*

küchlein: einem k. backen *ihn zärtlich behandeln;* es ist nit wie k. zu essen *kein Zuckerlecken;* guter k. sein *guter Dinge sein.*

küchlen v. *Kuchen backen.*

küchlete f. (alem.) *Backfest.*

kucken v. *Kuckuck rufen.*

kuder m. *(schlechtes) Werg.*

kuf(e) f. *Trog.*

küfenster, -loch n. *Fenster im Kuhstall, zu dem Diebe einsteigen und entwischen, das darum Spitzbuben gewiesen wird.*

kügeheier, kügeiger m. *Sodomit, der Unzucht mit Tieren treibt.*

kugel s. gugel.

kugelkreis m. *Kegelstand.*

kugeln v. *kegeln.*

kugelplaz m. *Kegelbahn.*

kuhamme f. *hölzernes Halsband der weidenden Kühe.*

kühelen v. *kalben.*

kükam m. *Senn, auch als Schelte der katholischen Waldstätter.*

kükam m. *Grubenbeil.*

kükam(p) f. *hölzernes Halsband der weidenden Kühe.*

kuken v. *schauen.*

kukulman m. *Hahnrei.*

kukurbit m. *Gefäß in Kürbisform.*

külde f. (md.) *Kälte.*

külen n. *Kaninchen.*

kület adj. *kühl.*

kulhut m. *Kapuze.*

külkessel m. *Weinkühler.*

küllile n. (schweiz.) *Kaninchen.*

küloch s. küfenster.

kulschaff n. *Kühlgefäß.*

kumat n. *Kummet, Halsjoch der Zugtiere.*

kümaul n. *breiter, schmollender Mund; vorn breiter Schuh;* einems k. anhenken *ihn ins Gerede bringen.*

kumber m. *Schutt; Beschlagnahme, Schuldhaft; Bedrängnis, Sorge.*

kümberlich, kumerlich adv. *mit Mühe, schwerlich.*

kumen v. *kommen;* einem k. *ihm begegnen.*

kümerling m. *Gurke.*

kümern v. (rotw.) *kaufen.*

kumet m. *Komet.*

kumeter m. *Komtur.*

kümich m. (schwäb. bair.) *Kümmel.*

kümlich adj. *s.* komlich.

kümlich adv. *kaum, schwerlich, mit genauer Not.*

kump(f) m. *Färbefaß.*

kumpf adj. *stumpf.*

kumpostbrü f. *Saft von eingemachtem Kraut.*

kuṇd- *s.* kunt-.

kun(de)l m. *Kaninchen.*

kundelkraut n. *Quendel,* Thymus chamaedrys.

künden v. *können.*

kunder n. *Ungetüm, Monstrum.*

kunderfein *s.* kunterfe.

kündig adj. (alem.) *geizig;* (ostmd.) *bekannt.*

kündikeit f. *Kenntnis, Wissen.*

kündlich machen v. *nachweisen;* k. *werden verlauten.*

kundschaft f. *Gesamtheit der Zeugen; Zeugenaussage, -beweis; Bekanntschaft.*

kün(g)ele(in) n. (obd.) *Kaninchen.*

küngisch adj. *königstreu.*

küngundkraut n. *die Composite* Eupatorium.

kunigin f. *auch Prinzessin.*

kün(i)glein n. *Zaunkönig.*

kün(ig)lein n. *Kaninchen.*

kunkelfusen plur. *Talmi(metall), Täuschung; Redensarten.*

künne n. *Geschlecht.*

künnen v. *können;* k. *zu etwas sich darauf verstehen.*

künschaft f. *Ehe.*

kunst f. *Kenntnis, Wissen; Meisterschaft; Wissenschaft, Philosophie, Gelehrsamkeit; Methode; Verständnis; Theorie, Schaffen aus Erkenntnis.*

kunst (lateinische) f. *Gesäß* (Wortspiel zwischen lat. ars und mhd. ars).

künstlich adj. *gelehrt, erfindungsreich.*

kunstmesser m. *Praktiker der Meßkunst.*

künstner m. *Künstler; Ingenieur, Zeugmeister.*

kunstofel *s.* konstabel.

kunststuck n. *Kunstwerk.*

künt part. *gekonnt.*

kunt 3. sg. praes. *kommt.*

kunter n. *Ungetüm, Monstrum.*

kunterfe(i) n. *Abbild, Trug, Täuschung, Verstellung; Talmi(metall), Wismut, Katzengold.*

kunterfetisch adj. *fein, modisch.*

küntlich adj. *offenkundig.*

kuntlich(en) adv. *offenbar.*

kuntman m. *Mitwisser; Geschäftskunde.*

kuntschaft f. *Bekanntschaft; Zeugnis, (Zeugen-)Beweis; Nachricht; Verbürgung;* k. *machen erkunden.*

kunzenjeger m. *Gaukler.*

kunzenspiler m. *Gaukler.*

künz(l)en v. *einem schön tun.*

kupferenzen v. *Kupfergeschmack haben.*

kupferstuck n. *Kupferstich.*

kuplet adj. *kupplerisch.*

küplich adj. *zutulich.*

kur m. *Chor.*

kur f. *Sorge; Vollmacht; Behandlung, Heilung* (lat. cura).

kür f. *Wahl, Beschluß; durch Gemeindebeschluß festgesetzte Strafe;* die erste, ander kür *die erste, zweite Stimme bei der Wahl.*

kürbaumen *s.* welbaumen.

kurbe f. *Griff zum Drehen.*

kürbe f. (bair.) *Korb; Flechtwerk.*

kürbeln v. *röcheln.*

kurber m. *Korbmacher.*

kürbs m. *Kürbis.*

kürbsin adj. *aus Kürbismasse, hinfällig wie ein Kürbis.*

kurcheln v. *röcheln.*

kurdel f. *Schnur.*

Küren *Quirinus.*

küris m. *Harnisch.*

kürisbengel m. *eiserner Streitkolben.*

küriß m. *Reiterpanzer.*
kürisser m. *Kürassier.*
kurlück interj. *Lockruf des Hahns.*
kurmede f. *Erbschaftssteuer, Abgabe im Todesfall.*
kürmeln s. kürbeln.
kurmut f. *Erbschaftssteuer, Abgabe im Todesfall.*
kürps m. *Kürbis (gern Bild der Vergänglichkeit).*
kürre adj. *zahm.*
kurren v. *unwillig sein und es äußern.*
kurren s. kirren.
kurs m. *Rundgang, Reise.*
kürschen f. *Pelzmantel, Pelzrock.*
kurschüler m. *Knabe, der im Kirchenchor mitsingt.*
kursener m. *Kürschner.*
kurs(wein) m. *Rotwein von Korsika.*
kurt f. *Hof.*
kurtine f. *Mittelwall.*
kurtisan m. *päpstlicher Höfling; Geistlicher, der sich durch Breve vom römischen Hofe* (ital. corte) *Pfründen verschafft.*
kurtisan(a) f. *Mätresse.*
kurtisanenzen v. *nach Pfründenfang schmecken.*
kuruß m. *Küraß.*
kurz adj.: des k. spilen v. *kurzen Prozeß machen;* einen k. schieben *den Kürzeren ziehen;* in k. tagen *neuerdings.*
kurz(ab) adv. *mit einem Wort.*
kurzumb adv. *schlechthin, durchaus.*
kurz verhauen adj. part. *abgehackt.*
kurzwirig adj. *vergänglich.*
küscheiß f. *Bachstelze.*
küsel m. *Kreisel.*
kusig adj. *sudelig.*
küss(in) n. *Kissen.*
kußmonat m. *Flitterwochen.*
kusten v. *versuchen.*
kustor m. *Küster.*
kütel m. *Kotklumpen.*
kutelblez, -fleck m. *Kaldaunen.*
kuteln plur. *Kaldaunen, eßbare Eingeweide.*
kutelwanst m. *Bauch.*
küte(n) f. *Quitte.*

kutenbub m. *Mönch.*
kuteniren v. *Tuch kräuseln; ein Weib beschlafen.*
kütenrund adj. *quittenrund.*
kuter f. *Decke, Bettdecke.*
kutfogel m. (els.) *Grünfink.*
kutlen plur. *Eingeweide.*
kutren v. *glucken (vom Hahn).*
kütte f. *Schar, Herde, Menge.*
kuttenhengst m. *Mönch.*
kutter m. (obd.) *Kehricht.*
kuwer m. *Kuhhirt.*
küzel m. *Begierde, Uebermut;* einem den k. büßen *ihm die Lust vertreiben.*
küzeln, kuzlen v. *kitzeln, reizen, schmeicheln.*
küzlein n. *Junges von Reh, Schaf, Ziege.*

L.

labrusk f. *unreife Traube.*
lachbaum m. *Grenzbaum.*
lache f. *in einen Baum eingehauenes Zeichen, Grenzzeichen, Grenze.*
lachen v. *ein Zeichen in einen Baum hauen.*
lachter f. *Klafter.*
lacke`f. *Lache, Pfütze.*
jem. auf sich laden v. *ihn gegen sich aufbringen.*
ladener m. *Hersteller von Holzladen, Truhen.*
ladschaft f. *Gesellschaft geladener Gäste.*
ladünkel m. (ostmd.) *Anmaßung.*
lafander m. *Lavendel, Spike* (lat. lavandula).
lafel n. *kleines Segel.*
laferen v. *mit hängender Lippe endlos schwatzen.*
laferer m. *Schwätzer.*
lafiren v. *kreuzen (vom Schiff).*
lagel, lagen f. m. n. *Fäßchen.*
lakei m. *Gefolgsmann; (Offiziers-) Bursche.*
lakeiisch adj. *wie es ein Lakai trägt.*
laktuk f. m. *Lattich; Gewürzkraut.*
lale m. (obd.) *Narr, Schwätzer.*
lallizen v. *lallen.*

lamel f. *Metallscheibe, -platte.*
lamparter m. *Geldwechsler.*
lampel n. *Thrombus.*
lampet adj. (alem.) *schlotterig.*
lan m. *Lohn.*
lan m. *geglätteter Draht.*
landbreste(n) m. *Schaden eines ganzen Landes.*
landfarer m. *Gaukler, Jahrmarkts-händler, -künstler; Bettler.*
landferern f. *umziehende Händlerin.*
landgengeler m. *Hausierer.*
landherr m. *Mitglied der Land-stände.*
landkleinod n. *Wanderpreis beim Wettschießen.*
landkremer m. *Hausierer.*
landleufer m. *Landstreicher.*
landmer f. *allgemeines Gerede.*
landraumig, -rünnig adj. *flüchtig;* l. werden *das Land räumen müs-sen.*
landrick m. *Wildgatter.*
landrüchtig adj. *notorisch.*
landrünnig adj. *flüchtig.*
land(s)art f. *Gegend, Landschaft.*
landschad m. *Leistung, die auf die Bewohner eines Landes umge-legt wird; Verderben, das ein ganzes Land trifft; Verderber einer ganzen Landschaft.*
landschaft f. *Landtag, Landstände.*
landschazung f. *Heimsuchung.*
landschreiber m. *Kartograph; Ge-richts-, Staatsschreiber; Syndi-kus.*
landsedel, -sidel m. *der ein Gut zu Landsiedelleihe innehat.*
landseß m. *Bürger, Einwohner.*
landschuld f. *Amnestie.*
lands not f. *allgemeine Not.*
landspassat m. *Gefreiter.*
landsprach f. *Mundart.*
landstörzer(in) m. f. *Landstreicher (-in).*
landwer f. *äußerste Linie der Stadt-befestigung.*
landzug m. *Kriegszug eines ganzen Volkes.*
landzügel m. *durch ein Land ziehender Fremder.*
langen v. *gelangen, gereichen.*

langer finger m. *Mittelfinger.*
langes(t), langis(t) adv. *längst.*
langsam adv. *schwerlich, wohl nie;* zu l. *zu spät.*
langweilen v. *sehnen.*
langweilig adj. *interesselos, öde, verdrossen, lange während.*
langwid m. n. f. *Längsbalken unter dem Wagenkasten, der Vorder-und Hintergestell verbindet.*
lanzirer m. *Lanzenreiter.*
lanz(t) m. *Landsknecht.*
lanzwering f. *landesübliches Maß.*
laperdein n. *entstellt aus Latein.*
lapp(e) m. *Laffe, Dummkopf.*
lappen v. trans. *trinken, schlürfen, naschen;* intr. *schlaff herunter-hängen.*
lappen v. *flicken.*
lappenwerk n. *Lapalie.*
lapper m. *Flickschuster.*
lappet adj. *wie ein Lappen aus-sehend; einfältig.*
lar f. *Lehre, Studium;* s. auf die l. geben *studieren;* mit leren theoretisch.
laret f. *Würfelbecher; weibliches Glied.*
larfe f. *äußere Erscheinung, Schein-wesen, Schwindel, Phantasie, Ge-spenst.*
larfenwerk n. *Scheintun, -manöver, Schwindel.*
larfzer m. *Stammler.*
largezza f. *Ueberfluß an barem Geld.*
larte praet. *lehrte.*
lasch 1. 3. sg. praet. ind. *losch.*
laß adj. *nachlässig, müde.*
laßbuch n. *Anleitung zum Ader-lassen.*
laßeisen n. *Gerät zum Aderlassen.*
lassen v. *hinter-, ver-, zu-, fahren lassen; zugeben, einräumen; zur Ader lassen;* s. l. an sich auf jem. verlassen; s. l. auf sich ein-lassen; laß . . . sein gesetzt es wäre; einen l. auf ihn darauf verweisen.
lassen n. *Aderlaß.*
laßet n. (tirol.) *ein Feldmaß von etwa 1000 Quadratklaftern.*

laßheit f. *Trägheit.*
laßtafel f. *Aderlaßkalender.*
laßzetel m. *Aderlaßvorschrift.*
last f. *auch Abgabenlast.*
lastbar adj. *lasttragend.*
laster n. *Schmach.*
lasterbalg m. *Bösewicht.*
lastersam adj. *fehlerhaft.*
lasterstein m. *Stein, von bösen Weibern zur Strafe öffentlich getragen.*
lastsand m. *Ballast.*
latwerg f. *eingedickter Saft.*
laubangel m. *Lawendel* (lat. lavandula).
laub(e) f. *Erlaubnis, Urlaub;* mit l. *mit Verlaub, verzeih das harte Wort.*
laubegeld n. *Erlaubnisgeld.*
laubertag m. *Laubhüttenfest.*
laubreise, -rüst f. *Laubfall; Herbstmonat.*
laubwerk n. *auch Zierat an Metall- und Steinmetzarbeiten.*
laubwerkmacher m. *Goldschmied.*
laue m. (md.) *Löwe.*
lauer m. *Bösewicht; betrogener Schelm.*
lauershals m. *Gauner.*
lauer(trank) m. *Nachwein, Tresterwein* (lat. lora).
lauf m. *Kurs;* leufte *Situationen.*
laufen v. *auch vagabundieren;* l. auf sich *belaufen auf;* auf einen l. *ihn angreifen;* l. für etw. *davor entlaufen.*
laufender gesell, knecht m. *Fußsoldat.*
laufend (we) n. *Diarrhöe.*
laufzetel m. *Kurszettel.*
laugen v. *verweigern, leugnen;* on l. *wahrhaftig;* auf l. *verlogen.*
lauhe 1. 3. sg. praet. ind. *lieh.*
laum m. (els.-rhein.) *Wasserdampf.*
launen v. *schläfrig sein, schlummern; launisch sein.*
laur *s.* lauer *und* lauertrank.
lausch f. *Hinterhalt.*
lauschen, laußen v. *sich versteckt halten, lauern.*
laut m. *Wortlaut.*

laute f.: einem die l. auf den ruck schlagen *ihn steupen.*
lauten v. *zur Laute singen.*
lauten v. *sich reimen, stimmen, klappen, klingen, besagen; sich hören lassen können;* nicht l. *keinen Sinn geben.*
lautenstern m. *die sternförmige Durchbrechung im Resonanzboden der Laute.*
lauter adj. *pur, bloß, rein.*
lauterlich adv. *nur.*
lauter(s) adv. *reinweg, schlechterdings, durchaus;* (kaufm.) *netto.*
lautertrank n. m. *Wein mit Gewürz oder Honig.*
lautmerig adj. *weitberühmt.*
lautprecht adj. *ruchbar.*
lautreisig adj. *geräuschvoll.*
lauw f. *Lauge.*
laxieren v. *einem künstlich Verdauung verschaffen.*
laz m. *Schlinge, Netz* (ital. laccio).
lazo m. *Agio.*
lazur m. f. *himmelblaue Farbe.*
lazurblau adj. *himmelblau.*
leb m. *Löwe; Gehilfe des (Nürnberger) Scharfrichters.*
lebekucher m. *Lebkuchenbäcker.*
leben v. *auch sich aufführen.*
leben n. *Lebenswandel, Wesen.*
lebenbuch n. *Lebensbeschreibung.*
lebenhaftig adj. *Leben, Heil bringend.*
mein lebentag *die Tage meines Lebens.*
lebersiech adj. *leberleidend.*
lebe(r)stock *s.* liebstickel.
lebhaft(ig) adj. *leibhaftig; lebendig.*
lebherz n. *einer, dessen Herz lebhaft schlägt und froh sein will.*
lebküchler m. *Honigkuchenbäcker.*
leblich adj. *lebendig, lebensvoll, -kräftig, -lustig.*
lebzelte m. *Honigkuchen.*
lebzelter m. *Honigkuchenbäcker.*
lech adj. *undicht, ausgetrocknet, schmachtend.*
lechenzen v. (bair.) *lechzen.*
lecherei f. *Komödie.*
lechlig adj. *lächelnd.*
lechnen v. *leihen.*

10*

lechpard m. *Leopard.*
lecht adv. *vielleicht, etwa, wohl.*
lechzen v. *vor Trockenheit Risse bekommen; Trockenheit (im Halse) spüren.*
leckbank m. *Ofenbank (im Dampfbad).*
lecke f. *hautreizendes Schlagen im Bad.*
lecken v. *(auf eine Lockspeise) anbeißen.*
lecken v. *leck, durchlässig machen, Tropfen hervorrufen, mit der Badequaste peitschen.*
lecken v. *mit den Füßen ausschlagen, springen, von Vieh und Mensch; sich tanzend bewegen.*
lecker m. *Windbeutel, Schmarotzer, Gauner.*
leckerei f. *Büberei.*
leckerlich adj. *spitzbübisch.*
leckern v. *locken, verleiten.*
leckersbub m. *Windbeutel.*
leckerwerk n. *Spitzbüberei.*
leckuch m. *Lebkuchen.*
leckucher m. *Lebkuchenbäcker.*
leckzeltner m. *Lebkuchenbäcker.*
ledener s. ladener.
leder n. *auch lederne Schwertscheide.*
led(e)rer m. *Rotgerber.*
lederfeile f. *Seitengewehr.*
lederse f. *Lederhose, Schaftstiefel.*
ledig adj. *leer, inhaltlos; bloß; erfolglos; einen ledig zelen ihn entledigen.*
ledigen v. (obd.) *befreien; berauben.*
ledigs adv. *bloß.*
ledlein n. *Kästchen.*
ledlen v. *lose hängen, wackeln.*
lef(fe)ler m. *Löffler,* Platalea leucorodia.
lefiatan m. *Krokodil.*
lefranz m. (rotw.) *Priester.*
lefrenzin f. (rotw.) *Konkubine eines Geistlichen.*
lefze f. *Lippe.*
leg adj. *niedrig, schlecht, schief.*
legation f. *Sendung.*
legel f. m. n. *Fäßchen.*
legen v. *auch erlegen, bezahlen, ersetzen; abtun;* s. l. *wider einen*

ihm entgegentreten; l. *zu jem. auf ihn wetten.*
legende f. *Lebensbeschreibung.*
leger n. *Lager, Krankenlager.*
legerhaft(ig) adj. *bettlägerig.*
legerherr m. *Großhändler.*
legern v. *lagern.*
legeschif s. leitschif.
legiren v. *durch Testament vermachen.*
lehem n. ? (rotw.) *Brot.*
lehen n. *Belehnung; zu* l. gen *zu Lehen gegeben werden; zu* l. kumen *desgl.*
lehenen v. *leihen.*
lehenherr m. *Verpächter; Lehnsherr.*
lehenschaft f. *Patronatsrecht.*
leib m. *auch Leben.*
leibbefil(he) f. *Begräbnis.*
leiben v. *einverleiben.*
leiberung f. (schweiz.) *Befreiung.*
leibesbede f. *Kopfsteuer des Leibeigenen.*
leibfal m. *Leichenfeier; Hinfall der Besitzrechte eines Leibeigenen bei dessen Tod; Abgabe seiner Angehörigen zu deren Wiedererwerb.*
leibfarb adj. *fleischfarben.*
leibgeding n. *Nutznießung auf Lebenszeit.*
leibguardi f. *Leibwache.*
leibhun n. *Abgabe des Leibeigenen.*
leibkleid n. (schweiz.) *Trikot.*
leiblos adj. *tot; einen leiblos tun ihn entleiben.*
leibsherr m. *Herr über Leibeigene.*
leibung f. *Betätigung.*
leich f. *Kegelbahn.*
leich(e) f. m. *Körper; Leichenzug.*
leichen stv. *verleihen.*
leichen swv. *betrügen.*
leicherei f. *Betrug.*
leichkar n. *Bahre; Sarg.*
leichkauf s. leikauf.
leichlege f. (alem.) *Kirchhof.*
leichnam m. *Leib; adverbial Beteuerung beim Leibe Christi.*
leichof m. *Gottesacker.*
leicht 3. sg. praes. ind., 2. plur. praes. imp. *leiht.*

leicht adj. *gering; leichtfertig;* adv. *vielleicht, etwa.*

leichte f. *auch Verständlichkeit.*

leichten v. *(ein Schiff) ausladen; (die Anker) aufwinden; (ein Lebewesen) kastrieren.*

leichtferig adj. *leichtsinnig, gleich-gültig.*

leichtverstendig adj. *der leicht von Begriffen ist.*

leicht(lich) adv. *vielleicht.*

leichtren v. *erleichtern.*

leichtsinnig adj. *leichten Sinnes, froh.*

leidecker m. (rhein.) *Dachdecker.*

leiden adverbial *Beteuerung beim Leiden Christi.*

leiden v. *auch verleiden; annehmen, sich gefallen lassen;* s. leiden *ergeben, geduldig sein; sich vertragen; sich fügen müssen; es* l. *sich (nicht) es geht (nicht) an, verträgt sich nicht;* nicht zu l. *unerträglich.*

leidenhaft adj. *bedrängt.*

leid(en)lich adj. *billig.*

leidig adj. *betrübend, leidvoll, ängst-lich.*

leidlich adj. *verträglich; erträglich.*

leidlicheit f. *Leidenschaft; Leiden; Geduld.*

leidung f. *Passivität.*

lei(e) f. (rhein.) *Feld, Schiefer; Schiefertafel.*

leiendecker m. *Schieferdecker.*

leier m. *Nachwein, Tresterwein* (lat. lora).

leig m. *Laie.*

leigeb, -göb m. *(Obst-)Weinschenk, Gastwirt.*

leigen v. (westmd.) *liegen.*

leiher m. *Gläubiger.*

leikauf m. *Trunk zur Besiegelung eines Kaufs; Versöhnungstrunk.*

leiken v. *leugnen.*

leikung f. *Leugnen.*

leilach n. *Leintuch.*

leim m. *Lehm;* einem den leimen klopfen *ihn wie Ziegellehm und Lehmwände behandeln, d. i. schlagen.*

leimenfurer m. *Fuhrmann, der Lehm führt.*

leime(r)n adj. *von Lehm.*

leimet m. *guter Ruf.*

leimethaus n. *Drillhäuschen am Pranger.*

leimscholl m. *Lehmklumpen.*

leimut m. *Leumund.*

leimwand f. *Lehmmauer.*

leimwasser n. *Lehmbrühe.*

leinbaum m. *Ahorn.*

leinen v. *lehnen, stützen.*

leinisch adj. *träge.*

leinlachen n. *Leintuch.*

leinmut m. *Leumund.*

lei(n)s adj. (obd.) *leise, sacht, langsam;* (alem.) *ungesalzen;* l. gebachen *überempfindlich.*

leinwat f. *Leinwand.*

leinweder, -woder m. *Leineweber.*

leiren v. *zögern.*

leis m. *Kirchengesang, Psalmen-abschnitt.*

leisch adj. *laienhaft, weltlich.*

leise f. *Fahrspur.*

leise f. (mhd. kirleis) *geistliches Lied, Melodie.*

leiser trit m. *Leisetreterei, Heim-lichtuerei.*

leist 2. sg. praes. ind. *liegst.*

leisten v. *(einem Gebot) nachgehen, folgen, (eine Verpflichtung) erfüllen;* (schweiz.) *außer Landes gehen.*

leister m. *der etwas leistet, z. B. eine Zahlung.*

leister m. *Verfertiger von Schuhleisten.*

leistmecher m. *Verfertiger von Schuhleisten.*

leistung f. (schweiz.) *Landesverweisung.*

leit 3. sg. praes. ind. *leidet.*

leit 3. sg. praes. ind. *liegt.*

leit m. n. *Obstwein, Met.*

leite f. *Bergabhang.*

leitgebe m. (bair.-östr.) *Wirt.*

leitgenan m. *Leutnant.*

leithaus n. (bair. östr.) *Schenke.*

leitheuser m. *Schenkwirt.*

leithund m. *Jagdhund.*

leitkauf s. leikauf.

leitschbir(n) f. *Back-, Bratbirne.*
leitsche f. *Hündin.*
leitschif n. *seitlich offener Kasten zum Fischfang.*
leizman m. *Mitglied einer Bedeckungsmannschaft, Zollwächter.*
lektori(um) n. *Hörsaal.*
lellen, leln v. *lallen.*
lelliwerk n. *Kinderei.*
lell sagen v. *lallen.*
leman m. *Pächter.*
leme f. *Gelähmtheit; Epilepsie; unheilbarer Leibesschaden.*
lemeisen n. *Fußangel.*
lemmern v. *Lämmer werfen.*
lempe m. (alem.) *Wamme des Rinds.*
lempel n. *Lamm.*
lend f. *Landungsplatz, Landebrücke.*
lenden v. *an Land bringen, hinwenden; lenken, neigen, trachten; s.* lenden *sich wenden, erstrecken, seine Fahrt richten nach, sich neigen, eignen, fügen.*
lender m. *Lendengürtel.*
lendlen v. *schlendern.*
lendlich adj. *nach Landessitte.*
lendspetler m. *Landstreicher.*
lendstein m. *Nierenstein.*
len(e) f. *auch Geländer, Kanzel, Balkon.*
lene f. *Lanze.*
lenegader m. *Ladenmieter.*
lenge f.: bei der lenge, nach lengs adv. *ausführlich, umständlich; vollständig;* die lenge *auf die Dauer;* in die l. *ausführlich.*
lengen v. *länger machen; s.* l. *länger werden; sich entfernen.*
lengis adv. (ostmd.) *längst.*
lengsam adj. *langsam.*
leninger m. *Soldat.*
lenken v. intr. *sich wenden.*
lepelsucht f. *Lepra.*
lepper m. *Flickschuster.*
leppisch adj. *auch ausfällig.*
lepse f. *Lippe.*
ler adj. *auch nichtssagend; ohne Beute.*
ler f. *Modell.*
lere s. lar.

leren v. *auch lernen.*
lerjunge m. *Jünger.*
lerjünger m. *Lehrling.*
lerkneblein n. *Schuljunge.*
lermaidlein n. *Schulmädchen.*
lerma(n), lermen m. *Alarm; Lärm; Aufruhr, Tumult, Skandal.*
lermenplaz m. *Sammelplatz im Feldlager.*
lernen v. *auch lehren.*
ler(n)tochter f. (alem.) *weiblicher Lehrling.*
lernung f. *Gelehrigkeit.*
lerse f. *Lederhose, Schaftstiefel.*
lersenmacher m. *Verfertiger von Lederhosen.*
lerz adj. *link(isch).*
leschen v. *löschen.*
leschhorn n. *Kerzenlöscher; (große) Nase.*
leschnapf m. *Kerzenlöschhut.*
les(e) f. *Auslese;* die letzte l. *ein Kartenspiel.*
lesen v. *auch vorlesen.*
lesen n. *Lektüre, Geschichte.*
leser m. *Winzer; Kirchenlektor.*
lesmeister m. *(klösterlicher) Lehrer der Schrift, Professor.*
lesmesse f. *Messe ohne Gesang.*
lesser(in) m. f. *der (die) zur Ader gelassen wird, läßt.*
leßlich adj. *ohne Eifer.*
leste plur. *Lasten.*
lestern v. *auch verletzen.*
letanei f. *Litanei.*
letner m. *Kirchenempore (lat. lectorium).*
letsch m. *Knoten einer Schlinge, Pfanne einer Schleuder.*
letst f. *Lektion.*
lett m. *Ton.*
lettgraben m. *Tongrube.*
lettich m. *Lehm.*
letticht, -ig adj. *lehmhaltig, lehmig.*
letzelter s. *lebzelter.*
leubstickel s. *liebstickel.*
leuchse(nring) s. *leuxe(nring).*
leuchtenmecher m. *Laternenmacher.*
leuchtern v. *erleichtern.*
leufeln, -ern v. *aus der Hülse schälen.*
leufte plur. *Verhältnisse.*

leuf(t)ig adj. *kundig, bewandert; gäng und gäbe.*
leuken v. *leugnen.*
leulecht adj. *ein wenig lau.*
leumd m. *Leumund.*
leumern adj. *von Lehm.*
leunisch adj. *launenhaft.*
leupriester s. *leutpriester.*
leur m. plur. *Spitzbuben.*
leur f., leurentrank m. *Nachwein, Tresterwein* (lat. lora).
leusbühel m. *Kopf.*
leusklicker m. *Flußuferläufer.*
leusmarkt m. (rotw.) *Kopf.*
leuten v. *auch mit der Glocke zusammenrufen; geluter rat mit der Glocke berufene Ratsversammlung.*
leutenampt m. *Statthalter; Vertreter des Feldobersten.*
leutgeb m. *(Obst-)Weinschenk, Gastwirt.*
leutinger m. *Statthalter, Vertreter des Feldobersten.*
leutlein plur. *Gesinde.*
leutpriester m. *Weltgeistlicher; Pfarrverweser.*
leutsche f. *Hündin; Faulpelz.*
leuxe f. (obd.) *Leuchse, Runge am Leiterwagen.*
leuxenring m. *Ring, der die Wagenrunge hält.*
lew(e) m. *Gehilfe des (Nürnberger) Nachrichters.*
lez adj. (obd.) *verkehrt; schlimm; unselig; widerwillig.*
lez(e) f. *Lektion, Schulaufgabe, Lehre.*
leze f. *Ende von etwas; Abschied; Abschiedsgeschenk, -trunk; einem die l. geben ihn verabschieden; die l. essen Abschiedsmahl halten; zur l. zuguterletzt.*
leze f. *Schlinge* (it. laccio).
lezeltiat m. *Schelte für Lizentiat.*
lezen v. *verletzen.*
lezen v. *laben; s. l. (zum Abschied) essen und trinken; Abschied nehmen.*
lezetrunk m. *Abschiedstrunk, -feier.*
lez(ge) f. *Lektion.*
lezi f. (alem. schwäb.) *Schutzwehr.*

lezlich adv. *zuletzt.*
leznen v. (alem. schwäb.) *Feldschanzen errichten.*
lezung f. *Angriff.*
libel n. *Schriftstück, Flugschrift.*
liberei f. *Livree; Abzeichen.*
liberei, librari f. *Bibliothek.*
liberen v. *Erleichterung verschaffen.*
libern v. *liefern.*
liberung f. (alem.) *Befreiung, Erleichterung.*
libpriester s. *leutpriester.*
lid n. *Deckel; Fensterladen.*
liderin adj. *ledern.*
lidern v. *gerben; mit Leder beschlagen.*
lidlon m. *Dienst-, Arbeitslohn.*
lidmasiren v. *gliedern.*
liebchen n. *Dirne.*
liebe f. *auch Geliebte.*
liebeln v. *liebkosen; s. l. sich anschmeicheln.*
lieben v. intr. *lieb sein, behagen, gefallen; trans. sich einschmeicheln, empfehlen.*
lieber! interj. *mit Verlaub.*
lieber adv. *doch.*
liebeskind n. *uneheliches Kind.*
liebe tochter f. *Dirne.*
liebhart m. *Liebling.*
liebkauf m. *Trunk zur Besieglung eines Kaufs.*
liebkosen v. *mit Worten zärtlich tun.*
lieblechlen v. *schmeicheln.*
lieblich adj. *liebreich, liebend, verliebt.*
liebnis n. *Gunstgeschenk.*
liebstickel m. *Liebstöckel, Levisticum officinale.*
liebstock s. liebstickel.
liebung f. *Erkenntlichkeit.*
liechel m. *Haken zum liechen.*
liechen v. *ausraufen.*
liecht adj. *klar.*
liechten v. *Lichter weihen.*
liechthocke m. f. *Verkäufer(in) von Kerzen.*
liechtscherbe m. *Lampe in Tiegelform.*
liechtstar m. *Leuchter.*

liechtstein m. *steinernes Lampengefäß.*

liechtstock m. *Leuchter.*

liechtzaun m. *dünner, undurchflochtener Zaun.*

liederlich adj. *leicht(sinnig), nachlässig, unbedeutend;* adv. *mit leichter Mühe, leichten Kaufs.*

liederlikeit f. *Nachlässigkeit.*

liegen v. *lügen.*

liehe f. *Mutterschwein.*

lie(i)en s. *lühen.*

liesch n. *Riedgras.*

lifren v. *fördern, erheben.*

ligen v.: da ligts an *darauf kommt es an;* l. lassen *unterlassen;* bei sich l. lassen *auf sich beruhen, es gut sein lassen.*

ligen(d) gut n. *Immobilien.*

lilge f. *Lilie.*

limbel, limmel m. *Schuhleder.*

limd m. *Leumund, guter Ruf.*

limone f., limonapfel m. *Zitrone.*

limplisman m. *Nichtswürdiger.*

linde f. *Weichheit.*

lindern v. *auch lind werden.*

lin(di)sch adj. *aus London.*

lindmütig adj. *sanft.*

lin(d)sch s. *lündisch.*

linie f. *auch Stammbaum.*

linienflieher m. *Seiltänzer.*

linlach n. *Leintuch.*

lins adv. *leise.*

linsen spizen v. *Kinderwerk tun.*

linweter m. *Leinenweber.*

lipern v. (md.) *mit den Lippen arbeiten: schlürfen, züngeln.*

lipriester s. *leutpriester.*

lirnig adj. *gelehrig.*

lismer m. *Stricker.*

lispfund n. *livländisches Pfund.*

list m. *Kunst(griff);* des listle(in)s spilen mit jem. *ihn überlisten.*

listfündig adj. *schlau.*

liz m. *Laune, Eigenart.*

löb m. *Löwe.*

lobetanz m. (md.) *gemeinschaftlicher Tanz mit Umzug.*

löblein n. (alem.) *kleine Laube; Abtritt.*

loch n. *Gefängnis.*

lochbruder m. *Homosexueller.*

locherit, löchert adj. *löcherig, zerfressen, unnütz, wertlos.*

Lochheim *Scherzname des Gefängnisses.*

löcken s. lecken.

lodde f. *Haarzotte.*

loder s. luder.

lodlen v. *lose hängen, wackeln.*

lod(n)er m. *Tuchmacher, der Tierhaar verarbeitet.*

loe adj. (rotw.) *falsch.*

loer m. *Lohgerber.*

loff 1. 3. sg. praet. ind. *lief.*

löffel m. *Laffe; Eßlöffel;* wortspielend zwischen beiden; mit dem großen l. anrichten *aus dem Vollen wirtschaften.*

löffelfutter n. *Futteral, Behälter für Löffel.*

löffelholz n. *Holz zum Löffel, Löffel.*

löffeln v. *einen hart mitnehmen.*

löffer m. *der Vogel Löffler, Platalea leucorodia.*

löflerei f. *Treiben eines (verliebten) Laffen.*

logel f. m. n. *Fäßchen.*

lo(h)er, löhr m. *Lohgerber.*

loienmal n. *Zunftschmaus der Goldschmiede am Tag ihres Patrons Eligius.*

loika f. *Logik.*

loikus m. *Schlaumeier.*

loißmecher m. *Verfertiger von Schuhleisten.*

lokalis m. *Kenner der einzelnen Stellen der (heiligen) Texte.*

lokat m. *Stellvertreter, Untermeister, Schulgesell.*

lokotenent m. *Statthalter, Vertreter des Feldobersten.*

löl m. *Maulaffe.*

lolbruder, -hart m. *Beghart, Laienbruder; dicker Mönch.*

lolfez m. *Laienbruder; Tunichtgut.*

lolheflein n. *Nachttopf.*

lomele f. (schweiz.) *Schneide* (frz. lamelle).

lontochter f. (alem.) *Lohnarbeiterin.*

lorberer m. *Lorbeerhändler.*

lorbonen plur. *Lorbeeren.*

lören v. *plärren.*

lörles- *s.* lürlis-.

loröl n. *Lorbeeröl (als Abführmittel); dummes Zeug.*

lor(r)ind n. *Rohrdommel.*

los n. *Parole.*

losament n. *Wohnung.*

lösch(e) n. *(Saffian-)Leder; Wachstuch zum Verpacken.*

löschmecher m. *Lederbereiter.*

los(e) adj. *nichtsnutzig, unbegründet, vag, windig, unbedeutend.*

losei f. (obd.) *tiefste Stelle im Schiff.*

losen v. (obd.) *aufmerken, horchen, Gehör schenken.*

losen n. *ein Kartenspiel.*

lösen v. *erlösen; Erlös, Gewinn erzielen;* streich l. *Hiebe ernten;* s. l. *ein Gegengeschenk geben, etwas wett machen.*

löser m. *Zacken vom Hirschgeweih zum Auflösen von Knoten; Schnapphaken an der Fuhrmannstasche; männliches Glied.*

losiment n. *Wohnung* (franz. logement).

losiren v. *einquartieren, Wohnung bestimmen.*

löslen v. *lauschen.*

loß f. *Mutterschwein.*

loßner m. (rotw.) *Bettler mit Ketten von vorgespiegelter Gefangenschaft.*

lostampfer m. *der Gerberlohe zerkleinert.*

löste adj. *letzte.*

losung f. *Recht der Einlösung eines Pfandes, Vorkaufsrecht; Vermögenssteuer; Behörde, die sie erhebt; Erlös, Kaufsumme; Losungswort.*

losunger m. *Mitglied der Steuerbehörde, Stadtrat.*

s. loswirken v. *sich salvieren, frei machen, entziehen.*

lot 3. sg. praes. (alem.) *läßt.*

lotemecher m. *der dem Schlosser Lötzinn bereitet.*

loter adj. *nicht festsitzend.*

loter m. *Nichtsnutz, Schwindler; Flaschenzug.*

loterbett n. *Sofa.*

loterbub m. *Schlingel, Gaukler, Spaßmacher.*

loterholz n. *Stäbchen als Narrenabzeichen des Gauklers; Landfahrer;* mit dem l. umlaufen *vagabundieren.*

loter(isch) adj. *nichtsnutzig.*

lötig adj. *ein Lot schwer, vollwichtig.*

lötsch m. *Tölpel.*

lötsch f. *Hündin.*

lötschet adj. *grob, ungeschickt.*

lotteln v. *lose hängen, wackeln.*

löwenpfennig m. *Kreuzermünze.*

lowen v. *mit Lohe gerben.*

lower m. *Lohgerber.*

lowerknecht m. *Lohgerbergesell.*

lübstickel *s.* liebstickel.

lüch m. (md.) *der Vogel Gimpel.*

lück adj. *locker.*

lucke f. *Lücke bes. im Zaun;* für die l. stellen *als Köder aussetzen;* seine l. verstehen *(bei der Treibjagd) seinen Platz ausfüllen.*

luder n. *Lockspeise, Aas; leichtsinniges Leben;* im l. kleben lassen *in der Patsche stecken lassen;* im l. ligen *herumsumpfen.*

luderer m. *Lüstling.*

lüfern v. *liefern.*

lüge f.: an lügen sten *als Lügner dastehen.*

lugen v. (obd.) *sehen.*

lügende f. *lügenhafte Legende.*

lügenfarbe f. *Schminke.*

lügengeiz m. *Lust am Lügen.*

lügerlich adj. *unglaublich.*

lü(h)en v. (obd.) *brüllen zumal von Rindern.*

lülein n. *Faulpelz.*

lumel m. *Lende.*

lumeln v. *schlottern.*

lumpart m. *Leihhaus; Pfandschein.*

lumpechtig adj. *herabhängend.*

lumpenmül f. *Papiermühle.*

lumpertesch f. *Dirne.*

lün(di)sch adj. *aus London.*

lune m. *Paragraphzeichen* ⊄ *(dem Halbmond verglichen);* s. mönlein.

lung f. (alem.) *Dirne.*

lungen plur. *Roßäpfel.*

lungenkraut n. *Pulmonaria.*
lunte f. *Lumpen; Lampendocht; Zündschnur.*
lüpfeln v. *immer wieder aufheben, trinken.*
lupfen v. (obd.) *heben.*
luppen v. (md.) *heben.*
lüppen v. *mit Lab ansetzen.*
luquaz f. *Unterredung (zu* lat. loqui).
lurelori n. *Kinderei.*
lurenwerk n. *Koboldswerk.*
lurken v. *stammeln.*
lurker m. *Stammler.*
lürlein n. *elbisches Wesen, Kobold.*
lürlisbad n. *Bad der Luren, der elbischen Wesen: Hölle.*
lürlisbuch n. *Buch kindischen Inhalts.*
lürlistand m. *Koboldswesen.*
lürliswirt m. *schlechter Wirt, der selbst sein bester Kunde ist.*
lurtsch, lurz adj. *link(isch), mies; matt im (Brett-)Spiel;* l. *werden Schneider werden.*
lurtsch n. *ein Brettspiel.*
lurzgen v. *undeutlich reden.*
lüs *s.* lei(n)s.
lüselbeicht f. (schweiz.) *Ohrenbeichte.*
lüselen v. (schweiz.) *flüstern.*
lüsling m. (rotw.) *Ohr.*
lusperkeit f. *Vergnügen.*
lussen v. *versteckt liegen, auflauern.*
lusser m. (westmd.) *der dem Wild auflauert.*
lust m. *Gelüste;* l. *neuer dinge Neuerungssucht;* von l. *wegen zum Vergnügen, weil es mich gelüstet;* die l. *büßen die Wollust befriedigen.*
lustbar(lich) adj. *fröhlich, anmutig.*
lusten v. *gelüsten.*
lustern v. *lauernd horchen, lauschen.*
lustig adj. *begehrlich, begierig; begehrenswert, anmutig, sympathisch;* l. *zu etwas froh darüber;* l. *in begeistert für.*
luterei f. *die Bewegung für und mit Luther, Reformation.*

lutt f. (els.) *Loch.*
lüzel adj. *klein, gering, wenig.*
luzern f. *Fackel, Lampe, Leuchte.*

M.

s. machen v. *entstehen.*
machman m. *Anstifter.*
machmetisch adj. *muhammedanisch.*
macht f. *Hauptsache;* da ligt m. an *darauf kommt's an;* über m. *über seine Kräfte hinaus;* mit aller m. *aus allen Kräften.*
machthans m. *Bonze.*
machtleute plur. *Bevollmächtigte.*
machtlos adj. *schwach.*
mackbiliß m. *Wasserläufer.*
mackum n. (rotw.) *Stadt.*
mad f. *Maid, Jungfrau.*
madensack m. *Mensch mit verweslichem Leib.*
mäder m. *Marder.*
mäder m. *Schnitter.*
mag m. *Verwandter.*
mag(e) m. *Magen.*
mage m. *Weiser* (gr. μάγος).
mag(e)d, magit, med, meigt f. *Mädchen; Dienstmagd.*
magele(l), magöllein n. *kleiner, meist silberner Becher.*
magen m. *auch Schwartenmagen.*
mag(e)sat, masot f. *Mohnsamen.*
magverwant adj. part. *von Vaterseite verwandt.*
magiolita f. *Majolika.*
magsam m. *Mohnkörner.*
magschaft f. *Verwandtschaft, Schwägerschaft.*
mahen m. *Mohn.*
mahlstat f. *Gerichtsstätte; Ort, wo sich ein (Rechts-)Streit abspielt.*
maieron m. *Majoran.*
major (scil. *propositio*) f. *Obersatz, erste Prämisse des logischen Schlusses.*
maiz m. *Mais.*
makaltur *s.* makulatur.
makulatur f. n. *Löschpapier* (quatenus imbibit maculas).
makulist m. *Gegner des Dogmas von der unbefleckten Empfängnis Mariä, Dominikaner.*

malafranzosa plur. *Syphilis.*

malatrie, malazei f. *Aussatz* (ital. malattia).

malazig adj. *aussätzig.*

malecht adj. *gefleckt.*

maledeien v. *fluchen, schelten.*

malefiz n. *Uebeltat.*

malefizisch adj. *kriminell.*

malfortun f. *Mißgeschick.*

malgelag n. *Preis des Mittagessens.*

malk 1. 3. sg. praet. *zu melken.*

malkalb n. *Wechselbalg, Mißgeburt.*

malmasier m. *Wein aus* Napoli di Malvasia *auf Morea.*

malsack m. *Reisetasche.*

malschaz m. *Verlobungsgabe des Bräutigams an die Braut (als Pfand der Treue).*

malschloß n. *Vorlegeschloß.*

malstat f. *Zweck, Ziel.*

malt(en) f. *Melde,* Atriplex.

malz m. *Aussätziger.*

malzei f. *Aussatz.*

malzeichen n. *Muttermal, Narbe, Kennzeichen.*

malzerei f. *Aussatz.*

malzig adj. *aussätzig.*

Mam(a)luk m. *Abtrünniger.*

mamkendlein n. *Milchflasche mit Saugpfropf.*

man adv. *nur.*

mand m. *Monat.*

mande f. *breiterer Korb mit zwei Handgriffen.*

mandel f. (md.) *Haufe von 15 Garben.*

mandel f. (bair.) *Kiefer.*

mandenmecher m. *Korbflechter.*

mandiren v. *anordnen.*

man(e) m. f. *Mähne.*

mane m. *Mond.*

mangel haben an v. *nicht zufrieden sein mit.*

mangelt n. *Handgeld des Soldaten.*

mangeltkraut n. *das Rübengewächs* Mangold.

mangen m. (alem.) *Geschmack auf der Zunge.*

mangen v. *zum Kauf aufputzen.*

manger m. *(Alt-)Händler.*

manglen v. (alem.) *vermissen.*

manheit f. *Mannesehre.*

manipel n. *seidener Streifen am linken Arm des Meßgeistlichen,* s. handfan(e).

nit manmechtig adj. *impotent.*

mannen v. *heiraten.*

manot m. *Monat.*

mansbruder m. *Schwager.*

manschlacht f. *Männermorden.*

manschlechtig adj. *eines Todschlags schuldig; männermordend.*

in mans gestalt *in Menschengestalt.*

manslauf m. *Stadion als Wegmaß.*

mansmat f. *soviel ein Mann in einem Tag mäht.*

mansnam m. *Mannsperson.*

mansschwester f. *Schwägerin.*

manszeit f. *Generation.*

mantag m. *Montag.*

mantel f. (bair.) *Kiefer.*

manwerch n. obd. *Landmaß für Acker, Wiesen und Rebland, so viel als ein Mann im Tag bestellen kann, etwa 58 Ar.*

manzeitig adj. *heiratsfähig.*

mappe f. *Landkarte.*

Maran m. *spanischer Christ, der heimlich Maure oder Jude geblieben ist.*

maraß m. *Morast.*

march f. (alem.) *abgegrenztes Gebiet.*

mardren adj. *von Marderfell.*

marelle f. *Aprikose.*

marend *s* merende.

margranapfel, margrant m. *Granatapfel,* malogranatum.

marich f. *Grenzland.*

mark m. *Markt; Flecken;* treger m. *Jahrmarkt, Wochenmarkt, der sich langsam entwickelt.*

mark f. *Gewicht für Edelmetalle.*

mark n. *auch Nasenschleim.*

markadant, -odant m. *Handelsmann, Marketender.*

marken v. *einnehmen, lösen; markten; zu Markt gehen.*

markgeng adj. *marktüblich.*

markmeister m. *oberster Stadtknecht.*

markolf m. *Spötter; Nußhäher.*

markt m. *auch Kauf.*

nach markzal adv. *nach Wert des Vermögens, der Forderung in Mark.*

marren v. *murren.*

mars m. *Mastkorb.*

marschalk m. *Reitergeneral.*

marmelstein m. *Marmor.*

marstaller m. *Roßknecht, -aufseher, -arzt; Hofmarschall.*

martel, marter f. *Passion, Leiden, Plage;* mit großer m. *mit Ach und Krach;* (poz) m. *bei Christi Leiden.*

marter adverbial *Beteuerung bei Christi Passion.*

marterer m. *Märtyrer;* teufels m. *der sich mutwillig ins Unglück stürzt.*

marterhans m. *fluchender Landsknecht.*

marterleiden adverbial *Beteuerung bei Christi Marter und Leiden.*

martern v. *bei Christi Marter schwören, fluchen.*

marterwoche f. *Karwoche vom Palmsonntag bis zum Ostersamstag.*

martis kind s. merzenkind.

martschiffer m. *der mit dem Marktschiff fährt.*

marunke s. merunke.

marzell m. *Münze zu 5 Schilling* (it. marcello).

masaron, maseran m. *Majoran.*

mase f. *Fleck; Narbe.*

masel f. *Narbe, Mal.*

maskopei f. *(Handels-)Gesellschaft.*

masotkuchen m. *Preßrückstände der* magesat.

maß n. *auch das musikal. Zeitmaß, Takt.*

maßan m. *Segel am hintersten Mast; dieser Mast selbst.*

maße f. *Weise; Ziel, Ende;* in aller m. wie *geradeso wie.*

maßen v. *(sich) mäßigen, aufhören machen.*

maßleidig adj. *überdrüssig, mißgestimmt.*

maßlieb n. *die Blume Tausendschön.*

materlich adj. *körperlich.*

matkern m. *Wiesenknarrer.*

matknillis m. *Wasserläufer.*

matlos adj. *entkräftet (aus* matt *und* machtlos).

matten v. *schwächen.*

mattheshochzeit f. *Hochzeit eines armen Schluckers.*

matthiasch adv. *gestreng (wie Matthias Corvinus).*

matthiaschke m. *durchgreifender Herrscher.*

mauen v. *miauen.*

maul: einem das maul machen *den Mund wäßrig machen; das* m. wischen *sich herausreden;* dir stinkt das m. nach *du hast unreine Gier nach etwas;* einem ins m. greifen *ihn lügen strafen;* einem das m. schmieren *ihm schöne Worte geben;* das m. aufwerfen *den Mund verziehen;* das m. aufsperren nach *anstaunen.*

maul n. *Maultier.*

maulaffe m. *Narr.*

maulberer m. *Murrkopf.*

maulecht adj. *mundartig, maulförmig.*

maulfrank m. *Wortheld.*

maulklaperer m. *Schwätzer.*

maulseifern v. *geifern.*

maultasche f. *Ohrfeige.*

maultreiber m. *Maultiertreiber.*

maulwerf m. *Maulwurf.*

maunzen v. *kläglich miauen.*

maurenbrecher m. *schweres Geschütz; prahlender Krieger.*

maurenbrecherin f. *schweres Belagerungsgeschütz.*

maus f. *Mauserung, Federwechsel.*

mausen v. (mhd. mûsen) *heimlich sein Wesen treiben, stehlen;* s. m. *sich hineinstehlen.*

mausen v. (mhd. mûzen, lat. mutare) *sich mausern.*

mauser m. *Mäusebussard.*

maushund m. *Katze.*

maut f. (bair. östr.) *Zoll(stelle).*

mautner m. (bair. östr.) *Zolleinnehmer.*

mauwen v. *miauen.*

maze(n) m. f. *Strohmatte, grobes Geflecht.*

mazikana f. *weittragendes Belagerungsgeschütz.*

me adv. *mehr.*

meb(b) f. *Möwe.*

mechelring m. *Trauring.*

mecherling m. *eine Birnensorte.*

mechler m. *(Börsen-)Makler.*

mechtig adv. *zwingend;* m. sein *vertragen können.*

meckeln v. (alem.) *meckern.*

meckerlein n. *Halbbatzen märkischer Prägung.*

med s. maged.

medaia, medei(e), median f. *Medaille.*

medder m. *Fruchtmesser.*

medebrauer, -mecher m. *Metbrauer.*

medeling m. *(Pfarr-)Vikar.*

meder m. *Mähder.*

medieren v. *heilen.*

medrein adj. *von Marderpelz.*

me(g)en v. *mähen.*

megen v. (rotw.) *ertränken.*

megre f. *Magerkeit.*

megtag m. *Maitag, 1. Mai.*

megten perment n. *zartes, Jungfernpergament.*

mehelring m. *Trauring.*

meichsnern v. *meißnisch, schriftdeutsch sprechen.*

meid f. *Magd, Mädchen.*

meiden m. *Hengst.*

meider m. *Mähder.*

meie m. *Festbaum, Aeste (vom Maienbaum) zum Schmuck, Strauß.*

meieron m. *die Gewürzpflanze Majoran.*

meifogel m. *Trauerseeschwalbe.*

mei(g)en v. *mähen.*

meigster m. *Magister, Meister.*

meigt s. maged.

meiiren v. *im Mai sich erlustigen.*

meiisch adj. *im Mai entstanden;* m. putter *Maibutter.*

meilich adv. *gemächlich.*

mein pron. vor subst. in der Anrede; *liebe(r).*

mein m. n. *Frevel.*

mein adj. *falsch.*

meineid adj. *meineidig.*

meinen v. *gesinnt sein gegen, lieben; achten auf, im Auge haben, erstreben, besorgt sein um; beabsichtigen, suchen.*

meinsen v. *als mein beanspruchen.*

meinst adj. *meist.*

meinster m. *Magister.*

meinung f. *Plan, Ansinnen, Absicht, Sinn;* der m. *in dieser Absicht.*

meisan f. m. *Segel am hintersten Mast.*

meische f. *gekelterte Traubenmasse.*

meis(s)pecht m. *Spechtmeise.*

meister m. *auch Magister; Bürgermeister; Henker; Kritiker, Verfasser.*

meister(ge)scheftig adj. *wer sich (unberufen) als Meister aufspielt.*

meister Hans m. *Henker.*

meisterknecht m. *Handwerksgesell, der den Meister ersetzt; Obergesell.*

meisterlos adj. *undiszipliniert.*

meisterman *wie* meisterknecht.

meistern v. *auch berichtigen, schulmeistern.*

meisterwurz f. *Nießwurz, Hahnenschritt u. a. vom Abdecker gegen Viehkrankheit gebrauchte Pflanzen.*

meitag m. *der erste Mai.*

meit(e) m. f. *kleinste niederländische Kupfermünze (mijte); Kleinigkeit;* nit ein m. *keinen Pfifferling.*

meitel n. *kleinste Hellermünze.*

meiterei f. *Aufruhr.*

mekazen v. *meckern.*

meklen v. (schwäb.) *riechen wie ein Bock.*

meklet adj. *stinkend.*

melb n. *Mehl.*

melbar, -ber m. (obd.) *Mehlhändler.*

melbelen v. *nach Mehl schmecken, riechen.*

melde f. *Kunde.*

melefeiler m. *der Mehl feil hat.*

meler m. (md.) *Maler.*

melhocke m. f. *Verkäufer(in) von Mehl.*

meliß f. *Bienenkraut, Melissa officinalis.*

melles plur. *Metalle (?).*

melman m. *Mehlhändler.*

melwer m. *Mehlhändler.*

melzig adj. *aussätzig.*

mem m. (westmd.) *weibliche Brust; Euter.*

memlen v. *ein wenig trinken.*

memori f. *Gedächtnis.*

memorial n. *Notizbuch.*

mendag m. *Montag.*

mender plur. *Männer.*

mendlich adj. *männlich.*

mendlichkeit f. *Mannhaftigkeit.*

menen v. *Vieh antreiben.*

menester f. *Suppe.*

meng m. *Mennig, Bergzinnober (lat. minium).*

meng m. (rotw.) *Kesselflicker.*

meng adj. *mancher;* mengen zeiten adv. *manchmal.*

mengehaber m. *Haferhändler.*

mengeln v. *vermischen.*

mengeln n. *Flüssigkeits-, Weinmaß.*

menger m. *(Alt-)Händler.*

menger pron. *mancher.*

menglich pron. *jeder; irgendeiner.*

menig f. *Menge.*

menig, -isch s. *mönig-.*

meni(n) f. *Mähne.*

menk(el)er s. menger.

menkeln v. *kleine Geschäfte machen.*

menklen v. (rotw.) *essen.*

on menlich zutun *ohne Mitwirkung eines Menschen.*

mennisch adj. *mannstoll.*

menschenfund m. *menschliche Erfindung.*

menschengeticht n. *menschliche Erfindung.*

menschlen v. *Kinder zeugen; sich menschlich zeigen.*

mense f. *abgemessene Wegbreite, Durchfahrt im Deich.*

mensur f. *Intervall in der Musik; künstliche Singweise.*

mentag m. *Montag.*

mentler m. *Mantelschneider.*

mer adv. *noch, weiter, (schon) öfter, jemals wieder, künftig, noch einmal.*

mer n. *Majorität;* das m. fellt *die Mehrheit fällt (einer Meinung) bei;* der merer rat m. *die Mehrheit des Rates.*

mer n. *Meer.*

mer f. s. mere.

merbelstein m. *Marmor.*

merbelsteinen adj. *marmorn.*

merch m. *die Vogelart Mergus, Säger.*

mercht m. (alem.) *Markt, Kauf.*

merchten v. (alem.) *Handel schließen.*

merde f. (md.) *Gemenge.*

merdren adj. *von Marderfell.*

merd(r)um m. *Menschenkot.*

mere pron. *mehrere;* mit merer urteil *durch Majorität.*

mere f. *Stute.*

mer(e) f. *Erzählung, Kunde;* neue m. *Neuigkeit.*

meren v. *plaudern.*

meren v. (obd.) *abstimmen.*

meren v. (md.) *mengen.*

merenden v. *vespern.*

merend(e) f. (bair. östr.) *Zwischenmahlzeit am Nachmittag.*

merern v. *in Aufnahme bringen.*

mererteil n. *Mehrzahl, Mehrheit;* das m. *größtenteils.*

merfei f. *Wasserfee.*

merg s. merch.

mergans f. *Pelikan; Scharbe.*

merglich adj. *bemerkenswert, stattlich, triftig.*

mergries, -hanf m. *Perlkraut; Meerhirse; -linse.*

merhe f. *Stute, schlechter Gaul.*

merhe f. *Möhre.*

meri f. (alem.) *Abstimmung.*

merk m. *Markt, Kauf.*

merkalb n. *Seehund.*

merken v. *mit einer Marke versehen; verstehen, erkennen; beachten.*

merker m. *Mark-, Dorfgenosse; Bauer.*

merklen v. *geheime Käufe schließen.*

merklich adj. *bemerkenswert, stattlich, triftig;* adv. *sehr.*

merk(t)len v. *kleine Einkäufe machen; heimlich zu Markte bringen.*

merk(t)stad, -stat n. *Ufer mit Marktplatz.*

merkung f. *Beobachtung.*

merkurius m. *Quecksilber.*

merlein n. *Märchen.*

mermel(stein) m. *Marmor.*

mermelsteinen adj. *marmorn.*

mernase f. *ein Fisch, s.* zerte.

merpatron ,m. *Admiral.*

merrach(e) *s.* merch.

merrenfeger m. *Grubenräumer (zu* lat. merda).

merrind n. *Rohrdommel.*

merschos m. *Meerbusen.*

merschwalm f. *Seeschwalbe.*

merschwein n. *Seehund.*

merstern m. *Polarstern.*

mertag m. *Markttag.*

merteil n. *Mehrheit.*

mertier n. *kleines Feldgeschütz* (franz. mortier).

mertlen *s.* merktlen.

mert(l)er, mertrer m. *Märtyrer.*

mertrager m. *Neuigkeitskrämer.*

mertreibel plur. *Rosinen.*

merunke f. (böhm.) *Aprikose.*

merwolf m. *Werwolf.*

merwunder n. *Ungetüm.*

merzen v. *aussondern, wegtun (wie die untüchtigen Schafe im März).*

merzenkalb n. *ausgesondertes Kalb; Verworfener.*

merzenkind n. *im Zeichen des Mars geborenes, daher unbändiges Kind.*

merzlen v. *schachern.*

merzler m. *Trödler; Kleinhändler.*

merzlerei f. *Kleinhandel.*

meß n. *Maß.*

meß n. *Messing;* (rotw.) *Geld.*

messe f. *bevorrechteter Markt, ursprünglich an Feiertagen mit Hochamt gehalten; Jahrmarktsgeschenk.*

mess(e), messen adj. *von Messing.*

messer m. *städtischer Meßbeamter.*

messerer m. *Messerschmied.*

meßige f. (schweiz.) *Mäßigung.*

meßikeit f. *auch Mäßigung, Einschränkung.*

meßin adj. *von Messing.*

messingschmit m. *Gelbgießer.*

meßkasel *s.* kasel.

meßknecht m. *Schelte des katholischen Priesters.*

meßlein n. *Fleck.*

meßmarkt m. *Simonie.*

mette f. *Frühgottesdienst, die erste der sieben kanonischen Gezeiten (s. d.).*

mettenbrod n. *Lohn für frühe Benachrichtigung, Botenbrot.*

mettenstern m. *Morgenstern, Venus.*

mettenwurst f. *Christschmaus.*

mettenzeit f. *Zeit des Frühgottesdienstes.*

meub f. *Möwe.*

meuchelwort n. *heimtückisches Vorgeben.*

meuchlen v. *heimlich Verbotenes tun.*

meuchler m. *heimtückischer Betrüger; heimlicher Fresser; kaltes Fieber.*

meuchling adv. *heimlich.*

meulen v. (md.) *grollen, zanken; unlustig sein, verzagen; den Mund aufreißen; s. m. sich laut erregen.*

meus plur *Schnurren;* m. *machen Ausflüchte suchen.*

meuser m. *Bussard.*

meuskünig m. (rhein.) *Zaunkönig.*

meusor n. *Vergißmeinnicht; Haselwurz.*

meut *s.* meit.

meutiniren v. *meutern.*

meutisch adj. *meuterisch.*

meutmacher m. *Meuterer.*

mewen v. *mähen.*

mewer m. *Mäher.*

mezbank f. *Schlachtbank.*

meze f. *größeres Hohlmaß.*

meze f. *Dirne.*

mezensontag m. *Gelegenheit zur Liebelei.*

mezgen v. (obd.) *schlachten; quälen.*

mez(i)g f. (obd.) *Fleischbank.*

mezikana f. *weittragendes Belagerungsgeschütz.*
mezlen v. *schlachten.*
mezler m. (westmd.) *Fleischer.*
michel adj. *groß.*
michelsteur f. *Steuer, die zu Michaelis gezahlt wird.*
michtlen v. *dumpfig riechen.*
miede f. *Müdigkeit.*
mies m. n. *Moos, Moosboden, Sumpf.*
miesel plur. *Abfallholz.*
miete f. *Gabe, Gegengabe; Geschenk zur Bestechung.*
mietewan, -won m. *Bezahlung, Entgelt.*
milber m. *Mehlhändler.*
milchbengel, -tremel, -kloben m. *Senn, Scheltname der katholischen Waldstätter.*
milcher m. *Milchverkäufer.*
milchram, -raum, -rom m. *Sahne.*
milchzins m. *Strafgeld des gefallenen Mädchens an den Bischof.*
mild adj. *freigebig;* mildiglich adv. *reichlich.*
mild(e) f. *Freigebigkeit.*
mildiglich adv. *freigebig, reichlich.*
milner m. *Müller.*
miltau m. *Mehltau.*
miltigen v. *ermäßigen.*
milwer m. *Mehlhändler.*
min adv. *weniger.*
minch s. münch.
miner comp. *minder.*
minie f. *Mennig, Bergzinnober* (lat. minium).
minklen v. *schlecht riechen.*
minne f. *niedere, sinnliche Liebe; Unzucht.*
minor (scil. propositio) f. *Untersatz, zweite Prämisse des logischen Schlusses.*
minre comp. *minder.*
minst superl. *der geringste.*
minteuer adj. *minderwertig.*
minut f. *kleinstes Gewicht, kleinstes Stück.*
mir nicht! interj. *komme mir nicht damit!*
mischkandel f. *Krug zum Weinmischen.*

mischlen v. (alem.) *mischen.*
miser m. *Monsieur.*
mispickel, -pütl m. *Arsenikkies.*
misquit f. *Moschee* (span. mezquita).
missan f. m. *Segel am letzten Mast.*
mißbietung f. *Verunglimpfung.*
mißdrit m. *Fehltritt.*
missebieten v. *mißachten; verunglimpfen.*
missedetig adj. *verbrecherisch.*
missewende f. *Unfall.*
mißglaube m. *Aberglaube.*
mißhandel, m. -handlung f. *Missetat.*
mißhandlen v. *sich vergehen, Schlechtes tun.*
mißhandlung f. *Missetat, Vergehen.*
mißhel m. *Streit.*
mißhellen v. *nicht übereinstimmen.*
mißhellig adj. *uneins.*
mißhellung f. *Zwietracht; Mißverständnis.*
missier m. *Herr* (franz. monsieur).
missif n. *(Send-)Brief.*
mißrechnung f. *Rechenfehler.*
mißtreu adj. *treulos.*
mißtröstig adj. *untröstlich.*
mißtun v. *verschulden.*
mistbeller m. *Hund.*
mistbenne f. *Wagengestell zum Dungführen.*
mistbere f. *Tragbahre, Schubkarren für den Dünger.*
mist(e)ler m. *Misteldrossel.*
misten f. (westmd.) *Miststätte.*
mistgreil m. *Mistgabel.*
mistkrapfe, -kropfe m. *Misthaken, -gabel.*
mistschütte f. *Düngen.*
mitan conj. *damit;* adv. *zugleich.*
mitbringen v. *zeigen, verraten.*
mitel adj. *neutral.*
mitel n. *auch Vermittlung, Mittelweg;* es ist kein m. *ein Drittes gibt es nicht;* on m. *unmittelbar;* (ostmd.) *Zunft.*
mitelding plur. *zur Seligkeit Gleichgültiges,* ἀδιάφορα.
miter zeit adv. *mittlerweile; mit der Zeit.*

mitfaren v. *mit* dat. *umspringen mit.*

mitfasten f. *Sonntag Lätare.*

mit frid(en) adv. *ruhig, unbehelligt, beiseite.*

mitgülte m. *Mitzahler, Bürge.*

mitgültschaft f. *Bürgschaft.*

mithaft(e) m. *Mitschuldiger.*

mithauen v. *mitlaufen.*

mithellen v. *zustimmen.*

mithellig adj. *teilhaftig.*

mithetschen v. *schmeichelnd liebkosen.*

mitleidig adj. *der mit einem andern leidet, trägt, pflichtig ist.*

mitler zeit adv. *mittlerweile.*

mit lieb adv. *zu Liebe.*

mitlung f. *Vermittlung.*

mitnacht f. *Norden.*

mit namen adv. *namentlich.*

mitnechtig adj. *nördlich.*

mitsam adj. *umgänglich.*

mitsamkeit f. *Umgänglichkeit.*

mitsamt praep. *mit Hilfe.*

mitstimer m. *Konsonant.*

mittag m. (dat. ze mittemtag) *Mittag, Süden.*

mit we(u) conj. *womit.*

mizle n. *Bischofsmütze; Läufer im Schachspiel.*

mocken v. *heimlich herumstreichen.*

model n. m. *Muster, Gußform.*

modernist m. *Vertreter des scholastischen Nominalismus.*

modist m. *Schreibmeister.*

mofendelen v. *vielgeschäftig sein, das Seine suchen; betrügen.*

mofendler m. *Pfründenschleicher.*

moviren v. *anregen.*

mögen v. *vermögen, können.*

möglich adj. *auch entsprechend.*

mog(schaft) *s.* mag(schaft).

molant: pfui dich m. interj. *pfui dich mal an.*

molch m. *Salamander.*

moldentrager m. *der Mulden feilbietet.*

moldwerf m. *Maulwurf.*

molenarzt m. *Handwerker, der Mühlen ausbessert.*

molenmecher m. *Mühlenbauer.*

molkendieb m. *Schmetterling.*

molkendremel m. *Bauernklotz.*

mollete f. *Aprikose.*

mollicht adj. *weich, locker (anzufühlen).*

molner m. *Müller.*

molsamer m. (rotw.) *Verräter.*

molsch adj. *mürbe, teig (vom Obst).*

molten *s.* malten.

möm f. *Muhme, Mutterschwester, Kusine.*

momber m. *Vormund.*

Momi plur. *Nörgler (der personifizierte* μῶμος).

mŏn m. *Mann;* pron. *man.*

mōn m. *Mond.*

monat m. *auch Mond.*

mönchenzen v. *nach Mönchtum riechen.*

mon(d) m. *Mond; Monat; Ochsengehörn.*

mŏne f. *Mähne.*

monele f. *Geld.*

mönen v. *mit unterdrückter Stimme singen.*

monhund m. *Türke.*

mönig, -isch adj. *dem Mondwechsel unterworfen, launisch, mondsüchtig, epileptisch, mondblind.*

mönlein n. *Klammer, Parenthese, Paragraphzeichen ❡ der Mondsichel verglichen, s.* lune.

monpar m. *Vormund.*

mo(n)siren *s.* musiren.

monson m. *Monsun, Passatwind.*

monster n. *Ungetüm; Münzstempel; Heerschau; Muster.*

mont m. *Monat.*

montat *s.* muntat.

mor f. (schwäb. alem.) *Sau.*

mör *s.* mer.

morache, morchen f. m. *Morchel, Schwamm; Kothaufen.*

mordachs f. *Streitaxt.*

mordacht f. *Aechtung wegen Mordes, Acht in peinlichen Sachen.*

mordisch, mördlich adj. *mörderisch, entsetzlich;* m. feind *todfeind.*

mords adv. *stracks.*

mörend *s.* merende.

morgenessen, -mal n. *zweites Frühstück.*

morgengabe f. *Geschenk des Mannes*

an die junge Frau am Morgen nach der Hochzeit.

morgengesprech, -sprache n. f. *morgendliche Zusammenkunft zur Besprechung der Zunftangelegenheiten.*

morgenimbs, -mal m. n. *(zweites) Frühstück.*

morhe f. *Möhre.*

morille f. *Aprikose.*

moriskendanz m. *Maskentanz in Mohrenkostüm.*

mornd(er)ig adj. *morgig.*

morn(des), **morn(en)s** adv. *morgen(s), am andern Morgen.*

morren v. *murren.*

mörsel(stein) m. *Mörser.*

mörstat f. *Seestadt.*

mortes s. *murz.*

mortier n. *kleines Feldgeschütz (franz. mortier).*

mortifiziren v. *abtöten.*

mörtlich adj. *mörderisch.*

mortpfrim m. *Dolch.*

mos n. *Moor.*

mösch n. *Messing.*

moschenmecher m. *Messinggießer.*

mose f. *Fleck, Narbe.*

mosig adj. *morastig.*

mosiren v. *mit Mosaik verzieren.*

moß n. (obd.) *Sumpfland.*

moß f. *Weise.*

moßecht adj. *befleckt.*

mössen adj. *von Messing.*

moßfogel, -kalb, -ku, -ochs m. n. f. *Rohrdommel.*

mossperk m. *Feldsperling.*

mostfink, -hans m. *Trunkenbold.*

möstlen v. *nach Most schmecken.*

mött m. n. *Scheffel.*

motter m. *Last-, Sackträger.*

motter m. *Lärm.*

motter s. *mutter.*

moz m. (bair.) *Hammel.*

mozenbecker s. *mutschenbeck.*

muchen v. *faulen, modern.*

müch(l)en v. *dumpfig riechen.*

müchtneinen v. (ostfränk.) *nach Schimmel riechen.*

muchzen v. *muhen.*

mück adj. *klumpig.*

mucke f. *auch törichter Einfall,*

Streich; ein m. in der sunnen sehen *das Gras wachsen hören.*

mucken v. *murren, sich auflehnen, sich rühren.*

muckenstecher m. *der Vogel Muscicapa grisola, grauer Fliegenfänger.*

muckisch adj. *mürrisch.*

müde f. *Müdigkeit.*

müde f. *Mühe.*

müden v. *ermüden.*

müder n. *Mieder.*

muderei f. *mutwillige Neckerei, Zank.*

müdigen v. (schweiz.) *müd machen.*

müdling m. (schweiz.) *matter Mensch.*

müe f. *auch Leid, Bekümmernis;* es ist m. *es hat Not, hapert.*

müegig adj. (schweiz.) *unzufrieden.*

müelich adj. *beschwerlich.*

müen v. *bemühen, herbitten.*

muff m. *verdrießlicher Mund;* den muff schlagen *einen Flunsch ziehen.*

muffel f. *gewölbte Deckschale beim Schmelzen von Erz.*

muflen v. *die Kiefer auf und ab bewegen.*

müflen v. *faulig riechen.*

mügen v. (mhd. müejen) *plagen.*

muglos adj. (schweiz.) *unvermögend, kraftlos.*

mühen v. *muhen vom Rind.*

mukizen v. *muckern.*

mulber m. *Mehlhändler.*

mul(e)te f. *Backmulde.*

mülich f. *Milch.*

mult(e)ner m. *der flache Holzgefäße, Backmulden verfertigt.*

multer n. *Mahllohn.*

multer f. *Trog, Mulde.*

mümblein n. *Nichte.*

mum(e), **mumb** f. *Mutter-, Vaterschwester; Nichte; weibliche Verwandte; Amme.*

mumel m. *Popanz, Gerede.*

mumeln v. *den Unterkiefer bewegen, aus Schwäche, Alter, im Gebet; murmeln.*

mumelspil n. *Maskerade.*

mumen v. *undeutlich reden; sich*

maskieren; ein Glücksspiel mit Würfeln treiben.

mumenhaus n. *Bordell.*

mumerei f. *Maskerade.*

mumlen v. *murmeln; leise einen Verdacht äußern.*

mümpfel(ein) n. (westobd.) *Mundvoll, Bissen.*

mumplatz m. *Platz der Latrinen und der Dirnen im Lager der Landsknechte.*

mumschanz m. *Wurf in dem Glücksspiel mumen; Maskerade.*

mums(ch)e f. (rotw.) *vorgespiegelte Armut.*

munaff m. *Maulaffe.*

münch m. *auch Wallach.*

münchen v. *entmannen.*

munchenzen v. *nach Mönchtum riechen.*

münchskopf m. *Münze im Wert von 3 Batzen.*

mundat s. muntat.

mundberer m. *Schwätzer.*

s. mündern v. *sich ermuntern.*

mundzen v. *zu Munde bringen.*

munier f. *Art.*

munk adj. *aufgetrieben.*

munk m. *Murrkopf.*

munken v. *heimlich sprechen; verdrießlich tun.*

munket adj. *finster, verdrießlich.*

munkezen, -izen v. *murren, munkeln.*

munkisch adj. *mürrisch.*

munster s. monster.

muntat f. *abgesteckter, gefreiter Raum* (lat. immunitas).

münzeisen n. *Münzstempel.*

munzen v. *zu Munde bringen.*

münzen v. *Geld prägen; Geld, Vorteil erwerben.*

münze schlagen v. *Gewinn ziehen aus.*

mupfen v. *den Mund rümpfen.*

mur n. *Moor.*

murbeln v. *murren.*

murfeln v. *mit geschlossenem Munde kauen.*

mürgelechtig adj. *mergelartig.*

murke f. (els.) *Brotbrocken.*

mürlen v. *nach Morast schmecken.*

murmeis f. *Sumpfmeise.*

murmel m. *Gemurmel.*

murmeln v. *murren.*

murmuriren v. *murren.*

murnar m. *Kater.*

murret adj. *mürrisch.*

mürsel(stein) m. *Mörser.*

murz ab adv. *glatt weg.*

muser s. musmenger.

müs(er)ig adj. *morastig, schimmlich.*

mushaus n. *Speisesaal.*

musiren v. *mit eingelegter (musivischer) Arbeit verzieren.*

musmenger m. *Gemüsehändler; Gärtner.*

muß plur. (rotw.) *Geld.*

müssen v. *in negat. Satz auch: dürfen.*

müßig gen v. *mit gen. außer Acht lassen; einer überlegung m. g. sie sich schenken; m. sein Zeit haben; müßiger sein mehr Zeit haben.*

müßige f. *Müßiggang.*

müßigen v. *zwingen, befreien.*

müßlichen adv. *mit Muße.*

musterherr m. *musternder Offizier.*

mustern v. *aufputzen, rüsten.*

musterschreiber m. *Protokollführer beim Aushebungsgeschäft.*

musterung f. *prüfende Sammlung.*

musterzedel f. *Stammrolle der angeworbenen Soldaten.*

mustranz f. m. *Monstranz, Gefäß zum Zeigen der Hostie.*

mut m. *auch Sinn, Absicht, Seele; freier m. Lustbarkeit; steifer m. Hartnäckigkeit.*

muten v. *vermuten; etwas an jem. m. ihm etwas zumuten.*

muterhalben adv. *mütterlicherseits.*

mutermem m. (westmd.) *Mutterbrust.*

mutern v. *säugen, stillen.*

mutfrei adj. *übermütig.*

mutsche(l), mütsche f. *(Weiß-) Brot.*

mutschenbeck m. *Semmelbäcker.*

mütt m. n. *Scheffel, Hohlmaß von etwa 83 Litern.*

mutter m. *Meßbeamter.*

mütter m. *Last-, Sackträger.*

mutwill(e) m. *Willkür, freie Ent-
schließung, Gutdünken; Uebermut; seins mutwillens nach Belieben;* m. treiben *gewalttätig,
willkürlich handeln.*

mutwillen v. *Willkür treiben.*

mutwillig(lich) adv. *absichtlich,
eigenwillig, unüberlegt, rücksichtslos.*

muz m. *gestutztes Tier, Pferd;
kleiner Mensch; Dummkopf.*

muzen v. *schmücken;* s. m. *sich
putzen;* hoch m. *hoch aufbauschen.*

N.

nab adv. *hinab.*

nabiger s. *nebiger.*

nach adv. *noch.*

nach adv. *beinahe; etwa, vielleicht.*

nachbleiben v. *unterbleiben; zurückstehen.*

nachdem conj. *dementsprechend
daß.*

nach der zeit adv. *je nach den
Umständen.*

nachdruck m. *Verfolgung, Unterstützung; Reserve; Wirkung.*

nachdrücken v. *nachrücken, verfolgen, nachhelfen; Nachdruck
haben, anhalten, wirken, sich behaupten, durchsetzen.*

nachdüsseln v. *nachschleichen.*

nachen(t) adv. *beinahe.*

nacher adv. *hernach.*

nachertlen v. *nachschlagen, nachahmen.*

nachfar m. *(Amts-)Nachfolger.*

nachfaren v. mit dat. *handeln nach.*

nachgebaur m. *Nachbar.*

nachgeben v. *zugeben; vernachlässigen, geringschätzen; erlassen.*

nachgen v. *einem dinge es befol-
gen, danach verfahren; einem
menschen ihm nahekommen.*

nachgiltig adj. *minderwertig, miserabel, gering.*

nachgonds adv. *nachmals.*

nachhalten v. *innehalten.*

nachhengen v. *nachsetzen.*

nach(h)in adv. *hinterdrein.*

nachhinwerts adv. *nachmals.*

nachhossen v. *nachtrachten.*

nachjungfrau f. *Dame des Gefolges.*

nachkirchweie f. *Tag nach der
Kirchweihe.*

nachkome m. *auch Amtsnachfol-
ger.*

nachkomen v. *einer Pflicht nachkommen, sich einer Sache annehmen; eines schadens n. sich
davon erholen.*

nachlassen v. *einräumen, zugestehen; unterlassen, vernachlässigen.*

nachlassen n. *Straferlaß; Nicht-
achtung.*

nachlassen n. *Straferlaß; Nicht-
achtung.*

nachlassung f. *Vergebung, Erlaß.*

nachleibete f. *Ueberbleibsel.*

nach lengs adv. *ausführlich.*

nachmal(e)n adv. *nachmals; noch-
mals.*

nachmeister m. *Epigone.*

nachnen v. *nahen.*

nachomen v. *nachvisieren, -mes-
sen; nachahmen.*

nachpostieren v. *hinterdrein reisen.*

nachreiten v. *nachrechnen.*

nachretig adj. *verleumderisch.*

nachsagen v. *nachplappern, ausplaudern, einen ins Gerede bringen.*

nachschnalz m. *üble Nachrede.*

nachsezen v. *auch nachkommen, ge-
horchen.*

nachspicker m. *Nachdrucker.*

nachstechen v. *einen Stich erwidern; hinterrücks zustoßen.*

nachstellig adj. *rückständig.*

nacht f. *auch Vorabend.*

nachtauen v. *durch Drücken und
Schieben nachhelfen.*

nachtbaur m. *Nachbar.*

nachtessen n. *abendliche Haupt-
mahlzeit.*

nachtfarer m. *Zauberer.*

nachtfrau f. *Unholdin, Vampyr.*

nachtgal f. *auch schweres Geschütz.*

nachtim(b)s m. *Abendbrot.*

nachtkrieg m. *nächtlicher Kampf.*
nachtmal n. *Abendbrot.*
nachtmennlein n. *Alpdrücken.*
nachtrab m. *Nachtschwärmer, Sumpfhuhn.*
nachtramm f. (els.) *Nachtreiher.*
nachtreglich adj. *schädlich.*
nachtruck ş. nachdruck.
nachtrufer m. *Nachtwächter.*
nachtscherb f. *Nachttopf.*
nachtsel(de) f. *Nachtlager, Herberge.*
nachtun v. *wiederholen.*
nachwer m. *Nachbar.*
nachzech f. *Katerfrühstück.*
nachzu adv. *nahezu.*
nachzug m. *Nachhut; Abfall.*
nackat adj. *nackt.*
nackende f. *Nacktheit.*
nadel: übels auf der n. haben *Strafe dafür erwarten.*
naf(fe) f. (obd.) *Schiff.*
nafzen v. *außer Bett schlummern, nicken.*
nagel m. *auch Bindehautentzündung, Flecken im Auge; Dünkel.*
nagelkolbe m. *Morgenstern.*
nagenranft m. *Hungerleider.*
naget adj. *nagend.*
nagler m. *Nagelschmied.*
nahe adv. *auch wohlfeil;* neher geben *billiger ablassen;* n. gan *seines Wegs gehen;* recht naher gan *mit rechten Dingen zugehen;* naher schuß *Treffer;* zu nahe sein *zu nahe treten, kränken.*
nahe(n)d adv. *nahe, beinahe, bald.*
nahend f. *Nähe.*
naldener m. *Nadler.*
naldenmecher m. *Nadler.*
naler m. *Nagelschmied.*
nam(e) f. *Raub.*
name m. *auch Recht, Berühmtheit;* guter Name; *den* n. tragen *das sich nachsagen lassen;* mit n. *unter Namensnennung.*
namen v. *benennen.*
nam(en)buch n. *Fibel; Katalog.*
namhaftig adj. *ausdrücklich bezeichnet.*
nam(p)sen v. *namhaft machen.*

nan adv. *hinan.*
napfezen v. *außer Bett schlummern, nicken.*
Naplas *Neapel.*
nappen v. *wippen.*
narpold m. *lustiger Rat.*
narr m. *Narr; taube, verkümmerte Frucht ohne Nährwert;* einen für n. halten *ihn foppen;* zu n. machen *beschämen.*
narrare v. *Possen treiben.*
narrat adj. *närrisch.*
narrei f. *Narrheit.*
narren v. *ein Narr sein.*
narrenjeid n. *Narrenjagd.*
narrenteding m. n. *leeres, läppisches Geschwätz.*
narrenwerk n. *Dummheiten.*
narte m. *Trog.*
nase: einem eine (wechsene) n. machen, drehen *ihm etwas vortäuschen;* einer sachen e. n. m. *ihr ein Ansehen geben;* vor der n. sein *deutlich sichtbar sein;* einem vor die n. treten *ihm offen entgegentreten.*
nasenfuter, -kappe, -sack n. f. m. *Nasenschützer, Frostkappe.*
naspfisel, -pfnüsel m. *Schnupfen.*
naß adj. *naß auch von innen, durch vieles Zechen, liederlich;* nasser knabe *Bruder Liederlich; übler Gesell.*
naßarsch m. *Zaunkönig.*
nassel m. f. *Assel; Wurm am Finger.*
nast m. (obd.) *Ast.*
nataur f. *Natur.*
natergall f. *Schlangengift.*
naterwurz f. *verschiedene Pflanzen mit schlangenartig gedrehter Wurzel.*
naturkundiger m. *Naturforscher.*
natürlicher meister m. *Naturforscher, Naturphilosoph.*
nau adj. (md.) *neu.*
naue f. m. *Schiff* (lat. navis).
nauf adv. *hinauf.*
naulich adv. (md.) *neulich.*
naupe f. *Schrulle.*
nauß adv. *hinaus.*
nebe f. *Nachen* (lat. navis).

nebelknab m. *Schalk* (lat. nebulo).

neben abtreten v. *seitlich abweichen.*

nebeneinkumen v. *daneben eindringen.*

nebenhin adv. *vorbei.*

nebenlere f. *falsche Lehre.*

nebenleufig adv. *nebenbei, beiläufig* (aus diesen kontaminiert).

nebenschelch m. *Beischiff.*

nebensich adv. (alem.) *beiseite.*

nebentserre f. *Durchlaß neben dem Schlagbaum.*

neberschmit m. *Schmied, der Bohrer fertigt.*

neb(ig)er m. *Bohrer; Bohrermacher, Röhrenbohrer.*

nech f. *Nähe.*

necher comp. *näher, billiger;* **necher tagen, nechermaln** adv. *jüngst.*

nechst sup. *auch nächstvorhergehender, jüngstvergangener.*

nechst adv. *letzthin;* am nechsten *zum letztenmal;* den n. *sofort;* zum n. *beim nächstenmal.*

necht(en) adv. *gestern nacht, gestern abend, gestern;* n. znacht *gestern abend.*

nechtig adj. *vom vorigen Abend; gestern nacht.*

nechtit adv. *gestern abend.*

nedarse f. *Näherin.*

nef(e) m. *Enkel; Vetter.*

negbor m. *Bohrer.*

negelein n. *kleiner Nagel; (Gewürz-)Nelke; Goldlack;* auf ein n. *bis aufs äußerste, genaueste.*

negeleinstock m. *Nelkenstock.*

negerin f. *Näherin.*

nehe f. *Gegend, Nachbarschaft; zeitliche Nähe;* in der n. *neulich; demnächst.*

nehe f. (mrhein.) *Fährschiff.*

neheden v. *nahen.*

nehen v. *nahen.*

neher comp. *näher, besser, billiger.*

ne(he)rlich adv. *nahekommend.*

neherlich adj. *spärlich.*

nehermachen v. *der Wahrheit näher bringen, wahrscheinlich machen.*

nehermals adv. *letzthin.*

nehest, -ist adv. *kürzlich, gleich;* praep. mit dat. *nächst.*

nehnen v. *nahen.*

ne(h)ste superl. *der Nächste, Nächstvorhergehende, Letzte;* den n. *auf dem nächsten Weg.*

neid m. *auch noch Haß.*

neidhart m. *der Neid in Person; Mißgönner; Mißgunst.*

neidhartskind n. *Mißgünstiger.*

neidiglich adj. *haßerfüllt.*

neidred f. *Verleumdung.*

neidschen v. *gehässig sein, reden.*

neien v. *nähen.*

neigen, einem v. *sich um seine Gunst bemühen;* trans. *einen geneigt machen.*

neiler m. *Nagelschmied.*

neilschmid m. *Nagelschmied.*

nein adv. *hinein.*

neis s. neus.

neis(ch)was pron. (alem.) *ich weiß nicht was, (irgend) etwas.*

neisen v. *wühlend suchen.*

neiswan adv. (alem.) *ich weiß nicht wann, irgend einmal.*

neiswer pron. (alem.) *ich weiß nicht wer, irgend jemand;* neiswas *irgend etwas.*

nelchin, nelichen n. *Gartennelke.*

neldenmecher m. *Nadler.*

neler m. *Nagelschmied.*

nel(e)schmid m. *Nagelschmied.*

nelgin n. *Gewürznelke.*

neller m. *Nadler.*

nem(b) 2. sg. praes. imper. *nimm.*

nembst 2. sg. praes. ind. *nimmst.*

nembt, nempt 3. sg. praes. ind. *nimmt.*

nem(e) f. *Wegnahme, Uebergriff.*

nemen stv. *auch auf-, entnehmen,* s. (einen zustand) n. *sich ihm entziehen;* für sich n. *sich vornehmen;* etwas n. *für etwas anderes dem einen den Vorzug vor dem andern geben.*

nemen swv. *nennen, namhaft machen.*

nemig adj. *diebisch.*

nemlich adj. *nennbar.*

nemlich adv. *namentlich, deutlich;* als n. *zum Beispiel.*

nender(t) adv. *nirgends.*

nenen v. *nahen.*

nennen v. *bestimmen (z. B. eine Strafe); aussprechen (ein Wort).*

nep(p)er m. *Bohrer.*

nequam m. *Nichtsnutz.*

nerbe f. (bair.) *Türriegel, Klammer.*

neren v. *retten.*

nerv m. *Muskel.*

nerlen v. *narren.*

nerlich adj. *kümmerlich.*

s. nerren v. *sich necken.*

nerrisch adj. *toll, unbegreiflich.*

nerwolf m. *Werwolf.*

neser m. (els.) *Rucksack.*

nespel f. *Mispel* (ital. nespola).

nest n. (els.) *Ofenwinkel.*

neste s. nehste.

nestel f. *Schnürriemen, -band; Kleinigkeit.*

nestler m. *Nestelmacher, Senkelknüpfer.*

neterin f. *Näherin.*

netn s. nöten.

neue m. *Neuerer.*

neuen v. (bair. östr.) *zerstampfen, stoßen, enthülsen.*

neuer schüler m. *Abc-Schütz.*

neues jar n. *auch Neujahrsgeschenk.*

neuewelderin, neueweldersvetel f. *Dirne, die im neuen Wald bei Nürnberg ihr Wesen treibt.*

neujar n. *auch Neujahrsgeschenk.*

neukeit f. *Neuerung.*

neulich adv. *frisch, vor kurzer Zeit.*

neur adv. *nur.*

neus adv. *von neuem.*

neußt 3. sg. praes. ind. *genießt.*

neut adv. *nichts.*

neuter n. *Salnitrum.*

newe f. *kleines Schiff.*

newerse f. *Näherin.*

nezen v. *naß machen; pissen; betrügen; einem n. es ihm eintränken.*

nezen v. *einnicken.*

nib(e)lig adj. *nebelig.*

nicht adv. *auch: nichts.*

nicht n. *Nichts.*

nichtesnicht, nichts nit adv. *nichts.*

nichtigkeit f. *Unscheinbarkeit.*

nichts adv. *auch: nicht.*

nich(t)sen adv. *nichts.*

nichtwerd adj. *nichtsnutzig.*

nichzit adv. *nichts.*

nickart, nickel m. *Kobold.*

nickawiz m. *Bergfink.*

nickertskind n. *Wechselbalg.*

nider adj. *leise.*

nidergang m. *Westen.*

nidergen v. *zu Bett gehen.*

niderhauchen v. *niederkauern, sich ducken.*

niderhenken v. *(den Kopf) senken.*

niderkleid n. *(Unter-)Hosen.*

niderkumen n. *Niederlage, Krankheit.*

niderlage f. *auch Weinungeld.*

niderlegen v. *widerlegen, für ungültig erklären, besiegen, vernichten, zerstören, versperren, aus der Welt schaffen; (Kaufleute) anhalten und brandschatzen.*

niderligen v. *unterliegen.*

nidern v. *erniedrigen, herabsetzen (auch im Preis).*

niderschlagen v. *senken; die federn n. sich ducken.*

niderstauchen v. *unterdrücken, ducken.*

nidertrechtig adj. *bescheiden, unscheinbar, demütig; niedrig gelegen.*

niderwa(n)t f. *Unter-, Beinkleid, Schenkelbinde.*

niderwerfen v. *(Kaufleute) anhalten und brandschatzen.*

niderwind m. *Wind aus dem Unterland.*

nidren v. *erniedrigen.*

nidrig adj. *demütig.*

nidrigen v. *demütigen.*

nidrist adj. superl. *der niederste.*

nidrung f. *Demütigung.*

nidsich adv. *nach unten.*

niender(t), nienen, nienar adv. *nirgends, unter keinen Umständen.*

nieneruf adv. *nirgends drauf.*

nienerumb adv. *um keinen Preis.*

nienerzu adv. *zu nichts.*

nießen v. *genießen.*

nießling m. *Egoist, Mietling.*

niesstüppe n. *Niespulver.*

nießung f. *Nießbrauch.*

niester m. *Akt des Niesens.*

nieten v. *froh werden; leisten;* s.
nieten *sich eifrig abgeben, pla-*
gen mit; s. unglücks nieten *Leid*
erfahren.
niffen v. *reiben, zwicken.*
niftel f. *Nichte.*
Niklasbischof m. *am Nikolaustag im*
Spiel zum Bischof gewähltes
Kind.
Niklasbruder m. *Nikolait, Eremit.*
nim adv. (alem. schwäb.) *nimmer,*
nicht mehr.
nimermer adv. *jemals.*
ninder(t) adv. *nirgends.*
nipfezen *s.* napfezen.
nirgend adv. *in keiner Beziehung.*
niring adv. (bair.) *nirgends.*
nischen v. *wühlend suchen.*
nisi n.: ein n. stat darneben *die*
Sache hat einen Haken.
niß f. *Lausei.*
nisseln v. *schnüffelnd wühlen.*
nisten v. *ein Nest, Lager zurich-*
ten.
nix n. *Geldmangel.*
nobel m. *englische Goldmünze.*
nobishaus n., -krug m. *Hölle; ab-*
gelegene Schenke.
noch adv. conj. *dennoch, erst*
recht, noch einmal, vorderhand;
n. so vil *noch einmal so viel;* n.
dannoch *trotz alledem;* n. — n.
weder — noch.
noch- *s.* nach-.
noch eins(t) adv. *noch einmal, wie-*
der.
noch nit! interj. *weit gefehlt!*
nofalien plur. *neu unter den Pflug*
genommenes Land.
novater plur. *Novatianer.*
nöffel n. *Damen-, Schachspiel.*
nöfzen v. *schlummern.*
nolbein n. *knöcherne Nadelbüchse.*
nolbruder, -hart m. *Beghart,*
Laienbruder.
nom m. *Name.*
nom f. *das Nehmen, Diebstahl,*
Raub.
nöm 1. 3. sg. praet. conj. *nähme.*
nömb(t) 3. sg. (2. plur.) praet. conj.
nähme(t).
non adv. *hinan.*

non f. *die fünfte der kanonischen*
Gezeiten (s. d.) um 3 Uhr mit-
tags.
nontag m. *Himmelfahrt.*
nonzeit f. *Mittagszeit.*
noppe f. *Knoten, Knollen im Tuch;*
Grille, Laune.
noppen v. *stoßen.*
noppensack m. *Bettdecke.*
nört adv. *nur.*
noß n. *Nutzvieh, Schmalvieh.*
nossel *s.* nassel.
nößel n. *kleines Flüssigkeitsmaß.*
nößlich n. *kleines Flüssigkeitsmaß.*
nösten v. *annesteln, festheften.*
noster m. *Rosenkranz.*
not f. *Notwendigkeit;* aus der, von
n., nöten, zur n. *notwendiger-*
weise; mir ist n. *ich habe Eile.*
notdurft f. *Bedürfnis;* über die n.
über das Bedürfnis hinaus; zu
n. *soweit es nötig ist.*
notdurftig adj. *nötig; adv.* je nach
Bedürfnis.
nöte f. *Notstall.*
notel f. *Merkblatt.*
notelschreiber m. *Urkundenschrei-*
ber.
nöten v. *nötigen.*
nöten adv. *notwendigerweise.*
notfest adj. *standhaft, bewährt in*
Not; ausdauernd.
nothaft adj. *notwendig.*
nötig adj. *eilend, dringlich;* be-
dürftig.
nötigen v. *(be)drängen, in Not*
bringen.
notlen v. *wackeln.*
nötlich adj. *betriebsam, spaßhaft;*
notbringend, dringend; adv. not-
wendigerweise.
notnunft f. *gewaltsamer Raub.*
notregen n. (schweiz.) *notgedrun-*
genes Sich-regen, Notwehr.
notschlange f. *Feldgeschütz.*
notstal m. *Zwanggestell für Pferde*
bei Hufbeschlag und Opera-
tionen; übertr. Zwangsanstalt,
Bedrängnis.
noturft f. *nötiger Bedarf.*
noturftig adj. *notwendig.*
notzogen v. *notzüchtigen.*

notzwang m. *Gewalttätigkeit.*

notzwangen, -zwingen v. *verge-waltigen.*

nüb(e)lig adj. *nebelig.*

nüchtern v. *ernüchtern.*

nudalest adv. *wenigstens, endlich.*

nüderen v. *leise sprechen.*

nufer adj. *munter.*

nu fort adv. *von jetzt ab.*

nügig adj. *zufrieden.*

nugst 2. sg. praet. ind. *nagtest.*

nülen v. *(im Schmutz, Plunder) wühlen.*

num adv. *hinum.*

numaln adv. *nunmehr.*

num(b) 1. 3. sg. praet. ind. *nahm.*

nume(n) adv. *nicht mehr; nur.*

numer adv. *nunmehr.*

numerdumb m. *Lärm.*

nummen adv. *nur irgend.*

nun adv. *jetzt eben, eben erst; letzthin; nur.*

nunenmacher m. *Kastrierer.*

nunmals, nunzmal adv. *einstweilen; gegenwärtig.*

nunn f. *die Vogelart* Mergus, *Säger.*

nur(t) adv. *nur; (jetzt) erst;* n. nit *nicht doch.*

nüschelen v. *wühlend suchen.*

nüschent, -int, -nit adv. *nichts.*

nüslen v. *wählerisch suchen; (schweiz.) näseln, leise sprechen.*

nuß f. *auch Spange, Schnalle.*

nußbicker, -el m. (els.) *Specht-meise;* (schweiz.) *Tannenhäher.*

nüstern v. *schnüffeln, stöbern.*

nutazen v. *wackeln.*

nutscheln v. *saugen.*

nüt(zit) adv. (alem.) *nichts.*

nuwen adv. *nur.*

nuzberlich adj. *ersprießlich.*

O.

ob adv. *oben.*

ob conj. *für den Fall daß; obgleich.*

obenab adv. *rundweg.*

obendrauf n. *letztes Wort.*

obenhin adv. *oberflächlich.*

oben schweben v. *den Vorrang ha-ben.*

oberachtmeister m. *Vorsitzender eines Ausschusses von acht Mei-stern.*

oberhand f. *Obrigkeit; höhere In-stanz; Kommando.*

oberhau m. *Hauptstreich.*

oberkeit f. *obrigkeitliche Gewalt.*

oberman m. *Ober im Kartenspiel.*

oberperson f. *Vorgesetzter.*

oberstag m. *Epiphanias.*

oberte f. *Bühne, oberster Raum un-ter dem Dach.*

oberzelt adj. part. *obenerwähnt.*

obes n. *Obst.*

ob(e)ser m. *Obsthändler.*

obgelegen sein v. *gesiegt haben.*

obhalten v. *Gewicht legen auf.*

ubhanden adv. *vorhanden.*

objektion f. *Einwand.*

obiser, obismenger m. *Obsthändler.*

obligen v. *siegen.*

obligen v. *überlegen sein.*

obligo n. *Verbindlichkeit.*

ob nu conj. *wenn nun auch.*

obsequial n. *Kirchenagende.*

observant m. *Franziskaner, Au-gustiner der strengen Richtung (s. konventual).*

observanz f. *regelstrenge Richtung der Franziskaner und Augusti-ner.*

observanzer m. observant *im Munde der Gegner und Spötter.*

obshocke m. f. *Verkäufer(in) von Obst.*

obsich adv. *nach oben.*

obsig m. *Oberhand.*

obsiger m. *Sieger.*

obsteu v. *bevorstehen.*

ocha interj. *oho.*

ochsenkopf m. *ein Sternbild.*

ochsenzung f. *Name verschiedener Pflanzen mit dicken, spitzigen Blättern.*

ocht, ock(er) adv. *halt, nur.*

öd adj. *leer, nüchtern; gering, schwach; dumm.*

öde f. *Kraftlosigkeit.*

oder conj. *aber.*

ödlich adv. *eitel, leichtfertig.*

of m. *Ofen.*

of(e)ner m. *Ofensetzer; Heizer;*
Bäcker.

ofenror n. *Blasebalg.*

offenbarlich adj. *öffentlich.*

offen(en) v. *eröffnen.*

offen leben, o. sünde *Dirnenleben;*
o. sünder *öffentlicher Sünder*
(publicanus); o. sten *preisge-*
geben sein.

offen schreiber m. *Notar; Schreib-*
lehrer.

offen(t)lich adj. *offenbar, offen-*
kundig.

offer *s.* opfer.

offizial m. *bischöflicher Gerichts-*
vogt.

offizir m. *auch Hausbediensteter*
eines Stifts.

oflich adv. *öffentlich.*

ofnen v. *offenbaren, veröffentlichen.*

ofnung f. *Zugang, Durchzug.*

oftermals adv. *oft.*

ögles f. *Eidechse.*

ogst m. *August.*

öham, öhen m. *Oheim, Neffe,*
männlicher Verwandter.

ökeln v. *necken.*

oktave f. *achter Tag, acht Tage*
nach einem Fest, auch = ablaß-
woche, s. d.

öl plur. *Aele.*

ölber f. *Olive.*

old adv. (schweiz.) *oder.*

öldrusen f. *Bodensatz vom Oel.*

olei n. *Oel;* öl ausschlagen *ein*
dörfliches Spiel.

oleihocke m. f. *Oelhändler(in).*

oleischleger m. *Oelmüller.*

oleitreger m. *Straßenverkäufer von*
Oel.

oleman m. *Oelverkäufer.*

öler, oleier m. *Oelmüller.*

ölgöze m. *mit Oel gesalbter, fal-*
scher Priester; Heiligenstatue;
unbeholfener Mensch, dummer
steifer Klotz; lichttragende Fi-
gur, Leuchter; den ö. tragen
müssen *angeführt sein;* einem
den ö. nachtragen *ihm zu Willen*
sein.

ölhef f. *Bodensatz vom Oel.*

olitet f. *Salbe, Pflaster.*

öllegel f. m. n. *Oelfäßchen.*

ölmage(n) m. *Mohn.*

ölpern v. *sich albern benehmen.*

ölprer m. *Tolpatsch.*

ölschenkel m. *Beingeschwulst;*
Wassersucht.

ölschenker m. *Schmeichler.*

om n. *Flüssigkeitsmaß.*

omacht f. *Ohnmacht.*

omat f. *zweiter Schnitt des Grases.*

omechtig adj. *ohnmächtig.*

omeis f. *Ameise.*

omelei f. *Predigt* (lat. homilia).

omen v. *visieren, messen; nach-*
ahmen.

ömig adj. *ein Ohm fassend.*

er omnes m. *der Pöbel.*

on pron. (md.) *ihn.*

onabgeseit adv. part. *ohne abge-*
sagt, den Krieg erklärt zu haben.

on(e) *s.* ane; onwer(de)n *s.* an-
werden.

one schein adv. *unverblümt.*

onfogel m. *Pelikan.*

ongefazt adj. part. *unverspottet.*

ongefer adv. *ohne böse Absicht, zu-*
fällig.

ongewarnet adv. *unversehens.*

on mitel adv. *unmittelbar.*

onmuß *s.* unmuß.

on not adv. *unnötig.*

onwidertriblich adj. *unwiderleglich.*

operment n. *Rauschgelb* (lat. auri-
pigmentum).

opfer n. *Totenmesse; Kirchen-*
almosen.

op(f)erknecht m. *Handlanger* (lat.
operarius).

opferzelt m. *Opferkuchen.*

ops n. *Obst.*

or f. *Uhr.*

or n.: einem in ein or blasen *ihm*
einsagen; die oren melken *zu*
Gefallen reden.

ör pron. (md.) *ihrer.*

orazel f. *Assel, Ohrwurm.*

orden m. *auch Ordnung; Beruf.*

orden v. *anordnen, verordnen, be-*
stellen.

ordenlich adv. *der Reihe nach.*

ordina(n)z f. *Befehl.*

ordnat n. *Kirchengerät, -gewand.*

or(d)niren v. *ordnen.*
ordnung f. *auch Vereinbarung.*
oren m. *Orden.*
ören adj. *ehern.*
orenblaser m. *Schmeichler.*
orenküzler, -melker, -mizler, -sin-
ger m. *Schmeichler.*
orenmitel, -mückel *s. ormuzel.*
orfinger m. *kleiner Finger.*
orfride m. *Urfehde.*
organum n. *Orgel.*
orgeler m. *Orgelbauer.*
orgrübel m. *kleiner Finger; Ohrwurm.*
örin adj. *ehern.*
oring m. *Ohrfeige.*
oriren v. *beten.*
orlachschif n. *Kriegsschiff.*
orleffel (bömischer) m. *knorriger
Prügel.*
orlei n. (alem.) *Uhrwerk* (lat. horologium).
ormuzel m. f. n. *Ohr(drüsen)ent-
zündung; Ohrwurm; Assel.*
örn m. *Hausflur.*
orning f. *Ordnung, Schlachtord-
nung.*
orniren v. *schmücken.*
örnlich adj. *ordentlich.*
ort n. m. *Spitze, Ecke, Ende;
Platz, Stelle; Ahle; Viertel einer
Münze, des Talers, Pfennigs;
Stadtviertel; Himmelsrichtung;
zun örtern einschlagen an der
richtigen Stelle anfangen; auf
ein o. sezen vernachlässigen.*
ortband(eisen) n. *Beschlag an der
Spitze der Schwertscheide.*
orte, örte f. *Zeche, Trinkstube
(s. d.).*
örtern v. *mit Spitzen versehen;
ordnen, feststellen, untersuchen,
entscheiden; betiteln.*
orthaus n. *Eckhaus.*
orttafel f. *Randstück.*
orwasche f. *Ohrfeige.*
ösch *s. esch.*
ösen v. *vertilgen.*
oskurber m. *der mit Aas als Lockspeise fischt.*
oß m. *Speise, Futter.*
ossel m. f. *Assel.*

ossener m. *Ochsenknecht.*
oste f. *Hostie.*
oster f. *Auster.*
osterwein m. *österreichischer Wein.*
osterwind m. *Ostwind.*
ostreen plur. *Austern.*
ostür adv. *ohne Leitung.*
ot adv. *halt.*
otmen v. *atmen.*
ottergall f. *Schlangengift.*
ou- *s.* au-, öu- *s.* eu-.
ox pox n. *Hokuspokus.*

P. s. B.

Q.

quadragen(e) f. *vierzigtägiges Fasten.*
quadrangel n. *Viereck.*
quadrant m. *Quaderstein; Viertels-
pfennig; Viertelstunde; Viertel-
kreis.*
quadruplik f. *Gegenerwiderung des
Angeklagten auf die Triplik.*
quakeliren v. *fabeln.*
qual m. n. *Quelle.*
qualbrunne m. *Quelle.*
qualm m. *Betäubung.*
qualster m. *Schleim; schleimender
Käfer, Baumwanze.*
quap(pe) f. *der Fisch Aalraupe.*
quarren v. *qualken (vom Frosch).*
quart f. *Abgabe des vierten Teils
aller Einkünfte; Viertelmaß.*
quartaun f. *Kanone, die einen
Viertelzentner schießt.*
quarti f. *Leibgarde.*
quartiren v. *Quartier machen.*
quar(z)en v. *schreien, knurren,
quaken.*
quat m. *Kot.*
quater m. *Quaderstein; die Vier auf
dem Würfel.*
quatern v. *laut und angelegentlich
reden; quaken.*
queckbrunn m. *Quelle.*
quecker m. *Bergfink.*
queckwasser n. *Quell-, Flußwasser.*
queden v. *reden.*
queid adj. *ledig.*
quel f. *Qual.*

quentin n. *Quentchen, Gewicht von*
$1/_4$ *Lot.*

querder *s.* kerder.

querre f. *Gerstenkorn.*

quest m. *Gewinn, Erwerb; Bettel
für fromme Zwecke.*

queste f. *Quast, Wedel im Bad,
Gürtel.*

questen n. *Bedrückung, Qual.*

question(ir)er m. *der für fromme
Zwecke Almosen sammelt, Bettelmönch; Hausierer.*

questor m. *Ablaßkrämer.*

quetsch f. *Gimpelweibchen.*

quetschken f. *Zwetsche.*

quick adj. *lebendig;* n. *lebendes
Vieh.*

quien m. (rotw.) *Hund.*

quiengoffer m. (rotw.) *Gauner, der
Hunde wegfängt und schlachtet;
Abdecker.*

quinger *s.* zwingolf.

quinquennal n. *Schutzbrief auf fünf
Jahre.*

quinsin n. *Viertellot.*

quinte n. *Quentchen.*

quintern f. *kleine Geige, deren
Saiten um eine Quinte voneinan-
der gestimmt sind; weibliches
Glied.*

quinterner m. *Geigenbauer, -spieler.*

quintet n. *Viertellot.*

quintin, quintlein n. *Viertellot.*

quintiren v. *zur Quintern singen,
sie spielen; in Quinten singen;
musizieren.*

quippis m. *Grabstein* (lat. cippus).

quita(n)z f. *Quittung.*

quit(ig)en v. *ledig, frei machen.*

quitiren v. *ledig sprechen, frei-
geben.*

quitledig, -los adj. *frei (von Geld-
schuld).*

quörzen *s.* quarzen.

quot m. (md.) *Kot.*

R.

rab adv. *herab.*

rabenstein m. *Richtplatz unter dem
Galgen.*

rabisch m. *Kerbholz* (tschech. ra-
buše).

rabschnabel m. *Gelbschnabel.*

rabwarts adv. *herab.*

rach m. *Zorn.*

rach 1. 3. sg. praet. *rächte.*

rachsel f. *Rache.*

rachtung f. *Vergleich.*

racker m. *Grubenfeger; Abdecker;
Schlingel.*

rackhals m. *Spießente.*

rad n. *bes. das des Henkers; auf
ein r. sizen, kumen gerädert
werden; auf die reder legen rädern.*

radbere f. *Schubkarren.*

rad(e)brechen v. *rädern.*

radecht adj. *radförmig.*

rade(n) f. m. *Kornrade.*

radescheibe adv. *rings.*

radkiste f. *runde Kiste.*

radspinnerin f. *Spinnerin.*

raf(e) m. *Sparren.*

rafelin m. *Halbmondschanze.*

rafenmacher m. *Zimmermann.*

raffa(r)zen v. *rülpsen.*

raflen v. *mit der Klapper lärmen.*

ragaz m. *Bursche* (ital. ragazetto).

ragekraut n. *Orchis.*

ragel m. *Reiher.*

s. rageln v. (alem.) *sich breit machen.*

ragen v. *starr und steif sein.*

ragette(n) f. *Schlagnetz.*

raghals m. *Spießente.*

ragwurz f. *Orchidee.*

ralle f. *Wachtelkönig.*

rallkreuzer m. *Münze, etwa* $1/_4$ *rollobazer?*

ram m. *sich ansetzender Schmutz,
Ruß.*

ramaten v. *zugrunde richten; im
ramatus gewaltsam.*

ramlen v. *schäkern, poussieren, tanzen, balgen.*

ramm m. *Widder.*

ramm(e) f. (els. westmd.) *Rabe.*

rampanien plur. *Kaldaunen.*

rampf m. *Finschrumpfen; Krampf.*

ran adj. *schlank, schmächtig.*

rana f. *Belagerungsgeschütz.*

ranft m. *Rand, Saum, Einfassung; Rinde, Schorf.*

range f. *Schurke.*

rank m. *Wendung, Ausflucht, List;* einen einen r. *angewinnen ihn überlisten.*

rankkorn n. *Halskrankheit der Schweine.*

ran ran ran interj. *Landsknechts- ruf beim Sturm.*

rant m. *Wendung, (einmalige) Be- wegung.*

ranz m. (rotw.) *Sack.*

ranzaungeld n. *Ranzion.*

ranze f. *Mutterschwein.*

ranzen v. *spielend seine Kräfte üben; Handel treiben; geizen; mit Lösegeld belegen.*

ranz(ion)iren v. *aus Kriegsge- fangenschaft loskaufen.*

ranzon, -zung f. *täglicher Mund- vorrat; Lösegeld; Brandschat- zung.*

ranzonen v. *aus Kriegsgefangen- schaft loskaufen.*

ranzwinkel m. *Rendezvous.*

rap interj. *Ruf des Raben.*

rap m. *der Fisch Roche.*

rapen v. *(zusammen)raffen.*

rapier n. *Fechtdegen.*

rapontik f. *Rhabarber.*

rapp m. *Traubenkamm.*

rappe m. (obd.) *Rabe;* (bair. usw.) *schwarzes Pferd;* jem. einen r. *reiszen, machen ihm einen Pos- sen spielen; oberrheinische Pfen- nigmünze mit Vogelkopf.*

rappe m. *ein gefräßiger Fisch,* Cyprinus aspius.

rappe f. m. *Ausschlag am Pferde- bein; Wundgrind; Krätze.*

rappen v. (md.) *an sich reißen.*

rappenvogel m. *Rabe.*

rappes m. *Wein aus Traubenkäm- men.*

rappus(e) f. *Beutemasse, Chaos, Verstoß;* in die r. geben, werfen *preisgeben, hinopfern.*

rapschnabel m. *Gelbschnabel.*

rasch m. *leichtes Wollgewebe, ur- sprünglich aus Arras.*

raschen v. *eilig dazukommen.*

raschmacher, -weber m. *Weber, der leichte Futterstoffe herstellt.*

raselwurz f. *Zaunrübe,* Bryonia.

raspen v. *zusammenscharren.*

rasperment interj. *sackerment.*

rasplen v. *rasseln.*

rassen v. (obd.) *lärmen, in Saus und Braus leben.*

raßlen v. *lärmen, toben; würfeln.*

raßler m. *Würfelspieler.*

rastlen v. *röcheln; ringen.*

rastrum n. *geringes Leipziger Bier.*

rat m. *Zustand, Verhältnisse; Vor- rat, Gewinn, Hilfe; Verwendung; Entschluß;* falscher r. *Verrat;* zu r. werden *beschließen, sich ent- schließen.*

rate(n) f. m. *Kornrade.*

raten v. *auch helfen, steuern;* ei- nem dinge r. *ihm abhelfen;* der sache ist zu r. *sie ist nicht hoff- nungslos.*

ratherr m. *Ratgeber.*

rathof m. *Forum.*

ratich m. *Rettig.*

ratlich sein v. *beraten.*

ratsal n. *Rätsel.*

ratsamen v. *versorgen, verpflegen, heilen.*

ratsfrund m. *Stadtrat.*

ratt(en) m. *Kornrade.*

rat(ten)maus f. *Ratte.*

raubeberg m. *Berg, wo Räuber mit ihrer Beute hausen.*

rauch adj. *rauh, schroff;* das r. *herfürkeren Ernst zeigen.*

e. rauch machen v. *sich Ruhm er- werben.*

rauchenzen v. *nach Rauch schmek- ken, riechen.*

rauchfesser m. *Verfertiger von Weihrauchfässern.*

rauchhaber, -hun-, -korn m. n. *Na- turalabgaben als Herdsteuer.*

rauchloch n. *After.*

rauchlos adj. *ruchlos, unbedacht.*

rauden f. *die Hautkrankheit Räude.*

raudimaudi m. *Schelm.*

raue ware f. *unbearbeitete Felle.*

rauf adv. *herauf.*

raufen v. *plündern.*

rauknecht m. *Knecht für grobe Arbeit.*

rauling m. (rotw.) *Säugling.*

raum m. *auch Möglichkeit, Freiheit;* r. nemen *(Raum) einnehmen;* r. geben *Gelegenheit gewähren.*

raum adj. *geräumig.*

raum(en) m. *Rahm.*

raumen v. *raunen.*

raun(e) m. *Hengst.*

raune f. *Geflüster, geheime Stimmabgabe.*

raupe m. *Spottname der (Nacht-)Wächter, (Wein-)Gärtner.*

rausch f. *Schar.*

rauschart m. (rotw.) *Strohsack.*

rauschen v. *lärmen, davontoben; musizieren.*

rauschen n. *ein Kartenspiel.*

rauscher m. *laute, renommistische Natur.*

rau schlusseler m. *Rohschlosser.*

rauß adv. *heraus.*

raußeln v. *rauschen.*

raußen v. *schnarchen.*

raute f. *Rhombus, auch im Glasfenster.*

raz m. *Ratte; Marder.*

rebaug n. *Knospe am Weinstock.*

rebent(er) n. m. *Speisesaal im Kloster* (lat. refectorium).

rebesch f. *Rebenasche.*

rebisch adj. *rabenartig, verdächtig.*

rebler m. *Dukaten mit eingeprägtem Raben.*

rebman m. *Weingärtner.*

rebsticher m. *Rüsselkäfer,* Rhynchites betuleti.

rech sg. conj. praes. *zu rechnen.*

rechen v. *rächen;* mit einem gerecht werden *an ihm Rache nehmen.*

rechen(en) v. *rechnen, ermessen, taxieren; urteilen, bedenken;* zu r. *nach meiner Ansicht;* so zu r. *sozusagen;* das ist gut zu r. *es ist wohl zu verstehen.*

rechenmeister m. *Ratsherr für Rechnungswesen, Stadtrechner, -kämmerer.*

rechgeis f. *weibliches Reh.*

rechin f. *weibliches Reh.*

rechnen v. (ostmd.) *rächen.*

rechnung f. *Rechenschaft, Nachweis, Aufschluß.*

rechsen v. *laut spucken.*

recht adj. *angemessen;* ist mir r. *wenn ich mich nicht sehr irre.*

recht n. *auch rechtliche Entscheidung;* ich beut dirs recht *erbiete mich zu gerichtlichem Austrag des Streites;* auf recht *in Erwartung Rechtens;* für r. vor Gericht; rechtens gestan *Rechtsentscheid erwarten;* einen in das r. werfen *Recht sprechen lassen über;* mit r. *rechtmäßig, auf dem Weg Rechtens.*

rechtartig adj. *echt.*

rechten v. *prozessieren.*

rechtverstendig m. *Jurist.*

rechtfertig adj. *gerecht, unschuldig.*

rechtfertigen v. *kritisieren, zur Rede stellen, aburteilen; (sich) ausweisen.*

rechtfertigung f. *Austrag.*

rechtfügig adj. *angemessen.*

rechtigen v. *rechtlich austragen.*

rechtlich adv. *auf dem Rechtsweg.*

rechtsaz m. *Antrag auf ein Urteil.*

recht(s)bot n. *Rechtserbietung.*

rechtsbrust m. *Rechtsverweigerung.*

rechtschaffen adj. *richtig, wirklich, echt.*

rechtschuldig adj. *richtig.*

rechtsinnig adj. *rechtgesinnt.*

recht(s)tag m. *Gerichtstag.*

recht tun v. mit dat. *seine Sache recht machen.*

rechtweis m. *Jurist.*

rechzen v. *laut spucken.*

reck plur. *Röcke.*

reckolter m. *Wacholder.*

reckoltervogel m. *Krametsvogel.*

redbar adj. *mitteilsam.*

redbarkeit f. *Beredsamkeit.*

rede f.: ein r. machen aus *identifizieren;* ein r. begeben *Erwähnung tun;* schlechte r. *Prosa.*

reden v. (ahd. rediôn) *in Worte fassen, ausdrücken;* einem etw. r. es ihm zusprechen; wider s. r.

Selbstgespräche führen; es ist so vil geredt *es soll heißen;* s. r. lassen *sich ausdrücken lassen;* so zu r. *sozusagen.*

reden v. (ahd. redan) *sieben.*

reder(knecht) m. *Mehlsieber.*

redfenster n. *Schalter bei der Klosterpforte.*

redgeb(ig) adj. *redselig.*

redhaus n. *Sprechzimmer (im Kloster).*

redkunst f. *Grammatik, Rhetorik.*

redlein n. *Ring, Kreis;* ein r. machen v. *im Kreise fahren.*

redlich adj. *pflichtbewußt, ordentlich;* adv. *pflichtgemäß, gehörig;* etwas redlichs *eine gehörige Summe.*

redman m. *öffentlicher Sprecher.*

redner m. *auch Vokal.*

redsam adj. *leutselig.*

redsprechig adj. *beredt.*

redukte f. *Rückenschanze.*

reel m. (rotw.) *schwere Krankheit.*

refal s. *reinfal.*

refent(er) m. n. *Speisesaal im Kloster* (lat. refectorium).

reverenz f. *Verehrung; Gabe, die aus Verehrung gezollt wird; abgemessene Verbeugung, Kniebeugung vor dem Hochaltar; Gruß.*

reff n. *Traggestell; Saumsattel; Gerippe.*

reffelstil m. *Schusterahle.*

refftreger m. *Lastträger, Holzsammler, Wanderhändler.*

refir n. *Bezirk.*

refiren v. *sich (im Wald) ergehen, lustwandeln.*

reformation f. *Aenderung; Urkunde darüber; Gegenreformation.*

reformirn v. *zurückbilden.*

reg m. *Regen.*

regal n. *kleine Orgel.*

rege praed. adj. *in Erregung.*

regel(s)bir(n) f. *große harte Birnenart.*

regen v. *in Bewegung setzen.*

regen(en) v. *regnen.*

regenfogel m. *großer Brachvogel.*

regenicht adj. *regnerisch.*

regenwurm m. (rotw.) *Wurst.*

reger m. (rotw.) *Würfel.*

regerlein n. *Regenpfeifer.*

regiment n. *Leitung, Regierung.*

register n. *Zugschnur, -seil; fortlaufendes Verzeichnis, Protokoll, Hauptbuch des Kaufmanns, Abrechnung, Inhaltsangabe, Wahlspruch, Norm; Sündenregister.*

rehin f. *weibliches Reh.*

s. reiben an einen v. *Streit mit ihm beginnen.*

reibener s. *refenter.*

reiberin f. *Bademagd.*

reibstein m. *Bims-, Tuffstein.*

reichen v. *auch gereichen; holen, erlangen;* s. reichen *sich erstrecken.*

reichen v. *reich sein, werden, machen;* s. reichen *sich bereichern.*

reichlich s. *reilich.*

reichsnen v. *herrschen.*

reichtag(e), -tung m. f. *Reichtum.*

reichung f. *Darreichung.*

reidel m. *(Zaun-)Stecken.*

reidemeister m. *Rentmeister.*

reiel, reiger, reigol m. *Reiher.*

reie(n) m. *Tanz.*

reien v. *tanzen.*

reigen, reihen m. *Rist am Fuß.*

reiger m. *Reiher.*

reil(i)ch adj. *reichlich, üppig, freigebig;* fast r. *überreichlich.*

reim(en) m. *Vers.*

reimen v. *Verse machen; zusammenpassen, übereinstimmen;* s. r. *einander entsprechen, zutreffen.*

reimist m. *Verskünstler.*

Rein m.: der R. ist entbrant *Unerhörtes ist geschehen.*

rein adv. *herein.*

rein abe adv. *reinweg.*

reinen v. *raunen.*

reinen v. *reinigen.*

reinfal m. *Südwein von Rivoli.*

reinfar m. *Rainfarn,* Tanacetum vulgare.

reinkoppel n. *Regenpfeifer.*

Reinstramer m. *Rheinländer.*

reisbub m. *Kriegsknecht.*

reisdienst m. *Kriegsdienst.*

reis(e) f. (obd.) *Feldzug;* ein r.
dienen *Kriegsdienst tun.*
reiseler m. *Fuhrmann.*
reiselwagen m. *Lastwagen.*
reisen stv. *fallen;* reisender stein
Blasenstein.
reisen swv. *ins Feld ziehen.*
reiser m. (schweiz.) *Reisiger, Krie-*
ger.
reisig adj. *gerüstet, rüstig, schlacht-*
bereit, kraftvoll; reisiger zeug
Kavallerie, Heer.
reisjoppe f. *Waffenrock.*
reisknabe m. (schweiz.) *Kriegs-*
knecht.
reisknecht m. *Kriegsknecht.*
reisman m. *Kriegsmann.*
reisnen v. *einen Kriegszug unter-*
nehmen.
reisordnung f. *Kriegsvorschriften.*
reißen v. (mhd. rei3en) *reizen.*
reißen v. (mhd. rî3en) *ent-, zer-*
reißen, zausen, prügeln, vernich-
ten; zeichnen; zu s. r. *an sich*
reißen; s. r. *sich raufen.*
reißig adj. *reißend.*
reisspis m. *Spieß des Reisigen.*
reiste f. *oben zusammengedrehter*
Büschel gehechelten Flachses.
reit 1. 3. sg. praet. *ritt.*
reit adj. *bereit.*
reitel m. *Stab zum Reinigen der*
Pflugschar.
reiteln v. *mit einem Knebel zu-*
sammenschnüren.
reitemeister m. *Rechenmeister.*
reiten v. *auch beschlafen.*
reiter f. *Sieb.*
reitern v. *sieben.*
reithaue f. *Hacke.*
reitherzu m. *Buchfink.*
reitkappe f. *Reitermantel.*
reitung f. *Abmachung; Rechen-*
schaft; Rechnung.
reitwetsch(g)er m. *Mantelsack.*
reizen v. *heraufbeschwören (vom*
Unglück, Schicksal).
reizler m. *Vogelsteller.*
reizung f. *Affekt.*
rekompens f. *Belohnung.*
rekusiren v. *vorwerfen.*
relation f. *Bericht.*

relaxiren v. *mildern; freilassen,*
-sprechen.
religion f. *auch Konfession.*
reling m. *eine Fischart.*
rellen s. *reneln.*
relling m. *(brünstiger) Kater; un-*
sittlicher Mensch.
rem f. *Gestell aus Holzleisten.*
remen m. *Riemen; Ruder* (lat.
remus).
remlich adj. *brünstig.*
remling m. *Rahmenleiste.*
remter n. m. *Speisesaal im Kloster*
(lat. *refectorium*).
reneln v. *Korn aus den Hülsen*
quetschen, säubern.
renfenlein n. *Schwadron (Reiter).*
renhut m. *Turnierhelm.*
renk m., renke f. *Blau-, Weißfel-*
chen im 4. Jahr.
renken v. *(die Strophen) verschlin-*
gen.
renkisch adj. *listig.*
renmagen m. *Lab, Kälbermagen,*
der die Milch gerinnen macht.
renmilch f. *geronnene Milch.*
renne f. *Lab.*
rennen v. *im Turnier reiten.*
renner m. *turniermäßiger Ritter;*
der obere, bewegliche Mühlstein.
renschif(le) n. *Jacht.*
renunziren v. *verzichten.*
renz(e)ler m. *Ranzensattler.*
renzeug n. *Turnierrüstung.*
repiel n. *Rappier, Stoßdegen.*
replik f. *Erwiderung, zumal im*
Prozeß.
reprobiren v. *tadeln, verwerfen.*
reputirlich adj. *ansehnlich, ge-*
achtet.
reren v. *fallen lassen, vergießen;*
rinnen.
resch adj. *flink.*
resein f. *Rosine.*
reservat n. *Recht oder Vollmacht,*
die sich eine (geistliche) Obrig-
keit vorbehalten hat.
reservation f. *Vorbehalt, Klausel.*
residenz f. *Genuß einer Pfründe*
am Ort; Pflicht sie dort zu ver-
zehren.

reß adj. *salzig, scharf von Speise,*
Trank und Geist.

reße f. *Salzigkeit, Schärfe, Strenge.*

reste f. *Rast.*

ret 3. sg. praes. ind. *redet.*

reter m. *Rhetor.*

reterschaft f. *Rätsel.*

retersch(e), reters(t) f. n. *Rätsel.*

reterschen v. *Rätsel raten.*

retig, -lich adj. *schlüssig;* r. werden
beschließen, sich entschließen.

retrade f. *Rückzug.*

retriren v. *flüchten.*

retsche f. (schles.) *Ente.*

retscher m. *Schwatzer, Prahler.*

re(u)barbarus m. *Rhabarber.*

reubisch adj. *räuberisch.*

reubzen v. *rülpsen.*

reuchen v. *räuchern.*

reuchern v. *Rauchopfer bringen;*
(einer Gottheit) opfern; durch
Rauch schützen, konservieren,
heilen; in den Rauch hängen.

reuchlen v. *nach Rauch schmecken,*
riechen.

reudikeit f. *Räude.*

reuel m. *Reue.*

reuen v.: mich reut *mich jammert.*

reuer m. *Reue.*

reuerin f. *Büßerin, Schwester Pre-*
digerordens zu St. Maria Magda-
lena.

reufen v. *plündern.*

reuhe f. *unwohnliche Gegend.*

reukauf m. *Reugeld, das der zahlt,*
der ein Geschäft rückgängig
macht; Reue.

reulich(en) adv. *reichlich.*

reuling m. *Reueanfall.*

reum m. *Reim, Vers.*

reumen v. *das Erdreich um die*
Wurzeln aufwühlen.

reumig werden v. *(einen Ort) räu-*
men.

reups m. *Rülps.*

reups(ch)en v. *rülpsen.*

reuschgel n. *geschwefeltes Arsenik.*

reuschp(r)en v. *räuspern.*

reuse f. *Korb zum Fischfang, aus*
Rohr geflochten.

reusplen v. *räuspern; sich erbre-*
chen.

reuß m. *Russe; Wallach, ver-*
schnittenes Pferd.

reuß(e) m. *Flickschuster.*

reußen v. *kastrieren (wie ein Pferd*
in Rußland).

reustern v. *räuspern.*

reutel m. *Stab zum Reinigen der*
Pflugschar.

reuten v. *reiten.*

reuter f. *Sieb.*

reuter m. *Reiter.*

reuterliedlein n. *Soldatenlied.*

reutern v. *sieben.*

reuthau f. *Haue, Hacke zum Ro-*
den.

rew(en) m. *Reue.*

rezel n. *Rätsel.*

rezen v. *(den Hanf) im Wasser bei-*
zen.

rezeß m. *Verschreibung.*

rezipe n. *Arzneiverordnung.*

rezlein n. *Rätsel.*

rib plur. *Ränke, Kniffe.*

ribeisen n. *Reibeisen.*

ribling m. (rotw.) *Würfel.*

rich m. (els.) *Abhang, Rain.*

rich 2. sg. imper. *räche.*

richig adj. (alem.) *zur Rache ge-*
neigt.

richlen v. *röcheln.*

richt 3. sg. praes. *rächt.*

richt(e) f. n. *Gericht, Gang bei*
Tisch; Austrag, Entscheidung ei-
nes Handels.

richten v. *in die rechte Lage*
bringen; versöhnen, vermitteln;
ausbezahlen, berichtigen; hin-
richten; beurteilen; s. r. auf sich
einrichten; s. r. an jem. sich an
ihn heranmachen; s. r. aus etwas
daraus klug werden.

richthaus n. *Gerichtsgebäude.*

richtig adj. *abgeschlossen, end-*
gültig.

richtstecken m. *Vogelstange.*

richtung f. *Friedensschluß, -ver-*
trag.

rick m. *Querstange, (Wild-)Gatter;*
Engpaß.

ridde m. *Fieber.*

riefen v. (alem.) *rufen;* rief 3. sg.
praes. conj. *rufe.*

riegerlein n. *Regenpfeifer.*
rieling m. (rotw.) *Sau.*
riemen: auf der fleschen r. treten
v. *sie leertrinken;* den r. ziehen
den Beutel auftun.
rieme(n) m. *Ruder(stange)* (lat.
remus).
ries n. *Stelle der Kegelbahn, wo
die Kegel stehen; Gesamtheit der
Kegel; Kegelbahn.*
riesen v. *fallen, sich senken.*
riet n. *Schilfrohr; Sumpfboden.*
rietbender m. *Verfertiger von Weberkämmen.*
rietgeiß f. *Bekassine.*
rietig adj. *mit Schilfrohr bewachsen.*
rietmacher m. *Blattmacher, Weber-
kammacher.*
riffel f. *Flachskamm.*
riffeln v. *(Flachs) durch die Hechel
ziehen.*
rifianaz f. *Kuppelei.*
rifian(er) m. *Kuppler* (ital. ruf-
fiano).
rige f. *Reihe, Zeile.*
rigel m. *auch Querbalken im Fach-
werk, Dach, Stall;* böse r. underschießen *durch Schmähreden
oder Ränke hintertreiben.*
rigeler m. *Riegelschlosser.*
rigel(haub) m. f. *Schleierhaube.*
riheln v. *wiehern.*
rimenschneider, rimer m. *Sattler.*
rimesse f. *Wechselsendung.*
rimpfen v. *auch bellen.*
rimslen v. *nach dem Bock riechen.*
rinderscheißer m. *Bachstelze.*
rinderstar m. *Star.*
ring m. *auch im Ring, Kreis gehal-
tene Versammlung;* gelber r. *Abzeichen der Juden.*
ring adj. *leicht von Gewicht, wertlos, kraftlos; schnell; klein;
harmlos; einfach, bescheiden.*
ring adv. *leicht, leichten Herzens,
gern.*
ringelich adv. *leicht.*
ringeltaub f. *Holztaube (mit weißem
Halsring).*
ringen nach etwas v. *sich etwas zuziehen wollen.*

ringer m. *Ringkämpfer.*
ringern v. *leicht, wertlos machen,
vermindern.*
ringfertig adj. *hurtig, leicht(herzig).*
ringharnescher m. *Schmied von
Ringharnischen.*
ringlein plur. *eine Fischart.*
ringlich adv. *mit leichter Hand.*
ringschif n. *leichtes schnelles
Schiff.*
ringweis adv. *im Kreise.*
ringwichtig adj. *unerheblich.*
rinke f. m. *Spange, Schnalle;
Ring; Wagenkette;* r. gießen *betrügerisch handeln.*
rinkelmacher m. *Ring-, Schnallen-
schmied.*
rinken v. *krümmen; mit Schnalle
verschließen.*
rinkengießer, -mecher m. *Schmied
von Wagenketten.*
rinkharnasch m. *Kettenpanzer.*
rinklen v. (alem.) *schnallen; (ver-)
drehen.*
rinklich adv. *leicht, leichtherzig,
mit freier Hand.*
rinnende pein f. *Triefaugen.*
riole f. *Rinne, Furche* (franz.
rigole).
rip n. *böses Weib (nach 1. Mos. 2,
21).*
rippelrei m. *ein Tanz.*
rippelreier m. *Seiltänzer.*
rippet adj. *gerippt.*
rips raps adv. (md.) *in aller Eile,
unüberlegt.*
risch adj. *munter, flott.*
rise m. *Kämpe, Recke.*
risel m. *Regen, Hagel, Reif, Tau;
Abfall; Sommersprossen.*
risel f. *s.* rüsel.
riß plur. *Possen.*
rißling m. *eine Fischart.*
riter m. *auch Springer im Schachspiel.*
riterin f. *Frau eines Ritters.*
riterschuß m. *Wettschießen der
nicht preisgekrönten Schützen.*
riterspil n. *Turnier.*
ritt(e) m. *Fieber, gern in Verwünschungen für Teufel: ins,
ritte nam, daß dich der rit*

muß waschen, schütten, einen
den ritten han lassen.

riz m. *Kluft, Höhle.*

rizrot adj. (westmd.) *brennend rot.*

röbisch adj. *räuberisch.*

roboriren v. *bekräftigen.*

robunt m. *Landstreicher* (mhd.
ribalt), *zerlumpte Gestalt.* ro-
bunten laufen v. *durch die Stra-
ßen tollen.*

roch *s.* rach.

roche m. *Turm im Schachspiel.*

roch(en) m. *der plattleibige Seefisch
Rochen.*

röchlein n. *junges Reh.*

rocke(n) m. *Roggen.*

rocken adj. *von Kornfrucht.*

röd *s.* rüde.

rodel m. *Zinsrolle, Stammrolle,
amtliche Liste, Urkunde.*

rodelle f. *runder Schild.*

rodeln v. *murmeln; zusammen-
rollen.*

rodler m. *Angeber.*

rodlicht adj. *rötlich.*

rogel f. *Rolle, (Papier-)Zylinder.*

rogel adj. (obd.) *locker, porös.*

rogelen v. (obd.) *kollern.*

rogen: die besten r. ziehen v. *den
größten Gewinn einheimsen.*

roget f. *Rakete.*

rolfezer m. (rotw.) *Müller.*

roll f. (rotw.) *Mühle.*

rollen v. *quälen.*

rollenbazen m. *oberländ., nam. Kon-
stanzer Vierkreuzerstück.*

roller m. *Fuhrmann.*

roller m. *Blaukrähe* (franz. rollier).

rölling m. *Kater; Lüstling.*

rollobazer *s.* rollenbazen.

rolwagen m. *Reise-, Frachtwagen.*

rom m. (mhd. râm) *Schmutzüber-
zug, Ruß.*

rom m. (mhd. roum) *Sahne.*

romanist m. *Römling.*

romen v. *räumen.*

romor m. *Lärm.*

romorn v. *lärmen.*

ron m. *Rahm, Schmutz.*

ronchen v. *röcheln.*

ronda(t)sch f. *runder Schild.*

rondel n. *runder Schild; (rundes)*

Außenwerk einer Festung (franz.
rondelle).

rondeln v. *in runde Form bringen.*

rondiren v. *die Ronde machen.*

roraff m. *Brüllaffe; groteske Fi-
gur an der Straßburger Mün-
sterorgel; Hanswurst.*

roratemesse f. *Votivmesse zu Ehren
der hl. Jungfrau, vom 18. bis 24.
Dez. gefeiert.*

röre f. *Kanal.*

rören *s.* reren.

rörenmeister m. *Wasserleitungs-
direktor.*

rorgeuz m. *Rohrsperling.*

röricht adj. *flüssig.*

rörkasten m. *Laufbrunnen.*

rormer n. (obd.) *Schilfmeer.*

rorpfus m. *Rohrdommel.*

mit rorworten reden v. *leise, unverständlich sprechen.*

rosch m. *Rost.*

rösch adj. *munter, herz-, lebhaft;
unnachgiebig; hitzig.*

rosein f. *Rosine.*

rösel-, rosenwurst f. *Blutwurst.*

rosem m. *Sommersprosse.*

roseman m. *Rosinenhändler.*

rosenobel m. *englische Goldmünze
mit aufgeprägter Rose.*

rosiniren v. *rot färben.*

rosintrager m. *Rosinenverkäufer.*

röslet adj. *rosig.*

röslicht adj. *rosenfarben.*

rosmet adj. *sommersprossig.*

rosmucket adj. *sommersprossig.*

roß- *in Flüchen für* gots-.

roß n. *auch Brustbein der Gans;
auf das r. sizen v. den Beischlaf
ausüben;* das r. under dem
schwanz zeumen *das Einfachste
verkehrt machen.*

roßbar f. *Sänfte.*

roßbarn m. *Pferderaufe.*

roßdausch m. *Pferdehandel.*

roßdeuscher m. *Tauschhändler mit
Pferden.*

roßdrecklein n. *Bachstelze.*

roßeisen n. *Hufeisen.*

rosseln v. (alem.) *geräuschvoll daherkommen.*

roßgel n. *geschwefeltes Arsenik.*

12*

roßkamm, -menge m. *Pferdehänd-
ler.*

roßlauf m. *Strecke, die ein Pferd
in einem Atem durchläuft, Sta-
dium.*

roßmond f. *Pferdemähne.*

roßmül f. *Mühle, die von einem
Pferd getrieben wird, Göpel.*

roßmuter f. *Mutterpferd.*

roßzirk m. (obd.) *Pferdemist.*

rösten v. *auch einen zur Verzweif-
lung bringen.*

rostfreßig adj. *was der Rost frißt.*

rostig adj. *auf dem Rost gebraten,
geröstet.*

rostrig adj. *rostig.*

rotaug n. *verschiedene Fische der
Gattung* Cyprinus.

rotbein n. *Wasserläufer,* Totanus
calidris.

rotboß f. (rotw.) *Bettlerherberge.*

rotbrüstlein n. *Rotkehlchen.*

rote f. *Korporalschaft, (bewaffnete)
Schar, Partei(ung);* plur. *Schreier,
Aufrührer.*

rotechtig adv. (obd.) *truppweise.*

rötelgeier, -weih m. *Turmfalke.*

s. roten v. *sich vereinigen, verbün-
den.*

roterei f. *Parteiung, Aufruhr.*

rotes weh n. *Ruhr.*

rotfleck m. *Gesichtsrose.*

rotvogel m. *Sprosser.*

rotgesel m. *Kamerad; Spießgeselle.*

rotgießer m. *Kupfergießer.*

s. rotiren v. *sich in Kampfhaufen
aufstellen, zusammenrotten.*

rotirung f. *Sonderbündelei.*

rotisch adj. *aufrührerisch.*

rotknillis, -knizel m. *Alpenstrandläufer,* Tringa alpina.

rotkropf m. (bair. östr.) *Rotkehlchen.*

rotmeister m. *Korporal; Volks-
tribun.*

rot rur f. *Dysenterie.*

rotsack m. *Blutwurst.*

rotschimel m. *Schimmel, dessen
Farbe ins Rötliche spielt.*

rotschmit m. *Kupferschmied.*

rotschwirig adj. *entzündet (von Augen).*

rottel f. *Gewicht von 450 bis 900
Gramm.*

rotund adj. *rund.*

rotung f. *Aufruhr.*

rotwurst f. *Blutwurst.*

rozaff m. *Kind, das die Nase
nicht putzt.*

rozen v. (hess.) *spotten.*

rozig adj. *verschleimt.*

rozlöffel m. *grüner Junge.*

roznase f. *vorlautes Mädchen.*

rubein m. *der Edelstein Rubin;
vergoldetes Messing.*

rub(en)herbst m. *Zeit der Rüben-
ernte.*

rubenzen v. *rülpsen.*

rübesot m. *Rübsamen.*

rubet n. *Brombeergebüsch, nie-
deres Gehölz.*

rubingreber m. *der Siegelringe graviert.*

rüblich adj. *ruhig.*

rübolt m. (rotw.) *Landstreicher.*

rubrik f. *rote Tinte; das damit
Geschriebene.*

ruch 1. 3. sg. praet. ind. *rauchte.*

ruch m. *Geruch.*

rûche f. *Rauhheit, rauhe Gegend.*

ruche f. *Saatkrähe.*

ruchen v. *sich kümmern.*

ruchlos adj. *unbedacht.*

rüchtig adj. *berühmt; verrufen.*

rüchtigen v. *ins Gerede bringen.*

ruck m. *Rücken.*

ruckausen v. *rülpsen.*

rück halten v. *Rückhalt geben.*

rückin adj. *von Roggenmehl.*

rucklich, rückling adj. adv. *rückwärts (weisend); hinterrücks; r.
die stigen abgen die Treppe hin-
untergeworfen werden.*

rüde m. *(männlicher) Hund, Jagdhund.*

rüdenband n. *Hundehalsband.*

rüebig adj. *ruhig.*

ruf(e) f. *Wundschorf.*

rufet adj. *zerrissen, aufgesprungen.*

rufian(er) m. *Kuppler* (ital. ruf-
fiano).

rufianin f. *Kupplerin.*

rufolk m. *der Fisch Aalraupe.*

rüge f. *Rügeversammlung, -gericht.*

ruge f. *Ruhe;* mit, zu r. sein be-
ruhigt sein, schweigen; mit r.
lassen *in Ruhe lassen.*

rugen v. *ruhen.*

rügen v. (alem.) *brüllen.*

rügig adj. *ruhig.*

rugsen v. *aufstoßen.*

rüheln, rüh(e)len, rüllen v. (obd.)
*wiehern, brüllen; guttern, gluk-
kern.*

rülp, rülz m. *Bengel.*

rum m. *Ehrgeiz.*

rümb adv. *herum.*

rümben v. *schreien, jauchzen.*

rümen v. intr. *glänzen;* trans. *sich
berufen auf.*

rumenier m. *Wein aus der Ro-
magna.*

rümisch adj. *renommistisch.*

rümler m. *Renommist.*

rümlich adj. *sich rühmend.*

rumor f. *Auflauf; Lärm; Gerücht.*

rumoren v. *krachen, lärmen, toben,
strafend eingreifen.*

rumorisch adj. *aufgeregt.*

rumormeister m. *Gehilfe des Profoßen im Heer.*

rumpeln v. *geräuschvoll daherkommen.*

rumpelscheit n. *Monochord; Weib,
Alte.*

rumpf m. (alem.) *Rindenkorb.*

rumpfen v. *in Falten legen.*

s. rümpfen v. *sich winden, krümmen, weigern.*

rümpfen n. *ein Kartenspiel.*

rumpfet adj. *runzlig.*

rümpfling m. (rotw.) *Senf.*

rumpliren v. *rumpeln, durchtoben.*

rumretig adj. *prahlerisch.*

s. rümstern v. *sich rappeln.*

rund adj. *auch vollkommen, was
gut rollt, geläufig, schlüssig, bündig, kundig.*

rundarze f. *runder Schild.*

ründe f. *Rundung.*

rundel s. rondel.

rundgescheit adj. *gewürfelt, gerissen.*

rundikeit f. *Geschicklichkeit.*

rundiren v. *runden.*

runk(e)s m. *Rüpel.*

runse f., runst m. *Bach, Rinnsal,
Wasserrinne.*

runzelet adj. *runzelig.*

runzen v. (rotw.) *vermischen.*

rupe f. *Aalraupe.*

rupf m. *Ruck; Vorwurf;* des rüpf-
leins spiln *ringen, hadern; geschlechtlich verkehren.*

rupfen v. *berühren.*

rüpflein n. *ein Gesellschaftsspiel,
Birnenschütteln; Rauferei.*

rur f. *Bewegung, Unruhe (im Leib),
Dysenterie; Berührung, bes. die
mit der Waffe: sitzender Hieb,
und die des Schiffs mit dem
Land: Strandung.*

rüren v. *treffen, (in der Rede) berühren, vorbringen, behandeln,
aufrühren, erregen.*

rüren v. (rotw.) *spielen.*

rurrenz m. (alem.) *Kater.*

ruschart m. *Bastard.*

rusein f. *Rosine.*

rüsel f. (obd.) *Masern, Sommersprosse* (lat. roseola).

ruße m. *Flickschuster.*

rüssel m. *Mundwerk;* den r. aufwerfen *grob und anmaßend reden.*

rüsseln v. *tadeln, schelten;* s. r. *sich
ereifern.*

rüssen adj. *aus Pferdefleisch oder
-haut.*

rußen v. *lärmen; schnarchen.*

rußer m. *Rußbrenner.*

rußman m. *Verkäufer von Kienruß.*

rust m. (md.) *Ruß.*

rust(baum) m. *Rüster.*

rustech n. *Ulmenwald.*

rustig s. rostig.

rüstig adj. *kriegsbereit.*

rütelweih m. *Turmfalke.*

rutenstaube f. *öffentliche Züchtigung.*

rutschart m. *Wucherzins.*

rütteln v. *aufwühlen.*

ruwe f. *Ruhe.*

rüwig adj. *ruhig.*

rüwigen v. *beruhigen.*

rüze f. *Ritze; Augen-, Lidspalte.*

ruzen v. *sich räuspern.*

rüzig adj. *verschleimt (von Kind und Roß).*

S.

sabel-, sabenbaum m. Juniperus sabina.

sach(e) f. *Streit-, Ursache;* es ist s. *es ist der Fall;* es sei dan sach *außer wenn;* mit allen sachen *auf jeden Fall.*

sachtsam adj. *bedacht.*

sack m. *auch Tasche; Sackpfeife; schlechtes Frauenzimmer;* s. und seil *alles zusammen;* einen in den s. stoßen *ihm den Garaus machen;* einen in s. stecken *ihn überlisten;* im s. keufen *ungeprüft hinnehmen;* den s. zum halben teil zubinden *fürlieb nehmen.*

sacken v. *jem.* sack schelten.

sacker m. *Sackerfalke,* Falco sacer.

sackgarn n. *grobes Garn (zu Sackleinwand).*

sackhals m. *Schakal.*

sackisiren v. *plündern.*

sackman m. *Troßknecht; Räuber;* s. machen *plündern.*

sackpfeifer m. *Dudelsackbläser.*

sacktaffe(n)t m. *Sackleinwand.*

sackwein m. *trüber Hefenwein.*

saft adj. (hess.) *sanft.*

sagarus, sag(e)rer, sagran m. *Kirchenschatzkammer* (lat. sacrarium).

sag(e) f. *Aussage, Rede, Gerücht; Redensart;* nach s. *laut, kraft.*

sagen v. *belehren;* es ist gesagt *es bedeutet.*

sag(e)rer, sagra m. *Sakristei.*

sagmer f. *Fabel.*

sagu m. *Sago.*

saher m. *Riedgras; Saatspitze der Gräser.*

sahern v. *Saatspitzen abschneiden.*

saion m. *offener Waffenrock.*

sakramenthaus, -heuslein n. *Tabernakel.*

sakramentmeister m. *Sakramentierer, Zwinglianer.*

sakrile(g)isch adj. *gotteslästerlich.*

sakriren v. *opfern.*

sal 1. 3. sg. praes. ind. *soll.*

salariren v. *besolden.*

salarium n. *Gehalt.*

salbuch n. *Verzeichnis der Einkünfte.*

salermoniak(s) m. *Salmiak.*

salvaguardi f. *Schutzbrief.*

salve n. *ein Gebet zu Maria; Abendgeläut, das dazu auffordert;* im s. sein *am Ende sein.*

salfen f. *Salbei.*

salvezeit f. *Stunde des Abendläutens.*

salviren v. *retten* (ital. salvare).

saliter m. *Salpeter.*

salman m., -leute plur. *Gewährsmann einer rechtlichen Uebergabe.*

salniter m. *Salpeter.*

salse f. *(gesalzene) Brühe.*

saluiren v. *grüßen.*

salwürke, -würte m. *Panzerschmied.*

salzberg m. *Steinsalzwerk.*

salze s. salse.

salzer m. *Salzhändler, Händler mit Salzfleisch und eingesalzten Fischen.*

salzerzt n. *mineralisches Salz.*

salzfürer m. *Salzhändler.*

salzgraf m. *Salinenvorsteher.*

salzman m. *Salzverkäufer.*

salzmaut f. *Salzzoll.*

salzmenger m. *Salzhändler.*

salzsoder m. *Salzsieder.*

sam adv. *zusamt.*

sama(sch)t m. *Samt.*

samatin adj. *von Samt.*

sam(b) conj. *wie wenn, als ob; und zugleich;* adv. *dergestalt, als, gleichsam;* sammer < sam mir *so mir . . .*

samblet part. praet. *ver-, gesammelt.*

samen m. *auch Saat.*

samen v. *Frucht tragen;* sich s. *sich fortpflanzen.*

samen(d) adv. *zusammen.*

samen(en) v. *versammeln.*

samenhaft, -entlich adv. *zusammen.*

samenhaften plur. *Eingeweide.*

samkauf m. *Zusammenkauf.*

samlung f. *Versammlung; Auflauf.*

sam(n)ung f. *Schar, Menge, Versammlung.*

sampt *s.* samb.

samtlich adv. *zusammen.*

samuten adj. *von Samt.*

sandali plur. *Sandalen.*

sandberg m. *Düne.*

sandelholz n. *Würzholz von* Santalum album.

sander adv. *zusammen.*

sandreff m. *Riff.*

sandseiger m. *Sanduhr.*

sanfttrabend adj. *schmeichlerisch.*

sanft tun v. *wohl tun; es tut mir sanft es tut mir in der Seele wohl, lockt, ehrt mich, schmeichelt mir.*

sange f. *Aehrenbüschel.*

sange(l) f. *Gründling.*

sanktus n. *Teil der Meßliturgie am Ende der Präfation, vor dem Kanon (nach Jes. 6, 3).*

sant adv. *samt, zusammen.*

sant Feltins plag f. *Fallsucht; einen sant Veltin haben lassen ihn grob abweisen.*

sant Johannes-lieb . . . *s.* Johanneslieb . . .

sant Johansbrot n. *Johannisbrot, die Frucht von* Ceratonia siliqua.

sant Johanser m. *Johanniter.*

sant Kolbman m. *Stock; s. K. anrufen zum Stock greifen.*

sant Merten loben v. *das Leben genießen.*

sant Quirins buß f. *Beingeschwulst; Wassersucht.*

sant Tön(i)ges feur, rauch n. m. *Gesichtsrose.*

sant Urbans plag f. *hitziges Fieber; Podagra; Rausch.*

sappen v. *an sich reißen; schwerfällig gehen.*

sappiren v. *Laufgräben ziehen.*

sarch m. *Sarg; Schrein.*

sarch f. *Einfassung.*

sard(i)us m. *fleischfarbener Achat.*

sarwerte, -worte, -würhte m. *Rüstungmacher.*

sat adv. *auch gediegen, straff, fest, genügend; gut s. gut genug.*

satelnarung f. *Straßenraub.*

sateran, saturei f. *Bohnenkraut,* Satureja hortensis.

satsam adj. *selbstzufrieden.*

sau f. *auch As im Kartenspiel; letzter Preis im Wettkampf; Abfindung, Abfertigung; Grobheit, derbe Rede; die s. tregt den zapfen hin die Wirtschaft macht Bankrott; die s. heimtragen müssen bloßgestellt sein.*

saudistel f. *Endivie.*

sauer adj. (bair.) *auch feucht vom Pulver;* adv. *mürrisch;* s. ansehen *übel vermerken.*

sauerlecht adj. *säuerlich.*

sauersenfer m. *Straßenverkäufer von Senf.*

sauerzapf m. *Zapfen eines Essigfasses; Murrkopf.*

sauerzapfet adj. *verdrossen.*

sauf m. *Trunk, Suppe.*

saugegel m. *Blutegel, Blutsauger.*

saugern v. *zu saugen verlangen.*

saugeströde n. *Stroh als Schweinefutter; Wirrwarr.*

saul f. *Säule.*

saum m. *Last, Ladung (eines Saumtieres).*

saumen v. (schweiz.) *auf Saumtieren wegführen.*

saumen v. trans. *aufhalten, hindern, vereiteln.*

saumlich adv. *langsam.*

saumsal f. n. *Bummelei.*

saumuter f. *Mutterschwein.*

saur *s.* sauer.

saus m. *Wohlleben.*

sausticher m. *Schweinekastrierer.*

sauwerlecht adj. *säuberlich.*

sauwurz f. *Braunwurz,* Scrophularia.

saz m. *auch Gesetz.*

schabab m. *Kehricht, Abfall, Abschabsel, Abhub.*

schabab adv. *verächtlich, abgewiesen.*

schab(e) f. m. *Motte.*

schabhals m. *Nimmersatt.*

schabziger m. *Kräuterkäse.*

schachzabel, -zagel f. *Schachbrett.*

schad(en) m. *Schädigung; Leib-schaden.*

schadenfreude f. *auch Leichen-schmaus.*

schadenfro m. *Spötter; Teufel.*

schadhaft(ig) adj. *gebrechlich.*

schadlosbrief m. *Revers, in dem man sich zu einer Entschädigung verpflichtet oder auf Ansprüche verzichtet.*

schadlose f. (schweiz.) *Entschädigung.*

schadort: einem einen s. legen *ihm heimlich schaden.*

schafelin f. *Wurfspieß* (franz. ja-veline).

schaff m. s. schaft.

schaff n. *Kübel, Bütte, Kanne, Maß.*

schaffen v. *bewirken;* (westmd.) *ausrichten;* (obd.) *befehlen, anordnen, auftischen lassen; anbefehlen, anvertrauen; vermachen;* (ostmd.) *gewinnen; besagen, erreichen;* kein s. haben *nichts ausrichten.*

schaffer, schafner m. *Verwalter.*

schafheitle n. *Zwergohreule* (ital. ciovetta).

schaf(h)ikel, schafitl(e) s. schaf-heitle.

schafhund m. *Schäferhund.*

schafmilch, -mille, -mule f. *Keusch-lamm, der Baum Agnus castus.*

schafnei f. *Amt eines Rechners.*

schafschelle f. *Schelte für eine widerwärtige Alte.*

schaft m. *Stange, Stiel; Gestell, Schrank.*

schaft(el)heu n. *Schachtelhalm, Equisetum.*

schafzagel, -zobel m. *Schachbrett.*

schal f. *Schale.*

schalanzjude m. *umherziehender Schacherjude.*

schalaune f. *Wollenstoff aus Chalons; Decke daraus; klösterliches Schülergewand.*

schalazen v. *müßig gehen* (gr. σχολάζειν).

schalenmecher, -schroter m. *der Messerschalen fertigt.*

schalk m. *Bösewicht; Betrug.*

schalkheit f. *Bosheit.*

schalklich adv. *heimtückisch.*

schalksauge n. *Arglist, arglistiger Mensch.*

schalksberg: in den (dem) s. hauen *Unrecht begehen.*

schallen v. *laut werden, jauchzen.*

schalmüßer m. *Scharmützel.*

schaltbaum m. *Schifferstaken.*

schaltbere f. *Schubkarren.*

schalte f. *Ruderstange.*

schalten v. (bair. schwäb. alem.) *schieben, stoßen.*

schaltfeinster n. *Schiebfenster, Schalter.*

schaltnache, -schif m. n. *Stech-kahn.*

schambde f. *Scham.*

schamber adj. *anstößig.*

schamlich adj. *schändlich.*

schamlot m. *Kleidungsstoff aus Kamelshaar.*

schamper adj. *unverschämt, unanständig; verschämt.*

schamperkeit f. *Unanständigkeit.*

schamperlied(lein) n. *leichtfertiges Lied.*

schamp(f)er adj. *schändlich, un-züchtig.*

schan 1. sg. praes. ind. *schone.*

schan adj. *schön.*

schandbuch n. *Schmähschrift.*

schanddeckel m. *Deckmantel, Beschönigung.*

schanddecker m. *Hahnrei.*

schandel f. *Kerze* (franz. chandelle).

schandlechlen v. *spöttisch lächeln.*

schandlos adj. *unverschämt.*

schandnickel f. *Dirne.*

schandstein m. *Strafstein für böse Weiber.*

schank m. (md.) *Schrank.*

schank f. *Geschenk.*

schankung f. *Geschenk; Bestech-ung.*

schanz m. *grober Kittel.*

schanz(e) f. *Chance, Lage, Vorteil* (lat. cadentia); die s. übersehen *die günstige Gelegenheit vorbeigehen lassen;* in die s. schlahen *aufs Spiel setzen;* die s. zerbrechen *die Ausführung eines Vorhabens stören;* einen in s. halten ihm die Spitze bieten.

s. schanzen v. *sich (gut) treffen.*

schanzmeister m. *Pionier(offizier).*

schapel n. *Kranz, Kopfputz.*

schapeler, schapelmecher m. *Kopfputzmacher.*

schaplier n. *Skapulier.*

scharbe f. (obd.) *Schwimmtaucher, Kormoran.*

scharbock m. *Skorbut.*

scharecht adj. *scharenweise.*

scharf adj. *pointiert, streng.*

scharfatin(e) *s.* scharpfentin.

schariant m. *Sergeant, Gerichtsdiener; Nichtsnutz.*

scharioterei f. *Judassünde, Verrat.*

scharlei m. *Muskatellerkraut, die Labiate* Salvia sclarea.

scharlenzen v. *schlendern.*

scharmeie f. *Rohrpfeife.*

scharmuz m. *Gefecht.*

scharmüziren v. *plänkeln.*

scharnizel, -nüzel n. *Papierrolle, Tüte, Fetzen; Verschreibung; Stückchen (Geld).*

scharpf adj. *genau, pünktlich; scharfsinnig.*

schar(p)fentin, scharpentin n. *Feldschlange* (ital. serpentina).

scharpfmez f. *Name einer schweren Geschützart.*

scharradel m. *Junkertum.*

scharren v. *murren, aufbegehren, toben, großtun.*

scharrer m. *ein wollüstiger Tanz.*

scharrhans m. *Prahlhans, übermütiger Junker.*

scharsach(s) n. m. *Schermesser.*

schartet adj. *schartig.*

scharwach(t) f. *Patrouille, Ronde.*

scharwagen m. *zum Frondienst zu stellender Wagen.*

scharwechter m. *Posten, Nachtwächter; männliches Glied.*

scharweohterin f. *schlechtes Frauenzimmer.*

scharwenzel, -bruder, -knecht m. *Bube, Trumpf im Kartenspiel; Allerweltsdiener.*

scharwerk n. *Frondienst.*

schat 3. sg. praes. ind. *schadet.*

schat m. *Schatten, Spiegelbild.*

schatel f. *Schachtel* (ital. scatola).

schattern v. *wedeln.*

schau f. *amtliche Begutachtung der gewerblichen Erzeugnisse; Gebäude dazu.*

schaub m. *Stroh(bündel), Strohwisch, Strohseil.*

schaubdach n. *Strohdach.*

schaubdecker m. *der Strohdächer baut.*

schaube f. *Oberkleid, weiter Mantel.*

schaubenknabe m. *Muttersohn.*

schaubenträger m. *Stutzer.*

schaubhut m. *Strohhut;* schaubhütchen n. *Vorwand, Deckmantel.*

schauchzen v. *schaudern.*

schauen auf etw. v. *darauf achten.*

schau(e)r m. *Hagel(schlag).*

schauer f. (westmd.) *Scheune.*

schaufal m. *zur Schau gelegte Ware.*

schaufel f.: einem mit s. schlagen, *zum tanz begleiten ihn begraben.*

schaugroschen m. *Medaille.*

schauhaus n. *Theater.*

schaulen v. *lauern.*

schaupfennig m. *Medaille.*

schauspil n. *Schaustück, Sehenswürdigkeit.*

schautern v. *schauern.*

schazgelt n. *Steuer.*

schazung f. *Steuer, Umlage.*

schebe f. *Splitter von Hanf und Flachs.*

schebig adj. *räudig, aussätzig.*

schecherei f. *Schacher.*

schechern v. *schachern.*

schechrer m. *Wucherer, Spekulant.*

schecke m. *anliegender Leibrock.*

scheck(e)ler m. *Stepprockmacher.*

scheckend, -et, igt adj. *bunt; gescheckt.*

scheckenmecher m. *Stepprockmacher.*

schedig adj. *schädlich.*

schedlich adj. *gefährlich.*

schef n. *Schiff.*

schefe f. *Schote, Hülsenfrucht.*

schefel, schefeindel *s.* schafelin.

schefer von der neuen stat m. *ein*

anrüchiger Tanz mit Umarm-
ungen.
scheffe m. Schöffe.
scheffeler m. Schaffner.
scheffener s. scheffer.
schefler m. Böttcher.
scheftig adj. geschäftig.
scheftlein s. schaft.
schegget adj. gescheckt.
scheibelich adj. rund, abgeschlossen.
scheiben v. wälzen, wenden; ein
ding s. es zu wenden wissen.
scheibs adv. rings.
scheid(e)man m. Schiedsrichter.
scheiden v. einen Unterschied machen.
scheidenbüßer m. Ausbesserer von
Schwertscheiden.
scheidwasser n. Salpetersäure.
scheie f. (alem.) Zaunpfahl, Spa-
lier, Lattenzaun.
scheier f. m. Becher.
scheim m. Schaum.
schein m. Erscheinung, Augen-,
Anschein, Schein des Rechts,
Vorwand; äußerliche Heiligkeit,
Schemen, Schatten, Geist; zum
guten s. zur Rechtfertigung.
schein adj. offenbar; s. tun v. zeigen.
scheinbar adj. glänzend; trügerisch,
heuchlerisch.
scheinbarkeit f. Pracht.
scheinberlich adj. ansehnlich; be-
stechend; adv. wie der Augen-
schein ergibt, tatsächlich; was in
die Augen fällt, glänzend.
scheinbot m. bevollmächtigter Stellvertreter (lat. apparitor).
scheinen v. sichtbar werden, erglänzen, in die Augen springen;
sichtbar sein.
scheinend part. auf den äußeren
guten Eindruck bedacht.
scheinfogel m. Lockvogel, Vorwand.
scheinhut m. schattender Strohhut;
Strohhutträger.
scheinlich adj. leuchtend; be-
stechend.
scheiß m. Bauchwind; Angst.
scheiße f. Diarrhöe.

scheit n. Holzstück; zu scheitern
gen untergehen.
scheitelrecht adj. vertikal.
scheitern v. in kleine Stücke zerschlagen.
scheitrecht adj. lotrecht.
schelb adj. schief.
schelch adj. schielend, schräg,
schief.
schelch, schelg m. Flußkahn.
schelch(en)er m. Schiffer.
schelchhengst m. Schell-, Zucht-
hengst.
schele f. Verschluß, der die beiden
Enden eines Kranzes zusammen-
hält.
schelete f. Schälabfall.
schelfe f. Schale, Hülse von Obst,
Bohnen, Nüssen.
schelfkraut n. Schilf.
schelken v. schmähen, anfechten.
schelker m. Verleumder.
schelkraut, -wurz n. f. die Papaverazee Chelidonium.
schelkung f. Zurechtweisung.
schelkzunge f. Lästerzunge.
schellenbede s. bete.
schellent f. Tauchente, Fuligula
clangula.
schellentreger m. Musikant mit dem
Schellenbaum.
schell(hirn)ig adj. toll; aufgebracht; ausgelassen, scheu ma-
chend.
schellikeit f. Verworrenheit, Ver-
rücktheit, Betäubung.
schelm m. Aas; Pestilenz; verworfener Mensch.
schelmen v. jem. einen Spitzbuben
schelten.
schelmenbein n. Aasknochen.
schelmengrube f. Schindanger.
schelmenschinder m. Abdecker.
schelmig adj. verwest; verseucht.
schelmsbrief m. Steckbrief.
scheltlich adj. tadelhaft.
schelwurz f. die Papaverazee Schell-
kraut, Chelidonium.
schembart m. Maske.
schembartlaufen n. Mummen-
schanz.
schembde f. Scham.

schcmelschuh: die s. vertreten *un-befangen werden.*

schemen m. *Schatten, Spiegelbild.*

schemperlied(lein) n. *leichtfertiges Lied.*

schempert s. schembart.

schenden v. *schellen; beschämen, zu Schanden machen; verleumden.*

schendler m. *Lästerer.*

schenk(e) m. *Wirt.*

schenk(e) f. *Gabe, auch zur Bestechung; Gelage; Wirtshaus.*

schenzelwort n. *Fopperei.*

schenzlen v. *necken, verspotten.*

schepelmecher m. *Kopfputzmacher.*

schepfe m. *Schöffe.*

schepfel s. schapel.

schepler m. *Schulterkleid des Geistlichen* (lat. scapulare).

scheppe f. *Schuppenkrankheit.*

schepper m. *Schaffell.*

schepper n. f. *Skapulier des Geistlichen.*

scheps adv. *schief.*

scher m. (alem.) *Maulwurf.*

scherbat adj. *zerbrochen.*

scherbe(n) f. m. *(Blumen-)Topf.*

scheren v. *schneiden; (einen Apfel) schälen; jem. um das Seine bringen;* einem den beutel s. *ihn berauben;* einem trucken s. *ihn schlecht behandeln.*

scherf(e) f. *Strenge.*

scherfe f. *Feldbinde.*

scherfen v. *schärfer fassen.*

scherf(lein) n. (md.) *halber Heller.*

scherfuter n. *Besteck für das Schermesser, Rasierzeug.*

schergaden m., -haus n. *Barbierstube.*

schergant m. *Stadtwächter.*

scherg(e) m. *Büttel.*

scherhauf m. *Maulwurfhaufen.*

scherm m. *Scherben.*

scherm s. schirm.

schermaus f. (alem.) *Maulwurf.*

schermeußel m. *Scharmützel.*

scherper m. *Messerschmied.*

scherre f. *Fleischerladen.*

scherter m. *Glanzleinwand.*

schertlen v. *kerben.*

scherwenzel s. scharwenzel.

scherwoll f. *abgeschorene Wolle.*

scherz m.: in s. schlagen *als Scherz aufnehmen, in den Wind schlagen.*

scherzen v. *spaßen, anbändeln.*

scherzer m. *Spaßmacher.*

scheublig adj. *kreisförmig.*

scheubling s. schübling.

scheubs adv. *rings.*

scheuch f. *Scheu.*

scheuchen m. *Scheu.*

scheuchzen v. *Angst bekommen.*

scheuchzer m. (schweiz.) *Schuster* (mhd. schuoh-sûtære).

scheuel m. *Scheu; Scheusal.*

scheu(he)buz m. *Vogelscheuche.*

scheu(he)lich adj. *abscheulich.*

scheuhe(n) f. n. *Scheu.*

scheuhen v. *scheuchen.*

scheure f. m. *Becher.*

scheutern v. *(ver)scheuchen.*

scheuzlich adj. *abscheulich.*

schezen v. *mit Steuern heimsuchen; beurteilen.*

schezerei f. *Wucher, Erpressung.*

schezfluß m. *reiches Einkommen.*

schiaf m. *Sklave* (ital. schiavo).

schibse s. schüpse.

schicht f. *Ordnung, Erbteilung;* bei schichten *haufenweis.*

schick m. *Gelegenheit, Streich; Proportion.*

schicken v. *. einrichten, anordnen, ordnen, zurecht machen; mit sich bringen; passen;* s. schicken *sich bereit machen für, fügen in.*

schid, schied m. *Schiedsspruch.*

schide 1. 3. sg. praet. ind. schadete.

schidlich adj. *vermittelnd.*

schidung f. *Trennung; Tod; Totenglocke; Beilegung (eines Streits).*

schiebling s. schübling.

schiebsack m. *Tasche.*

schiech adj. *scheu.*

schiechlich adv. *scheel.*

schiede cj. praet. *zu schaden.*

schiedman m. *Schiedsrichter.*

schiegen v. *schief auftreten, gehen.*

schieg(icht) adj. *schief, verkehrt.*

schiepe f. *Schuppe, Schuppenkrankheit.*

schier adv. *bald, beinahe, ungefähr,*

eigentlich; aufs schierst *so bald wie möglich;* sechsmal s. *etwa sechsmal.*

schier n. *feine Leinwand.*

schier(s)künftig adv. *in naher Zukunft.*

schieß m. *Bauchwind.*

schieß m. *(rotw.) Schwanz.*

schießen v. *auch rennen, galoppieren.*

schießnagel m. *Glaserzwecke aus Blech.*

schießzeug n. *Schießgerät.*

schif n. *auch Gefäß; Blase des tierischen Organismus; s.* und geschir *Wagen und Ausrüstung; Haupt- und Nebengerät.*

schifbaum m. *Mast.*

schifer m. *Splitter von Knochen, Holz, Stein.*

schiferkopf m. *Narr.*

schiffung f. *Schiffahrt; Kriegszug zu Wasser; Fahrgelegenheit; Fahrzeug.*

schifherr m. *Kapitän.*

schifkrank adj. *seekrank.*

schifmecher m. *Schiffszimmermann.*

schifmeister m. *Führer, Patron eines Schiffs.*

schifnobel m. *englische Goldmünze mit aufgeprägtem Schiff.*

schifrich adj. *schiffbar.*

schifsand m. *Ballast.*

schifshak m. *Anker.*

schiften v. *mit Schaft versehen.*

schifter m. *der Schäfte (zu Flinten, Pfeilen) schnitzt oder anbringt.*

schifzeug m. *Schiffsausrüstung; Flotte.*

schigale f. *Heuschrecke* (ital. cigala).

schilcher, schiler m. *Wein, Stoff von unbestimmter Farbe.*

schild m. *auch französischer Taler* (écu).

schild n. *auch Schildwacht; bunter Fleck im Gefieder.*

schildente f. *Löffelente,* Anas clypeata.

schilder m. *Schildmaler, -macher, -schnitzer.*

schilderei f. *Gemälde.*

schildern v. *anmalen; Schildwache stehen.*

schildet adj. *mit Schild versehen; s.* laus *Schildlaus.*

schildspecht m. *Rot-, Buntspecht.*

schilertraub f. *Traube, deren Wein zwischen Rot und Weiß spielt.*

schilg s. *schilling.*

schilhen v. *schielen.*

schilhet, schillet adj. *schelsüchtig.*

schillergast, -man m. *gemeiner Infanterist.*

schillern v. *Schildwache stehen.*

schilling m. *Münze von ursprünglich 40, dann 30, endlich 12 Pfennigen; Anzahl von 30 oder 12; Tracht von 30 oder 12 Hieben, Schulzüchtigung.*

schilter s. *schilder.*

schimeljud m. *jüdischer Geizhals.*

schimelkopf m. *Graukopf.*

schimel(p)feng m. *Geizhals, bei dem das Geld schimmelt.*

schimpf m. *Scherz, Kurzweil.*

schimpfen v. *scherzen, spielen.*

schimpfgedicht n. *Spottschrift.*

schimpfig adj. *lustig.*

schimpfiren v. *verunglimpfen.*

schimpflich adj. *kurzweilig, lächerlich.*

schimpfman m. *Hanswurst.*

schimpfspil n. *Lustspiel.*

schimpfteiding n. *Spaß, Bagatelle.*

schind(e)leich m. *Schindanger.*

schinden v. *die Haut abziehen; Geld abnehmen; s.* und schaben *rein ausplündern, (Geld) zusammenkratzen.*

schinderei f. *Wohnung des Schinders; Bedrückung, Aussaugung.*

schinderling m. *geringe bairische Kupfermünze.*

schindfessel m. *Kriegsknecht, Räuber, Leutschinder.*

schine f. *schmale Holz-, Metallplatte.*

schinhericht adj. *dünn behaart.*

schinhut s. *scheinhut.*

schinteler m. *Schindeldecker.*

schirben, -wen v. *schmieren.*

schir(e)n f. *(westmd.) Bank.*

schiren v. *schüren.*

schirgant m. *Polizeidiener.*

schirliz *s.* schurliz.

schirm m. *Schild, Schutzdach;*
schwebender schirm *bewegliche
Zielscheibe für Büchsenschießen.*

schirmbrecherin f. *Sturmbock.*

schirmeister m. *berufsmäßiger Fechter, Fechtlehrer; Gaukler.*

schirmen v. *parieren beim Fechten;
fechten; verteidigen, entschuldigen.*

schirmer m. *Fechter; Rechtsschutz,
Vormund.*

schirmeußel m. *Scharmützel.*

schirmschlag m. *Fechterhieb, Finte,
Luftstreich (gern bildlich).*

schitt(e) *s.* schütte.

schitten v. *schütteln.*

schitter adj. (bair. östr.) *dünn,
spärlich.*

schlabuz m. *guter Trunk.*

schlacht f. *Art.*

schlacht f. *auch Schlag, Züchtigung.*

schlachtgewander m. *Feintuchweber.*

schlacken v. *durcheinander schneien
und hageln.*

schlaf m. *Schläfe.*

schlafendig adv. *im Zustand des
Schlafs.*

schlafweib n. *Konkubine.*

schlag m. *auch Wagengeleis; Prägung (des Gelds).*

schlagbruck f. (obd.) *Zugbrücke.*

schlagen v. *auch schlachten; von
einem s. von ihm abfallen; etwas
s. es durch Trommelschlag verkünden lassen; in sich s. in sich
gehen.*

schlaghor f. *Uhr, die Stunden
schlägt.*

schlagku f. *Schlachtkuh.*

schlagmörsel m. *eine Art Kanone.*

schlagschaz m. *Gewinnrate des
Münzschlagenden.*

schlam(p), schlampamp m. *Schlemmerei.*

schlampampen v. *schlemmen.*

schlampe m. *Tölpel.*

schlampiren v. *unmäßig essen.*

schlang(e) m. f. *Schlange; Kanone;
halbe s. leichtes Feldgeschütz.*

schlangenbüchs f. *langes Geschütz.*

schlangengeweber n. *Schlangenbrut.*

schlangenziefer n. *Otterngezücht.*

schlankana f. *Feldgeschütz.*

schlankern v. *untätig schlendern.*

schlaperment(i)sch adv. *sehr.*

schlappe f. *Kapuze; klatschender
Schlag, Ohrfeige, Niederlage,
Verlust, Heimsuchung.*

schlappern v. *schwatzen.*

schlappertinisch adj. *lateinisch.*

schlappet adj. *verkommen.*

schlapuz *s.* schlabuz.

schlat m. *Rauchfang.*

schlatte f. (bair.) *Schilfrohr.*

schlauch m. *Schlund.*

schlauch adj. (bair.) *schlau.*

schlauchen v. *naschen.*

schlaude f. *Schwertscheide.*

schlauder f. (md.) *Schleuder.*

schlaudern v. (md.) *schleudern;
verwerfen.*

schlaun adj. *schlau.*

schlaun m. *guter Fortgang.*

schlaunen v. *flink von statten
gehen.*

schlauraff m. *gedankenloser Müßiggänger.*

schlecht n. *Geschlecht.*

schlecht 3. sg. praes. *schlägt.*

schlecht adj. *eben, glatt, einfach,
in Ordnung, gewöhnlich, unbedeutend, gering, einfältig, ganz,
leichtverständlich; s. rede Prosa.*

schlechtbecker m. *Bäcker von ein-
fachem Brot.*

schlechte f. *Geradheit.*

schlechter comp. *geringer.*

schlecht(lich), schlechts adv. *einfach, schlechthin, kurz, schlechterdings, geradezu, nur, unmittelbar, geradeswegs.*

schlecht machen v. *(etwas Verfehl-
tes) einrenken.*

schleck m. *Leckerbissen; ein Kartenspiel.*

schlecke m. f. *Schnecke.*

schlecker m. *Leckermaul, Schmarotzer.*

schleckfinger m. *Zeigefinger.*

schleckle n. *Leckermaul.*

schleckspeis f. *Nachtisch.*

schlegel m. *Hammer, Keule; grober Mensch; Schlachthaus; Kübel; ein Faß voll.*

schlegelbir f. *verdreht aus regelsbirn, s. d.*

schlegelvih n. *Schlachtvieh.*

schlegelwerfer m. *Lügner.*

schlegregen m. *Platzregen.*

schleh adj. (bair.) *stumpf, von den Zähnen.*

schleichen v. trans. *gleiten lassen,* intr. *gemächlich schlendern.*

schleier m. *auch Nonnenschleier.*

schleierman m. *Verkäufer von Schleiern.*

schleife f. *auch Schleifkanne, Henkelkrug.*

schleifenbleuel m. *Wäscher, Müßiggänger.*

schleifreis n. *Pfropfreis.*

schleiftag m. *Bankett.*

schleiftrog m. *Hemmschuh.*

schleifzug m. *Streiferei.*

s. schleiken v. (schweiz.) *sich davonmachen.*

schleims s. **schlim.**

schlein m. *Schleie.*

schleipfen v. (obd.) *herumschleppen.*

schleise f. *Reihe.*

schleiß m. *Riß, Trennung.*

schleiße f. *Kienspan; Zeugfetzen, Charpie.*

schleizen v. (schweiz.) *reißen, zerstören.*

schlem s. **schlim.**

schlenke f. *Schleuder; Türklinke.*

schlenke(n) m. (schweiz.) *Oberrock der Frau.*

schlenker f. *Schleuder.*

schlenkerbraten m. *Abschiedsmahl des Gesindes beim Dienstwechsel.*

schlenzen v. *umherschlendern.*

schleplein n. *Haube.*

s. schleppen v. *sich abquälen.*

schlepper m. (rotw.) *Bettler, der vorgibt Geistlicher zu sein; entlaufener Priester.*

schlepsack m. *Dirne (die unordentlich mit Kleidern behenkt ist).*

schleum m. *Schleim.*

schlezregen m. *Platzregen.*

schlichte f. *Geradheit, Aufrichtigkeit; Flanke, Weiche; Weberkleister.*

schlichten v. *glatt legen.*

schlichter m. *Tuch-, Kattunglätter.*

schlickauf m. *Prasser.*

schlicken v. (md.) *schlucken.*

schlicket adj. *schlammig.*

schliefen v. *schlüpfen, gleiten.*

schliem m. *Zwerchfell; dünngegerbte Haut.*

schlier m. *Geschwür (in der Leistengegend).*

schließen v. *auch beweisen, folgern; endgültig behaupten, zu einem Schluß zwingen; beschließen; es schließt sich es ergibt sich die Folgerung; wol s. die richtige Schlußfolgerung ziehen.*

schließlich adj. *schlüssig, bündig.*

schlim adj., **schlim(b)s** adv. *schief, schräg.*

schlinden v. *verschlingen.*

schling f. (rotw.) *Flachs.*

schlinge f. *auch Schleuder (als Waffe); einem die s. an die hörner bringen ihn einfangen.*

schlinken v. *untätig schlendern.*

schlinkenschlanken v. *untätig schlendern.*

schlinkern v. *schleudern.*

schlipfe(r)n v. *(aus)gleiten, straucheln.*

schlitkuchen plur. *Schlittenkufen.*

schliz m. *auch Schoß.*

schlizgabel f. *Mädchen.*

schlockerfaß n. (hess.) *Wetzsteinkumpf.*

schlöde adj. (schweiz.) *ungesalzen, ungenießbar, schlecht.*

schlöfern v. *schläfern.*

schlöffe s. **schleife.**

schlorfen v. *beim Trinken schlürfen.*

schloß n. *auch abgeschlossener Raum, Bezirk.*

schloßbruch m. *Verwüstung von Burgen.*

schloßen v. *hageln.*

schlotter(ech)t adj. *schlotternd.*

schlötterlein n. *kleine Schelle, Klap-*

per; einem ein s. anhengen *ihn
zum besten haben.*
schlottern v. *klappern (vom Storch).*
schlozen v. (alem.) *saugen, lutschen.*
schlucht f. *Frauenzimmer, das
durchs Haus schlurft.*
schlüchtisch adj. *faul und liederlich wie eine* schlucht.
schlucke f. *enger Durchgang; Ge-
wandfalle.*
schluckhals m. *Zecher.*
schluderer m. *Pfuscher.*
schlüffel m. *Pflastertreter, Tagedieb; grober, roher Mensch.*
schluft f. *Schlucht.*
schlumen v. *schlummern.*
schlumpern v. *lose herabhängen.*
schlumps(weis) adv. *von ungefähr,
zufällig.*
schlün v. (rotw.) *schlafen.*
schlund m. (schweiz.) *Engtal, Hohl-
weg* (lat. fauces).
schlünden v. *verschlingen.*
schlundern v. *schlendern.*
schlüngel m. *Schlingel.*
schlunk m. *Schlund.*
schlunz(e) m. f. *Lumpen, Brei,
dickes Bier, Schmutz, unsaubere
Person, Weibsbild.*
schlupf m. (obd.) *Schleife; Schlupfwinkel, Unterschlupf, Hütte.*
schlupfe(r)n v. *(aus)gleiten.*
schluppe f. (md.) *Schlupfwinkel;
Muff.*
schlurken v. *schlucken; stammeln.*
schlüssel m. *auch Drücker der Armbrust.*
schlußrede f. *Erörterung in Schlüs-
sen.*
schlutte f. *unordentliches Frauenzimmer; weite Aermelweste der
Frauen, Nachtjacke; Juden-
kirsche.*
schluxen v. *schluchzen.*
schmach f. *Lästerung;* s. in die s.
sezen *sich der Schmähung aussetzen.*
schmacheit f. *Schande.*
schmachhaftig adj. *schmähsüchtig.*
schmachlied n. *Spottdichtung,
Pamphlet.*

schmachred, -wort f. n. *Lästerung.*
schmack m. *Geruch.*
schmacken s. schmecken.
schmalbacket adj. *hohlwangig.*
s. schmalen v. *schmal, klein(er)
werden.*
schmalgesell m. (ostfränk.) *Brautführer.*
schmalkachel m. (rotw.) *Verleumder.*
schmalmeid f. (ostfränk.) *Brautjungfer.*
schmaln v. (rotw.) *lästern, mißgönnen.*
schmalzen v. *Fett daran tun; ge-
schmalzen geschmeidig.*
schmant m. (westmd.) *Rahm.*
schmaral(t) m. *Smaragd.*
schmarre f. (md.) *Narbe.*
schmauchen v. *heimtückisch verfahren.*
schmecke f. *duftender Blumen-
strauß.*
schmecken v. (obd.) *riechen; kosten, spüren; Geschmack finden
an.*
schmeckerin f. *Nase.*
schmehe(haft), -lich adj. *verächtlich.*
schmehen v. *in Schmach bringen.*
schmeichen v. *schmeicheln;* s. s.
von sich davonstehlen.
schmeichlet adj. *heuchlerisch.*
schmeidig adj. *geschmeidig.*
schmeidigen v. *schmiegen.*
schmeihe f. *Pfeifente.*
schmeiß n. *Geschmeiß, Mist.*
schmeißen stv. *Kot absondern; beschmutzen; mit Schmutz werfen;*
(ostmd.) *werfen;* (obd.) *schlagen.*
schmeißhaus n. *Abort.*
schmeißkeil m. *Anzüglichkeit.*
schmeizen swv. *Kot absondern.*
schmellen v. *lächeln.*
schmelm(e) m. f. *Grashalm.*
schmer m. *Schmalz.*
schmerleib m. *in Form eines Brot-
laibs zusammengesottenes
Schmalz.*
schmerprediger m. *Opportunist, der
für äußeren Gewinn predigt.*
schmettern v. *poltern, laut werfen.*

schmeuchen v. *in Rauch auflösen, räuchern.*

schmezerling m. *Kuß.*

schmicke f. *Gerte.*

schmiege f. *schiefer Winkel.*

schmieren v. *lächeln.*

schmiralia plur. *Bestechungsgelder.*

schmirbe f. *Schmiere.*

schmirben, -wen v. *schmieren, (zur Weihe) salben; bestechen, beschenken.*

schmirl m. *Merlinfalk.*

schmirsel n. *Salbe, Schminke.*

schmitte f. *Schmiede.*

schmiz m. *Hieb.*

schmizen v. *schlagen, treffen, klatschend werfen, beflecken, verletzen; beschuldigen; sprengen.*

schmizred, -wort f. n. *Anzüglichkeit.*

schmolle f. (obd.) *das Weiche im Brot.*

schmöllelen v. (obd.) *ein wenig lächeln.*

schmollen v. *das Gesicht verziehen; lächeln.*

schmolljungfer, -magd f. *Brautjungfer.*

schmölm(e) m. f. *Grashalm.*

schmorozen, -uzen v. *schmarotzen.*

schmucken v. *schmiegen, ducken; zieren, verhüllen, beschönigen, bemänteln.*

schmunk m. (rotw.) *Schmalz.*

schmürbeln v. *nach (verdorbenem) Fett riechen.*

schmurre f. *Hieb und seine Spur, Wunde.*

schmürzler m. *Geizhals.*

schmuz m. (obd.) *Fett.*

schmuz m. (schweiz.) *Streich, Schlag; Tadel.*

schmuz m. *Kuß.*

schmuze(l)n v. *vor Behagen schmatzen, lächeln.*

schmüzen v. *schmähen; schmieren, bestechen.*

schmuzerlachen v. *(heimlich) lächeln.*

schmüzern v. *schmunzeln.*

schmuzig adj. *fettig.*

schmuzkolb m. *Lausbub.*

schmuz(l)en v. *lächeln.*

schmüzred, -wort f. n. *Anzüglichkeit.*

schnaben v. *mit dem Munde klappen, prahlen, gierig Atem holen, gierig verlangen.*

schnadern v. *schnattern.*

schnaken v. (obd.) *kriechen;* (md.) *schwatzen.*

schnall m. *Knacks; Elastizität.*

schnalle f. *auch Schnauze.*

schnallen v. *erschallen.*

schnalz m. *Schneller, Schnips mit dem Finger, Nasenstüber.*

schnalze f. *Schnauze.*

schnalzen v. *im Feuer prasseln.*

schnaphan m. *Wegelagerer, Raubritter; Flinte; eine Münze.*

schnapp m., schnappe f. *(räuberischer) Ueberfall; Niederlage, Abfertigung, Tadel.*

schnappen v. *sich verplappern; klatschen.*

schnappern v. *erschnappen; plappern.*

schnappissen m. *guter Happen.*

schnappreitel (schwäb.) *was gissübel.*

schnaps interj. *schwupp.*

schnaps m. *Schnappen;* in einem s. *auf einen Schlag.*

schnarcher, schnarchhans m. *Maulheld.*

schnarchlen v. *schnarchen.*

schnar(p)f m. (alem.) *Schiffsvorderteil.*

schnarr adj. *mürrisch.*

schnarre f. *Saite; Misteldrossel; Schiffsende; Schwengel am Schöpfbrunnen.*

schnarrer m. *Polterer.*

schnarz adv. *schroff.*

schnarzen v. *schnarchen; grunzen; aufgebracht reden.*

schnatte f. (obd.) *Schmarre, Strieme.*

schnauden v. *prusten.*

schnauken v. *naschen; schnüffeln.*

schnaupe f. *Schnauze (auch am Krug);* die s. einziehen *klein beigeben.*

schnauße f. *Schnute.*

schnauzhan m. *Truthahn; Krakeler.*

schnazen v. (alem.) *schnitzen.*

schnebegans f. *Schneegans, Wildgans; Pelikan.*

schnebergerlein n. *in Schneeberg geprägter Groschen.*

schneck m. *Schnecke; Muschel; Wendeltreppe; durch Wendeltreppe zugängliches Bauwerk.*

schneckenfresser m. *Samtente.*

schneckenstiege f. *Wendeltreppe.*

schned adj. *schnöde.*

schnedren v. *schnattern, plappern.*

schneiben v. *schneien.*

schneidarzt m. *Chirurg.*

schneike f. *Rüssel; Schiffsschnabel.*

schneiken v. *naschen; schnüffeln.*

schneiten v. *entästen.*

schneitlen v. *an der Schnitzbank arbeiten.*

schneiztuch n. *Taschentuch.*

schnelfuß: *sich auf seinen s. machen fliehen.*

schnelkugel f. *Kinderklicker.*

schnell f. *Schnippchen; Wippe.*

schnellen v. *federn; betrügen; vorschnell sein; s. lassen merken lassen.*

schneller m. *Bogenschütz, Artillerist; Auf- und Ablader; Gaukler; Wippe, Schlagbaum, Gatter; Klatschmohn.*

schnelling m. *Nasenstüber; Fallbrücke.*

schnelwage f. *Römerwage mit nur einer Schale und verschiebbarem Gewicht.*

schnelzlein n. *Schnippchen.*

schnepel m. *Weißfisch.*

schnepflein n. *Rotschwänzchen.*

schnerzen v. *anfahren; schlemmen.*

schneukecht adj. *naschhaft, vorwitzig.*

schneuken v. *naschen; schnüffeln; lauern.*

schneuzen v. *die Nase, das Licht putzen, Bäume stutzen, Menschen um das Ihre bringen, Spielkarten kennzeichnen.*

schnezeln v. *schnitzen.*

schniben v. *schwer atmen.*

schni(p)feln v. *durch die Nase sprechen.*

schniring m. (alem.) *Seeschwalbe.*

schnit m. *auch Ernte; am s. sten ernten können.*

schnitmesser m. *Messer mit zwei Griffen, Bandeisen; Rebmesser der Winzer.*

schnizig adj. (obd.) *eifrig, lüstern.*

schnöde adj. *niedrig.*

schnoder s. schnuder.

schnögel m. *Schneckenlinie.*

schnopf m. *Schnupfen.*

schnöpsen v. *schluchzen.*

schnor f. *Schwiegertochter.*

schnorer m. *Landstreicher.*

schnorkel m. *Schneckenlinie.*

schnüdel m. *Nasenschleim.*

schnudelbuz m. *Nasenschleim; Gelbschnabel, Schelm.*

schnuder(t) m. f. *Schleim in Rachen und Nase, Schnupfen.*

schnupfeln v. *durch die Nase reden.*

schnupfen m.: *den s. haben schwer von Begriffen sein.*

schnupfen v. *schnaufen, schniefen.*

schnüpferling m. *Nasenschleim.*

schnuppen v. *(das Licht) schneuzen, den abgeglühten Docht entfernen; krampfhafte Bewegungen machen.*

schnüppich, -ig adj. *schnippisch.*

schnur f. *Schwiegertochter.*

schnuren v. (rotw.) *henken.*

schnurfen v. *Runzeln bekommen.*

schnurgleich adj. *schnurgerade, genau.*

schnurre f. *Lasterleben.*

schnurrecht adj. *schnurgerade, genau.*

schnurren v. *auch poltern, schelten.*

schnurrichte f. *Richtschnur.*

schnurschlecht adj. *senkrecht.*

schoband m. *Abdecker.*

schober m. *geschichteter Heu-, Getreide-, Strohhaufen.*

schoch interj. *hui bei Schaudern oder Glut.*

schoch(en) m. *(Heu-)Haufen.*

schöcherbeth n. (rotw.) *Wirtshaus.*

schöcherfezer m. (rotw.) *Wirt.*

schöchern v. (rotw.) *trinken.*
schochter adj. (md.) *schüchtern.*
schock m., schocke f. *Schaukel.*
schocken v. *schwanken, schaukeln.*
schoffauß m. *Uhu.*
schöffel m. (els.) *Schöffe.*
schoffern v. *(im Kopf) nicht recht sein.*
schöfler m. *Böttcher.*
schofnarr m. *Verrückter.*
schold f. *Schuld.*
scholder m. *Spielgewinn.*
scholderer m. *berufsmäßiger Glücksspieler, Croupier.*
schölfe s. schelfe.
schölkraut, -wurz n. f. *die Papaverazee* Chelidonium.
schollet adj. *mit Schollen bedeckt.*
schöllig(keit) s. schellig(keit).
scholman m. *Schuldner.*
scholnmecher m. *der Messerschalen fertigt.*
schome, schöme m. (md.) *Schemen, Schattenbild.*
schompe s. schumpel.
schon adv. *schön, stattlich, tüchtig.*
schön adv. (md.) *schon.*
schönbart m. *Maske, Maskenzug.*
schönbrot n. *Weißbrot.*
schönchen n. *schönes Mädchen.*
schön(e) f. *Schönheit.*
schönen v. *herausstreichen, beschönigen.*
schönferber m. *Färber, der mit hellen, bunten Farben färbt.*
schönwerk n. *feines Pelzwerk.*
schope f. *Jacke.*
schopen v. *stopfen.*
schopf m. *Vorhalle, Schuppen.*
schöpf m. *Schöffe.*
schopfen v. *abstoßen; stopfen.*
schöpfenstul m. *Schöffengericht.*
schöpfgaze f. (schweiz.) *Schöpfgefäß.*
schopoßen v. *mißhandeln.*
schoppen s. schopfen.
schoppen m. *Schuppen.*
schöpper m. *Schaffell.*
schöpper n. *Skapulier.*
schorbauch, -bock m. *Skorbut.*
schore f. *Schaufel.*
schörfeln s. sörfeln.

schorist m. *alter Student, der die jüngeren plagt.*
schorliz s. schurliz.
schorpe m. *Skorpion; Stachelpeitsche.*
schorschaufel f. *Schaufel zum Feuerschüren.*
schorstein m. *Esse.*
schosa f. (rotw.) *weibliches Glied.*
schoß m. *Abgabe, Zins.*
schoß m. *Sproß (einer Pflanze).*
schoßbein n. *Beckenknochen.*
schoßen v. *sprießen.*
schoßer m. *Steuereinnehmer.*
schößer m. *Kinderklicker.*
schoßfal m. *Recht der Mutter, von ihren Kindern zu erben.*
schoßgatter m. n. *Fallgatter; Gittertor im Fluß.*
schot m. (tirol.) *ein Hohl- und Feldmaß.*
Schott m. *(schottischer) Hausierer.*
schotteln v. *wackeln.*
schotten m. *Molke, Quark.*
schottenkremer m. *(schottischer) Hausierer.*
schottenpfaff m. *Quacksalber im geistlichen Gewand.*
schottenpfennig m. *minderwertige polnische Münze.*
schrachteren v. *übermäßig lachen.*
schraft f. *Schramme.*
schragen m. *Holzgestell jeder Art: Bock, Bühne, Krämertisch, Bahre, Pranger.*
schrallen v. *schreien, bellen.*
schramet adj. *wund.*
schramhans m. *Renommist.*
schrande, schranne f. *Verkaufsstand, Laden; Gerichtsbank.*
schrankeln v. *stolpern.*
schrannenknecht m. *Gerichtsdiener.*
schrapen v. *kratzen, schaben.*
schrat m. *Kobold.*
schraufe f. *Schraube.*
schraufen v. *schrauben.*
schraufsteck m. *Schraubstock.*
schrauzen, schrawizen v. *poltern.*
schrecken v. *springen; zusammenfahren.*
schreckenberger m. *Silbergroschen,*

in Schreckenberg (= Annaberg) gewonnen.

schreckental: auf den s. reiten *Wegelagerei treiben.*

schref f. (rotw.) *Dirne.*

schrefenbeth, -boß f. (rotw.) *Bordell.*

schreffer m. *Schröpfer in einem Bad.*

in die schreg sezen v. *in eine schiefe, mißliche Lage bringen.*

schreglein n. *kleines Holzgestell.*

schreibblei n. *Bleistift.*

schreiben v. *schriftstellern.*

schreibent m. *Skribent.*

schreiber m. *auch Schriftsteller.*

schreibertornes m. *Turnose (s. d.) als Schreibgebühr.*

schreibkunst f. *Grammatik; Orthographie.*

schreien v. *auch betonen.*

schreiling m. (rotw.) *Kind.*

schrellen v. *kleffen.*

schremen v. (els.) *bestimmen zu etwas.*

schrende f. (schweiz.) *Kluft.*

schrenken v. *schräg, kreuzweis setzen; flechten; übereinanderschlagen; mit Schranken umgeben; die Füße schräg setzen; betrügen.*

schrenksweis adv. *mit verschränkten Beinen, Armen, rittlings.*

schrenz f. (rotw.) *Stube.*

schrenze f. *Vogelschlinge.*

schreplen v. *mühsam zusammenscharren.*

schretlein, schrezlein n. *Poltergeist.*

schri(e)r 1. 3. sg. praet. ind. *schrie.*

schriet praet. *zu schroten v. schneiden.*

schrifein m. *Schiffsschreiber (frz. écrivain).*

schrift f. *Schriftstelle, Schreiben, Brief; eine s. stellen ein Schriftstück aufsetzen.*

schriftler m. *Tintenkleckser.*

schriftling m. *Schriftsteller; Schreiber.*

schrille f. *Klumpen.*

schritling adv. *rittlings.*

schröder s. schröter.

schrofechtig adj. *voller Abstürze.*

schrof(en) m. *Klippe.*

schroh adj. *garstig, unscheinbar.*

schrol m. *Flegel.*

schroll(en) m. *Scholle.*

schropficht adj. (obd.) *felsig.*

schrot m. n. *geschnittenes Stück Frucht, Blei, Münzmetall; Zuschnitt, Fasson.*

schroteisen, -schlegel n. m. *Meißel.*

schrötelein n. *Alpdrücken.*

schroten v. *schneiden.*

schröter m. *Hirschkäfer; Faßverlader.*

schrotleiter f. *Leiter zum Verladen (von Fässern).*

schrotwerk n. *Mosaik.*

schrunde f. *Riß in Haut, Holz, Gelände.*

schub m. *Aufschub; Unterstützung.*

schübel m. *Riegel, Pfropfen; Bündel, Haufen.*

schublezer m. *Flickschuster.*

schübling m. *Wurst (mlat. inductile); Riegel; Sproß an Pflanzen.*

schüch adj. *scheu.*

schuchart, -ert, schuch(t)er m. *Schuhmacher.*

schuchen v. *in Schuhe stecken.*

schuchlepper m. *Flickschuster.*

schuchter adj. (ostmd.) *schüchtern.*

schüchtet adj. *unordentlich.*

schuchtrat m. *Schusterdraht.*

schuchwerte, -wirt, -wurte m. *Schuster.*

schuchzer m. *Schuster.*

schud sg. praet. *zu schaden.*

schuffauß m. *Uhu.*

schuknecht m. *Schuhmachergesell.*

schul: einen zur s. füren v. *ihn schulmeistern.*

schuld f. *auch Geldschulden.*

schuldbrief m. *Obligation.*

schulden v. *vergelten.*

schuldforderer m. *Gläubiger.*

schüldig adj.: eins gebots s. sein *es übertreten; s. s. erkennen sich verpflichtet fühlen.*

schuldigen v. trans. *beschuldigen.*

schuldiger m. *Gläubiger.*

schulepper m. *Flickschuster.*

schüler m. *auch Schulgelehrter, Scholastiker.*

13*

schulerisch adj. *scholastisch.*
schulfuchs m. *Pedant.*
schulfüchsisch adj. *pedantisch.*
schulklopfer m. *Synagogendiener.*
schulkrankheit f. *fingiertes Leiden.*
schullerer m. *Schulgelehrter, Scholastiker.*
schulpe f. *Erdscholle.*
schulsack m. *Gelehrsamkeit.*
schultes m. *Schultheiß.*
schultheißenburger m. *Bürger, der nicht über zehn Pfund im Vermögen hat.*
schulturn m. *Schuldgefängnis.*
schummern v. (ostmd.) *dämmern.*
schumpe(l) f. *Weibsbild.*
schumpfiren v. *höhnen, hänseln.*
schumpfirer m. *Spötter.*
schund m. *was der Abdecker von den Häuten schabt, schlechter Abfall.*
schunden, schünnen v. *anreizen.*
schundgrube, -loch f. n. *Senkgrube.*
schup f. *Schuppe;* schupen plur. *Anhänger.*
schupf m. *Schwung.*
schupf s. *schopf.*
schüpfe f. *Schuppen.*
schüpfen v. *stoßen, fortschicken.*
schuplezer m. *Flickschuster.*
schüpse f. *Schuppe.*
schür 1. 3. sg. praet. ind. conj. *schnitt(e).*
schüren v. *stoßen, scheiden, aussuchen; brennendes Pech im Faß hin und her rütteln.*
schürgant m. *Gerichtsdiener.*
schürgeln v. *drangsalieren.*
schurgen v. *vor sich her stoßen.*
schürling m. *beschorener Pfaffe.*
schurliz m. *Baumwollstoff; Unterrock, Kamisol daraus; (geringster) Preis bei Schützenfesten.*
schurmund m. *Skorbut.*
schürnbrant m. (rotw.) *Bier.*
schurzfleck m. *Schürze.*
schusse m. *Schoß, Steuer.*
schuss(e)ler m. *Schüsseldrechsler.*
schüsselkorb m. *geflochtener Behälter, in dem Schüsseln und Teller trocknen und stecken;* *Flechtwerk zum Durchseihen der Milch.*
schüsselring m. *Untersetzer für heiße oder berußte Schüsseln.*
schußgatter s. *schoßgatter.*
schüthaus n. *(Korn-)Speicher.*
schütler m. *Fieber.*
schütt(e) f. *Außenwerk, Bastei einer Festung; Abraumplatz; Getreidespeicher; Anschwemmung, alluviale Insel.*
schüttehaus n. *(Getreide-)Speicher.*
schütten v. *schütteln.*
schütter adj. (bair. östr.) *dünn, spärlich.*
schüttern v. *heftig bewegen, heftig bewegt werden.*
schuwelepper m. *Flickschuster.*
schuz m. (alem.) *Schuß;* in einem s. *in einem Ritt, Zug, ohne abzusetzen.*
schüzbret n. *Stellfalle am Mühlbach.*
schüz(e) m. *Abc-Schütz.*
schüze m. *Flurschütz, Feldhüter; Söldner.*
schüzenschule f. *Abc-Schule.*
schüzisch adj. *schülerhaft.*
schüzschif n. *Kriegsschiff.*
schüzzil n. *Ziel für den Schuß.*
schwach m. *Schwäche.*
schwacheit f. *auch Krankheit.*
schwachlecht adj. *schwächlich.*
schwaden m. *Bluthirse, eine Grasart.*
schwader m. *Brei.*
schwader n. *Schwadron.*
schwaderer m. *Schwätzer.*
schwadergred f. *Lästermaul.*
schwadern v. *plätschern, schlemmen, schnattern.*
schwalm m. *Schlund; Dunst; Schwall.*
schwalme f. *Schwalbe.*
schwalmenschnabel m. *Ruprechtskraut,* Geranium Robertianum.
schwalmenstein m. *Stein mit Wunderkraft, im Leib der Hausschwalbe gefunden.*
schwalmenwurz(el) f. *die Heilpflanze* Asclepias.
schwalwirbel m. *Strudel im Meer.*

schwampelecht adj. *schwindlig.*

schwampeln v. *wackeln.*

schwanfelder m. (rotw.) *Bettler, der durch Nacktheit Mitleid weckt.*

schwankrede f. *Ulk.*

schwanz m. *Schleppe.*

schwanzen v. *s. anmutig bewegen, tanzen, schwänzeln.*

schwanziren v. *schwänzeln.*

schwanzstern m. *Komet.*

schwartenhals m. *Landsknecht, Landstreicher, der den groben Hals unbedeckt zeigt.*

schwarze ku f. *schwarze Kunst, Zauberei.*

schwarzferber m. *Färber, der dunkel färbt.*

schwarzkünstig adj. *zauberisch.*

schwarzman m. *Teufel.*

schwarzmantel m. (stud.) *Theolog;* (rotw.) *Schornstein.*

schwaz m. *Geschwätz.*

schwazenmark m. *Schwätzerei.*

schwebel m. *Schwefel.*

schwebelenzen v. *schweflig riechen.*

schweben v. *schwanken;* hoch empor s. *auf der Höhe, überlegen sein.*

schwechen v. *beschimpfen, herabsetzen, entkräften, für ungültig erklären;* (rotw.) *trinken.*

schwecher m. (rotw.) *Gastwirt.*

schwechern v. *abmatten, entwerten; sich s. gering, wertlos werden.*

schwecherung f. *Herabsetzung; Ermüdung.*

chwechlich adv. *mit Ach und Krach, ungenügend.*

schwederle n. (schweiz.) *Girlitz, die Finkenart* Fringilla serinus.

schwedern s. *schwadern.*

schwegel f. *(Quer-)Pfeife.*

schweglen v. *auf der schwegel blasen.*

schwegler m. *(Quer-)Pfeifer.*

schwe(he)r m. *Schwiegervater.*

schweif m. *auch Schleppe am Kleid.*

schweifen v. *schwingen, breiten.*

schweiferlich adj. *flanierend.*

schweig conj. *geschweige daß.*

schweigen stv. *auch etwas verschweigen, totschweigen.*

schweigen swv. *zum Schweigen bringen.*

schweiger m. *Bettler, der sich künstlich entstellt.*

schweim(el) m. *Schwindel.*

schweimeln v. *schwindlig sein, werden; schwanken.*

schweimelung f. *Schwindel.*

schweinen, -in adj. *von Schweinefleisch.*

schweine(r)n v. *schwinden; schwinden machen; schweinend siechtag Schwindsucht.*

schweinmuter f. *Zuchtsau.*

schweinsfeder f. *Jägerdolch für Schwarzwild.*

schweinsucht f. *Schwindsucht.*

schweiß m. *auch Blut; englischer Schweiß, Influenza; armer Kerl, der hart arbeitet und wenig gewinnt.*

einem ein schweißbad zurichten v. *ihn in Verlegenheit und Not bringen.*

schweißeinen v. (ostfränk.) *nach Schweiß riechen.*

schweißen v. *bluten.*

schweißig adj. *blutig.*

schweißloch n. *Pore.*

schweißweh n. *Pockennarbe.*

schweizen v. *schwitzen machen, braten.*

schwelch, schwelk adj. (obd.) *welk, matt.*

schwelchen, -ken v. *welken; ausdörren.*

schwele f. *Schwüle.*

schwelgen v. *schlucken, schlingen, hinunterspülen; schmausen, prassen.*

schwelkern v. *übel werden, ekeln.*

schwelm m. *Schwalbe.*

schwelmelen v. *zwitschern.*

schwemmen v. *schwimmen machen, ertränken.*

schwenden v. (obd.) *schwinden machen, (den Wald) roden.*

schwend(en)er m. *Verschwender;* (obd.) *Holzfäller; Bewohner einer Rodung.*

schwenderlein n. *Habenichts.*
schwenderling m. *Ohrfeige.*
schwendgrube f. *Kloake.*
schwendung f. *Abnahme.*
schwenkel m. *Schlagbaum.*
schwenken v. (obd.) *spülen, reinigen.*
schwenklich adj. *unterhaltsam.*
schwenkrede f. *Ulk.*
schwenstig adj. *schwindsüchtig.*
schwenzen v. *schwänzeln, flanie-
ren;* (rotw.) *gehen.*
schwer adj. *auch: schwerfällig,
schwer zu haben für; verant-
wortlich.*
schwerde f. *Beschwerde.*
schwer(e) f. *Beschwerde, Mühe,
Herzeleid;* nach der schwere
auftragen *nach Herzenslust auftischen.*
schweren m. *Geschwür.*
schweren v. *eitern, schmerzen.*
schwer(vater) m. *Schwiegervater.*
schwerlich adv. *mit Beschwer,
mühsam, knapp, ungern, wider-
strebend, kaum.*
schwermen v. *vor Hitze brodeln.*
schwertag m. *Tag der jährlichen
Bürgerhuldigung.*
schwertampt n. *Richteramt.*
schwertbrief m. *zauberischer
Schwertsegen.*
schwertel m. f. *die Iridacee* Gla-
diolus.
schwertfechter m. *Fechtmeister.*
schwertgroschen m. *kursächsische
Groschenmünze.*
schwertlein s. schwertel.
ein schwertscheiden aus eim machen
v. *das Schwert in ihn stecken, ihn
erstechen.*
schwerung f. *Beschwerde.*
schwerze f. (rotw.) *Nacht.*
schwez(er)ig adj. *redselig.*
schwezrad n. *Wirbel am Redefen-
ster eines Frauenklosters.*
schwidlen v. *geifern.*
schwieger f. *Schwiegermutter.*
schwier 1. 3. sg. praet. conj.
schwüre.
schwier plur. *Schwüre.*
schwigel s. schwegel.

schwilch m. (tirol.) *Zuchteber.*
schwilch adj. *welk, lau, ängstlich.*
schwilkern v. *ohnmächtig, übel
werden, ekeln.*
schwille f. *Tonerde.*
schwinboge m. *Schwibbogen.*
schwin(d) s. geschwind.
schwindel m. *Taumel.*
schwinden v.: *mir schwindet ich
werde ohnmächtig.*
schwinderling m. *Ohrfeige.*
schwingen v. *auch schlagen.*
schwingfeder f. *Schwungfeder des
Vogels.*
schwörtag m. *Tag, an dem die
Bürger jährlich die Verfassung
beschwören.*
schwub(en) praet. *schwebte(n).*
s. schwüblen v. *sich wölben.*
schwude interj. *links!*
schwulst f. *ungefüges Weib.*
schwuppe f. (md.) *Gerte, Peitsche.*
schwürblen v. *wirbeln.*
schwürmen v. *schwelgen.*
se interj. *der Laut des pfeifen-
den Stocks in der Luft; sieh.*
seblume f. *Wasserlilie,* Nymphaea;
gelbe Mummel, Nuphar.
sech 1. 3. sg. praes. ind. *sähe.*
sech n. *Eisen vor der Pflugschar.*
secher m. *Urheber; an einer Sache
Beteiligter;* die rechten s. *die
Hauptbeteiligten.*
secher m. *Schächter, Judenmetzger.*
sechten v. (schweiz.) *seihen.*
seckel m. *Geldbeutel.*
seckelmeister, sekler m. *Kassierer;
Zahlmeister.*
secken v. *jem. sack schelten.*
sedeler m. *Sattler.*
sedition f. *Aufruhr.*
sefel m. (rotw.) *Schmutz.*
sefel-, sefenbaum m. Juniperus
sabina.
sefelbeth, -boß f. (rotw.) *Abort.*
sefelgraber m. (rotw.) *betrügerischer Schatzgräber.*
sefer m. (rotw.) *Bettler, der sich
mit Salben einstellt.*
segans f. *Meergans,* Bernicla.
seganz f. (obd.) *Sense.*

sege f. *Säge: Schneidemühle.*
sege f. (obd.) *Zugnetz.*
segelbaum m. (obd.) *Mast; Rahe.*
segen m. *auch Formel, Zauber;
Amulett.*
segen v. *säen.*
segenen v. *beschwören.*
sege(n)s(e) f. *Sense.*
segisse f. *Sense.*
segmelb n. *Sägespäne.*
s. segnen v. *sich bekreuzigen.*
segrissig adj. *mit gezahnten Näh-
ten.*
segschrot m. n. *Sägeklotz.*
sehen v. *auch aussehen, scheinen.*
seibel m. *Säbel.*
seich m. *Harn, Jauche.*
seichkachel f. *Nachttopf.*
seichseher m. *Kurpfuscher.*
seid adv. *seither.*
seid conj. *da ja.*
seidelbart m. *der Strauch Seidelbast,* Daphne laureola.
seidenater, -neter m. *Seidensticker.*
seidenschwanz m. *der Vogel* Am-
pelis garrulus; *Modegeck.*
seidenwat f. *seidene Kleidung.*
seidenweter m. *Verfertiger von sei-
denen Kleidern.*
seid(er) adv. *seitdem, die Zeit her.*
seidlinger m. *eine Birnensorte.*
seier m. *Sämann.*
seife m. f. *Sickerwasser; Mineral-
fundstätte auf Schwemm- und
Verwitterungsflächen.*
seifer m. *Geifer; (ungerechter) Gewinn.*
seiferer m. *der ungerechtem Gewinn
nachtrachtet.*
seifern v. *Erz auswaschen.*
seift adj. *seicht.*
seifte f. *Untiefe.*
seig adj. (obd.) *seicht.*
seigel m. (schweiz.) *Leitersprosse.*
sei(g)en v. *säen.*
seigen stv. *tröpfeln, versiegen.*
seigen swv. *sinken machen, Richtung geben, zielen.*
seiger m. *Turmuhr; deren wag-
recht schwingende Unruhe.*
seiger adj. *abgestanden, schal;*
(bergm.) *lotrecht.*

seigerhütte f. *Läuterwerk zur Sil-
bergewinnung.*
seigern v. *versiegen machen; sik-
kern machen, seihen; durch
Schmelzen läutern; mit der
Goldwage prüfen.*
seiget m. (alem.) *Aussaat.*
seignior m. *Herr.*
seihen s. *seigen.*
seil: übers s. werfen *hintergehen;*
einem auf dem s. gen *ihm blind
zu Willen sein.*
seim m. *Honig.*
seind, -t conj. *seit, da (ja);* adv.
seitdem.
seipfen v. (obd.) *seifen.*
seire s. *seure.*
seisack m. *Sack des säenden Bauern.*
seit m. *Saite.*
seit 3. sg. praes. *sagt.*
seit adv. *hinterdrein; seither.*
seite f.: an der s. hangen *im Abfall begriffen sein.*
seit(mal) conj. *da ja.*
seklen v. *einsacken.*
sekler m. *Beutelmacher.*
sekret n. *Geheimsiegel; heimliches Gemach.*
sel 3. sg. praes. conj. *solle.*
selamt n. *Messe für die Seele
eines Verstorbenen.*
selbad n. *Freibad für Arme, zum
Seelenheil des Stifters gespendet.*
selband, -end n. *Zettelende des
Gewebes, Salleiste.*
selb ander, dritt, acht *zu zweien,
dreien, acht.*
selbverstendig adj. *urteilsfähig.*
selb(ge)wachsen part. *von selbst
entstanden.*
selblich adj. *eigenmächtig; leibhaftig.*
selbmund adv. *in eigener Person.*
selbschol m. *Selbstschuldner.*
selbgewaltig adj. *eigenmächtig.*
selbuch n. *Verzeichnis der Jahrtage
im Kloster.*
selchen v. (bair. östr.) *dürr werden, machen.*
selde f. *Glückseligkeit.*
selde f. *Hütte.*

seld(e)ner m. *der eine* selde *bewohnt.*

sel(en)los adj. *wer seine Seele verwirkt hat, ruch-, gottlos; charakter-, gewissenlos.*

selenmecher m. *Seiler.*

selvei f. *Salbei.*

selgen v. *selig machen.*

selg(e)ret n. *Fürsorge für die eigene Seele nach dem Tod, Stiftung zum Heil der Seele.*

sel(hund) m. *Seehund.*

selig n. *Apoplexie.*

selikeit f. *Glück.*

selmesse f. *Messe für die Seele eines Verstorbenen.*

selmling m. *einjähriger Salm.*

selos s. selenlos.

selti n. (schweiz.) *Seelchen.*

selwarter m. *Seelsorger.*

selzam, -zen adj. *was man, wie man es selten sieht, selten, eigentümlich, raffiniert, schwierig.*

selzer m. *Salzverkäufer.*

semel f. *feines Weizenmehl, Semmel(mehl).*

semer m. *der auf Saumtieren Waren übers Gebirge befördert.*

semlen v. *sammeln.*

semlich pron. *entsprechend, derartig, solch.*

semper m. *Wanst.*

sen 3. plur. praes. *sind.*

sen adv. (schles.) *halt (verkürzt aus dem* pron. sein).

sende f. (schles.) *Binse.*

sendiglich adj. *sehnsüchtig.*

senen n. *Liebesgram.*

senet m. f. *Senesbaum, die Staude Cassia senna und ihre abführenden Blätter.*

senf(t) m. *Senf; das Billigste bei Tisch.*

senft adj. *sanft.*

senfte f. *Milde.*

senften v. *mild reden, besänftigen, mildern.*

senftrich m. (rotw.) *Bett.*

sengle(in) n. *Gründling.*

senifmenger m. *Senfhändler.*

seniren v. *plagen* (franz. gêner).

senkel n. *Senkblei; Zugnetz; Nestel.*

senkelstein m. *Anker.*

sensal m. *Börsenmakler.*

sensarie f. *Maklergebühr.*

sent 3. plur. praes. ind. *sind.*

sent 1. 3. sg. praet. *sehnte.*

sent m. *geistliches Rügegericht.*

sente f. (schweiz.) *Herde von Alpenvieh.*

sententiarius m. *Magister, der über die Sentenzen des Petrus Lombardus liest.*

sentenz f. m. *Spruch, Urteil.*

sequenz f. m. *der auf das Halleluja folgende Kirchengesang.*

ser adj. *wund.*

serapfe f. *Giraffe.*

serbe f. *Auszehrung.*

serbeln v. *kränkeln.*

serben v. *hinsiechen, sich verzehren.*

sere f. *Wundsein, Wolf vom Reiten.*

serer comp. *mit größerer Mühe.*

serge f. *Halbseide, Köper; Decke, Teppich, Matratze daraus.*

sermon m. *Predigt.*

serre f. *Schlagbaum.*

sesel m. *Bergfenchel, die Umbellifere Seseli.*

sesse interj. (alem.) *Lockruf.*

sesselherr m. *Senator.*

seßler m. *Stuhlbauer.*

sester m. *Scheffel.*

set(i)gen v. *sättigen; sich s. eines dinges sich genügen lassen, zufrieden geben mit.*

setler m. *Sattler.*

seuberlich adj. *zahm;* adv. *bedächtig, vorsichtig, freundlich, mild.*

seuch s. seich.

seuchte f. *Krankheit.*

seud 3. sg. praes. ind. *siedet.*

seu(e)rlen v. *sauer riechen, schmekken.*

seufren v. *säubern.*

seufz m., seufz(g)en n. *Seufzer.*

seugamm f. *(Heb-)Amme.*

seugen v. (md.) *auch saugen.*

seugern v. *durchseihen.*

die seuglock leuten, mit dem seukarn faren *Zoten reißen.*

seule f. *Schusterpfriem; Schaft der Armbrust.*

seumen v. *ausbleiben.*

seure f. *(Krätz-)Milbe; Hitzblatter.*

seureinen v. *sauer schmecken, riechen.*

seurlein n. *Bläschen, Geschwür.*

seusack m. *Schwartenmagen.*

seusenger m. *undisziplinierter Soldat, Marodeur.*

seusucht f. *Rotlauf.*

seut 3. sg. praes. ind. *siedet.*

seuzagel m. *Schweinsschwänzchen.*

sext f. *die vierte der kanonischen Gezeiten (s. d.) um Mittag; Abgabe des sechsten Teils aller Einkünfte.*

sezen v. *behaupten, annehmen, so tun als ob, abschätzen, aufs Spiel setzen, Gesetze erlassen;* s. s. *sich mit jem. verständigen; von jem. s. von ihm ablassen;* s. wider *einen s. sich ihm widersetzen.*

sezer m. *Gesetzgeber.*

sezling m. *Sohn.*

sezung f. *Einsetzung.*

sibdreer m. *Hexenmeister.*

die siben fest plur. *die 7 Marientage des Jahrs;* d. s. zeit *die 7 kanonischen Zeiten des Tags.*

der sibente m. *Seelmesse am 7. Tag nach dem Begräbnis; Abgabe eines Siebentels aller Einkünfte.*

sibenzenzich num. *siebenhundert.*

sibilit n. *Schiffspfeife* (franz. sifflet).

sib(l)er m. *Siebmacher.*

sich 1. sg. praes. ind. *sehe.*

sicher adj. *zuversichtlich;* adv. *ohne Risiko; in Frieden.*

sicherheit geben, leisten v. *gewährleisten.*

sichren v. *Sicherung geben.*

sichrung f. *Bestätigung; Zufluchtstätte.*

sichtig adj. *(er)sichtlich, sichtbar.*

sickust m. *Papagei* (lat. psittacus).

sidel f. *Sitz.*

sidelkoch m. *Sudelkoch.*

sidelkuche f. *Sudelküche.*

sider adv. *später;* praep. *seit;* sider dem *seitdem;* conj. *seit.*

siderher adv. *seither.*

sidler m. *Beisitzer.*

siechen v. *krank werden.*

siechenkobel m. *Baracke.*

siechling m. *Invalid.*

siechtag(e) m. *Krankheit.*

siechtung (bair. ostmd.) *entstellt aus* siechtagen.

sieman m. *Xanthippe; im Wortspiel damit* Simon Pantoffelheld.

sigel m. *Segel.*

sigeler, sigelmeister m. *der Gewebe zu prüfen und zu stempeln hat.*

sigelgraber m. *Graveur.*

sigental n. *Sakristei* (lat. secretarium).

sigerst m. (alem.) *Küster.*

sigese f. *Sense.*

sigeskron f. *der Strauch Seidelbast,* Daphne laureola.

sigmann m. *Ueberwinder.*

sigminz f. *Andorn,* Marrubium vulgare.

signet n. *Petschaft; Siegel.*

signu(n)ft f. *Sieg.*

sigrist m. (alem.) *Küster.*

silberborner, -schmelzer m. *der Silber durch Schmelzen läutert.*

silbergreber m. *der in Silber graviert.*

silbmacher m. *Vokal.*

sillabe f. *Silbe.*

sillogisiren v. *logisch folgern.*

sillogismus m. *logischer Schluß.*

sim(b)de f. *Binse.*

simel s. sinwel.

simel f. *Weizenmehl.*

simelbrot n. *Weißbrot.*

simeler m. *Weißbrotbäcker.*

simer n. *Scheffel (als Getreidemaß).*

simonei f. *Erwerb eines geistlichen Amts durch Geld.*

sin m. *Gesinnung, Besinnung, Temperament, Rat;* ein s. erdenken *einen Anschlag ersinnen;* in s. nemen *sich einfallen lassen.*

sinbel s. sinwel.

sind, -t conj. *seit, da (ja).*

sind praep. *mit* dat. *seit;* sinter zeit *seitdem.*

sin(d)au m. n. f. *die Rosacee*
Sinnau, Alchemilla vulgaris.
sindel m. *Schlacke, Hammerschlag.*
sind(h)er adv. *seitdem.*
singbad n. *Zeche der (Ulmer) Mei-*
stersinger im Bade.
singeln v. *prickelnd brennen (von*
eingeschlafenen Gliedern, vor
Kälte, Nesselstich).
singen *s.* danheuser, deposuit,
garaus, wemerwe; mit dicken
noten singen *sich erbrechen;*
singende messe, singendes amt
Hochamt.
singentanz m. *Tanz mit Gesang.*
singerin f. *schweres Geschütz.*
singicht f. *Sommersonnwend.*
singmesse f. *Hochamt.*
singor m. *Herr.*
singrün n. *Immergrün.*
sinken v. *einen Schacht in die Tiefe*
richten.
sinlikeit f. *Sinn, Verstand.*
sinne f. (alem.) *Eichen, Eichmaß,*
Eichamt.
sinnen v. (alem.) *(Fässer) eichen*
(lat. signare).
sinnig adj. *auch besonnen.*
sintflus m. *Sündflut.*
sinwel adj. (obd.) *rund, walzen-*
förmig.
sinweli f. (schweiz.) *Rundung.*
sirei f. *eiterndes, fressendes Ge-*
schwür (mlat. surigo).
siropel m. *flüssige Arznei.*
sirpe, sirte f. (schweiz.) *Käse-*
wasser, Molken.
sit m. *Sitte, Brauch, Benehmen,*
Vorgehen.
sitig, -lich adj. *bedachtsam; mit*
guter Art.
sittakus m. *Papagei.*
sittich m. *Papagei* (lat. psittacus).
siz m. *auch Landsitz.*
sizling adv. *im Sitzen.*
skampen v. *sich von dannen ma-*
chen.
skapler *s.* skapulir.
skapulir n. *breiter schwarzer Strei-*
fen, der über Brust und Rücken
des Ordenskleids fällt.
skarnizel *s.* scharnizel.

skart f. *Wache* (ital. scorta).
skarteke f. *schlechtes Buch.*
skartekentrager m. *Gelehrter.*
skarter m. *Wächter.*
skiatik f. *Ischias.*
skonto m. *Rabatt, Abzug, Nachlaß.*
skontriren v. *abrechnen.*
skontro m. *Abrechnung; Liefer-,*
Lager-, Wechselbuch.
skrupel m. *Steinchen, Zwölftellot;*
Bedenken.
skrupelgewicht n. *Zwölftellot.*
skrupulei f. *Gewissensnot.*
skrupulisch adj. *bedenklich.*
skudier m. *Schildhalter.*
skumpe *s.* schumpel.
so adv. *auch ebenso; so ader sunst*
so oder so.
so conj. *anderseits, dagegen.*
so bald adv. *alsbald, ebenso oft,*
ebenso leicht.
socke f.: in s. gen *leise treten; in*
s. reiten ohne Sporen, ohne Kraft
daherkommen.
sockel m. *Holzpantoffel bes. der*
Ordensleute; Ziersandale der Bi-
schöfe.
sockelmacher m. *Pantoffelmacher.*
socker m. *Sackerfalke,* Falco sacer.
söck(l)er m. *Ofenhocker, Schlaf-*
rocknatur; lässiger Arbeiter, un-
zünftiger Handwerker.
sod m. *Sieden; Sodbrennen; Zi-*
sterne; Brühe; im eignen s.
lassen ohne Pflege, Erziehung
heranwachsen lassen; in allem
s. seine hand haben überall da-
bei sein müssen; die hand im s.
behalten sich einen Anteil si-
chern.
sodan adj. part. *solch.*
sodbrunne m. *Schöpfbrunnen.*
Sodoma n. *Sodom, Sodomiterei.*
sodomei f. *homosexuelle Laster.*
sodomit m. *Päderast.*
sodomitisch adj. *homosexuell.*
so eben adv. *geradeso.*
so fast adv. *so sehr.*
sofer conj. *sofern.*
so vil adv. *ebensoviel.*
so vil mer *um so mehr.*
so fort an *und so weiter.*

so gar nicht adv. *so wenig.*

sogetan adj. part. *solch.*

sold m. *Löhnung; auf siben sölt hereintreten daherkommen wie ein Landsknecht, der siebenfache Löhnung erhält.*

soldan m. *Sultan.*

soldung f. *Besoldung.*

sole f. *Seescholle,* Pleuronectes solea.

solenmecher m. *Pantoffelmacher.*

soler m. *Hausboden; oberes Stockwerk; Längsgang darin.*

solviren v. *lösen.*

solicitiren v. *vor Gericht betreiben.*

sollen v. *schuldig sein; wert sein;* s. zu etwas *dazu taugen.*

soluz f. *Lösung; (logischer) Schluß.*

sölze s. sülze.

some m. *Saumtier.*

so mer adv. *weiterhin; je mehr.*

somer m. *Scheffel (als Getreidemaß).*

sömig adj. *einen saum fassend, fudermäßig.*

sömlich pron. (obd.) *solch.*

somroß n. *Saumroß.*

somsen v. *summen.*

sond 2. plur. praes. ind. *sollt.*

sonder adj. *gesondert;* conj. *sondern;* das sondere *besondere Eigenheit.*

sonderacht f. *Parteienberatung.*

sonderbar adj. *besonder, ausgezeichnet, außerordentlich.*

sonderhaus n. *Isolierbaracke.*

sonderlich adj. adv. *besonders; ausschließlich; eigens;* s. nichts *nichts Besonderes.*

sondersiech adj. *aussätzig.*

sonebeth, -boß f. (rotw.) *Bordell.*

sonne s. sunne.

sonsfrau f. *Schwiegertochter.*

sonst adv. *ohnedies, so wie so; vorher; umsonst; anderwärts, auf andere Weise.*

sonsweib n. *Schwiegertochter.*

sontagslatein n. *Küchenlatein.*

sönz m. (rotw.) *Edelmann.*

sorb m. *Sperberbaum.*

sorbapfel m. *Frucht des Sperberbaums.*

sorblen v. *schlürfen.*

soren v. *austrocknen.*

sörfeln v. *mit schlürfenden Tritten gehen.*

sorgfeltig adj. *besorgt, sorgenvoll; vorsorgend; gefährlich, bedenklich.*

sorgfeltigkeit f. *Besorgnis; Fürsorge.*

sorglich, -sam adj. *auch besorgniserregend, bedenklich, gefährlich, ängstlich.*

ein sorgseulen sezen v. *sich sorgenvoll niederlassen.*

sot m. *Sodbrennen.*

sot 1. 3. sg. praet. ind. *sollte.*

sotan adj. part. *solch.*

so wol adv. *ebensogut;* so wol als *ebenso wie.*

spacht m. (obd.) *Geschwätz.*

spachtel m. *Klinge zum Farbenreiben.*

spack adj. *dürr, leck; hinfällig, müde.*

spagat, -en, -et m. *Bindfaden.*

spale f. *Schulter, Bug; Leitersprosse.*

span m. *Zwist, Anstoß, Kopfzerbrechen.*

spanbet n. *Bettstelle, -lade; Matraze.*

spanbetmacher m. *Tapezierer.*

spange f. *auch Blech.*

spangrün n. *Grünspan.*

spannader f. *Sehne.*

spanne f. *Spange, Brosche.*

spannen stv. *einschränken, fassen.*

spanneu adj. *funkelnagelneu.*

spar m. *Sperling.*

sparen v. *erhalten, verschonen; zurückhalten;* der warheit sp. *lügen;* seines lebens sp. *es retten;* s. sp. *sich schonen, säumen.*

spargen f. *Spargel.*

sparhafen m. (obd.) *Sparbüchse; Geizhals.*

sparize f. *Spargel.*

sparmunde machen v. *wortkarg sein.*

sparre m. *Dachbalken.*

spasso m. *Spaß.*

spat adv. *spät.*

spatel f. *flache Rühr-, Streich-schaufel des Apothekers; Sonde des Arztes.*

spazmausen v. *spazieren gehen.*

spazreiten v. *spazieren reiten.*

spech adj. *vorschauend, klug.*

spech(t), spehe f. *Augenmerk; Auslug, Lauer.*

spechten v. (obd.) *sprechen.*

speck(e), -in f. *gepflasterter Weg.*

spehe s. *specht.*

speibier n. *Bier, das zum Brechen reizt.*

speidel m. *Keil.*

speien v. *auch spotten.*

speiern v. *Brechreiz verspüren.*

speivogel m. *Spötter.*

speileute plur. *Schelme.*

speire(r) m. f. *Mauersegler; Seeschwalbe.*

speirling m. *Stint.*

speise f. (obd.) *Spesen; Verproviantierung.*

speishaft(ig) adj. (md.) *lecker, gierig.*

speishart m. *Vorratskammer.*

speiskeufer m. *Lebensmittelhändler.*

speiwort n. *Spottwort.*

speizen v. *spucken.*

spektakul n. *Anblick.*

spekulaz f. *Erwägung; Philosophie.*

spelt f. *Spalte.*

spelt, spelz f. *das Getreide* Triticum spelta.

speltling m. (rotw.) *Heller.*

spelunk(e) f. *Höhle; Kluft; Hölle.*

spelzen adj. *von Spelt.*

spend f. *Almosenverteilung, Almosen.*

spendern v. *stiften.*

spengelwerk n. *Klempnerarbeit.*

spengler m. *Klempner, Blechschmied.*

spenne n. *Zerwürfnis.*

spennig adj. *streitig, uneins; eine Spanne lang.*

spensau f. *saugendes Ferkel.*

spenstig adj. *widerspenstig.*

sper m. *Lanze;* under dem s. verganten, verkaufen *subhastieren.*

sper f. *Sphäre.*

sper(e) adj. *hart vor Trockenheit.*

s. speren v. *sich widersetzen.*

sperig adj. *widersetzlich.*

sperk f. m., sperlein n. *(Haus-) Sperling.*

sperlich adj. *sparsam.*

sperren v. *schließen;* s. s. *sich widersetzen, sträuben;* es spert sich *es gibt Anstöße, Störungen.*

sperrung f. *Ablehnung.*

s. sperzen v. *sich stemmen.*

spetel n. *Spital.*

spettel, spetlein m. n. (els.) *Fetzen;* einem ein s. ankleben *ihm am Zeug flicken.*

speuz(l)en v. *spucken.*

spezerei f. *Droge, Gewürz, Konfekt.*

spezereigaden n. m. *Apotheke, Kräutergewölbe.*

spezger m. *Gewürzkrämer.*

speziale, spezier m. *Spezereihändler.*

speziose f. *Spezereihändlerin.*

spezlen v. *spotten; entstellen.*

spez(wort) n. *Neckerei.*

spick m. f. *Lavendel.*

spickel m. *kleines Stück Tuch, Blei o. ä.*

spicken v. *auch mit Speck abreiben; einfetten.*

spiegel m. *auch Brille, Lupe; Gesicht.*

spiegelschif n. *hinten breites Schiff.*

spielen v. *spülen.*

spielt 1. 3. sg. praet. ind. *spaltete.*

spier n. *Speer.*

spießglas n. *das Metall Antimon.*

spigig adj. *lügenhaft.*

spil n.: das s. ausrichten *die Sache zu Ende führen.*

spilen v.: mit einem eines dinges s. *etwas gegen ihn ausspielen.*

spilen tragen v. *als Schaustück herumtragen, der Kritik aussetzen, durchhecheln.*

spilfogel m. *Gespött.*

spilgesell m. *Bürgersohn, der bei einer Aufführung mitwirkt.*

spilgurre f. *leidenschaftlicher Spieler.*

spill(e) f. *Spindel.*

spilleut plur. *auch Schau-, Mit-spieler.*

spilling m. *gelbe Pflaume.*

spinasi, spinetsch, -ez m. *Spinat.*

spind m. *Fett.*

spindelhure, -meze f. *Zuchthäuslerin.*

spindig adj. *fehlerhaft fett, speckig.*

spinnel f. *Stecknadel.*

spinnelmecher m. *Nadler.*

spinnen v. etw. aus seinem kopf *es ersinnen.*

spinnenfresser m. *Jahrmarktgaukler.*

spinnenstecher m. *Schwächling, Hausknecht.*

spinwepf f. *Spinnweb.*

spiren v. *sperren.*

spiritöser plur. *Schwarmgeister.*

spirling m. *Stint.*

spißer m. *Spießfabrikant; Spießträger, Schwerbewaffneter.*

spißlerche f. *Baumpieper.*

spißstern m. *Komet.*

spitelblum f. *Auswurf der Spitalinsassen.*

spitelherr m. *Ratsmitglied, dem die Spitäler unterstehen.*

spitelmeister, -schafner m. *Verwalter, Rechnungsbeamter eines Spitals.*

spitelmuck f. (obd.) *Laus.*

spitler m. *Mitglied des Ordens der Hospitaliter; Insasse eines Spitals.*

spiz adj. *spitzfindig;* s. hut *Mitra.*

spizbarte f. *Beil mit Spieß daran.*

spize f. *auch Krisis einer Krankheit.*

spizerei f. *Spitzfindigkeit.*

spizerei f. *Spezerei.*

spizig adj. *spitzfindig; schwierig (zu erlangen); geizig, genau.*

spizkopf m. *Schlaumeier.*

spizling m. (rotw.) *Hafer.*

spizordnung f. *Phalanx.*

spizrede, -wort f. n. *Stichelei.*

spizschwanz m. (osächs.) *Spießente.*

splinter m. *Splitter.*

spoliren v. *berauben.*

sponde f. *Sofa.*

spons f. m. *Braut, Bräutigam.*

sponsau s. *spensau.*

spor m. *Sporn; einem an die s. greifen ihm zu nahe treten.*

spör f. *Sphäre.*

spör(e) adj. *hart vor Trockenheit.*

spork m. *Unreinigkeit* (lat. spurcus).

sporkel m. f. (rhein.) *Februar.*

sporko adv. *brutto.*

spörling m. *Bastard* (lat. spurius).

spot adv. *spät.*

spot m.: zum s. sezen *dem Spott preisgeben.*

spoten v. trans. *verspotten.*

spotfeler m. *der über die Fehler anderer spottet.*

spotlich adv. *schmachvoll.*

spözen v. *spuccen.*

sprache f. *auch Gespräch, Redeweise.*

sprachen v. *sich unterreden.*

sprachhaus n. *Abort.*

sprankart m. (rotw.) *Salz.*

sprauer plur. *Spreu.*

sprazlen v. *sprühen, prasseln.*

einem etw. sprechen v. *es ihm zusichern.*

sprecher m. *Rezitator.*

spreckelacht adj. *gesprenkelt.*

spre(h)e m. *Star.*

spreiß(en) m. *Splitter; Scheit; Stachel.*

spreiten v. *ausbreiten.*

spreitgarn n. *Fangnetz.*

s. sprengen v. *sich stürzen.*

sprengkessel m. *Weihwassergefäß.*

sprengkugel f. *Granate.*

sprengzeug n. *Petarde, Sprenggeschoß; Mine.*

sprenze m. f. (schwäb.) *Sperber.*

sprenzen v. *besprengen.*

spreuer plur. *Spreu.*

spreuß s. *spreißen.*

s. spreußen v. *sich ablehnend verhalten, sperren.*

spriegel m. *gebogene Gerte, am Wagenverdeck, an der Wiege, dem Korb, der Vogelfalle.*

spring m. *Quelle.*

springen v. *auch: tanzen.*

springwasser n. *Quellwasser.*

sprinkel m. *Vogelfalle.*

sprinze(l), sprinzling m. f. n. *Sperber.*

spriß m. *kleines Holzstück.*

sprißl n. (obd.) *kleine Sprosse.*

spröd adj. *knapp.*

spruchleut plur. *Schiedsrichter.*

sprügel s. spriegel.

spudeling m. *Possen.*

spugnis n. *Trugbild, Verlockung.*

spule: mir leuft eine s. ler *ich habe einen Ausfall in meinen Einnahmen.*

spület f. *Spülwasser.*

spülgen v. *pflegen.*

spund m. auch: *Schließmuskel, After.*

spünden v. *zusammenfügen, täfeln.*

spurkel m. f. (rhein.) *Februar.*

spü(r)zen v. *spucken.*

squader f. *Schwadron.*

stab m. (jur.) *Richterstab, -stuhl, Gericht.*

stabschwert n. *Stockdegen.*

stabuler m. (rotw.) *Brotbettler.*

stabwurz f. *Aberraute,* Artemisia abrotanum.

stachel- s. stahl-.

stachete f. *Staket.*

stadel m. f. *Scheune, Heuboden.*

stade(n) m. *Gestade.*

stadler m. *Speicherknecht.*

stafel m. (schweiz.) *Sennhütte und Weide zunächst dabei; Speicher* (lat. stabulum).

staffel m. *Stapel, Lagerplatz.*

staffel f. *Stufe, Tritt, Treppe.*

staffiren v. *ausstatten.*

stagglen v. (schweiz.) *stottern.*

stahel m. *Stahl; Armbrust.*

stahlschießen n. *Armbrustschießen.*

stahlschüz m. *Armbrustschütze.*

staiber m. *Jagdhund.*

stal m. *Stand.*

stalbruder m. *Kamerad.*

stalden m. (schweiz.) *steiler Weg, Abhang.*

stalder m. *der am Abhang wohnt.*

stalherr m. *Verwalter eines (städtischen) Marstalls.*

stallen v. *Wasser lassen (vom Pferd).*

stalpren v. *stolpern.*

stalraz m. f. *Stalljunge; Parvenü.*

staltage m. *Waffenstillstand.*

stamen m. *Geschlecht.*

stamern v. *stottern.*

stampanei f. *Tanzliedchen; Tändelei, unnützes Tun.*

stampf m. *Mörserkeule.*

stan s. sten.

stand 1. sg. praes. ind. *ich stehe;* 2. sg. imperat. *steh;* 1. 3. sg. praes. conj. *ich, er stehe.*

stand m. auch *Vorsatz;* stand tun *Widerstand leisten;* der über s. *Obrigkeit und Oberschicht,* under s. *Untertanen, Unterschicht im Staat.*

stande f. *stehendes Gefäß.*

standhaftig adj. *regelmäßig.*

standling(s) adv. *im Stehen.*

stange f. auch *Schutzstange des Grieswarts im Turnier;* der stangen begern in *Not um Schutz bitten; Geweihende.*

stangendreger m. *Dienstmann (der mit einem andern die Last an Stangen trägt).*

stank m. *Gestank.*

stanthart m. *Standarte.*

stapfe f. *Fußspur.*

stapfel f. *Stufe, Tritt, Treppe; Grad der Verwandtschaft.*

stard s. start.

staren im aug m. *Augenstern, Pupille.*

starklich adv. *kräftig.*

starneblindheit f. *Star (als Augenkrankheit).*

starrend blind, starnblind adj. *starblind.*

starrig adj. *halsstarrig.*

start f. *Wache* (ital. scorta).

starzen v. *übervoll sein.*

stat m. *Stand, Zustand, Lebensführung, Würde, (Kleider-) Pracht.*

stat f. *Ort, Stelle, Platz; Aufnahme; Gelegenheit;* seine st. vertreten *seinen Platz ausfüllen.*

state f. *Hilfe, Vorschub.*

stathaft adj. *stattlich, ansehnlich, vermögend.*

stathaftig adj. *in der Lage, befähigt.*

stationirer m. *Bettelmönch, der mit Reliquien reist; wandernder Krämer.*

statknecht m. *Polizeidiener.*

statlich adj. *gründlich.*

statschad m. *Leistung, die auf die Bewohner einer Stadt umgelegt wird.*

statten v. *gestatten, hergeben.*

stattern v. *stottern.*

stattun v. *ermöglichen.*

stauben v. *wie Staub verjagen, verscheuchen; zu Staub machen; Staub verursachen; von Staub befreien.*

stauber m. *Jagdhund.*

stauche m. *offner Aermel; wehender Schleier am Frauenhut.*

staude f. *Busch;* plur. *Gebüsch, Gesträpp.*

staudenmeister m. *unzünftiger Vorstadthandwerker.*

staudenschnapper m. *Raubritter.*

staudenwerkstat f. *Werkstatt eines unzünftigen Handwerkers vor der Stadt.*

stauen v. *Einhalt tun, wehren.*

stauf m. *Kelch, Humpen.*

staupe f. *Zuchtrute; Züchtigung;* zur s. hauen *am Pranger peitschen.*

stazauner m. *Apotheker.*

stazelirer, -enirer s. stationirer.

stazeniren, stazioniren v. *Reliquien verkaufen, mit ihnen hausieren.*

staz(g)en v. *stottern.*

staz(g)er m. *Stammler.*

stebeler m. *Kirchendiener.*

stech m. *Seitenstechen.*

stechen v. *erstechen; tauschen; wetteifern; bestechen; Turnier halten; kastrieren.*

stechen n. *Tauschhandel.*

stechgesell m. *Turniergegner.*

stechlin adj. *stählen.*

stechzeug n. *Turnierrüstung.*

stecken v. *stocken;* da steckt's! *getroffen!*

steckenbruder m. *Landstreicher.*

steckenknecht m. *Gehilfe des Profoßen.*

steckvoll adj. *bis zum Rande gefüllt, übervoll.*

steckgeld n. *(Dienst-)Kaution.*

stedikeit f. *Recht eines Juden zu dauerndem Aufenthalt in einer Stadt; Bedingungen, unter denen es gewährt wird; Vertrag darüber, Judenordnung.*

Stefenstag m. *der 26. Dezember, 2. Weihnachtstag.*

steft m. *Splitter; (Blei-)Stift; Metallhülse am Nestel.*

stefung f. *(rotw.) Ziel.*

stege f. *Treppe.*

stegreif m. *Steigbügel;* sich von dem st. neren *Heckenreiter, Raubritter sein;* mit dem kopf in st. treten gehenkt werden.

stegreifer m. *Handwerker, der Steigbügel herstellt.*

steich s. stübich.

steif adj. *starrsinnig, rücksichtslos;* adv. *streng, unmittelbar, unentwegt; (schweiz.) wacker.*

steigen v. *auch steigern.*

steigern v. *steigen machen, den Preis treiben, teurer zahlen lassen.*

steigreif m. *Steigbügel.*

steigzeug n. *Strickleiter.*

stein m. *auch Blasen-, Nierenstein; Schandstein; Stein im Brettspiel; Perle am Rosenkranz;* den ersten s. legen *den Grund legen;* zu eim s. springen *versteinert werden.*

steinauf m. *Uhu.*

steinbecker m. *Ziegler.*

steinbeiß(er) m. *der Vogel Kernbeißer,* Coccothrauste; *die Fische Neunauge, Bachgrundel.*

steindecker m. *Schieferdecker.*

steinfletsche m. *Wiesenschmätzer.*

steingellel n. *punktierter Wasserläufer,* Totanus ochropus.

steinhöuel, steinheil m. *Steinmetz.*

steinlein plur. *auch: Hagel.*

steinrötlein n. *Steinmerle.*

steinschmaz f. *Steinschmätzer,* Saxicola oenanthe.

steinschneider m. *Chirurg, der Bla-*

sen- und Nierenstein, Graveur, der Edelsteine schneidet.

steinwappen n. Schwamm, Auswuchs an Bäumen.

steling m. Traggestell.

stellagie n. Gestell.

stel(le) f. Falle.

stellegeld n. Standgeld (bei Märkten).

stellen v. aufstellen, anordnen, beschreiben, formulieren; mit einem s. auskommen; s. s. sich darstellen; einen s. es auf ihn abgesehen haben; von einem s. ihn verlassen.

stelzelt adj. stelzbeinig.

stemp(e)nei s. stampanei.

stempfel m. Stampfwerk.

stemp(f)en v. stampfen, stempeln, prägen.

stempfschneider m. Graveur.

sten v. an-, bestehen, standhalten; zustehen; zu stehen kommen, wert sein, kosten; s. auf etw. beruhen, sich begründen auf; auf e. meinung s. meinen; bei einem s. ihm beistehen; für einen s. ihn vertreten; von etw. s. abstehen; s. lassen außer acht lassen; s. müssen Rede stehen müssen.

stendart f. Standarte.

stendelwurz f. Orchis.

stenderling m. Gespräch im Stehen, Dienstbotenklatsch.

stendlein n. kleine stande.

stendling(s) adv. im Stehen.

stent m. Student.

stentner m. Stehgefäß; Gespräch im Stehen.

sterb m. Pest.

sterbedrüse f. Pestbeule.

sterben swv. sterben machen.

sterben n., sterbend m., sterbet f. Massensterben, Pest.

sterbensleufte plur. allgemeines Sterben, Pest.

sterbfall m. Erbschaftssteuer, Abgabe im Todesfall.

sterbhaupt n. Abgabe im Todesfall.

sterifer s. stegreifer.

sterke f. Stärkung, Befestigung.

sterken v. bestärken (in einer Auffassung).

sterklich adv. kräftig.

sternbuze f. Sternschnuppe.

sternmeister m. Astrolog.

sterte f. Bütte.

sterz(e) m. f. Schwanz; Pflugsterz.

sterzen v. steif aufwärts richten.

sterzer m. Landstreicher.

stet f. Stelle; an, auf der s. sogleich.

stet adv. stets.

stete f. Stetigkeit; mit stete adv. beständig.

stetgeld n. Standgebühr auf einem Markt.

stetig adj. störrisch (bes. vom Pferd).

stetigs adv. stets.

stetinger m. (rotw.) Gulden.

stetmeister m. Bürgermeister; Stadtbaumeister.

steuber m. Jagdhund.

steubern s. stauben.

steuer f. Stütze, Hilfe, Geldhilfe; zu s. komen zu Hilfe kommen.

steuerherr, steurer m. Ratsherr, der die Steuern verwaltet; Landesherr, der Steuern erheben darf.

steuerort n. Hinterende des Schiffs.

steupen v. (öffentlich) züchtigen.

steuren v. (unter)stützen, ein Schiff lenken.

stez adv. immer.

stibich s. stübich.

stich m. Tausch.

stich: zu s. komen (die Lanze) zum Stechen frei bekommen; in s. sezen preisgeben; s. in den s. geben sich aufopfern; s. und bild ein Kartenspiel.

stichblat n. Handschutz an der Stoßwaffe; Haupttrumpf im Kartenspiel.

stichel-, stickelber f. Stachelbeere.

sticher m. Stachel.

stichern v. (westmd.) stochern.

stichgeld n. Geld für Probewein.

stichling m. voreheliches Kind.

stichwein m. Geschenk an den Unterkäufer beim Weinhandel.

stichwort n. *Anzüglichkeit.*

stickel adj. (obd.) *steil.*

kein stick(en) sehen v. *stockblind sein.*

stickfinster adj. *so dunkel, daß man nicht einen sticken, nicht die Spur sieht.*

stieben v. *auseinanderfliehen.*

stiege f. *zwanzig Stück; Treppe.*

stiel plur. *Stühle.*

stift m. n. *Bistum; Domkapitel; Stiftung.*

stiften v. *jem. zu einem Amt bestellen; etw. in einen s. es ihm mitgeben.*

stiftig adj. *in gebührlichem Zustand.*

stige f. *Stall für Kleinvieh.*

stiklicht adj. (obd.) *steil.*

stillen v. *schweigen machen, befriedigen, beschwichtigen.*

stiller freitag m. *Karfreitag.*

stillsten eins fürnemens v. *damit einhalten, sich enthalten.*

stilzer, stilzfuß m. *Stelzfuß.*

stimmen v. *bestimmen; seine Meinung sagen.*

stimmenbüchlein n. *Fibel.*

stimmer m. *Vokal.*

stimmig adj. *vokalisch.*

stimpler m. *Stümper, Halbkönner.*

stimplerei f. *Pfuschwerk.*

stinz m. *der Fisch Stint.*

stinze f. *Deckelkanne.*

stiper m. *Stützpfahl.*

stipern v. *stützen.*

stiren f. *Stirn.*

stirnenstößer m. (rotw.) *betrügerischer Bettler; über Land gehender Hausierer.*

stirnnickel, -schnal(z) m. *Schneller, Fingerschnips an die Stirn.*

stizig *s.* stüzig.

stochren v. *sticheln, reizen.*

stock m. *Baumklotz, Wurzelstock; gehöhlter Stamm zur Aufnahme des Kirchenopfers; Klotz mit Löchern zum Schließen der Gefangenen; Gefängnis; Anschlagsäule; ein Gesellschaftsspiel; an einen s. faren ins Unglück geraten; sich eine Abfuhr holen.*

stockar m. *Steinadler; Hühnerhabicht.*

stöcken v. *in den Stock, den Klotz im Gefängnis, schließen.*

stocker m. *Gefängniswärter.*

stocket n. *Staket.*

stockeule f. *Waldkauz.*

stockfisch m. *gedörrter Kabeljau, bes. als Fastenspeise; Dummkopf.*

stockhaus n. *Gefängnis.*

stock(meister) m. *Gefängnis(aufseher).*

stocknar m. *Erzdummkopf.*

stockstil adj. *mäuschenstill.*

stocktor m. *Stocknarr.*

stockwerter m. *Gefängnisaufseher.*

stockzan m. *Backenzahn.*

stol(e) f. *geweihte Schärpe des Diakons, Priesters, Bischofs.*

stolfen v. (rotw.) *stehen.*

stolpe f. *Stulpe am Stiefel.*

stölpel m. *Tolpatsch.*

stolpen v. *stolpern.*

stolzen nach etw. v. *übermütig danach trachten.*

stölzlich adv. *stolz.*

stolzling m. *hochmütiger Tropf.*

stolzmut m. *Hoffart.*

ston *s.* sten.

stonen v. (md.) *stützen.*

stopelfogel, stöpling m. *Baumpieper.*

stopfen v. *unwirksam machen.*

stopfen *s.* stupfen.

stöpflein n. *Splitter von Hanf oder Flachs.*

stoppen v. (ostmd.) *stupfen.*

storcher, -ger m. *Landfahrer, Marktschreier.*

stören v. *auf die stör gehen; im Land umfahren.*

störer m. *unzünftiger Handwerker; H., der im Haus der Kunden arbeitet.*

stör f. *Ausübung eines Gewerbes im Hause des Bestellers.*

störben v. *sterben machen.*

störer m. *Stange, mit der Fische aufgescheucht werden.*

storkenfuß adj. *x-beinig.*

storkopf m. *Starrkopf.*

storl *s.* sturl.

störrig adj. *starrend, stier.*

storrn n. *stierer Blick.*

storzen v. *übervoll sein.*

blut störzen v. *Blut vergießen.*

störzer m. *Landstreicher.*

stoß m. *auch Schaden, Krisis, Streit, Anfechtung, strittiger Ort, Grenze;* auf den s. gen *eine Ortsbesichtigung vornehmen.*

stößel m. *Stempel, auch in der Blume.*

stößel, -er m. *Habicht, Sperber.*

stoßen v. *stechen, stecken, einlegen, tun;* s. s. *Anstand geben, nehmen; zu Ende, ratlos sein; sich gewarnt sein lassen;* s. s. an *stutzig werden über.*

stoßvogel m. *Weih.*

stößig adj. *streitig, widerstreitend.*

stoßrad n. *Windrad der Kinder.*

stotter m. *eine Münze* (gr. στατήρ)

stöwen v. *Einhalt tun, wehren.*

stoz m. *Stamm, Klotz; hölzernes (Milch-)Gefäß.*

stozener m. *betrügerischer Bettler.*

stozenirer s. *stationirer.*

stozmere f. *steifer Gaul.*

strablen v. *Hände und Füße rühren.*

strack adj. *stramm; schnell;* adv. *genau, unmittelbar.*

stracks(wegs) adv. *geradeswegs, unbedingt, unmittelbar, ohne weiteres, gerade so, genau.*

stradiot m. *leichter Reiter.*

strafe f. *Tadel.*

strafen v. *schelten, tadeln;* von hinnen s. *verbannen.*

strafred f. *auch Satire.*

stral m. *Blitz; Pfeil.*

stram(e) m. *Strom; Strömung; Meerbusen.*

strampfen v. *strampeln.*

strapada f. *Zug, Ruck.*

straße: die s. legen *den Weg verlegen.*

straßenlied n. *Volkslied.*

straßwagen m. *Lastwagen.*

stratagem(a) n. *Kriegslist.*

straube f. *eine Mehlspeise.*

straubuz m. *Faselhans.*

strauch m. *Sturz.*

strauche f. *Fallsucht.*

strauchen v. *straucheln.*

strauchfal m. *Hinstolpern.*

strauchstein m. *Prellstein, Stein des Anstoßes.*

strauchstock m. *Pfahl, Wurzelstock im Weg.*

strauen v. (md.) *sträuben.*

straufen v. (md.) *abstreifen.*

straußen v. *zanken.*

strazze f. *Kladde.*

strebkaz f. *Kraftspiel, bei dem man den Gegner an einem um den Nacken geschlungenen Seil auf seine Seite zu zwingen strebt;* der s. ziehen mit *sich balgen, im Zank leben; den Beischlaf ausüben.*

streckebein m. *Tod.*

strecken v. *auch foltern; leib und gut s. an* darangeben; etw. darzu s. es *opfern.*

streckstul m. *Folterbank.*

strefer m. *Tadler.*

streflich adj. *tadelnd; tadelnswert.*

streichblez m. *schmaler Lappen.*

streichen v. *auch unhörbar fliegen, umherfahren, zuschreiten, schleichen;* den falken s. können *listig sein.*

streicher m. *Tuchglätter; Landstreicher.*

streichet s. *streuchet.*

streichholz n. *Holzgerät zum Glattstreichen gefüllter Gefäße, Maße, Gläser.*

streichmaß f. *Schmarre, Strieme.*

streifeberner m. *Grundnetz.*

streifling m. (rotw.) *Beinkleid.*

streifreiter m. *leichter Reiter.*

streim(e) m. *Streifen; Strahl; Striemen.*

streißen s. *streußen.*

streitmütigkeit f. (schweiz.) *Kampflust.*

streitzeug n. *Belagerungsgerät.*

strel m. (obd.) *Kamm.*

strelen v. (obd.) *kämmen, zausen, hart mitnehmen; dem beutel s. ausplündern.*

strelmacher m. *Kammacher.*

strempfel m. *Stange.*

stren(e) f. *Strang.*

streng adj. *Attribut des Ritters, stark, tapfer;* adv. *hart, knapp, mühsam.*

stren(g)keit f. *Ernst, Entschlossenheit;* ewer s. *Anrede des Ritters.*

strenlein n. *kleiner Strang.*

strenzel m. *die Umbelliferen* Aegopodium *und* Angelica.

strenzer m. (westmd.) *Faulenzer, Landfahrer.*

strettezza f. *Mangel an barem Geld.*

streublein n. *eine Mehlspeise.*

streuchet n. *Gesträuch.*

streum(e) s. *streime.*

streuner m. *Landfahrer.*

streusgütlein m. *Verschwender.*

streußen v. *sträuben, empören, aufbäumen.*

strich m. *(schleichende) Gangart; Kriegszug;* s. durch die pfannen *Anteil am Gewinn.*

strich halten v. *aufpassen (eig. vom Vogelfänger).*

stricktrager m. *Mönch.*

strief 1. 3. sg. praet. ind. *strafte.*

strizen v. *spritzen.*

strobelstern m. *Komet.*

stroblen v. *verwirren.*

stroborer m. (rotw.) *Gans.*

strobraut f. *Braut, die keine Jungfrau mehr ist, von dem Strohkranz, den sie zum Kirchgang tragen mußte.*

strobuz m. *Strohwisch, Vogelscheuche.*

stroen adj. *ströhern.*

strohecker m. *Häckselschneider.*

strölich n. (bair.) *geringes Stroh (-lager).*

strom m. (rotw.) *Bordell.*

stronbart m. (rotw.) *Wald.*

strope f. *Riemen, Tau* (ital. stroppa).

stropoz m. *Vogelscheuche.*

stroprofet m. *Irrlehrer.*

stropurzeln v. *(ein Mädchen) vergewaltigen.*

ströter m. *Wegelagerer.*

ströwin adj. *ströhern.*

strumpf m. *Stumpf, Klotz, Rumpf, festes, stumpfes Ende.*

strunt m. *Kot* (nl. stront).

strünzer m. (westmd.) *Faulenzer, Bettler.*

strupfwurz f. *Sauerampfer.*

strut f. *Rotte.*

strut f. *Stute.*

stube f. bes. *heizbares Zimmer; Badestube; Zunftstube;* ins stüblein füren *betrügen.*

stubenbün(e) f. *Podium.*

stub(en)er m. *Leiter einer gewerbsmäßig betriebenen Badestube.*

stubengesel m. *Zunftgenosse.*

stubenkauz m. *Stubenhocker.*

stubenknecht m. *Aufwärter in einer Trinkstube.*

stubenmeister m. *Vorsteher einer Trinkstubengesellschaft.*

stüber m. *holländische Scheidemünze.*

stübich n. *Packfaß.*

stüchern v. (westmd.) *stochern.*

stück n. *Umstand; Kanone;* zu vier s. hauen v. *vierteilen;* ein s. sehen lassen *ein Exempel statuieren;* ein stücklein an einem ergreifen *eine Blöße an ihm entdecken.*

stucken v. (obd.) *verstümmeln.*

stucker m. *Stockmeister, Büttel.*

stücklich adj. *zerstückelt.*

stückschuß m. *Kanonenschuß.*

stückwerk n. auch: *Akkordarbeit.*

stuckwerker m. *Akkordarbeiter.*

stüdfaul adj. *stinkend faul.*

stüdfoll adj. *stockbezecht.*

studori n. *Schreibstube.*

stüfer m. *holländische Scheidemünze.*

stul m. auch *Kirchen-, Betstuhl.*

stülbruder m. *Laienbruder.*

stuler m. *Stuhlmacher.*

stuliren v. *auf dem (Richter-)Stuhl sitzen.*

stülp adj. *stolpernd, tölpisch.*

stulpf m. *Stulpe am Stiefel.*

stulreuber m. *Thronräuber.*

stulschreiber m. *öffentlicher Lohnschreiber und Schreiblehrer.*

stulz adj. *stolz.*

stulze f. *Krücke.*

stülzer m. *Stelzfuß.*

stümlezen v. *verstümmeln.*
stumme(nde) sünd f. *Onanie.*
stumpe(n) m. *Stumpf.*
stumpf interj. *plumps!*
stumpf adj. *wirkungslos;* adv. *kurzweg.*
stumpfiren v. *herabsetzen, schmähen.*
stümplen v. *pfuschen.*
stümpler m. *Pfuscher.*
-stund *nach* num. *-mal* (dreistund dreimal).
stundglogge f. *(öffentliche) Schlaguhr.*
stundzeige f. *(öffentliche) Uhr.*
stunz m. *Kübel.*
stupart m. (rotw.) *Mehl.*
auf dem stupf sein v. *zum Abschluß drängen.*
stupfel f. (obd.) *Stoppel.*
stupfen v. *anstoßen, anspielen; das Schiff stoppen.*
stupfer m. (obd.) *Antreiber.*
stüpflein n. *Splitter von Hanf oder Flachs.*
stür m. *Stör (der Fisch).*
stürcheln v. *straucheln.*
stüren v. *stochern.*
sturl m. *Stange, bes. zum Aufscheuchen der Fische.*
stürmen v. trans. *treiben.*
sturz m. *Schleier; Umhang; Visier.*
sturzel, stürzel m. *stumpfes Ende, Baumstumpf, Strunk des Krauts, Bürzel des Vogels.*
stürzen v. *umstülpen, auf den Kopf stellen;* undern kelch s. *in geistliche Obhut nehmen.*
stürzer m. *Landstreicher.*
stürzkarch m. *Schubkarre.*
mit stüten gen acker farn v. *eine Frau beschlafen.*
stuter m. *Roßhirt.*
stutfaul adj. *stinkend faul.*
stuz m. (obd.) *Bestärkung.*
stuz(e) m. f. *Trinkbecher;* auf einen stuz adv. *auf einen Schlag.*
stüzel m. *Stützpflock.*
stuzen v. *prahlen.*
stuzenirer s. *stationirer.*
stüzig adj. *zurückhufend (vom Pferd).*

stüzlich, -ling adv. (alem.) *plötzlich, übereilt, barsch.*
sübent s. *sibente.*
substanz f. *Hauptsache.*
subteil(ich) s. *subtil.*
subtil adj. *zart, fein, scharfsinnig, raffiniert.*
subtiligkeit f. *Scharfsinn.*
suchen v *auch (feindlich) heimsuchen; besuchen;* einen zu haus s. *ihn aufsuchen.*
suchentrunk m. *Stammgast.*
sucht f. *Krankheit.*
süd f. *abgebrühtes Kurzfutter.*
sudler m. *schlechter Koch (im Heer).*
sudlerin f. *Kantinenköchin.*
suff m. *Trunk.*
sülen v. *im Schlamm umwälzen.*
sulz, sülze f. *gekochte Eingeweide in salziger Brühe.*
sumari n. *Auszug, Quintessenz, Zusammenfassung.*
sumberen v. *die Trommel schlagen.*
sumer n. *Scheffel (als Getreidemaß).*
sumerer m. *Scheffelmacher.*
sumerfogel m. *Schmetterling.*
sumerlaube f. *luftiger Vorbau, Halle.*
sumerhaus n. *sommerliches Eßzimmer; Gartenlaube.*
sumlich pron. *jemand,* plur. *einige.*
summ(a), summe f. *Hauptinhalt; Kapitel;* (in) summa adv. *kurz.*
summen v. *zusammenzählen* (lat. summare).
summissar m. *Vikar, der statt der Stiftsherren Hochamt hält.*
summist m. *Scholastiker, der mit den summae, d. h. Systemen der Theologie arbeitet; Kenner der summa sententiarum.*
sun m. *Sohn.*
sün f. *Aussöhnung.*
sünden v. *sündigen, sich versündigen.*
sunder adj. *besonder;* sunder leut *Privatpersonen;* praep. *nur, mit Ausnahme;* ohne; conj. *sondern.*
sündern v. *absondern.*
sundersiech adj. *aussätzig.*

sündfeger m. (rotw.) *angeblicher Büßer.*

sündren v. *absondern.*

sune f. *Versöhnung.*

süne plur. *Söhne.*

sünen v. *versöhnen.*

sun-, süngete, -gicht f. *Sommer-sonnwend.*

sünkeln s. *singeln.*

sunnau(e)r f. *Sonnenuhr.*

sunne f. *auch franz. Goldmünze.*

sunnenkram m. *Auslage des Hökers.*

sunnenkremer m. *Höker, Trödler, Hausierer.*

sunnenkron, -schild f. m. *französische Goldmünze.*

sunnenstreim m. *Sonnenstrahl.*

sunssun m. *Enkel.*

su(n)st s. *sonst, sustend.*

suntag m. *Sonntag.*

superstition f. *Aberglaube.*

supfen v. *mit Hingabe zechen, schlürfen, saugen.*

süplein (Venediger, welsches) n. *Gift;* ein s. *essen vergiftet werden.*

suplikaz f. *Bittschrift.*

suppe f. *auch Frühstück;* (ge-) brente s. *Suppe aus geröstetem Mehl.*

suppenesser, -fresser, -saufer m. *Schmeichler, Schmarotzer.*

suppenwust m. *schlimmes Frauenzimmer; Sudelkoch; Ekel.*

sur(p)flen v. *schlürfen.*

suslich adj. *solch.*

süßgen, -inzen v. *süß schmecken.* ißholz ins maul nemen *gute Worte geben.*

sust(end) adv. *(schon)* so; *sonst, im andern Falle; ohnehin; ohne weiteres;* s. und so *so und anderst.*

süttig adj. *siedendheiß.*

T s. **D.**

U.

üb f. *Ausübung;* mit üben adv. *praktisch.*

übel adv. *auch: sehr;* in ü. haben *übel nehmen.*

übeldetig adj. *verbrecherisch.*

übelgehebung f. *Mißbefinden.*

übelhörende f. (schweiz.) *Schwerhörigkeit.*

übelratig adj. *wer schlechten Rat gibt.*

übelreden v. *verleumden.*

übelzeit f. (alem.) *Ungemach.*

üben v. *betätigen;* s. ü. *sich in Bewegung setzen; sich hervortun;* den ernst ü. *kämpfen;* einen ü. zu etwas *ihn dazu treiben, veranlassen.*

über m. *der etwas ausübt.*

über praep. *auch über hinaus, außer; trotz;* ü. fünf schrit *auf fünf Schritt Entfernung;* ü. das *außerdem;* ü. dem das conj. *während.*

überal adv. *überhaupt, durchaus, im ganzen;* nichts ü. *in keinem Punkt.*

überantworten v. *auszahlen.*

überaus adv. *bei weitem.*

überbezalen v. *ausbezahlen.*

überbliben n. *Speisereste.*

überbruch m. *Uebertretung.*

überdank adv. *ohne Absicht, ohne es zu wollen.*

über das adv. *trotz alledem.*

überdrang m. *Bedrängnis;* ü. tun v. *Zwang antun, kränken.*

übereichen v. *überbieten.*

übereilen v. *überraschen, überfallen.*

überein(s) adv. *übereinstimmend; durchaus.*

übere(i)nzig adj. *überschießend, ·flüssig, übrig.*

übereren v. *über die Grenze pflügen.*

überfaren v. *übertreten, zu weit gehen; dreinfahren.*

überfarung f. *Rechtsbruch.*

überfluß m. *auch Uebermacht, Ueberhandnahme.*

überflüssig adj. *im Uebermaß.*

überflüssikeit f. *überschießende Kraft.*

über fuß adv. *auf zwei Füßen.*

übergabe f. *Dreingabe.*

übergeben v. *aufgeben, verlassen, verachten.*

übergebung f. *Uebergabe, Frieden.*

übergen v. intr. *überfließen, herausschäumen;* trans. *übertreten, überwältigen;* s. ü. lassen *sich drein ergeben.*

übergeschrift f. *Ueberschrift.*

übergeschwell n. *Türgesims.*

überglaube m. *Aberglaube.*

übergülden v. *vergolden.*

überhand haben v. *obenauf bleiben.*

überhang m. *Vorspringen der oberen Stockwerke über das Erdgeschoß.*

überhauen v. *beim Holzschlag des Nachbars Grenze überschreiten.*

überheben v. *verschonen;* part. überhebt *entledigt.*

überherren v. *überwältigen.*

über heubt adv. *kopfüber.*

überhin adv. *oberflächlich, flüchtig, vorüber.*

überhinfaren v. *flüchtig lesen.*

überhinrauschen v. *darüberhinstreichen, schnell darüber hinweggehen.*

überhopten v. *bewältigen.*

überhüpfen v. *darüber hinweggleiten.*

überhurerei f. *Ehebruch.*

überig s. *übrig.*

überklügeln v. *übertrumpfen.*

überklugen v. *betrügen.*

überkúmen v. *erhalten, erwerben, erreichen; auskommen mit; eins werden; überwinden.*

überkumen v. *ans Ufer kommen;* für jem. ü. *an ihm vorbeikommen.*

überlang adv. *bald darauf.*

überlassen v. *übriglassen.*

überlast f. *zu große Last, Beschwerde;* einem ü. tun *ihm zur Last fallen.*

überlauf m. *Schiffsdeck; Ueberschwemmung.*

überlaufen v. *flüchtig besprechen.*

überleben v. *überdauern.*

überlégen v. *überschlagen; überteuern, überbürden; verhüllen.*

überlegen adj. part. *beschwerlich.*

überlegung f. *Umschlag.*

überlei, -leng adj. *übrig, überflüssig, überreichlich.*

überlengen v. (schweiz.) *übertreffen, -holen.*

überlied n. *(Koch-, Brat-)Pfanne.*

überlit n. *Bettdecke.*

überlüstigen v. *überlisten.*

übermachen v. *übertreiben.*

übermannen v. *in der Mehrzahl sein.*

übermartern v. *durch die Folter zu (unwahren) Aussagen treiben.*

übermeistern v. *überlegen kritisieren.*

übermenigen v. *übermannen.*

übermerzlen v. *übervorteilen.*

übermögen v. *überwinden.*

über nacht adv. *nach Verlauf einer Nacht.*

übernechtig adj. *eine Nacht über dauernd.*

übernemen v. trans. jem. *bedrükken, überteuern;* s. des gewalts ü. *seine Gewalt mißbrauchen.*

übernießen v. *übervorteilen.*

übernomen n. *falscher Name.*

über not adv. *ohne Verlangen und Wohlgefallen.*

übernöten v. *vergewaltigen;* s. ü. *sich überanstrengen.*

übernuz m. *wucherischer Zins; Profit.*

überpochen v. *durch Trotz überwinden.*

überpracht m. *Hochmut.*

überraflen v. *jem. zur Rede setzen.*

überraufen v. *mit Raub überziehen.*

überrechnen v. *überteuern.*

überreiter m. *der im städtischen Dienst über Land reitet.*

übersaz m. *Uebervorteilung.*

überschlahen v. trans. *einen Ueberschlag machen; überwältigen;* intr. *lauwarm werden.*

überschmizen v. *überteuern.*

überschnellen v. *betrügen.*

überschrenken v. *verschränken.*

überschwang m. *Ueberfluß.*

übersehen v. *Nachsicht haben;* einem ü. *ihn verschonen;* etw. ü. *sich nicht an etwas kehren, es*

versehen, schlecht machen; s. ü.
sich vergehen.

übersehen n. *Vergehen.*

übersenig adj. *übersichtig.*

übersezen v. *über Gebühr be-*
setzen, beanspruchen, überlasten;
übervorteilen, überteuern; über-
fallen.

übersezung f. *Uebervorteilung.*

übersich adv. *in die Höhe.*

übersichtig adj. *weitsichtig.*

übersinig adj. *kurzsichtig.*

übers jar adv. *das Jahr über.*

überspringen v. *mit Stillschweigen*
übergehen.

überstechen v. *ausstechen, übertref-*
fen.

überstelle f. *Vorrang.*

überstreben v. *überstehen.*

überstreiten v. *überwinden.*

ein übersturz tun v. *sich über-*
stürzen.

übersumen v. *überschlagen; vor-*
führen.

übertag adv. *tagüber, im täglichen*
Leben, aller paar Tage, tagaus
tagein.

überteilen v. trans. *jem. bei e. Tei-*
lung übervorteilen.

überteuben v. *übertönen, unter-*
drücken, überwinden, belästigen.

über tische adv. *bei Tisch.*

übertörlen v. *betören.*

übertragen v. *auch ertragen.*

übertragen adj. part. *stolz.*

übertreff(en)lich adj. *vorzüglich.*

übertreffenliche f. (schweiz.) *Vor-*
züglichkeit.

übertreiben v. *übermäßig anspor-*
nen.

übertreten v. *übertreffen.*

übertrit m. *Abfall.*

übertür f. *Türsturz;* etw. an die
ü. henken, über die ü. sezen
beiseite setzen, vernachlässigen.

über und über gen v. *drüber und*
drunter, zugrunde gehen.

überwegen adj. *lästig.*

s. überweiben v. *sich mit Heiraten*
übernehmen.

überweinen v. *mit zu viel Wein be-*
laden.

überweisen v. *überzeugen, beweisen.*

überwinden v. *überführen.*

überwinnen v. *im Wettkampf be-*
siegen.

überzelen v. *überteuern.*

überzeugen v. *überführen, erweisen.*

überziehen v. *angreifen; (ein Mäd-*
chen) beschlafen.

überzucken v. *übers Knie, die Bank*
legen.

überzwer(ch), -zwer(he)s adv. *quer*
(-über), verkehrt.

übrig adj. *übermäßig, -flüssig,*
-schüssig; ü. gnug *übergenug;* ü.
vil zu viel.

übrig n. *Ueberfluß.*

übunge f. *Einprägung; gewohnte*
Betätigung.

üchse f. *Achsel(höhle).*

uchtelblume f. *Herbstzeitlose.*

ufel s. *auf.*

uho m. *Uhu.*

ukle m. *der Fisch Ukelei.*

ul(n)er m. *Töpfer, Topfhändler.*

umadum adv. *um und um, ganz*
und gar.

umb- s. *um.*

umbaten v. (bair.) *herumwaten.*

umblicken v. trans. *umleuchten.*

umbringen v. *vertun, verlieren (vom*
Gelde).

umbwe s. *um weu.*

s. umdieren v. *sich bemühen, tum-*
meln.

s. umdrehen v. *sich herumtreiben.*

umeinander adv. *abwechselnd.*

ümen adv. (schweiz.) *jemals.*

umendum adv. *um und um, völlig.*

umfahen v. *in Obhut nehmen.*

umfang m. *Umarmung.*

umfragen v. *der Reihe nach fragen.*

umfüren v. *hinhalten, nasführen.*

umgang m. *Prozession; ringsum*
führender Gang.

umgeld n. *Verbrauchssteuer*

umgelder m. *Akzisor.*

úmgen mit v. *sich beschäftigen;*
der hund get mir vor dem liecht
um *ich habe einen unklaren Ver-*
dacht.

umgén v. *vermeiden.*

um gottes willen adv. *umsonst.*

umgreifen v. *herübertasten.*
umhang m. *Vorhang.*
umher, -hin adv. *zurück.*
umkert adj. part. *pervers.*
umkuplen v. *umgarnen.*
umlauf m. *ringsum führender Gang.*
umlege f. *Aufschlag am Rock.*
umlegen v. *(eine Stadt) einschlie- ßen, belagern.*
umleiren v. *herumbummeln.*
umprangen v. *herumflanieren.*
umpütschen v. (schweiz.) *um- stoßen.*
umreden v. *umschreiben.*
umrefiren v. *sich ergehen.*
umreiben v. *umstoßen, -drehen.*
umreißen v.: heuser u. wollen *außer sich sein.*
umrennen v. *agitieren.*
umring m. *Umkreis.*
umschanzen v. *umherflanieren; reihum spielen.*
umschlagen v. *vom Wind: drehen; vom Wein: sauer werden; von Menschen: abfallen; mit Trom- melschlag verkünden.*
umschlenzen v. *umherschlendern.*
umschliefen v. *herumkriechen, sich herumtreiben.*
umschwank m. *Umweg.*
umschweif m. *Umweg.*
umschweifen v. *auch ausschweifen.*
umstand m. *Gesamtheit der Um- stehenden, Zeugenschaft; um- stende (der rede) Zusammen- hang.*
umstender m. *Beisitzer bei Gericht.*
umsterzen v. *vagabundieren.*
umstreunen v. *herumschweifen.*
umstrülen v. *herumstöbern.*
umstüren v. *herumstochern.*
umsunst adv. *ohne Grund.*
umtragen v. *einen ins Gerede brin- gen.*
umtrechen v. *herumziehen*
umtreiben v. *verspotten.*
um überall adv. *ringsum.*
umwalgen v. *herumwälzen.*
um we(u) conj. *warum.*
umwerfen v. *(das Roß) herum- werfen, tummeln.*

umwort n. *Umschweif.*
umzaspen v. *herumhaudern.*
umzausen v. intr. *herumhaudern.*
unabgenglich adj. *ewig.*
unableßlich adj. *unsühnbar.*
unabnemlich adj. *was nicht ab- nimmt, nicht vergeht.*
unachtber adj. *nachlässig, undeut- lich; unscheinbar.*
unachtsam adj. *treulos, abtrünnig; unscheinbar; faul.*
unadel m. *bürgerliche Kreise.*
unangesehen daß conj. *trotzdem, obgleich, ohne Rücksicht darauf, daß.*
unangesprochen adj. part. *unange- fochten.*
unanmütig adj. *widerlich.*
unansprechig, -lich adv. *ohne daß Ansprüche erhoben werden; ohne Vorbehalt.*
unaufgehalten gen v. *sich ausleben.*
unbartet adj. part. *bartlos.*
unbedacht adv. *unerwartet.*
unbehaglich adj. (schweiz.) *unsträf- lich.*
unbemaligt adj. part. *unbefleckt.*
unbequem adj. *unwillkommen, un- zureichend.*
unberedlich adj. *unbeugsam.*
unberhaft adj. *unfruchtbar.*
unbericht adj. *unkundig.*
unbescheidenheit f. *unkorrektes Ver- halten.*
unbeschmeißet adj. part. *unbefleckt.*
unbesint adj. *verrückt, unüberlegt.*
unbetrog(en)lich adj. *untrüglich, aufrichtig.*
unbil(d) m. n. *Unrecht.*
unbillich adj. *unangemessen.*
unbillichen v. *übelnehmen.*
unbittig adj. *mißmutig.*
unbogsam adj. *unbeugsam.*
unbündig adj. *unverbindlich.*
unbünstig adj. *mißgünstig.*
unburt f. *Ungebühr.*
unde f. *Welle.*
under praep. *auch: zwischen.*
under augen gen v. *offen entgegen- treten.*
underband n. (els.) *Strang, Gebinde Garn u. ä.*

underbülzen v. *mit Bolzen stützen.*
underdessen conj. *hingegen.*
underer m. *Untergebener.*
underessen n. *Zwischenmahlzeit, Vesperbrot.*
s. underfahen v. *wagen.*
underfaren v. *(hindernd) dazwischenfahren.*
underfehung f. *Uebernahme.*
undervogt m. *Büttel.*
undergeben v. *verpfänden; s. u. sich fügen, einordnen unter.*
underhaltung f. *(Lebens-)Unterhalt.*
underhembt n. *(schweiz.) Hemd.*
underjöchig adj. *unterm Joch arbeitend.*
underkauf m. *Zwischenhandel; städtische Gebühr darauf.*
underkaufer, -keufel m. *Zwischenhändler, Makler, Geldwechsler.*
underkomen v. *einer Sache zuvorkommen, vorbeugen, sie verhindern; entgehen.*
underlaß m. *Lagerplatz der Jäger.*
s. underlassen v. *sich fügen.*
underleibung f. *Unterbrechung.*
underleufer m. *Zwischenläufer.*
underman m. *Unter, Bube im Kartenspiel.*
undern m. *Zwischenmahlzeit, Vesperbrot.*
s. undernemen v. *auf sich nehmen, sich anmaßen, teilnehmen an.*
underreden v. *vermitteln; dazwischensprechen.*
underricht f. *Nachricht.*
underscheid f. *Bedingung, Bescheid, Begrenzung.*
underscheiden v. *trennen, abhalten; erkennen.*
underscheiden adj. *verschieden; plur. manche.*
underscheidlich, -schiedlich adj. *deutlich, unterscheidbar, verschieden.*
underschießen v. *(einen Riegel) vorschieben.*
underschlacht f. *(schweiz.) Decke, Boden.*
underschlagen v. *durch einen Verschlag abtrennen; austäfeln; verbergen.*

underschlaufen v. *unterschieben.*
underschleif m. *Unterschlupf.*
underschleifen v. *verborgen halten.*
underschreiber m. *Schreibgehilfe.*
undersehen v. *nach unten sehen.*
undersich adv. *hinunter.*
undersprengen v. *miteinlaufen lassen, mitvorbringen.*
understen v. *auf sich nehmen, wagen, sich an etwas machen; es verhindern; s. u. durchzuführen suchen; s. eines u. sich seiner bemächtigen.*
understiflen v. *stützen (von Bäumen).*
understurz m. *schwerer Fall.*
understürzen v. *durch Stützen aufrichten.*
undertedinger m. *Vermittler.*
undertreten v. *unter die Füße treten.*
undertrunk m. *Dämmerschoppen.*
undertun v. *abschaffen.*
underwegen lassen v. *unterlassen.*
underweilen adv. *bisweilen.*
s. underwinden v. *auf sich nehmen.*
underwörfig adj. *untertan.*
underzech f. *Dämmerschoppen, Schlaftrunk.*
underziehen v. trans. *unterschlagen, entziehen; s. u. mit gen. etwas auf sich nehmen; sich eines annehmen.*
underzwischen adv. *inzwischen.*
undeudsch adj. *undeutlich.*
undeuen v. *an Verdauungsstörungen leiden; s. u. sich V. zuziehen.*
undeuung f. *Dyspepsie.*
undienstlich adj. *ungefällig.*
undultig adj. *ungeduldig.*
une f. *wilde Ehe.*
uneben adj. *unangemessen; ungelegen.*
unend treiben v. *sich unredlich benehmen.*
unendlich adj. *unredlich.*
unengolden adv. part. *unentgeltlich.*
unentpfindlich adj. *ohne daß man es spürt.*

unenz adv. *uneinig, unversöhnt; ohne Ziel und Nutzen.*

uuere f. *Kränkung, Schmach.*

unergerlich adj. *unanstößig.*

uuerkant adj. *unbekannt.*

uuerlich adj. *was (jem.) keine Ehre bringt; unehrbar.*

uuermessen adj. part. *unüberlegt.*

uuernemet adj. part. *nicht erwähnt.*

uuernietet adj. part. *unerprobt.*

uuerschießlich, -schüßlich adj. *unnütz, unergiebig.*

uuerschrecklich adj. *unerschrocken.*

uuertig adj. *aus der Art geschlagen.*

uuertreibenlich adv. *unbeschadet.*

uuerwellich adj. *nicht wählbar.*

uuerzellich adj. *unsagbar.*

uuerzelt adj. part. *unzählig.*

uueß adj. *ungenießbar, unappetitlich.*

unfal m. *Unglück, Unheil.*

unfasel n. *Ungeziefer.*

unfelich adj. *unfehlbar.*

unfelig adj. *ungefällig.*

unverdacht adj. *untadelig; unüberlegt.*

uuverdingt adv. *ohne (rechtliche) Vereinbarung.*

unverfenglich adj. *unerheblich.*

unvergriffen adj. *unvorgreiflich, ohne Präjudiz.*

unverheblet adj. (schweiz.) *ungesäuert.*

unverhüt adv. *sorglos.*

unverker adv. *unbeirrt.*

unverlümpt adj. *unbescholten.*

unvermaßget adj. *unbefleckt.*

unvermeiligt adj. part. *unbefleckt.*

unvermögen adj. *unfähig.*

unvermüglich adj. *leistungsunfähig.*

unverscheidenlich adv. *ohne Unterschied.*

unverschemt adj. part. *schamlos.*

unversehens adv. *unerwartet;* praep. mit gen. *ohne zu bedenken.*

unversinlich adj. *unaussöhnbar.*

unverstanden adj. part. *unverständig.*

uuversucht adj. *unerfahren.*

unfertig adj. *auch unrechtmäßig; ungangbar; krank. unfähig.*

unverwandelt adv. *stetig.*

unverweißlich adj. *untadelig.*

unverwent adj. *beständig.*

unverwissenlich adj. *untadelhaft.*

unverworren sein mit v. *sich nicht einmengen.*

unverzeit adj. part. *unverzagt.*

unverzigen adj. *worauf man nicht verzichtet hat.*

unverzogen(lich) adv. *ohne Verzug.*

unflat m. *Scheusal.*

unfogel m. *Pelikan.*

unförmlich adj. *formwidrig; unscheinbar.*

unvorsichtikeit f. *Mangel an Absicht; aus. u. gedankenlos.*

zu unfriden werden v. *sich entzweien.*

unfrutig adj. *nachlässig.*

unfuge f. *Ungebühr.*

unfüglich adj. *ungehörig.*

unfur f. *üble, rohe Art, Unart, Unruhe.*

unfürig adj. *unordentlich.*

unfurm f. m. *Ungestalt (zu lat. forma).*

ungebissen adj. part. *unversehrt.*

ungeborn adj. part. *von Pergament aus der Haut eines neugeborenen Lammes.*

ungeburt f. *niedere Herkunft.*

ungedacht adv. *unverhofft.*

ungeduld f. *Unfähigkeit (Schmerz) zu erdulden.*

ungefarlich, -ferlich adj. *unbefangen;* adv. *beiläufig, zufällig.*

ungefel n. *Unglück, ärgerlicher Handel.*

ungefelig adj. *unglücklich.*

ungeferd adv. *arglos.*

ungeferlich adv. *absichtslos; etwa.*

ungefolgt adj. part. *was keine Folge, Zustimmung findet.*

ungefrett part. *ungefoppt.*

ungefürt adj. part. *ausschweifend.*

ungeheit part. *ungefoppt, ungeschoren.*

ungeheuer adv. *ungebührlich.*

ungehöflet adj. part. *ungehobelt.*

ungeholfen adj. part. *nutzlos.*

ungehöret adj. *schwerhörig, taub.*

ungehörung f. *Taubheit.*

ungelachsen adj. *unerzogen, unge-*
schlacht, ungefüg.
ungeld n. *Verbrauchssteuer.*
ungelegen adj. *schlecht gelegen, be-*
schwerlich.
ungelimpf m. *Ungnade.*
ungelter m. *Steuereinnehmer.*
ungemein adj. *ungewöhnlich.*
ungemeint adj. *absichtlos.*
ungemut adj. *verdrießlich.*
ungenant n. *Wurm am Finger.*
ungenante sünde *homosexuelles*
Vergehen.
ungeniet adj. part. *unerprobt.*
ungenossame f. *Zugehörigkeit zu*
verschiedenen Ständen, Herr-
schaften; Ehe zwischen Uneben-
bürtigen.
ungenöt adj. *freiwillig.*
ungent n. *Salbe.*
ungenugsame f. *Mangelhaftigkeit.*
ungerech n. *Unrecht, Unordnung.*
ungerecht werden v. *ins Unrecht*
gesetzt werden.
ungerichte n. *Verbrechen; unrech-*
tes Gericht.
ungern(e) adv. *unabsichtlich.*
ungerug adj. *unruhig.*
ungesalzen adj. *witzlos.*
ungeschaffen adj. *mißgestaltet, häß-*
lich.
ungeschaffne f. *Häßlichkeit.*
ungeschaft adv. *unverrichteter*
Dinge.
ungescheiden part. *grob.*
von ungeschicht adv. *von ungefähr.*
ungeschichte f. *unglücklicher Zu-*
fall.
ungeschickt adj. (obd.) *unzweck-*
mäßig, ungelegen; (ostmd.) *un-*
gereimt.
ungeschickte f. (schweiz.) *Ein-*
falt.
ungeschlacht adj. *von schlechter*
Art, wertlos; aufgebracht, wild.
ungeschmack adj. *abgeschmackt.*
ungeschwungen adj. part. *als At-*
tribut der Lüge: nicht (in der
Futterschwinge) gesäubert, grob;
adv. *gröblich.*
ungesit adj. *unziemlich.*
ungespeit adj. part. *unverspottet.*

ungessen adj. part. *nüchtern.*
ungestalt adj. *häßlich.*
ungestalt f. *Häßlichkeit.*
ungestindig adj. *ungeduldig.*
ungestüme f. *Sturm.*
ungetrungen adj. *freiwillig.*
ungeübt adj. *ungebräuchlich.*
ungewaglet adj. *ungewiegt.*
ungewar adv. *unvorhergesehen.*
ungewarlich adj. *unbewacht, ge-*
fährdet.
ungewegert adv. *unweigerlich.*
ungewinlich adj. *uneinnehmbar.*
ungewiß adj. *unzuverlässig.*
ungezeicht adj. part. *nicht mit Zei-*
chen versehen.
ungezwagen adj. part. *ungewaschen.*
ungezweifelt adv. *zweifellos; un-*
anfechtbar.
ungichtung f. *Verweigerung von*
Zeugnis oder Bekenntnis.
ungleich adj. *wenig entsprechend;*
ungerecht; mein ungleicher *ein*
Schwächerer (oder Stärkerer) als
ich.
ungleichnig adj. *unerträglich.*
ungleichsame f. *Verschiedenheit.*
ungleitig adj. *langsam, unwillig.*
ungnad f. *Unlust, Schädlichkeit.*
ungötlich adj. *unfromm, ungerecht.*
ungrünt adj. *unbegründet.*
ungunst f. *Mißgunst; Mißachtung.*
unhab f. *Haltlosigkeit.*
unhandselbar, unhandslich adj.
unfaßbar.
unhilflich adj. *unbehilflich; unver-*
besserlich.
unhöfflich adj. *nicht zu hoffen, aus-*
sichtslos.
unhold m., -hulde f. *Hexe.*
unkeuschen v. *unsittlich leben.*
unkindbar adj. *kinderlos.*
unkomlich adj. *unbequem.*
unkomlikeit f. *Unbequemlichkeit.*
unkönnenheit f. *Mangel an Wissen*
und Erfahrung.
unkumlikeit f. *Unzuträglichkeit,*
Unbequemlichkeit.
unkünnend adj. *unfähig.*
unkü(n)schen v. *unsittlich leben.*
unlang adj. *baldig.*
unleid(en)lich adj. *unerträglich.*

unleidig adj. *ungeduldig, unwirsch.*
unleidlich adj. *unerträglich, widersetzlich.*
unleßlich adj. *unablässig.*
unlust md. f., obd. m. *Ekel, Widerwärtigkeit; Unrat; böse, verbotene Lust; Unheil.*
unlustig adj. *ekelhaft, unerfreulich.*
unmer f. *Unwert, Geringschätzung.*
unmere adj. *unwert, gleichgültig.*
unmuß f. *Vielgeschäftigkeit; Mühsal, Last.*
unmüßig adj. *stark beschäftigt.*
unmut m. *Trauer; Aerger.*
unmutig adj. *traurig.*
unname m. *Schimpfname.*
unnamwirdig adj. *unrühmlich.*
unnenliche sünde *homosexuelles Vergehen.*
unnot adj. *unnötig;* adv. unnötigerweise.
s. unnüz machen v. *sich unnötig ereifern.*
unördig, unörnlich adj. *ungeregelt, ordnungswidrig.*
unpresthaft adj. *fehlerlos.*
unquemlich adj. *unwillkommen.*
unrast f. *Unruhe in der Uhr.*
unrat m. *Widerwärtigkeit, Gefahr; Verschwendung; Schaden, Unheil.*
unrechenlich adj. *unberechenbar.*
unrechtfertig adj. *ungerecht; unrechtmäßig.*
unredbar adj. *unmündig.*
unrede f. *Schimpfrede.*
unretlich adj. *verschwenderisch.*
unrichtig adj. *uneins.*
unsaft adj. (hess.) *unsanft.*
unsald, unselde f. *Unheil.*
unsauber adv. *rücksichtslos.*
unschamper adj. *unverschämt.*
unschüzig adv. *unvorsichtig.*
unselde f. *Unheil.*
unser frauen eis n. *Marienglas.*
unsetig adj. *unersättlich.*
unseumig adj. *flink.*
unsichtlich adj. *unsichtbar.*
unsig m. *Niederlage.*
unsinn adj. *toll;* adv. *in sinnlosem Zustand.*
unsinnig adj. *toll.*

unsod adj. (nd. unsöte) *unsüß, widerlich.*
unsorge f. *Sorglosigkeit.*
unsput f. *Unglück.*
unstrafbar adj. *straflos.*
unstreflich adj. *unangegriffen.*
unsündlich adj. *unfehlbar.*
untaget adj. (alem.) *minderjährig.*
untaus f. (schweiz.) *Untugend.*
unte f. *Welle.*
unteillich adv. *insgesamt.*
unter- s. under-.
untödlich adj. *unsterblich.*
untöglich adj. *untauglich.*
untragbar adj. *unfruchtbar (vom Vieh).*
untreglich adj. *unerträglich.*
untreue f. *ein Kartenspiel;* untreuen v. *es spielen.*
untucht f. *Untauglichkeit.*
untüchtig adj. *unzureichend.*
untüchtige f. *Unfähigkeit.*
untugend f. *Untauglichkeit; Bosheit.*
unweg m. *schlechter Weg.*
unweis adj. *albern, toll, wild.*
unwenklich adj. *unerschütterlich.*
unwentlich adj. *unabwendbar; unersetzlich.*
unwere adj. *ungültig.*
unwerlikeit f. *Wehrlosigkeit.*
unwiderstatlich adj. *unersetzlich.*
unwiderstreitlich adv. *unwiderlegbar.*
unwil m. *Verdruß, Zank, Ekel.*
unwillen v. *ekeln, sich brechen.*
unwilligen v. *Feindseligkeiten verüben gegen.*
unwird f. *Schmach.*
unwissen n. *Unwissenheit.*
unwißlich adj. *mehr, größer, als man wissen kann.*
unwürse f. (alem.) *Zorn.*
unz f. *Gewicht von 2 Lot; kleines Hohlmaß.*
unzalber, -lich adj. *unzählig.*
unz(e) conj. adv. praep. *bis.*
unzeit f. *ungewohnte Stunde.*
unzeitig adj. *unpassend, zur Unzeit, vor der Zeit angewandt, unerwartet.*
unzem adj. *unangemessen, widrig.*

unzerbrochen adj. part. *unverbrüchlich.*

unzerteilig adj. *untrennbar.*

unzgold n. (nürnb.) *minderhaltiges Gold (?).*

unzhar adv. *bisher.*

unzifer n. *Ungeziefer; auch Schelte des Unsauberen.*

unzit *s.* üzit.

unzogenlich adv. *unverzüglich.*

unzt *s.* unze.

unzucht f. *Verstoß gegen Ordnung und Anstand, Ungezogenheit, Rohheit, Unrecht.*

unzüchtig adj. *barbarisch, zuchtlos, unerzogen.*

üppig adj. *übermütig, unnütz, leichtfertig.*

üppisch adj. *frech.*

ur f. *Stunde.*

Urbansplag f. *Trunksucht.*

urbar, -ber n. *Zins und Einkünfte tragendes Grundstück, Zinsgut, Vasallenland; Verzeichnis der Einkünfte.*

urbarlich adj. *plötzlich.*

urbering adv. *plötzlich.*

urbietig adj. *erbötig, willig.*

urblaschlich adv. *urplötzlich.*

urblizlich, -blüpfling adv. *plötzlich.*

urbring adv. *plötzlich.*

urdruz m. *Ueberdruß.*

urdrüz(ig) adj. *überdrüssig.*

uren(e) m. *Urgroßvater.*

urenikel m. *Urenkel.*

urfar n. *Ausfahrtstelle, Landeplatz.*

urfech(t), urfed f. *eidlicher Verzicht auf Rache; Urkunde darüber.*

urfer m. (alem.) *Hammel.*

urfrid m. *Fehde.*

urgeler m. *Orgelbauer.*

urgelmecher m. *Orgelbauer.*

urgicht f. *Aussage.*

urglocker m. *Hersteller von Schlaguhren.*

urhab m. *Ausgangspunkt; Erhebung, Streit; Sauerteig.*

urheblich adv. *ursprünglich, plötzlich.*

urkund f. *(gewisse) Kenntnis, (ver-*

bürgtes) Wissen, Zeugnis, Beweis; zu u. *als Beweis.*

urlaub m. *Erlaubnis (zu gehen), Abschied; Dispens (von Eid und Pflicht);* mit u. *wenn ich so sagen darf;* u. geben *entlassen;* u. hinder der tür nemen *sich wegstehlen.*

urlaubbrief m. *Abschiedsbrief.*

urlauben v. *entlassen.*

urlaug, -leug n. *Fehde, Krieg.*

urlei n. (alem.) *Uhrwerk (horologium).*

urleugen v. *Krieg führen.*

urlob *s.* urlaub.

urlüge n. *Krieg.*

urlügen v. *Krieg führen.*

urn f. (bair.) *Hohlmaß für Wein.*

urrind n. *Rohrdommel.*

ursach f. *auch Ursache zum Streit;* u. nemen an *Händel suchen mit;* die u. ist, das *es hat seinen Grund darin, daß.*

ursachen v. *bewegen, drängen, veranlassen.*

ursacher m. *Urheber.*

ursassen, -sossen v. *ersetzen.*

urschlecht f. *Ausschlag, Pocke.*

urschlechtenmal n. *Pockennarbe.*

ursecher m. *Urheber.*

urstend(e) f. *Auferstehung.*

ürte f. *Zechgelage, -gesellschaft, -betrag.*

urteilen v. *kritisieren, verurteilen.*

urteilsbrief m. *Urkunde, die ein Urteil ausspricht.*

urtel f. *Urteil.*

ürtin *s.* ürte.

uster f. *Auster.*

üt(s), üzid, üzig pron. (schweiz.) *irgend etwas;* adv. *irgendwie.*

u(wi)rglocker m. *Großuhrmacher.*

uxe *s.* üchse.

üz(it) pron. *(irgend) etwas.*

V *s.* F.

W.

Unter W Vermißtes ist bei B zu suchen.

wa pron. *wo.*

wabel m. *Honigscheibe.*

wablen v. *schwanken.*
wachs adj. *scharf.*
wachsen v. *auch kommen, gelangen; verwachsen, wieder zuwachsen.*
wachsung f. *Gedeihen, Zunahme.*
wachtel f. *auch Wachtelpfeife; Falte.*
wachtelbein n. *Lockpfeife des Voglers aus Gänseknochen.*
wachtelfürer m. *Wachtelkönig.*
wachtelhund m. *Vorstehhund.*
wachteln v. *in Falten fassen wie den Lederbalg der Wachtelpfeife.*
wachtelpfeife f. *Lockpfeife des Voglers.*
wachter adj. (obd.) *wacker.*
wacke f. *Steinblock, Feldstein; grober Anstoß, Sünde.*
wacken v. *wackeln.*
wacker adj. *wach;* Wacker *Hundename.*
wadel m. *Mondphase, Vollmond; rechte Zeit; Unglückstag.*
wadel *Schwanz s.* wedel.
wadeln v. *watscheln.*
wadsack m. *Vorratssack.*
wafe(n) m. *Honig(wabe).*
waffel f. *großer Mund.*
waffen interj. *zu Hilfe, mordio.*
wag m. *bewegtes Wasser, Woge; Weiher.*
wag f. *gewagtes Spiel.*
wage f. *Wiege; Folter; Schwerpunkt;* in einer w. sten *auf der Kippe stehen.*
wagen v. *riskieren, es darauf ankommen lassen;* dran w. *daransetzen.*
wagen, waggen v. *schwanken, wackeln.*
wagenfürer m. *Fuhrmann.*
wagenhals m. *Draufgänger.*
wagenknecht m. *Gehilfe des Wagemeisters an der Stadtwage.*
wagenman m. *Kutscher.*
wagenmeister m. *oberster Beamter in der Stadtwage.*
wagenschoß m. *gespaltener Eichbaum, schweres Brett.*
wagense, -sun m. *Pflugschar.*
wagizen v. *schwanken.*

waglen v. *wiegen.*
waglich adj. *gewagt.*
wagner m. *Fuhrmann; Wagenbauer, Stellmacher.*
wagschif n. *leichtes Raub-, Kaperschiff.*
wagung f. *Risiko.*
waher adv. *woher.*
wahin adv. *wohin.*
wal m. *Wallung.*
wal: um die w. *um ein geringes, nur ein wenig;* nach der w. *in ausgesuchter Güte, vortrefflich.*
walbruder m. *Wallfahrer.*
Walch m. *Italiener.*
waldbruder m. *Eremit.*
waldesel m. *wilder Esel; ungeschliffener Tölpel.*
waldfaren f. *Farnkraut.*
waldfei f. *Fee.*
waldglas n. *grünliches Glas aus dem Schwarzwald.*
waldglasraute f. *Fenster aus Schwarzwaldglas.*
waldholder m. *Traubenholunder,* Sambucus racemosa.
waldmeister m. *Forstmeister.*
waldrech(t)en v. *einen Baumstamm vorläufig im Groben richten, behauen, wie die Holzfäller; auch bildlich.*
waldstat f. *Walstatt.*
waldteufel m. *Satyr, Faun.*
waldtreter m. *Einsiedler* (eremita).
walee f. *Galeere.*
walen v. *wälzen.*
walge f. *Woge.*
walgen v. *wallken.*
walger m. *Walze, Welle, Rollholz.*
walgern v. *wälzen, rollen.*
walglen v. *wälzen.*
walgung f. (obd.) *Ekel.*
Walh m. *Wälscher, Italiener.*
walkwasser n. *Lohbrühe, in der die Gerber die Felle walken.*
wallechtig adj. *wallend.*
wallen gen, w. laufen v. *wallfahren.*
walram, -rode m. n. *Walrat.*
walreuße, -rus(ch) n. *Walroß.*

walstab m. *Wanderstab.*
walweg m. *Wallfahrt.*
walwurz f. *Schwarzwurz, Beinwell.*
walzen v. *sich drehen, wälzen.*
wamas n. *Wams.*
wamlen v. (bair. östr.) *wimmeln.*
wampe f. *Bauch.*
wamsaler m. *Verfertiger von Wäm-*
sern.
wamwaß n. *Wams.*
wan pron. *woher.*
wan conj. *als, weil, denn;* nach
comp. *als.*
wan adj. *leer; nichtig; halbvoll.*
wan m. *auch Vorurteil; böser w.*
ungünstiges Vorurteil; seinen w.
dargeben *seine Meinung verraten.*
wand f.: etwas an der w. greifen
es mit Händen greifen.
wand f. (obd.) *Wende, Rückkehr.*
wandechtig adj. *abergläubisch.*
wandel m. *Tadel, Fehler, Strafe,*
Bußgeld; Verkehr, Reise; Le-
bensführung.
wandelbrüchig adj. *fehlerhaft, straf-*
würdig.
wandelbuch n. *Reisetagebuch;*
Strafliste.
wandelfellig adj. *strafbar.*
wandelgesell m. *reisender Hand-*
werksbursche.
wandelkerze f. *Altarkerze, die be*
der Konsekration angezündet
wird.
wanderboß m. *Wanderbursche.*
wandlaus f. *Wanze.*
wandlen v. *bes. die Hostie in*
Christi Leib verwandeln; w. um
einen *mit ihm zu tun haben.*
wandschneider m. *Tuchhändler.*
waneknecht m. *Fuhrknecht.*
wanen v. *wohnen.*
waner m. *Wagner.*
wanex adj. *in der Achse wackelnd,*
aus den Fugen geraten.
wangot m. *Idol.*
wangst m. *Wanst.*
wanheit f. *Hohlheit, Leere.*
wanher pron. *von wo.*
wani f. *Wohnung.*
wankel adj. *unbeständig.*
wankrengel m. *Würger,* Lanius.

wanlich adj. *eingebildet.*
wannen v. *in der Futterwanne*
schwingen, sieben, sondern; eier
w. *Verkehrtes tun.*
wannenher adv. *woher.*
wannenweher m. *Turmfalke.*
wanske, wanzke f. *Wanze.*
wapengenoß adj. *zu einem Wap-*
pen berechtigt, siegelmäßig.
waplen v. *schwanken.*
wapner m. *Gewaffneter.*
war adv. *wohin.*
ware f.: ware dran geben *mit Ware*
statt mit Geld zahlen, gleiches
mit gleichem vergelten.
wargleubig adj. *wahrscheinlich.*
warheit f. *auch Wahrhaftigkeit.*
warkrengel m. *Würger,* Lanius.
warleichnam m. (ostmd.) *Fron-*
leichnam.
warm dat. sg. *zu wahr.*
warmit pron. *womit.*
warnemen v. mit gen. *beherzigen*
warnen v. *verhüten (einen Scha-*
den).
wart(e) f. *Pflege; Lauer; Frist,*
Nachsicht; Anwartschaft.
warten v. *bewachen, verwalten,*
pflegen; erwarten; auf einen w.
ihm aufwarten; einem w. *nach-*
kommen (als Trinksitte).
wartman m. *Wachtposten.*
wartolf m. *Fischreuse.*
warzeichen n. *Legitimation.*
warzu pron. *wozu.*
was v. 1. 3. sg. praet. ind. *war.*
wascha m. *Pascha.*
wasche f. *Maul.*
waschen v. *auch schwatzen, faseln;*
hosen w. *mit Männern zu tun*
haben.
waschgrede f. *Klatschbase.*
waschmaul n. *Schwätzerin, Läster-*
maul.
was(e) m. *Rasen, Torf.*
wase f. *Base, Mutterschwester.*
wasen 3. plur. praet. ind. *waren.*
wasenbosch m. *Rasen.*
wasenknecht m. *Henkersknecht.*
wasenmeister m. *Abdecker.*
waserlei pron. *welcherlei.*
wasserfrau f. *Nymphe, Najade.*

wassergump m. *Teich.*
wassergüß f. *Flut.*
wasserrab, -tul m. f. *Samtente.*
wassersonne f. *Komet.*
wasserwerfe f. *Strudel.*
wasserzieher m. *Gehilfe in der Badestube.*
wat f. *Zugnetz.*
wat f. *Kleid, Kleiderstoff, Tuch.*
watman m. (schweiz.) *Schneider.*
watmenger m. *Tuchhändler.*
watsack m. *Vorratssack.*
wazeglen v. *schweifwedeln.*
web(b)e f., webel m. *Gewebe; Honigwabe.*
weben v. (ostmd.) *wehen, sich regen, hin und her schweben, tätig sein, wanken.*
webern v. *in Bewegung sein, wandern.*
weberschlichte f. *Glättkleister der Weber.*
weberschüze m. *Schiffchen.*
webse f. *Wespe.*
wech, wehe adj. *vornehm, fein, zart.*
wechalter, wecholter, weck(h)older m. *Wacholder;* wechalterin adj. *aus Wacholderholz;* wechalterfogel m. *Krametsvogel;* wechalterziemer m. (els.) *Wacholderdrossel.*
wecheln v. *wedeln; flattern; kokettieren.*
wecholter s. wechalter.
wechse f. *Schärfe.*
wechsel m. *Handel; Tausch, Abwechslung;* geld in w. legen *es zinsbringend anlegen.*
wechselbut(te), -kind m. n. *Wechselbalg, Mißgeburt.*
wechsen v. *wachsen machen.*
wechsin adj. *wächsern.*
wechslen v. *tauschen.*
wechteler m. *Wachtelfänger.*
weck m. *Keil; keilförmiges Gebäck.*
weckerling m. *Mastdarm.*
weckfraue f. *Semmelverkäuferin.*
weck(h)older s. wechalter.
wede f. *Schneewehe.*
wedel m. *Schwanz; Flegel; (Weih-) Wedel.*

wedel *Mondphase* s. wadel.
wedeler m. *Weihwedelmacher.*
weder pron. *welcher von beiden;* (nach comp.) *als.*
wefern v. *hin und her gehen, sich regen.*
weffen v. *waffnen.*
wefrau f. *Hebamme.*
wefz(g) f. (schwäb.) *Wespe.*
in den weg werfen v. *einwerfen.*
wege adj. *vorteilhaft, geneigt;* comp. weger *besser;* adv. *fürwahr.*
wege adj. *in Aufruhr.*
wegegelder m. *Erheber des Weggelds.*
wegeisen n. *Messer vor der Pflugschar.*
wegemecher m. *Straßenarbeiter.*
wegen stv. *anschlagen, ermessen, erwägen.*
wegen v. *auch foltern.*
wegen v. *Weg machen;* s. wegen *sich rühren.*
wegener m. *Wagenbauer.*
wegense m. f. *Pflugschar.*
weger s. wege.
wegern v. *weigern, verweigern.*
wegersam adj. *verweigernd.*
wegerung f. *Weigerung.*
wegesezer m. *Straßenarbeiter.*
wegewarten v. *am Weg auflauern.*
wegfart f. *Reise.*
wegfertig adj. *gerüstet, bereit.*
wegfleck(lein) m. n. *Blaukehlchen.*
weggeheien v. *sich fortmachen.*
wegis m. (schweiz.) *Pflugschar.*
wegras n. *blutstillendes Gras, πολύγονον.*
wegreisten v. *kreischen vor Schmerz.*
wegrucken v. *wegverlegen.*
wegrüsten v. (ostmd.) *durch Rost verderben.*
wegschied m. *Wegteilung.*
wegweis f. *Anleitung.*
wehe adj. *vornehm, fein, zart.*
wehedorn m. *Kreuzdorn,* Rhamnus cathartica.
wehedörnen adj. *aus Holz vom Kreuzdorn.*
wehemut m. *Schmerz.*
weher m. *Fächer.*

wehet(e) f. *(Schnee-)Wehe.*

weibel m. *Gerichtsdiener, (Polizei-) Sergeant.*

weibeln v. *verliebt tun; weibernärrisch sein.*

weibeln v. *umhergehen, wanken.*

weiben v. *eine Frau nehmen.*

weibenzen v. *nach Weib riechen, weibisch klingen.*

weiberdicht n. *Weibergeklatsch.*

weibersterben n. *eine Birnensorte.*

weiberteiding n. *leeres Geschwätz.*

weibsname m. *Frauenzimmer.*

weich f. *Weihe; Vorstrafe.*

weich- s. *weih(e)-.*

weichdorn m. *Wegedorn, Kreuzdorn.*

weiche f. *weiche, unbeschützte Stelle.*

weichelei f. *Hexerei.*

weichen swv. *weich machen.*

weichfride m. *gebotener Frieden im Stadtbezirk, Weichbild.*

weichkast m. *Weihwedel.*

weichler m. *Schwarzkünstler.*

weichlerin f. *Hexe.*

weichsel f. *Sauerkirsche, Amarelle.*

weichwadel m. *Weihquast des Priesters.*

weidbruch m. *Bruch des Eingeweides, Hernie.*

weiddarm m. *Mastdarm.*

weiddurft f. *Spielraum.*

s. weiden v. *sich bereichern.*

weidengickerlein n. *die Vogelart Anthus, Pieper.*

weidenlich adj. *stattlich, tüchtig.*

weidenspaz, -sperling m. *Feldsperling; Rohrsänger; Rohrammer.*

weidgang m. *Weiden des Viehs, Viehweide und Berechtigung daran.*

weidgeschrei n. *Jägerruf.*

weidhofer m. *Kothaufen.*

weidicht n. *Weidengebüsch.*

weidisch adj. *jagdgerecht.*

weidlich s. *weidenlich.*

weidling m. *Fischerkahn.*

weidmesser n. *Seitengewehr des Jägers.*

weidmonat m. *Juni.*

weidnen v. *auf die Weide treiben; ausweiden.*

weidner m. *Hirschfänger.*

weidöser m. *Jagdtasche.*

weidschif n. *Fischerkahn.*

weidspruch m. *Jägerruf, -lüge, -latein; Renommisterei; Possen.*

weidwund adj. *durchs Eingeweide geschossen.*

weiel n. m. f. *Nonnenschleier* (lat. velum).

weielen v. *als Nonne einkleiden.*

weier m. *Weiher;* einen w. anzünden *das Unmögliche tun.*

weife f. *Haspel.*

weigand m. *Recke.*

weigen v. (ostmd.) *weihen, exorzisieren.*

weigen v. (westmd.) *wiegen.*

weigen, weihen v. *wehen.*

weiger adj. *angesehen.*

weiger adv. s. *weger.*

weighaus n. *Blockhütte.*

weihbruch m. *Kirchenraub, -schändung.*

weihbrunn m. *Weihwasser, Besprengung damit.*

weihel m. *Nonnenschleier.*

weihelege f. *Kirchhof.*

weiheling m. *eben geweihter Priester.*

wei(h)er m. *Weihe* (Milvus).

weihern v. *wiehern.*

weihwadel m. *Weihwasserquaste.*

weil conj. *solange (als), während, da doch, seitdem.*

weil(e) f. *Zeit;* über w. *nach einiger Zeit;* ein weil(en) *unterdessen.*

weil(er) m. *Schleier, Kopftuch der Nonnen.*

weilich adv. *mit Weile, gemächlich.*

weiling m. *Meerhecht, Stockfisch.*

weilung f. *Einkleidung der Nonne.*

weinangster m. *Weinkanne mit engem Hals.*

weinazel f. *Säufer.*

weinbar adj. *traurig.*

weinbete f. *Abgabe des Weinbauern.*

weinborner m. *Branntweinbrenner.*

weinbube m. *Rebmann, Weinberg-
arbeiter.*
weinecht adj. *weinhaltig.*
weineichung f. *Anfüllung mit Wein
bis zur Grenze der Leistungs-
fähigkeit.*
weineln v. *nach Wein riechen.*
weinengster m. *Weinkanne mit
engem Hals.*
weinfeuchte f. *Trunkenheit.*
weinvisirer m. *Kontrollbeamter für
Entrichtung des Weinumgelds.*
weinfürer m. *Weinfuhrmann.*
weingartschütze m. *Flurschütz, dem
die Weinberge anvertraut sind.*
weingerter m. *Weingartenarbeiter.*
weingewächs n. *Rebbau.*
weingifter f. *eine Birnensorte.*
weinherr m. *Weingroßhändler.*
weinig adj. *bezecht.*
weinig adv. *wenig.*
weinkande, -kantel f. *Weinkanne.*
weinkauf m. *Trunk zur Bekräftigung eines Kaufes, Aufgeld;
Verkaufssteuer.*
weinkeller m. *Weinschenk, Krüger.*
weinkernel n. *(straßb.) Tüpfel-
sumpfhühnchen.*
weinlegel m. n. *kleines Weinfaß.*
weinleiterer m. *Weinfuhrmann.*
weinling m. *weinsäuerliche Apfel-
sorte.*
weinman m., -leute plur. *zünftiger
oder unzünftiger Hersteller oder
Ausschenker von Wein.*
weinmeister m. *Kellermeister.*
weinmer(e) f. *Geschwätz, Vereinbarung beim Wein.*
weinmonat m. *Oktober.*
weinreis m. *Saufbold.*
weinrüfer m. *Denunziant.*
weinschellig adj. *vom Wein erhitzt.*
weinschlauch m. *Säufer.*
weinschröter m. *Weinfuhrmann.*
das weinspil treiben v. *bechern.*
weinsticher m. *Weinwirt; Zwischenhändler beim Weinhandel.*
weinstraße f. *Gurgel.*
weinsucht f. *Trunksucht.*
weintreber, -trester plur. *Rückstände von gekelterten Trauben.*
weintrostel f. *Rotdrossel.*

weinürte f. *Weinzeche.*
weinwachs m. *Rebbau, Rebenge-
lände.*
weinzepfer m. *Weinwirt.*
weinzirl m. *Winzer.*
weisat n. *Geschenk.*
weisch m. *Stoppel der Halmfrucht.*
weise f. *Handlungsweise, Verfahren.*
weise adj. *wissend;* weise werden
(md.) inne werden.
weisel m. *Waisenkind.*
weisen v. *ausstellen;* einen ins
recht w. *ihn auf gerichtliches
Verfahren verweisen.*
weisen n. *Weinausschank.*
weisen adj. *von Weizenmehl.*
weisensamler m. *Waisenpfleger.*
weisfündikeit f. *Klugheit, Reichtum
an guten Einfällen.*
weislos adj. *führerlos, unberaten.*
weislose m. *Waisenkind.*
weiß m. *Weizen.*
weißentag m. *der weiße Sonntag,
Quasimodogeniti.*
weißger, -ler m. *Tüncher.*
weißgießer m. *Zinngießer.*
weißg(l)en, weißlen v. *(alem.)
tünchen.*
weißpfennig m. *silberne Scheidemünze.*
weißt 3. sg. praes. *zu wissen.*
weistum m. *Weisheit.*
weitberufen part. *weitberühmt.*
weitdreger, -gast m. *Waidverkäufer.*
einem weite lassen v. *ihm entlaufen.*
weiter comp. *ausführlicher.*
weiterfaren v. *vordringen.*
weitergreifen v. *sich weiter erstrecken.*
weitern v. *ausbreiten.*
weit holen v. *weit herholen.*
weitleuftig adj. *vielumfassend, weit-
verbreitet, gewöhnlich; umständlich.*
weitschecht adj. *weitschichtig.*
weixen v. *schreien (von der Eule).*
weizel n. *Charpie.*
welbaumen v. *bei der Wahl des
Baumes aus dem Gemeindewald,
die dem Bürger freisteht, zögern.
Ebenso* kürbaumen.

welde plur. *Wälder.*

welf m. *Junges von Hunden und wilden Tieren.*

welfen v. *Junge werfen.*

welgern v. *wälzen, rollen.*

welker m. *Tuchwalker.*

wellen swv. *wollen.*

wellen stv. *walzen, runden.*

welsch adj. *italienisch;* w. hochzeit *unnatürliche Wollust;* w. krez *Syphilis;* w. süplein *Gift.*

welschkorn n. *Mais.*

welt: aus der alten w. *altmodisch.*

weltgescheit adj. *weltkundig.*

weltlich *s.* werltlich.

weltwizig adj. *weltklug.*

welung f. *Wahl.*

wemerleichen n. *Gejammer.*

wemern v. *jammern.*

wemerwe m. *Jammer;* den w. singen *Trübsal blasen.*

wemütig adj. *ärgerlich.*

wemutter f. *Hebamme.*

wen conj. *nur daß, daß aber; während; denn;* nach compar. und Negation: *als.*

wend plur. praes. *zu* wollen.

wendelstein m. *steinerne Wendeltreppe.*

wenden v. *abwenden, ändern, abstellen, abhelfen, hintertreiben; aufhören;* es w. lassen bei *es dabei bewenden lassen.*

wendenschimpf m. *Spielverderber.*

wendig adj. *rückgängig;* w. machen *abspenstig machen;* w. werden *umkehren.*

wendrich m. (rotw.) *Käse.*

wendschaz m. *Reugeld.*

wendsudler m. *Spottname der Bischöfe, vom Besprengen der Häuser mit Weihwasser.*

wene f. *Ueberbein, Wassergalle; Beule.*

wene plur. (westmd.) *Wägen.*

weneln v. *wiehern.*

wener m. (westmd.) *Wagner.*

wenger comp. *wenig.*

ein wenglein adv. *ein wenig.*

wenhold f. *Begünstigung, ungerechte Bevorzugung.*

wenigern v. *(an Zahl) herabsetzen, vermindern.*

wenken v. *wanken machen.*

wenknecht m. *Fuhrknecht.*

wenman m. *Fuhrmann.*

wenner m. *Wannenmacher.*

went 1. 3. plur. praes. ind. *wollen.*

wentel f. (alem.) *Wanze.*

wepfe f. *Aufzug, Kette des Gewebes.*

wepner m. *Gewaffneter.*

wep(pe) n. *Gewebe.*

wer 1. 3. sg. praes. conj. *werde.*

wer pron. indef. *sonst wer.*

werb m. *Geschäft.*

werben v. *erwerben, durchsetzen, ins Werk setzen, vorbringen;* etwas an einen w. *ausrichten.*

werd m. *Flußinsel, umflossenes Weideland.*

werden v. *auch zuteil werden; stattfinden.*

werdenlich adj. *wehrhaft.*

were f. *Wehr;* einem die w. nemen *ihn wehrlos machen.*

were n. *Mühlwehr.*

weren v. *auch bewähren, behaupten.*

weren v. *bezahlen.*

werfel m. *Wirbel.*

werfkugel f. *Schleuderstein.*

werflecken n. *befestigter Ort.*

werft m. *Kette eines Gewebes.*

werhaftig adj. *dauerhaft.*

werhan *s.* weterhan.

werk n. *Werg.*

werk n. *Leistung, Prozeß, Auswirkung, Wirksamkeit, Amt; Bauhütte eines Gotteshauses;* in das w. bringen *in die Tat umsetzen;* im w. gen *in Kraft sein;* zum w. halten *zur Arbeit anhalten.*

werken v. *handeln, arbeiten.*

werkengel m. *Würger,* Lanius.

werkhof m. *städtischer Gerätschuppen.*

werkleute plur. *Bauhandwerker.*

werklich adj. *künstlich; lustig.*

werklos adj. *untätig.*

werkman m. *Bauleiter.*

werkschuh m. *Fuß als Längenmaß.*

15*

werkstuck n. *Quaderstein.*
werla, -lich adv. *wahrlich; wirksam.*
werlein n. *Gerstenkorn am Auge.*
werlikeit f. *Wehrhaftigkeit.*
werlt f. *Welt.*
werltlich adj. *weltlich, natürlich.*
werman m. *Gewährsmann.*
wermeister m. *Förster.*
wern swv. *währen.*
wern stv. *werden; zuteil werden.*
werntlich adj. *weltlich.*
werploß adj. *unbewaffnet.*
werr f. *Maulwurfsgrille; Engerling.*
werre f. *Unruhe.*
werren v. (md.) *verwirren.*
wersam adj. *ausgiebig; widerstandsfähig.*
werschaft f. *Sicherheit, Bürgschaft; Besitzübertragung, -recht; gesetzliches Zahlungsmittel, fehlerlose Ware, gültige Währung.*
werschaft adj. *leistungsfähig; rechtmäßig.*
werscher comp. *schlimmer, weher.*
wersich m. *Wirsing.*
werst 2. sg. praes. conj. *werdest.*
wert 1. plur. praes. ind. *werden.*
wert m. n. *auch Gegenwert, Bezahlung, Erlös.*
werteren v. *(hoch)schätzen.*
wertig adj. *gewärtig.*
wertlich adj. *wellich.*
wertruhe f. *Waffenkiste.*
werung f. *Dauer.*
werwort n. *Entschuldigung, Ausrede.*
weschaft(ig) adj. *geschwätzig.*
weschbleul m. *breites Schlagholz zum Waschen.*
wescher m. *Schwätzer.*
wescherei f. *Geschwätz.*
wese m. *Opal.*
wesen v. *sein.*
wesen n. *Treiben, Getue, (Zustand einer) Sache, Verhältnisse; Uebelstand, Unwesen; in (gutem) w. sein mächtig, auf der Höhe sein; in w. kumen gedeihen; ein w. zurichten eine Notlage, Unruhe verursachen.*
weslein n. *Rasenfleck.*
weslich adj. *wesentlich.*

wesseler m. *Geldwechsler.*
wessern v. *wässerig werden.*
west 2. sg. praet. conj. *wüßtest; 2. plur. praet. conj. wüßtet.*
west(e) 1. 3. sg. praet. ind. conj. *wußte, wüßte.*
westen 1. 3. plur. praet. ind. conj *wußten, wüßten.*
westerhembd n. *Taufhemd.*
westerlein n. *Taufhemd.*
Westerweller m. *ein im Westerwald heimischer Tanz.*
westerwind m. *Westwind.*
wesüchtig adj. *gehässig, bestrebt zu verletzen.*
wetag(e) m. *Schmerz, Krankheit, bes. Fallsucht.*
weter n. *auch Blitz.*
weterfel n. *Sturmmantel des Schiffers.*
wetergans f. *Wildgans.*
weterhan m. *Windfahne; wetterwendischer Mensch; (rotw.) Hut.*
weterleich m. *Wetterleuchten, Blitz.*
weterleunisch adj. *launisch, mißgestimmt.*
wetermecherin f. *Hexe.*
wetertag m. *Tag, an dem um gut Wetter gebetet und in Prozession gegangen wird.*
wetribel m. *Spielball des Unglücks.*
wetsch(g)er m. *Reisetasche.*
wette: in die w. schlahen *dreingehen lassen, schießen lassen.*
wette f. *Schwemme, Teich (zu waten).*
wetum m. n. *Schmerz.*
wetung (bair. ostmd.) *entstellt aus wetagen.*
wewedel m. *Fächer.*
we werden nach v. *Sehnsucht gewinnen.*
wex adj. (bair. östr.) *spitzig.*
wezeit f. *Beschwernis.*
s. wezen v. *sich (aneinander) reiben.*
wezker m. *Reise'asche.*
wezkegel m. *Wetzstein.*
wibel n. *Kornkäfer.*
wiblen v. *durcheinanderzappeln.*
wichlen v. *wiehern.*
wichsin adj. *wächsern.*
wicht adv. *irgend (etwas).*

wichtig adj. *vollwichtig (von Münzen); adv. energisch.*

wickele n. (alem.) *Wald-, Steinkauz.*

wickhaus, -heusel n. *Aufbau der Stadtbefestigung.*

widbein n. *Schlüsselbein.*

wide f. *Weidenband, Strang aus gedrehten Baumzweigen.*

wid(em)en v. *stiften.*

widen adj. *von Weide.*

wider pron. *s. weder.*

wider adv. *zuwider, dagegen, zur Vergeltung;* w. und für *hin und zurück.*

wider· conj. (md.) *weder;* als (nach comp. und ander).

widerachten v. *ein Urteil anfechten; verachten.*

widerachtung f. *Ablehnung, Gegenerklärung.*

widerantworten v. *zurückgeben.*

widerbef(z)en, -bellen v. *widersprechen, zanken.*

widerbringen v. *zurückerstatten, wiederherstellen, heilen.*

widerdries m. *Verdruß, Zwist.*

widereferung f. (schweiz.) *das Buch Deuteronomium.*

widerfal m. *Rückfall.*

widerfart f. *Rückkehr.*

widerfazen v. *verhöhnen.*

widerfechten v. *widerstreben; bestreiten.*

widerfechter m. *Gegner.*

widerfertigen v. *heimsenden.*

widerfur f. *Rückkehr.*

widerfüren v. *zurückführen.*

widergang m. *Rückkehr.*

widergelt f. n. *Vergeltung.*

widergelten v. *zurückzahlen.*

widergeltung f. *Vergeltung.*

widergen v. *zurückkehren.*

widerhalten v. *entgegenhalten, -stellen.*

widerhaltung f. *Widerstreben (gegen einreißende Unordnung); Herstellung.*

widerheln v. *widersprechen.*

widerholen v. *zurückholen, wiederherstellen.*

widerig adj. *widerwärtig, kritisch, gefährlich.*

widerkallen v. *widersprechen.*

widerkauf m. *Wucher.*

widerkaufsgült f. *ablösbare ·Rente.*

widerkeit f. *Widrigkeit.*

widerkeren v. *zurückkommen; zurückholen; zurückgeben, vergüten.*

widerkerung f. *Ersatz, Rückgabe; Genesung.*

widerkeufler m. *Zwischenhändler.*

widerkumen v. *zurückkehren.*

widerkunft f. *Heimkehr.*

widerlegen v. *auch wiedererstatten.*

widerlegung f. *auch Entschädigung.*

widermut m. *Leid, Widerwärtigkeit; Abneigung.*

s. widern v. *sich sträuben; eines dinges es zurückweisen, abschlagen.*

widerpart m. *Gegner.*

widerrede f. *Duplik vor Gericht.*

widerreder m. *Opponent.*

widerruf m. *Einwand, Widerruf, 'Ehrenerklärung;* w. tun *widerrufen.*

widersagen v. *die Freundschaft kündigen.*

widersagung f. *Fehdebrief.*

widersaz m. *Widersetzlichkeit.*

widerschleglich adj. *widerwärtig.*

widerschöpfung f. *Wiedergeburt.*

widerschreiben v. *schriftlich ablehnen.*

wider· sein v. *widerstehen.*

widersezig adj. *widerspenstig.*

wider sich gen v. *sich (zum Gegenteil) wenden, verkehren.*

wider sich reden, sprechen v. *Selbstgespräch führen.*

widersin m. *Gegenteil.*

widersinnisch adj. *entgegengesetzt, widerspruchsvoll.*

widersins adv. *im Gegensatz; verkehrt.*

widerspanst m. *Widerstand.*

widerspenig adj. *widersetzlich.*

widerspenstig adj. *sich widersprechend.*

widersperrig adj. *oppositionell.*

widerspil n. *Gegenteil.*
widersprecher m. *Opponent.*
widerspruch m. *Widerruf.*
widerstatung f. *Ersatz.*
widersten v. *im Wege stehen.*
widerstendig adj. *gegensätzlich.*
widerstößig adj. *aufsässig.*
widertadern v. *widersprechen.*
widertan, -tat m. *die Pflanze Widerton.*
widertauen v. *wiederkäuen.*
widerteil n. *Gegenteil, -partei.*
widertreiben v. *vereiteln.*
widerum(b) adv. *umgekehrt; anderseits, wieder einmal.*
widerumb holen v. *wiederholen.*
widerwelle f. *feindliche Flut.*
widerwendig adj. *wankelhaft.*
widerwenig adj. *paradox.*
widerwerig adj. *widerstrei'end, sich widersprechend; feindselig, entgegengesetzt.*
widerwertikeit f. *Gegensatz; Not, Unmöglichkeit.*
widerwille m. *Verstimmung, Haß.*
widerwort n. *Gegenrede.*
widerwurf m. *Gegensatz.*
widerzem adj. *unschicklich; widerwärtig, ekelhaft; feindselig.*
widerzug m. *Zurücknahme.*
widmen v. *stiften.*
widren v. *wiederholen;* s. widren mit gen. *sich einer Maßnahme widersetzen.*
widrig m. *Wüterich.*
widum n. *der überlebenden Gattin ausgesetztes Gut; Dotierung einer Kirche.*
wieche m. *Docht; Zupflinnen.*
wie vil — so vil *ebensowenig wie — so wenig.*
wiest adj. *häßlich.*
wig 2. sg. imp. *wäge.*
wigenachten plur. *Weihnachten.*
wigenkraut n. *Wermut.*
wigwoner m. *Meeranwohner.*
wihelen v. *wiehern.*
wilch pron. (md.) *welch.*
wild adj. *auch unbegründet, unberechtigt, übertrieben;* ins wilde (laufen) *ins Blaue hinein.*

wildbad n. *heiße Quelle.*
wildban m. *Jagdrecht.*
wilde f. *Wildnis.*
wildeln v. *nach Wild riechen, schmecken.*
wildfang m. *unveredelter Obstbaum.*
wildfaren f. *Farnkraut.*
wildfeur n. *Blitz; Rose (als Hautkrankheit).*
wildner s. wiltner.
wildwerk n. *Wildbret.*
wilfisch adj. *wölfisch.*
wilkerig adj. *willkürlich.*
wilkore f. *Ermessen, Verfügung.*
wilkören v. *durch freie Zustimmung bestätigen.*
wilkörig adj. *im Belieben des einzelnen stehend.*
willen m. *auch Wohlgefallen; Einwilligung.*
willig adj. *dienstwillig, nachgiebig;* adv. *absichtlich.*
wilspenige f. (schweiz.) *Willensstreit.*
wiltner m. (rotw.) *Betrüger, die wertlosen Schmuck für echt verkaufen.*
wimat, -et m. *Weinlese.*
wimlen v. *Trauben lesen* (lat. vindemiare).
wimmer m. *knorrig gewachsenes Holz, Astknorren; Knäuel; Flegel.*
wimpel adj. (els.) *übel, ängstlich.*
wimpslen v. *winseln.*
wimret adj. *voll knotiger Auswüchse, durchwachsen.*
wimslen v. *sich tummeln, wimmeln.*
winbrane f. *Wimper.*
wind: mit halbem w. segeln *den Wind voll von der Seite haben; unsicher schwanken (von Betrunkenen).*
wind m. *Windhund.*
windbracke m. *männlicher Windhund.*
windbrauß m. *Sturm.*
winde f. *Drehfenster am Klostereingang.*
windelstege, -treppe f. *Wendeltreppe.*
windelwascher m. *Frauenknecht.*
windener, windenmecher m. *Verfer-*

tiger von Winden zum Spannen der Armbrust.

windenhals m. *Wendehals.*

windfach m. *Fächer.*

windfal m. *vom Sturm geworfener Baum; Forstschaden durch Sturm.*

windfang m. (rotw.) *Mantel.*

windgemerk n. *Windfahne.*

windhals m. *Wendehals.*

windikeit f. *Blähungen.*

windliecht n. *Fackel.*

windschaufel f. *Schaufel zum Worfeln des Getreides.*

windschelch adj. *windschief.*

windspil n. *Windrad der Kinder, Stoßrad.*

windwürbel m. *Wirbelwind.*

winhelen v. *wiehern.*

winkel m. *auch Altenteil, Witwensitz im Bauernhof.*

winkele f. *Ehe (halbwüchsiger Menschen) ohne Konsens und Trauzeugen.*

winkelman m. *Sonderbündler, Obskurant.*

winkelmesse f. *katholische Messe, bes. Stillmesse.*

winkeln v. *sich verstecken.*

s. winken v. *sich abwenden.*

winnig adj. *toll, von Hund und Mensch.*

wintern v. *überwintern.*

winzeln v. *winseln; zischen (auch von der Schlange).*

wippe f. *schnellendes Brett, auch als Strafwerkzeug.*

wir 1. sg. praes. ind. *werde.*

wirbelsbraut f. *Windsbraut.*

wirbelsüchtig adj. *taumelig.*

wird 1. sg. praes. ind. *werde.*

wird f. *Würde, Wert; in seinen wirden lassen dahingestellt sein lassen.*

wirden v. *abschätzen.*

wirderung f. *Abschätzung.*

wirdigkeit f. *Würde, Amt.*

wirk n. (md.) *Werk.*

wirken adj. *von Werg.*

wirkliche sünde f. *Tatsünde.*

wirkung f. *Affekt; Tat, Eingreifen.*

wirme f. *Wärme.*

wirs(ch) adv. *schlimmer.*

wirt 1. 3. sg. praet. conj. *würde.*

wirtschaft f. *Gastmahl; Hausstand.*

wisblez m. (schweiz.) *Stück Wiese.*

wiselfarb adj. *fahl.*

wisenschüze m. *Flurschütz.*

wismad f. *Wiese zur Heugewinnung (nicht zur Weide).*

wisplen v. *zischen; flüstern; vibrieren.*

wiß f. (mhd. wîze) *Strafe.*

wissen um etw. v. *sich darum kümmern; s. w. sich dünken.*

wissend sein v. *bekannt sein.*

wissen(e) f. *Gewissenhaftigkeit.*

wissenhaft(ig) adj. *kund, bewußt; wissenhafter sach adv. mit Kenntnis der Sache.*

wissenschaft f. *Bewußtsein.*

wissen(t)lich adv. *mit Bewußtsein.*

wißkunst f. *Mathematik.*

wißlich adj. *kund, feststehend.*

wißmat m. *Wismut.*

wißulm plur. (rotw.) *einfältige Leute.*

witling m. *Witwer.*

witren v. *Wetter geben.*

wittib f. *Witwe.*

wittum s. widum.

wittumbsweis adv. *als wittum.*

witwensumer m. *sonnige Herbsttage.*

witwin(ne) f. *Witwe.*

wiz m., **wize** f. *Verstand; Verstandesäußerung; mit w. vernünftig.*

wizerling m. *Schierling.*

wizig adj. *verständig.*

wizigen v. *vorsichtig machen.*

wizung f. *Witzigung, Lehre, Warnung.*

wo pron. *auch: wohin.*

wogen s. wagen.

wol adv. *mit Recht, gut; einem ist w. mit er hat seine Freude an, tut sich eine Güte mit.*

wolbe m. *Walm, Dach des abgeschrägten Hausgiebels.*

wolbericht part. *gut unterrichtet.*

wolbertig adj. *von schönen Gebärden.*

wolburend adj. part. *geziemend.*

woldan m. *Beutezug.*

wolessen n. *Schmaus.*

wolfaling f. *Wohlfeilheit.*
wolfeile f. *Billigkeit.*
wolfel adj. *billig.*
wolversucht adj. part. *erprobt.*
wölfler adv. *wohlfeiler.*
wolfmonat m. *Dezember.*
wolfsfüll f. *übertriebene Sättigung.*
s. wolgefelligen v. *Wohlgefallen finden.*
wolgemeint adj. *wohlgelitten.*
wolgemut m. *die Pflanze Boretsch, Gurkenkraut.*
wölgerhod m. *Würger,* Lanius.
wolgeschmach adj. *wohlschmeckend, -riechend.*
wolgesprech adj. *beredt.*
wolgetan adj. part. *wohlgestaltet, schön.*
wolhebig adj. *wohlhabend.*
wolk(en)borst, -burst, -brust m. *Wolkenbruch, Flut.*
wolkünnend adj. *kundig, fähig.*
wolleben n. *Fest, Schmaus.*
wolleibig adj. *beleibt.*
wollust m. *Wonne.*
wollüstig adj. *angenehm.*
wolram s. walram.
wolschmach adj. *schmackhaft.*
wol sein v. *Wohlleben führen; gut angeschrieben sein.*
woltage plur. *Vergnügen.*
wolwesen n. *Wohlbefinden.*
won m. *Wahn.*
wonex s. wanex.
wonhaftig adj. *ansässig.*
wonheit f. *Gewohnheit.*
woniz m. *Grünfink.*
wonkopf m. *Wirrgeist, Ignorant.*
wopfen n. *Waffe.*
wopfen v. *waffnen.*
wörd s. werd.
woren s. worn.
worf(l)en v. *(Getreide) mit der Wurfschaufel behandeln.*
worfler m. *ländlicher Arbeiter, der Getreide worfelt.*
worn part. *(ge)worden.*
worseger m. *Prophet.*
wort m. *auch: Leumund; Wortlaut;* einem das w. tun *ihn befürworten.*
wörtlen v. *mit Worten zusetzen, streiten.*

wortlich adj. *in Worten ausgefochten.*
wortzeichen n. *An-, Wahrzeichen, Losungswort.*
wösterhemd n. *Taufhemd.*
wu pron. *wo.*
wucher m. *Ertrag, Frucht, Kapitalzins, Zinsnehmen.*
wucherbuch n. *Zinsregister.*
wudeln v. *gedeihen; wimmeln; flüchtige Arbeit liefern.*
wüest adj. *häßlich.*
wugent 3. plur. praet. ind. *wogen.*
wu(he) pron. (md.) *wo.*
wulbe s. wolbe.
wullin adj. *wollen.*
wulpin f. *Wölfin.*
wümmen v. *Weinlese halten* (lat. vindemiare).
wümmet m. f. *Weinlese.*
wümslen v. *sich tummeln, wimmeln.*
wunden v. *verwunden.*
wunden interj. *Fluch bei Christi Wunden.*
wunden v. *bei Christi Wunden fluchen.*
wunder n. *Wundertier, Monstrum;* (schweiz.) *Wißbegierde; Menge, Fülle;* es ist (nicht) w. *(nicht) zu verwundern.*
wundergern m. *Neugier.*
wunderlich adj. *wunderbar, wundertätig; launisch, reizbar.*
wundern v. *sich wunderlich benehmen, phantasieren.*
wunderwerk n. *Begebnis, Sehenswürdigkeit.*
wunderwiz, -fiz m. *Neugier.*
wunderwizig, -fizig adj. *neugierig*
wündig s. winnig.
wundmase f. *Wundmal.*
wundrer m. *Sonderling.*
wune f. *ins Eis gehauenes Loch.*
wunnenberg m. (rotw.) *schönes Mädchen.*
wünnig adj. *toll, von Hund und Mensch.*
wunsam adj. *wonnig.*
wunzerling m. *Wasserschierling.*
wur, wür 1. 3. sg. ind. conj. praet. *wurde, würde.*

wur f. (obd.) *Damm, Wehr.*

würbel m. *Umdrehung.*

würdet 3. sg. praes. ind. *wird.*

würdig adj. *edel, herrlich.*

wur(en) praet. ind. *wurde(n).*

wür(en) praet. conj. *würde(n).*

wurfagst, -barte f. *Streitaxt, Wurf-beil.*

wurfeler m. *Würfelmacher.*

wurfzabel f. *das Brettspiel Puff, Tricktrack.*

wurgengel m. *Würger, Lanius.*

wurm: einen w. schneiden *einen Bären aufbinden.*

würme f. *Wärme.*

würmen v. *Raupen ablesen.*

wurmeßig adj. *wurmstichig.*

wurmsamen m. *Abführmittel gegen Würmer.*

wurmsamer m. *Quacksalber.*

wurs(ch)at m. *halbseidenes Ge-webe, urspr. aus Worsted in Norfolk.*

würsen v. *schmerzen.*

würser comp. *schlimmer, weher.*

würst 2. sg. praet. conj. *würdest.*

wursthans m. *Hanswurst.*

würstlein n. *männliches Glied.*

würtel m. *Wirbel.*

wurz f. *Kraut;* plur. *Kräuterweihe.*

wurz n. *Gewürz.*

wurzbrief m. *Krämertüte.*

wurzelfeile, -kremer, -menger m. *Gewürzhändler.*

wurzen v. *wurzeln.*

wurzfraue f. *Gewürzhändlerin.*

wurzladen m. *Kräutergewölbe, Dro-gerie.*

wuselig adj. *geschäftig.*

wuseln v. *geschäftig umhereilen.*

wüssen- *s.* wissen-.

wüst adj. *ungefüg, zuchtlos, gesetz-los, häßlich; unbenutzt, unbe-wohnt; verworren.*

wust m. *Unflat, unflätiger Mensch.*

wüstling m. *Rotschwänzchen.*

wustung f. *Verwüstung.*

wut sg. praet. *watete.*

wütig adj. *toll.*

wütrich m. *Wasserschierling.*

wutschen v. *einem aufpassen.*

wüzerling m. *Schierling.*

X

im Anlaut schweizerischer Wörter
s. u. **ges-**.

Y *s.* **I, Ue.**

Z.

zabel f. *Tafel, Brett, Spielbrett* (lat. *tabula*).

zablen v. *zappeln; unsicher sein, werden.*

zachen m. *Lunte.*

zacher f. *Träne.*

zackern v. *ackern.*

zadel m. *Mangel.*

zaffen v. *pflegen.*

zag adj. *feig;* keinen zagen geben *keinen Feigling darstellen, sich nicht lumpen lassen.*

zage m. *Feigling.*

zagel m. *Schwanz; männliches Glied.*

zagelmeis f. *Schwanzmeise.*

zagheit f. *Zaghaftigkeit.*

zahe m. *Lunte; Docht.*

zahr m. (obd.) *Baumharz.*

zalung f. *Aufzählung, (rühmender) Bericht.*

zamacher m. *Zaummacher, Sattler.*

zam(b), zamen adv. *zusammen.*

zamschnurpfen v. *zusammen-schrumpfen.*

zan m.: über ein z. lachen *ver-stohlen lächeln.*

zanbrecher m. *marktschreierischer Zahnarzt.*

zangel f. *Nachtstuhl.*

zankenfleck m. *Schuster.*

zankig adj. *zanksüchtig.*

zannen v. *mit den Zähnen klap-pern; heulen, wehklagen; gaffen.*

zanreff n. *Kinnlade.*

zanstürer m. *Zahnstocher.*

zapfenkraut n. *Mäusedorn; Schach-telhalm.*

zapfenmaß n. *Verbrauchssteuer von Getränken.*

zapfenschlag m. *Polizeistunde im Wirtshaus; militärisches Nacht-zeichen.*

zapfet adj. *zapfenähnlich; mit ver-
klebtem Haar.*

zapfnunn f. *Begine.*

zappe f. *Zotte.*

zu sich zappen v. *an sich reißen.*

zarge f. *Seiteneinfassung.*

zart adj. *auch: schonungsbedürftig;
z. tag haben schonungsbedürftig
sein.*

zarten v. *schmeicheln.*

zasel, -er f. *Fäserchen.*

zauch m. *Lunte; Docht.*

zauen v. *eilen.*

zaufen v. *rückwärts ziehen (die
Zugtiere, das Haar); rückwärts
gehen ohne sich umzudrehen.*

zaufren v. *zaubern.*

einem den zaum lassen v. *ihn locker
lassen.*

zaumen v. *anzäumen; fesseln, seinen Absichten dienstbar machen.*

zaunschlipferlein n. *Zaunkönig.*

zur zause nemen v. *zerzausen.*

zau(w)e f. *Webstuhl.*

zau(w)er m. *Aufbereiter von Wolle;
Weber.*

zauwerknecht m. *Webergesell.*

zaz f. *Hündin; Dirne.*

zech adj. *zäh.*

zech f. *Trinkgesellschaft; Zunft;
Fundgrube; Reihe, Runde; einem eine z. borgen seine Strafe
aufschieben.*

zechen num. *zehn.*

zechmeister, -propst m. *Kirchenältester.*

zecke f. *Holzbock.*

zedel f. *Zettel; Lotterielos; (ge-
drucktes) Mandat.*

zedrummen v. *in Trümmer schlagen.*

zeg adj. *zäh auch im Gegensatz zur
Starrheit, mürb.*

zege f. *Verzagtheit.*

Zegeiner m. *Zigeuner.*

zeha, zehe, zeho interj. *Zeter als
Hilferuf.*

zehe f. *auch Stengel.*

zehen m. *Zehnt.*

zehen plur. *Zähne.*

zeher m. *Träne; Baumharz.*

zeheren v. *weinen.*

zehnder m. *Erheber des Zehnten.*

zeichen n. *Monstrum.*

zeich(en)en v. *Zeichen, Wunder
tun, Zeichen geben; vorzeichnen.*

zeidlen v. *den Bienen den Honig
nehmen.*

zeidler m. *Waldbienenzüchter.*

zeiger m. *auch Zeigefinger.*

zeihen v. *beschuldigen, vorwerfen;
s. z. sich aussetzen.*

zeiken v. *locken.*

zeil s. *zagel.*

zeiland m. *Seidelbast, Daphne laureola.*

zeimer m. *Sattler (s. zamacher).*

zein m. n. *Gerte, Schaft, Stab.*

zeine f. *Korb.*

zeiner(tanz) m. *ein bedenklicher
Tanz.*

zeinzingen adv. *einzeln.*

zeis m. *Zins, Abgabe.*

zeisel m. *Hamster.*

zeisel, zeislein n. *Zeisig.*

zeisen v. *zausen.*

zeit f. *auch Zeitglocke, Schlaguhr.*

auf ein zeit adv. *einst; in der z.
rechtzeitig.*

zeitglogge f. *(öffentliche) Schlaguhr.*

zeitig adj. *reif; rechtzeitig.*

zeitigen v. *reifen.*

zeitigung f. *Reife.*

zeitlich adv. *beizeiten.*

zeitung f. *Neuigkeit, Nachricht.*

zelch, zelge, zelke m. *Ast.*

zelen v. *aufzählen.*

zelg(e) f. *umhegtes Feld in der
Dreifelderwirtschaft.*

zelte m. *Kuchen.*

zelten v. *im Paßgang schreiten.*

zelter m. *Gangart des Pferds, das
beide Füße derselben Seite zugleich hebt.*

zemel, -er, -et m. *Hirsch-, Rehrücken, Ziemer.*

zemen adv. *zusammen.*

zemen v. *unterwerfen.*

zement n. *Eichmaß.*

zementiren v. *unverrückbar festlegen.*

zend plur. *Zähne.*

zendel(tort) m. *leichter Taffet.*

zener m. *Januar.*

zengener m. *Zangenmacher.*

zenhülcheren n. *Stumpfwerden der Zähne.*

zenicht adj. *nichtsnutzig.*

zenkisch adj. *strittig.*

zenstürer m. *Zahnstocher.*

zent f. *Gerichtsbezirk.*

zenz m. *Zins.*

zenzeln v. *abschmeicheln, -listen.*

zenzero m. *Ingwer.*

zepflach n. *Zäpfchen.*

zer m. (westmd.) *Teer.*

zerbern v. *zerschlagen.*

zerbrechen v. *auch vereiteln; s. z. sich den Kopf zerbrechen, sich grämen.*

s. zerdenen v. *anstrengend gestikulieren.*

zeremonier m. *Verehrer des Kirchenzeremoniells.*

zeren v. *(viel) Geld vertun.*

zerer m. *Prasser.*

zerfellen v. *niederwerfen.*

zerflammen v. *die Kleider aufschlitzen, daß das andersfarbige Futter hervorleuchtet.*

zerfüren v. *zerstören, verwüsten.*

zergen v. *verlaufen, auseinandergehen, zu Ende gehen.*

zergengen v. *entstellen, zerstören.*

zergenklich adj. *vergänglich.*

zergesell m. *Kamerad.*

zergreiten v. *auseinanderspreizen.*

zerhader(lumpe)n v. *zerfetzen.*

zerhaftig adj. *verschwenderisch.*

zerhaus n. *Herberge.*

zerhudlen v. *bös mitnehmen.*

zerjechen v. *auseinanderjagen.*

zerimonisch adj. *feierlich.*

zerkiflen v. *durchnagen.*

zerknischen, zerknisten v. *zermalmen.*

zerknözen v. *zusammendrücken.*

zerknüllen v. *mit den Knöcheln zerschlagen, verprügeln.*

zerknürsen, -knüsten, -knütschen v. *zermalmen.*

zerkrammen v. (els.) *zerkratzen.*

zerkrellen v. *mit Krallen raufen.*

zerlechzen v. *vor Trockenheit Risse bekommen.*

zerlegen v. *beruhigen, vermitteln; sich z. sich entzweien.*

zerlich adv. *mit guter Zehrung, behaglich; kostspielig.*

zerlüdret adj. *zerrüttet.*

zermürsen v. *zerstoßen.*

zernicht(ig) adj. *nichtsnutzig.*

zernichtigen v. *vernichten.*

zerplagen v. *quälen.*

s. zerplerren v. *sich mit Klagen aufreiben.*

s. zerreißen über etw. v. *sich damit zu Tode plagen.*

zerrinnen v. *anfangen zu mangeln; verbraucht werden.*

zerrüsten v. *zerstören.*

zerrütten v. *erschüttern.*

zers m. *männliches Glied.*

zersant m. *Sergeant.*

zersböswicht m. *Sexualverbrecher.*

zerscheuen v. *verscheuchen.*

zerschlagen werden v. *sich entzweien.*

zerschleichen v. *zerbröckeln.*

zerschnezeln v. (els.) *zerschneiden.*

zerschrinden v. *wundstechen.*

zersprazen v. *zerspringen.*

zerspreiten v. *ausbreiten.*

zersteubern v. *vernichten.*

zerstrauen v. (md.) *zerstreuen.*

zerstroben v. *verwirren.*

zert(e) f. *der Fisch Meernase, Cyprinus vimba.*

zerteilt adj. part. *uneins.*

zerte(l)n v. *zärtlich tun.*

zertlich adj. *verzärtelt.*

zertragen v. *entzweien.*

zertrenen v. *auflösen.*

zertriblich adj. *vergänglich.*

zertrumen v. *zerschmettern.*

zertun v. *ausbreiten.*

zerung f. *Kosten; Schmauserei.*

zerzerren v. *abreißen; s. z. sich (mit Klagen) aufreiben, überanstrengen.*

zerzert adj. part. *abgezehrt.*

zerziehen v. *in die Länge ziehen.*

zerzöbeln v. *zerzausen.*

zerzogenheit f. *Zerstreutheit.*

zeserlen v. *fasern.*

zet(l)en v. *streuen, fallen lassen.*

zeug m. n. *Gerät; Heergerät; Geschütz; Ausrüstung zu einem Kriegszug; Kriegszug; Heer;*

reisiger zeug *Reiterschar; Teig (eines Gebäcks); Stoff, Materie.*

zeugdiener m. *Gemeiner bei der Artillerie.*

zeugemeßig adj. *organisch.*

zeugen v. *erzeugen, herstellen; bezeugen.*

zeugmeister m. *Artillerieoffizier.*

zeugschreiber m. *Aufseher im Zeughaus.*

zeuken v. *locken.*

zeumer m. *Sattler* (s. zamacher).

zeunen v. *flechten.*

zeuner s. *zeinertanz.*

zeusle n. *Zeisig.*

zeute f. *Ausguß aus einem Gefäß.*

zewarten adv. *zwar wahrlich.*

zezlein n. *Hündin.*

zibebe f. *Kochrosine.*

zibel f. *Zwiebel.*

ziborium n. *Gefäß für die Hostien, Deckelkelch; Baldachin über dem Altar.*

zicht f. *Bezichtigung.*

zichtung f. *Erzeugung.*

zickel m. (bair. östr.) *Schöpfeimer.*

zickuß m. (rotw.) *blinder Bettler.*

zider m. *Obstwein, -most.*

ziderhelbling, -pfenning m. *Trinkgeld.*

zieche f. *(Bett-)Ueberzug.*

ziechener m. *Bettsackweber.*

ziechmutter f. *Amme.*

ziegelbecker, -borner m. *Backsteinmacher.*

zieglen adj. *von Ziegelstein.*

ziegochs m. *Zugochse.*

ziehen v. *auf-, be-, erziehen, übertragen; zu s. z. einschlucken.*

zielunder m. *Seidelbast,* Daphne laureola.

ziemer m. (els.) *Drossel.*

zierheit f. *Schmuck.*

zierheld m. *Kriegsgeschrei.*

zierlen v. *zärtlich tun.*

zierolf m. *Pirol.*

zieter m. n. *Vordeichsel.*

zifer f. *Ziffer, Nummer, Null.*

zifer n. *Ungeziefer.*

zigale f. *Zikade, Baumgrille (franz.* cigale).

zigeln s. züglen.

zigen part. *vorgeworfen.*

zigenfuß m. (bergm.) *Hebeisen.*

ziger m. *Käse.*

zigernapf m. *Käsenapf.*

zil n. *Richt-, Endpunkt; Grenze, Schranke; festgesetzter Zeitpunkt, Termin, Zahltag; Zeitspanne; Kapitel eines biblischen Buchs; Zielscheibe; Ideal.*

zilen v. *Ort und Zeit (zur Begegnung) bestimmen, Termin setzen; erzielen, erzeugen.*

zilig adj. *mittelmäßig, schmächtig.*

zille f. (ostmd.) *Flußschiff.*

zilung f. *Fristerstreckung.*

zimant m. *Zimt.*

zimbal f. *Becken als Musikinstrument.*

zimbel m. *Schelle, Glöckchen.*

zimbis essen v. *vespern.*

zimblich s. zimlich.

zimelschelle f. *Glöckchen.*

zimen v. *gelegen, dienlich sein.*

zimerlade f. *Werkzeugbehälter des Zimmermanns.*

zimes m. *Zimt.*

zimet m. *Hirsch-, Rehrücken.*

zimlich adv. *angemessen, wie sichs gehört, genug, zulässig.*

zimmer s. ziemer.

zimmis adv. (schweiz.) *nachmittags.*

zinamen, -et m. *Zimt.*

zinblat f. *zinnene Platte zum Auftragen der Speisen.*

zindkraut n. *Schießpulver.*

ziner m. *Zinngießer.*

zingbe m. *Zinken.*

zingulum n. *Gürtel des Priesters zur Schürzung der Albe.*

zinhell, -lauter, -liecht adj. *silberhell.*

zink m. *die Fünf auf dem Würfel.*

zinke m. *Blasinstrument; große Nase.*

zinken v. *aufblasen.*

zinket adj. *zackig.*

zinlauter adj. *hell wie Zinn.*

zinlein n. *Zinnteller.*

zinlein n. *kleine Zehe.*

zins m.: *auf z. treiben zinsbar anlegen.*

zinsgut n. *Lehen.*

zinsher m. *Kapitalist.*

zinskauf m. *Wechselgeschäft,*

(Zins-)Wucher, Anlage von Kapital in Hypotheken.

zinsman m. *Schuldner, der Kapital gegen Zins entliehen hat.*

zinsmeister m. *Einnehmer einer geistlichen Körperschaft.*

zinstag m. *Dienstag.*

zinwerk n. *Zinnwaren.*

zipfelein n. *Stümpflein.*

zipfler m. *Geizkragen.*

zippel f. *Zwiebel.*

zirbe f. *Arve, eine Fichtenart.*

zirbel m. *Fichtenzapfen.*

zirbisch adj. *von Arvenholz.*

zirk m. *Bezirk.*

zirkel m. *auch Zielscheibe.*

zirkelsweis adv. *kreisförmig.*

zirlin mirlin n. *ein Fingerspiel.*

zirm m. *Zirbelkiefer,* Pinus cembra.

zischen v. *zischeln.*

zise f. *Steuer, Zoll.*

ziseindlein, ziseunel n. *eine Art Ragout.*

ziser f. *Kichererbse.*

zisiojanus m. *Merkverse auf den Festkalender.*

zispern v. *flüstern, schwatzen.*

ziß interj. *bst!*

zißmaus f. *Ziesel.*

zitaz(ion) f. *Ladung bes. vor ein geistliches Gericht, nach Rom.*

zitel m. *Kerl.*

ziter n. *Sakristei* (lat. secretarium).

ziterholz n. *Deichsel.*

zitermal n. *Ausschlag.*

ziteroch m. *Hautflechte.*

ziterpfeni(n)g m. *Draufgeld.*

zitperwein m. *mit Zitwer gewürzter Wein.*

zitrach(t)en f. *eine Hautkrankheit* (lat. cicatrix).

zitrin(apfel) f. m. *Zitrone.*

zitrinle(in) n. *Zitronenfink.*

zitrüße s. ziteroch.

zitter f. *Zitrone.*

zitwar, -wen m. *das Gewürz Zitwer.*

zitwen s. zider.

ziz m., **zize** f. *Brust(warze);* der link z. *die Stelle, worunter das Herz sitzt.*

znicht adj. (obd.) *nichtswürdig.*

zoblen v. *zausen.*

zöblen adj. *von Zobelfell.*

zoch(e) m. *Lunte.*

zod-, zofjungfrau, -magd f. *Zofe.*

zogen swv. *seinen Zug, Weg nehmen.*

zöiter n. *Kleinkram.*

zollen plur. *Exkremente.*

zoller, zöller m. *Zöllner.*

zop(e) f. *der Fisch Pleinzen.*

zopfen v. *Zöpfe flechten.*

zopft part. praet. *gezupft.*

zoren m. *Zorn;* mir tut z. *mich erzürnt, ärgert.*

zorklier m. *Juwelier.*

zornal n. *Tagebuch.*

zorngech adj. *jähzornig.*

zornweh adj. *zornmütig.*

zorte s. zerte.

zöschen v. *gleiten, rutschen.*

zoter n. *Gefolge.*

zotet adj. *zottig.*

zötscherlein n. *Leinfink.*

zot(t) f. *Ausguß aus einem Gefäß.*

zott m., **zot(t)e** f. *Haarflausch; Schnurre, Spaß, Witz, Torheit;* z. reißen *Spaß machen, Sprüche klopfen;* zu z. gen *sich breit machen.*

zöwerer s. zauwer.

zu- s. zer-.

zubebe s. zibebe.

zubel, zübel f. *Zwiebel.*

zublasen v. *ein-, angeben.*

zubote m. *Gehilfe eines städtischen Boten.*

zucher m. *Schmarotzer.*

zucht f. *Höflichkeit.*

s. **züchten** v. *sich als Gatten zusammentun.*

züchtiger m. *Henker.*

zuchtmeister m. *Lehrer der Hofzucht und des Waffenhandwerks; Scharfrichter.*

züchtung f. *Erzeugung.*

zucken v. *gewaltsam ziehen, reißen, rauben; vom Leder ziehen;* einem das messer z. *ihm den Star stechen.*

zuckermacher m. *Quacksalber.*

zuckermaul n. *Süßholzraspler.*

Zuckmantel *Räubernest (als Ortsname);* auf den Z. ausreiten *wegelagern.*

zudeppisch adj. *plump vertraulich.*

zuder *zu dir.*

zudutler *s.* zutitler.

zueigen(en) v. *zueignen;* einem *Ding Wert beilegen.*

zufal m. *Zulauf; Beifall; Hilfe; Einnahme; Ereignis, Unglück; Anfechtung.*

zufallen v. *eintreten; (von Gedanken) einfallen, sich aufdrängen; beistimmen; rasch bei der Hand sein.*

zufals adv. *zufällig.*

zufaren v. *fortfahren; eingreifen.*

zufart f. *Ankunft; Zulauf.*

zufellig adj. *gelegentlich, nebenbei aufstoßend; drohend.*

zu vil tun v. *übertreiben, Uebergriffe begehen.*

zuvor adv. *vor allem; ohnehin.*

zuvor haben v. *etwas voraus haben.*

zuforon adv. *vor allen Dingen.*

zu frid(en) adv. *in Ruhe, beiseite.*

zug 1. 3. sg. praet. ind. *zog.*

zug m. *auch Gegend; Atemzug;* in die züge greifen *in den letzten Zügen liegen.*

zugab f. *auch Mitgift.*

zugang m. (schweiz.) *auch Besuch;* plur. *Einkünfte.*

zugaumen v. *achthaben auf.*

zugeben v. *zuweisen, zuzahlen, einräumen;* einem ding vil z. *Wert legen auf.*

zugehörd f. *Hab und Gut, mitgebrachtes Gut der Frau.*

zugehören v. *zukommen.*

zugehörung f. *Zubehör.*

Zügeiner m. *Zigeuner.*

zügel m; *Aufzucht.*

zugeld n. *Mitgift.*

zügelvih n. *Zuchtvieh.*

zugen v.: mir get zu *mir entsteht Gewinn.*

zu gering *s.* gerings.

zugesel m. *Gehilfe.*

zugleich adv. *gleicherweise.*

zugleichen v. *vergleichen.*

züglein n. *Zugpflaster.*

züglen v. *ziehen, kultivieren.*

zugnio m. *Juni.*

zugrund adv. *im Grunde.*

zugürten v. *ins Joch spannen.*

zu gut haben v. *fürlieb nehmen.*

zuhalten mit einem v. *gemeinsame Sache machen mit; buhlen.*

zuhand adv. *sogleich.*

zuhauf(en) adv. *zusammen.*

zuhaus adv. *auch: nach Haus.*

zuhengen v. *drohen.*

zuhin adv. *hinzu.*

zuhörung f. *Zubehör.*

zuknecht m. *Hilfsdiener.*

zukomen v. *eines dings damit zustande kommen; (mit Geld) auskommen; einem z. ihm entgegenkommen;* mir komt zu *stößt zu.*

zukunft f. *Hinzukommen, Ankunft; Wiederkehr.*

zuland adv. *daheim.*

zulauf m. *Anlauf.*

zulegen v. *sich auf jem. Seite schlagen; zuschreiben, vorwerfen.*

zulegung f. *Zuschuß.*

zulenden v. *an Land kommen, sich nähern.*

zulendung f. *Herkunft.*

s. zulieben v. *sich einschmeicheln.*

zülle *s.* zille.

zulosen v. *zuhorchen.*

zuloser m. *Zuhörer.*

zumal adv. *besonders.*

zum andern, dritten mal adv. *zwei-, dreimal.*

zum jar adv. *jährlich.*

zumpf m. *männliches Glied.*

zumpfel m. *Vorhaut.*

zuname m. *Geschlechts-, Familienname.*

zünden v. (obd.) *leuchten.*

zunge f.: s. in die z. beißen *sich in Widersprüche verwickeln.*

zungendrescher m. *Lügenmaul, Schwindler.*

zungenreiter m. *Schwätzer.*

züngler m. *Sprachkünstler.*

zunicht(ig) adj. *nichtsnutzig.*

zünselwerk n. *Kleinkram, Aeußerlichkeiten.*

zünslen v. *mit dem Feuer spielen.*

zup(e) f. *der Fisch Pleinzen.*

zuplazen v. *plump dreinfahren; eintreffen.*

zuportener m. *Gehilfe eines Pförtners.*

züppel f. *Zwiebel.*

zur- *s.* zer-.

zurechen v. *mit dem Rechen zusammenharken.*

zu recht(e) adv. *zu Gefallen, zur Zufriedenheit, zu Danke.*

zured f. *Nachrede.*

zureden v. *schmähen;* einem z. *auf ihn einreden.*

zürgelbaum m. *der Zierstrauch* Celtis.

zurichten v. *vorbilden.*

zuring(s) adv. *im Kreise, ringsum.*

zurisen v. *zufallen, zufließen.*

zurlen v. *lutschen.*

zur leze adv. *zuguterletzt.*

zürnheld m. *Kriegsgeschrei.*

zuruck adv. (obd.) *hinterrücks.*

zurücke denken v. *mit gen. sich erinnern.*

zuruckgen v. *zurückstehen, in den Hintergrund treten, mißlingen.*

zurückstellen v. *unberücksichtigt lassen.*

zurückwischen v. *entweichen.*

zusachen, einem etwas v. *ihn einer Schuld zeihen.*

zusagen v. *(einen Auftrag) ausrichten.*

zusagen n. *Zusage.*

s. zusamenbringen v. *seine Meinung zusammenfassen.*

zusamenhezen v. *in Unfrieden bringen.*

zusamenknüpfen v. *verhetzen.*

zusamenkomen v. *übereinkommen.*

zusamenschlahen v. *die Glocken zusammenklingen lassen.*

zusamenschmizen v. *(ein Paar) zusammengeben.*

zusamenschrapen v. *zusammenscharren.*

zusamensezen v. *aufs Spiel setzen.*

zusamenwachsen v. *aneinandergeraten.*

s. zusamenwerfen v. *sich rotten.*

s. zusappen v. *sich zuschreiben.*

zusaz m. *Besatzung, Hilfstruppe.*

zuschen praep. *zwischen.*

zuschlag m. *Straßensperre, Schlagbaum.*

zuschleger m. *Schmiedgesell.*

zuschmeichen v. *schmeicheln.*

zuschreiben v. *schriftlich mitteilen.*

zuschreiber m. *Schreibgehilfe.*

zuschremen v. (els.) *bestimmen zu etwas.*

zuschüren v. *hetzen.*

zuseher m. *Zuschauer.*

zusezen v. *helfen.*

zusprechen v. *Anspruch, Klage erheben;* einem z. *ihn anreden, ihm zusetzen.*

zuspruch m. *Anspruch.*

zustand m. *auch Unterstützung.*

zusten v. *zuteil werden; zustoßen.*

zustender m. *Anhänger.*

zusterben v. *einem durch Todesfall zukommen.*

zústoßen v. *einem etwas zustecken.*

zustößer m. *berittener Söldner.*

zustricken v. *zubinden.*

zustund adv. *alsbald.*

zu tal adv. *abwärts.*

zuteppisch adj. *plump vertraulich.*

zutetig adj. *eifrig, dienstwillig, einschmeichelnd, zudringlich.*

zutitlen v. *(ein)schmeicheln.*

zutitler m. *Schmarotzer, Schmeichler.*

zutitlung f. *Schmeichelei.*

zutode adv. *endgültig.*

zútragen v. *einbringen; zunehmen.*

s. zutrágen v. *sich entzweien.*

zutreten n. *Annäherung.*

zutun n. *Mitwirkung.*

zu warten adv. *wahrlich.*

zuwarten v. *achthaben, bedienen.*

zuwechter m. *Gehilfe eines Wächters.*

zu wegen bringen v. *(sich) verschaffen.*

zuweib n. (schwäb.) *Nebenfrau.*

einem zuwollen v. *ihm an den Kragen wollen.*

zuz adv. (alem.) *zu* (mhd. zuo ze).

züze *s.* ziz.

zuziehen v. *(Magen und Darm) schließen, verstopfen.*

zwack m. *Kniff mit der Zange.*

zwacken v. *(Worte) zurechtlenken; bestehlen.*

zwagen, zwahen v. *waschen; einem mitspielen, ihn tüchtig vornehmen, ihm den Beutel schröpfen;*

einen über die gamillen z. *ihn
überporteilen, hart mitnehmen.*
zwang adj. (bair.) *bang, veräng-
stigt.*
zwang, zwangnis, -sal m. f. n. *Not
(-lage).*
zwar adv. *wahrlich, traun;* und z.
*und wahrlich, und tatsächl'ch,
und in der Tat;* z. wol *freilich
wohl.*
zwasplen v. *straucheln, mit den
Füßen schlürfen.*
zwe *s.* zweu.
zwechel *s.* zwele.
zweck m. *das Schwarze in der
Scheibe; Ziel;* den z. treffen
ins Schwarze treffen; weit vom
z. *weit gefehlt;* am nehesten zum
z. schießen *dem Ziel am näch-
sten kommen.*
zwehel f. *Handtuch.*
zweiend n. *Zwiefaches.*
zweierlein n. *die (römische) Zahl 2.*
im zweifel adv. *unentschieden.*
zweifel adj. *zweifelhaft.*
zweifeld adj. *zwiespältig.*
zweifelknopf m. *Doppelknoten.*
zweiflen v. *zweifelhaft sein.*
zweiflung f. *Schwankung.*
zwei(ge)ling num. *auf zweimal.*
zwei(ge)ling m. *Doppelbrot.*
zweigen v. *pfropfen; sprossen.*
zweil n. (bair. östr.) *Zweig.*
zweinzeg num. *zwanzig.*
zweiteil n. *zwei Drittel.*
zweiung f. *Zwist.*
zwele f. *Handtuch.*
zwelfbot m. *Apostel.*
zwelfer m. *Zwölfpfennigstück.*
zwelfzeichen plur. *die Bilder des
Tierkreises.*
zwengen v. trans. *zwingen.*
zwengering m. (rotw.) *Wams.*
zwerch adj. *quer.*
zwerchpfeife f. *Querpfeife.*
zwerchschuh m. *ein Fuß breit als
Maß.*
zwerfinger m. *Querfinger;* zwen zw.
zwei Finger breit.
zwer(i) f. *Quere;* nach der z. *quer.*

zwespe f. *Zwetsche.*
zwe(u) conj. *wozu.*
zwickbart m. *Knebelbart.*
zwickdörnig adj. *bösartig.*
zwicker, zwickman m. (rotw.) *Henker.*
zwider, zwidorn m. *Zwitter.*
zwifalt f. *Zweideutigkeit.*
zwifalter m. *Schmetterling.*
zwifel f. *Zwiebel.*
zwifelt adv. *zweifältig.*
zwigabel f. *Dilemma.*
zwilauf m. *Zwietracht.*
zwilchen adj. *aus Zwillich, ge-
ringem Stoff.*
zwilich adj. *zweidrähtig.*
zwing und ban m. *Gerichtsbarkeit
und deren Gebiet.*
zwingen v. *beweisen, erschließen.*
Zwingler m. *Anhänger Zwinglis.*
zwingnus f. *Bedrängnis.*
zwingolf m. *Zwinger, Raum zwischen innerer und äußerer Stadtmauer.*
zwirbel m. *(Wind-)Wirbel.*
zwirbelwind m. *Wirbelwind.*
zwir(ent) num. *zweimal.*
zwirling m. (rotw.) *Auge.*
zwirn(i)t num. *zweimal.*
zwischat praep. *zwischen.*
zwischenlicht n. *Dämmerung.*
zwischensatzung f. *Parenthese.*
zwischten praep. *zwischen.*
zwisel f. *Gabelung an Baum, Weg,
Leib.*
zwislet adj. *gabelig, geteilt.*
zwispalter m. *Schmetterling.*
zwispan m. *Zwist.*
zwisplen v. *durch die Zähne reden.*
zwizern v. *zwitschern; züngeln;
blinken; wetterleuchten.*
zwo num. f. *zwei.*
zwölf *s.* zwelf.
zwor adv. *fürwahr.*
zwozal f. *zwei Drittel.*
zwuder interj. *links!*
zwu(e) num. f. *zwei.*
zwüfel f. *Zwiebel.*
zwürchgabel f. *Querast.*
zwür(ent) num. *zweimal.*